重庆会计论坛
——2014年度重庆市会计学会优秀论文选集

重庆市会计学会 编

CHONGQING KUAIJI LUNTAN
——2014NIANDU CHONGQINGSHI KUAIJI
XUEHUI YOUXIU LUNWEN XUANJI

西南交通大学出版社
·成都·

图书在版编目（CIP）数据

重庆会计论坛：2014 年度重庆市会计学会优秀论文选集 / 重庆市会计学会编. —成都：西南交通大学出版社，2015.8

ISBN 978-7-5643-4265-4

Ⅰ.①重… Ⅱ.①重… Ⅲ.①会计学－文集 Ⅳ.①F230-53

中国版本图书馆 CIP 数据核字（2015）第 202911 号

重庆会计论坛
——2014 年度重庆市会计学会优秀论文选集
重庆市会计学会　编

*

责任编辑　李芳芳
特邀编辑　顾维群　李　娟　顾　飞
封面设计　墨创文化

西南交通大学出版社出版发行
四川省成都市金牛区交大路 146 号　邮政编码：610031
发行部电话：028-87600564
http://www.xnjdcbs.com
四川煤田地质制图印刷厂印刷

*

成品尺寸：185 mm×260 mm　　印张：17.75
字数：434 千字
2015 年 8 月第 1 版　　2015 年 8 月第 1 次印刷
ISBN 978-7-5643-4265-4
定价：59.00 元

图书如有印装质量问题　本社负责退换
版权所有　盗版必究　举报电话：028-87600562

《重庆会计论坛》
编委会

编委会主任：祝轻舟

编委会副主任：董 宁　左良伦

编委会委员：（按姓氏笔画排序）

　　　　　　孔庆林　王杏芬　王海兵　刘　斌

　　　　　　毕　茜　朱　丹　杜　勇　罗少梅

　　　　　　胡耘通　顾　飞　章新蓉　彭　珏

前　言

　　经济越发展，会计越重要。会计工作与经济社会的发展息息相关，在建立和完善社会主义市场经济体制，促进经济转型升级，推动经济社会持续健康发展的过程中发挥着日益凸显的基础性和支撑性作用。2014年是我国全面深化改革的开局之年，也是我国全面推进管理会计体系建设的启动之年。党的十八届三中、四中全会对于深化市场经济体制改革，全面推进依法治国作出了重要的战略部署，同时也为深入推进会计强国战略，全面提升会计工作总体水平带来了新的机遇和挑战。因此，在经济新常态下，围绕转型升级的发展主题，紧跟会计前沿，繁荣理论研究，凝练实务经验，探索创新路径，对于又好又快地推进会计事业和经济建设的发展具有非常重要的意义。

　　为了进一步推进重庆会计事业的繁荣发展，鼓励会计学术研究，引领会计实践创新，促进会计研究成果和先进经验的推广交流，不断提升重庆会计工作的总体水平，更好地服务于地方财政经济发展，重庆市会计学会、重庆市总会计师协会2014年继续组织开展了优秀论文的征集评选活动。本次论文征集活动得到了全市各会员单位和广大会计工作者的积极响应，共征集到论文310篇，投稿数量在去年基础之上增加了28%。本着"突出会计实践性，重点向实务倾斜，适度体现学术性"的择优评选原则，重庆市会计学会聘请了重庆大学、西南大学、重庆工商大学、重庆理工大学、西南政法大学等在渝高等院校的知名教授、实务界专家和会计学会学术专业委员会委员对征集的310篇论文进行了严格的评审。论文评选过程中，所有参评论文均采用匿名盲审的方式，全程隐去了作者姓名及单位等相关信息，以确保论文评选的公平公正。经过初评、复评和终审会评三个环节，最终评选出2014年重庆市会计学会、重庆市总会计师协会优秀论文一等奖5篇、二等奖10篇、三等奖20篇以及6个单位组织奖。

　　本次获奖的35篇论文，其内容涵盖了管理会计、政府会计、会计管理、审计监督、内部控制、上市公司财务与会计、财税改革和注册会计师行业发展等各领域，从不同的侧面反映了重庆广大会计理论工作者和实务工作者紧跟学术前沿、探索创新实践的严谨态度与科学精神。其主要成果集中体现在以下五个方面：

　　1. 立足本地企业经营管理实践多角度地探索了管理会计的实践性问题。包括EVA奖金池在企业绩效激励中的应用、基于成本竞争力的施工企业工程项目动态成本管理、基于价值创造的集团财务管控能力提升、企业精细成本管理等论题，从一个侧面反映了重庆会计工作者在探索管理会计实施路径方面所取得的实践经验和成果。

　　2. 多维度地研究了地方政府债务治理及政府会计改革与预算管理等问题。包括基于比较制度分析、AHP和熵权、"大会计"的多维视角来研究地方政府性债务风险评估及其治理；基于政府治理视角研究政府会计改革以及对政府绩效预算管理体系构建、"三公"经费使用效益管理等论题的研究，为地方政府提升现代治理能力、防范负债风险提供了智库参考。

　　3. 关注和探讨了基层的会计管理和会计工作问题。包括重庆市巴南区"村财镇管"运行现状及其完善对策、万州代理记账服务市场现状分析与规范发展、政府为小微企业购买代理记账服务的实践、镇乡财政会计人员管理、渝东地区边远地区小型会计师事务所发展、农村小学生营养改善计划资金管理等论题的研究，充分体现了会计研究扎根基层、服务实践的务实文风。

4. 加强了对内部控制和审计监督的研究。包括信息化环境下的企业内部控制审计风险与应对、行政事业单位的内控落地、慈善机构内部控制信息披露、江南新区政府投资项目工程审计以及政府性投资项目的财政监管等论题的研究，对于进一步强化监督，防范风险和预防腐败有着积极的作用。

5. 展示了紧跟学术前沿的会计理论研究成果。包括基于上市公司的系列实证研究，如货币政策波动、区域金融发展及盈余管理，会计业绩信息异质性与高管薪酬，企业社会责任、公司治理对内部控制审计需求的交互影响，上市公司亏损前后的投资和融资，异地审计与低价竞争等论题；基于博弈论的会计、财务、内控和审计系列研究，如小微科技型企业融资新路径之专利权质押博弈、基于内生性视角的行政事业单位内控落地博弈解析、政府购买审计服务参与财政科技项目审计的博弈分析等，从一个侧面集中地反映了重庆会计理论界当前的研究水平。

为了激励重庆广大的会计工作者不断地创新实践、开拓进取，现将获奖论文中的34篇论文，分会计理论与实务、财务管理与实践、审计与内部控制、财税管理与金融四个专题板块集结成册，公开出版，以便交流学习和宣传推广。

由于论文作者涉及面广，加之时间紧迫，统稿和编辑工作量较大，书中可能还存在疏漏之处，敬请读者批评指正。

重庆市会计学会
《重庆会计论坛》编委会
二〇一五年三月六日

目　录

会计理论与实务

政府治理视角下的政府会计改革研究………………………………………李定清　3
万州代理记账服务市场现状分析与规范发展思考……………………………骆永林　11
会计业绩信息异质性与高管薪酬………………………………蒋　涛　刘运国　徐　悦　17
基于成本竞争力的施工企业工程项目动态成本管理探讨………………李晓川　张喜文　30
GS 公司 EVA 奖金池绩效激励的应用探析……………………………………杨　宇　38
从集团公司 IPO 审核谈企业财务管理的关键点
　　——以施工企业为例………………………………………………………付小京　46
浅谈政府购买小企业代理记账服务的实践与思考……………………………邱　麟　51
广告牌资产所有权与经营权相分离的会计核算问题探讨……………………刘　彦　58
论工业企业降低成本的几种有效途径…………………………………………胡　琳　64

财务管理与实践

巴南区"村财镇管"运行现状及其完善对策探讨………………………顾　飞　李文博　71
"营改增"税制改革对事业单位财务管理的影响………………………王小容　刘晓凤　79
上市公司亏损前后投融资实证研究……………………………………………张书伟　83
小微科技型企业融资新路径之专利权质押博弈
　　——基于 2014 年重庆市专利事业发展战略推进计划………………王秀霞　王睦瑶　92
优化集团企业资产负债结构的方法探讨
　　——以 C 集团为例………………………………………………………雷世光　98
浅谈房产税改革对房地产公司财务状况的影响
　　——以重庆龙湖地产为例………………………………………………俞宝水　104
医疗集团财务管理的实践与探索………………………………………………王海涛　116

审计与内部控制

集团财务管控能力提升与价值创造
　　——以重庆巨能集团为例………………………………………………裴周丽　123
行政事业单位内控能"落地"吗：基于内生性视角的博弈解析……………酒莉莉　何　敏　130
信息化环境下的企业内部控制审计风险与应对………………王海兵　何建国　杨　娱　139

政府购买审计服务参与财政科技项目审计的博弈分析 ………………… 何雪锋　何　敏　149
企业社会责任、公司治理对内部控制 审计需求的交互影响研究
　　——基于A股主板上市公司的实证分析 …………………………… 韩　彬　刘　莎　156
会计师事务所从事证券业务的伦理冲突及其化解 …………………… 刘光英　马玉林　170
异地审计与低价竞争 …………………………………………………… 石恒贵　黎　明　176
浅议江南新区政府投资项目工程审计问题及建议 ……………………………… 邢小龙　183
慈善机构内部控制信息披露新探讨
　　——来自行政事业单位内部控制规范的启发 …………………………………… 孟　蕾　188

财税管理与金融

货币政策波动、区域金融发展及盈余管理
　　——基于中国上市公司数据 …………………………………… 陈　耿　包燕萍　195
基于AHP和熵权的地方政府债务风险评估 …………………………… 何　敏　王秀霞　204
重庆地方政府性债务管理：一个比较制度分析的视角
　　………………………………………… 张　王　李玮链　黄仕恒　陶　琴　212
"大会计"与地方政府性债务治理：作用机理与分析框架 ………… 杨兴龙　刘　冰　221
重庆市政府绩效预算管理体系构建的思考 …………… 袁　媛　熊　伟　华　军　229
政府性投资项目财政监管中存在的问题与对策研究 …………………………… 严中祎　237
对严控"三公"经费以提高资金使用效益的思考 ……………………………… 谭朝武　243
提升镇乡财政会计人员管理效果的案例分析 …………………………………… 向家祐　251
农村小学生营养改善计划的管理模式创新 ……………………………………… 袁昌兴　255

附　录

重庆：打造结构优化、布局合理的人才队伍 ……………………………………………… 263
重庆会计人员为网络继续教育点赞 ………………………………………………………… 265
重庆：以领军"头雁"带动会计人才队伍建设 …………………………………………… 267
2014年全国会计领军（后备）人才重庆市入选名单 ……………………………………… 269
重庆市第二期会计领军（后备）人才培养选拔入围人员名单 …………………………… 270
重庆市第二期会计青年（后备）英才培养选拔入围人员名单 …………………………… 272
重庆市会计学会、重庆市总会计师协会2014年优秀论文征文活动评选结果 …………… 274

会计理论与实务

政府治理视角下的政府会计改革研究*

李定清

重庆工商大学会计学院

当今世界范围内掀起了一场新的政府治理变革运动。20世纪70年代以来，世界许多国家的政府组织都经历了重大的变革，这些变革涉及政府与企业、政府与市场、政府与社会关系的根本性、全方位的调整，变革的目的是追求政府的善治。这场波及世界的政府治理运动依托于一系列创新性制度的设计、选择和安排，反映了当代政府治理变革的基本理念和价值。政府治理的变革必然推动政府会计改革，要求提供反映政府公共受托责任的财务报告信息，以实现政府治理的目标和要求。

一、政府治理及其特征

（一）政府治理的含义

政府组织是现代社会组织不可或缺的部分。政府是指国家权力的执行机关，即接受人民委托，利用公共资源，为公众提供各种服务，且不以营利为目的的社会管理机构。确切地说，政府指的是整个公共部门，包括政府单位和公立非营利组织。因此，从广义上看，我国的政府组织就是整个公共部门，包括各级政府、行政单位和事业单位；从狭义上看，我国的政府组织仅指各级政府机关、立法机构、检察机关、审判机关等政府权力机关。

政府变革是社会主义市场经济最重要的内容之一。从企业和政府改革的实践看，一个公司需要治理，一个国家也需要治理。政府治理就是试图通过改革政府职能的活动范围和运行机制，力图在政府与市场关系、政府与社会关系之间寻求更为有效的提高公民福利及提升国家生产力、竞争力的制度安排和创新性组织。其中"治理"的基本含义是在一定范围内运用权威维持公共利益的最大化，以满足公众的需要。党的十八大以来，我国进行了大规模的政府行政改革，通过有效的政府治理变革，建立与社会主义市场经济相适应的政府行政体制和公共管理体制，处理好政府与市场、政府与社会的关系，使政府成为推动市场经济的服务性政府，以实现国家治理体系和治理能力现代化的目标。

（二）政府治理的主要特征

政府治理是国家治理的重要组成部分。政府治理、市场治理和社会治理是现代国家治理体系中三个最重要的次级体系。政府治理具有以下几个方面的特征：

1. 政府治理主体的多元性

政府治理理论认为，政府并不是国家唯一的权力中心，各种机构包括社会的、私人的，

---

*本文是2013年度重庆市社会科学规划项目（2013YBJY069）的阶段性成果，获重庆市会计学会、重庆市总会计师协会2014年优秀会计论文一等奖，已发表于《商业会计》2014年第9期。

只要得到公众的认可,就可以成为社会权力的中心。治理是政治国家与公民社会的合作、政府与非政府的合作、公共机构与私人机构的合作、强制与非强制的合作。因此,治理的主体不仅出现了多元化的趋势,而且在这些多元化的主体之间存在着一种权力依赖的关系。

2. 政府治理过程的互动性

"政府治理"旨在建立一个以相互依存为基础、以协作为特征、纵横协调、多元统一的社会治理结构。因此,政府治理在强调国家与社会合作的过程中,是一个上下互动的过程,它主要通过合作、协商、伙伴关系以及确定共同的目标等方式来实现对公共事务的管理。

3. 政府治理范围的广泛性

政府治理不同于传统的以领土为界的民族国家管理模式,它涉及的对象要宽泛得多。由于治理的权威主体既可以是政府,也可以是非政府的、跨国界的民间组织,所以治理的范围既可以是特定的领土界限内的民族国家,也可以是超越国家领土界限的国际领域。

4. 政府治理目标的有效性

政府治理的目标是通过建立服务性政府,实现其依法行政,成为透明高效有责任的政府。政府治理目标的有效性,就是将企业运作模式引入政府机构,按企业模式重塑政府。政府治理强调政府管理的成本,重视管理的绩效,把政府效率的提升放在行政成本降低、效益增长的双向思考中。

二、政府治理与政府会计的关系

(一)政府治理与新公共管理模式

1. 政府治理模式

20世纪70年代以来,西方发达国家掀起了一场声势浩大的公共行政改革运动,即"新公共管理"运动。经合组织(OECD)1995年度的公共管理发展报告《转变中的治理:OECD国家的公共管理改革》一文指出:经合组织国际的政府治理变革具有一个已经发展起来的共同的议事日程,这就是"新公共管理"政府治理模式。这表明传统政府治理理论及实践向新公共管理理论及实践转变,也是经合组织成员推行政府会计改革的重要力量。

2. 新公共管理模式的特征

新公共管理理论是政府治理变革的理论标向。经合组织提供的"新公共管理模式"的基本框架建议,认为它包含了五个方面的主要要素原则,即透明度、负责任、灵活性、前瞻性、法律和正直,其宗旨是倡导建立一种"以市场为基础的公共管理,最大限度地重视国家资源的使用效率"。

英国、澳大利亚、新西兰、加拿大、法国等国家普遍实行了以市场为导向的行政改革措施,都在不同程度上实践着新公共管理理论。这种新公共管理政府治理模式具有鲜明的特征:① 政府是依法行政政府,一切公共权力都必须符合宪法和法律,并在宪法和法律的监督之下行使;② 政府是有限权力政府,政府的公共权力由人民授予,必须严格限定在为人民服务的范围内;③ 政府是透明政府,严格实行政务公开,避免暗箱操作,自觉接受群众的监督;④

政府是责任政府，政府及其公务员所行使的一切权力的背后都连带着一份责任；⑤ 政府是效能政府，必须严格注重降低治理成本并提高服务质量，避免机构人员膨胀（王成国，2008）。目前，新公共管理运动已席卷全球，我国也正在进行深化公共行政体制改革试点，政府的功能将逐步向服务型、绩效型政府转变。

（二）政府治理与公共受托责任

1. 政府治理的实质

政府治理是政府行使权力、制定和执行政策所信赖的制度环境和机制，包括如何做出决策、行使权力以及使政治家和管理者保持责任感的途径。普遍认为，受托责任是良好政府治理的重要依赖。受托责任产生于委托代理关系，政府公共受托责任建立在公民与政府之间的委托代理关系的基础之上。李建发教授（2006）认为，公共受托责任应当是受托管理公共资源的政府、机构和人员，履行社会公共事务管理职能并向公众报告的义务。从预算管理角度讲，受托责任无论对于公共资源的"使用"，还是对于使用公共资源所产生的"结果"，都是必不可少的。新公共管理治理模式的实质是从企业化政府的层面上定位政府预算与会计的受托责任关系，反映并报告社会公众要求的政府职责的受托责任。

2. 公共受托责任的内容

政府公共受托责任是多维的受托责任。Stewart（1984）认为，公共受托责任是一个"梯形受托责任"：① 正直和合法受托责任，即依照预算和法律法规的要求来使用资金；② 过程受托责任，确保执行适当的程序并有适当的效率；③ 业绩受托责任；④ 项目受托责任、目标及其实现程度；⑤ 政策受托责任。李建发教授（2006）认为，政府公共受托责任既包括行为义务，也包括报告义务。一方面，政府应当从人民的公共利益出发，管理好人民托付的公共财产，履行好国家和社会公共事务管理职能，同时，政府应当向公众及其代表报告其受托责任的履行情况。我们认为，政府公共受托责任包括两个方面：一是基于政府内部受托责任的要求，即参与公共资源配置和使用的各个部门必须对整体政府负责，每一个使用公共财政资源的预算单位和支出机构都必须对受其工作影响的利益相关者负责；二是基于外部受托责任的要求，政府整体必须就公共资源的配置和使用结果对全体公民负责。政府公共受托责任是构建政府会计体系的基石。

（三）政府治理与政府会计

1. 政府治理与政府会计具有共同的理论基础

从政府治理的产生可以看出，政府治理源于公共管理中的政府失灵，其核心是委托代理问题，两者统一于政府公共受托责任目标的实现。而政府会计的本质是对公共受托责任完成过程及其结果的确认、计量和报告。因此，政府治理与政府会计的目标有必然联系，都是基于公共受托责任的要求，产生于委托代理问题，共同目标在于公共受托责任的履行。

2. 政府治理与政府会计遵循的目标和原则相同

从目标角度看，政府治理与政府会计都强调政府资源的有效配置，提高政府管理效率和政府信息公开，以解除政府公共受托责任。从原则角度看，政府治理与政府会计都遵循相互牵制、相互制衡的原则。2012年，财政部颁布实施的《行政事业单位内部控制规范（试行）》，不仅是政府行政单位内部控制的建设内容，也是完善政府治理的重要举措。

3. 政府治理与政府会计具有相互促进的作用

政府治理要求建立服务型政府和政府信息公开制度，是政府会计变革的基础和发展动力。同时，政府治理以政府绩效为导向，评价政府服务成本效益，都要求政府会计提供反映政府营运状况和绩效的政府会计信息，而提供政府会计信息是解除政府公共受托责任的重要途径。如何降低政府财务风险、提高政府营运效率是政府治理和政府会计共同关注的问题。

三、政府治理框架下的政府会计改革

（一）政府会计改革的基本理念

政府会计改革是政府治理的重要内容。从政府治理角度看，政府具有公共资金管理者和使用者的双重身份，客观真实披露政府的资产负债状况、"投入—产出"绩效是其责任。因此，我国政府会计改革应当借鉴经合组织成员的政府治理和政府会计改革的经验，将政府会计改革置于政府治理及新公共管理框架，置于我国特定的政府会计环境，置于政府精细化管理和预算管理体系，建立与国际公共部门会计准则相融通的政府会计规范模式和评价体系中。我们认为，政府治理框架下的政府会计改革应遵循以下基本理念。

1. 目标责任观

政府会计改革必须遵循反映政府公共受托责任的目标，并向政府利益相关者提供对决策有用的政府财务报告信息，客观评估政府活动是否符合可持续发展战略的要求，提升政府风险的应对能力。

2. 风险管理观

风险管理是一种政府治理理念。通过政府会计改革，将政府债务收支纳入预算管理，强化政府财务风险的核算与管理，建立政府风险预警机制，适时监控地方政府的债务规模和结构，防范政府风险。

3. 信息透明观

信息透明就是指信息使用者能够从政府公开发布的政府会计信息中真实了解政府管理的执政理念、发展战略、财务状况、营运绩效等。政府会计信息的公开透明，不仅是监督政府活动运行情况的本质要求，也是社会主义政治民主和政治文明在政府财务管理领域的具体体现。

4. 绩效导向观

政府绩效评价是解除政府受托责任的重要内容。绩效导向就是将传统的投入预算管理向产出预算管理转变，强调以结果和产出为导向，以及政府受托责任和绩效评价，强化绩效管理。政府会计改革更加注重结果责任。

5. 规范趋同观

政府会计准则是规范政府财务活动的准绳，是政府治理信息公开透明的支撑。同时，政府会计准则建设也是政府会计改革的重要内容。规范趋同观就是充分借鉴国际公共部门会计准则的经验和做法,加快制定我国的政府会计准则,实现与国际公共部门会计准则协调趋同的改革目标。

(二)重构我国政府会计体系

政府治理与政府会计改革客观上要求重构政府会计体系。政府会计体系是指基于政府治理目标,和政府绩效管理评价相适应的,具有内在的逻辑性、层次性和结构性的会计系统。

1. 传统预算会计体系

目前,我国政府的会计体系是围绕预算资金执行和组织类别来构建的,即传统的预算会计体系,包括财政总预算会计、行政单位会计、事业单位会计以及若干预算会计分支。由于传统的预算会计体系中的三个分支采用不同的会计科目组织会计核算,客观上形成了相互分割、互不衔接的"三张皮"格局,导致财政总预算会计并不能整合行政单位会计和事业单位会计,无法提供合并的政府整体财务报告,也就不能全面评价政府公共受托责任。因此,传统的预算会计体系必然向现代政府会计体系转变。

2. 现代政府会计体系

政府会计的主要功能是监督预算执行过程的合规性,提高财政透明度,评价政府绩效和解脱受托责任。从政府会计的功能类型构建政府会计体系,目前学术界主要有三种观点:

(1)"二元论",即认为政府会计体系由政府预算会计和政府财务会计构成。如张奇博士(2007)主张,将政府会计系统划分为以权责发生制为基础的政府财务会计系统与以收付实现制为基础的政府预算会计系统,发挥两类不同会计系统各自的优势功能。

(2)"三元论",即认为政府会计体系由政府预算会计、政府财务会计和政府成本会计构成。如荆新教授(2009)提出了"三元系统"观点,认为政府会计体系应以财务会计(基本功能是提供整体财务状况信息)为主导,融合预算会计(基本功能是提供预算拨款收支信息)和成本会计(基本功能是提供业务、项目成本信息)。

(3)"四元论",即认为政府会计体系由政府预算会计、政府财务会计、政府成本会计和政府管理会计构成。如景宏军、王蕴波教授(2008)认为,政府会计从功能上可以划分为四个部分:政府财务会计、政府管理会计、政府成本会计和政府预算会计。

以上三种不同观点,都勾画出了未来政府会计体系构建的发展方向。由此也说明,政府会计理论研究的范围相当广泛,很多政府会计理论和实践问题需要我们去探索与实践。关于上述三种不同观点,我们认为建立政府预算会计和政府财务会计"二元系统"是近期我国政府会计改革的重点,而政府成本管理、绩效评价客观需要引入政府成本会计和管理会计。因此,建立包括政府成本会计、政府管理会计在内的完备有效的政府会计"四元系统",是政府会计改革的长远目标。

(三)加强政府会计准则建设

政府会计准则建设是完善政府治理的重要内容。国外很多发达国家专门设有政府会计与财务报告准则制定机构,制定内容详细全面的政府会计准则与财务报告准则。因此,我国政府会计改革也需要制定一套内容完整的政府会计准则。通常而言,政府会计准则的内容包括概念框架、具体准则、财务报告准则以及相关应用指南或操作手册。政府会计准则的制定,注重政府会计利益相关者的参与度,强调公开、透明和包容性。政府会计概念框架与我国会计基本准则内容相同,它是对政府会计规范体系的基本原则问题所做的规范和要求,主要包括政府会计核算前提、会计目标、会计基础、会计计量、会计要素和财务报告等内容。

1. 政府会计目标

政府会计目标是政府提供财务信息或编制财务报告的目标或目的,它是指导政府会计准则制定的最高层次,是用于评估现有会计准则、发展未来会计准则的基础。在会计理论上,会计目标有受托责任观和决策有用观两种代表性的学派。关于政府会计目标问题,在理论上有两种不同观点:一是"单一目标"观,认为政府会计目标是反映政府或政府单位的公共受托责任;二是"双重目标"观,认为政府会计的目标是受托责任与决策有用并存。我们认为,受托责任观与决策有用观并非互相排斥,而是相互联系的。受托责任观和决策有用观的共同点应该在于,都是为有关各方提供有用信息,这些信息可以用来评价受托责任,也可以用于会计决策。但考虑到公共受托责任是政府会计存在的客观基础,因此,政府会计目标应该定位为以"受托责任观"为主导,以"决策有用观"为辅助的"双重目标观"。

2. 政府会计要素

政府会计要素是政府会计对象的具体化,是按照交易或者事项的经济特征所做的基本分类。它既是政府会计确认和计量的依据,也是确定政府财务报告的结构和内容的基础。我们认为,政府会计要素的分类必须考虑以下因素:一是会计要素要符合政府会计目标的要求;二是会计要素应完整反映政府活动涵盖的会计核算对象;三是会计要素要满足基于不同确认基础的会计报表的需要;四是会计要素的定义应具有普遍适应性。在这些因素中,政府会计目标决定政府会计核算对象和会计要素确认基础。目前我国政府会计改革目标就是要建立包括政府预算会计和政府财务会计两大子系统的政府会计体系,由于两个子系统在会计目标、确认基础上的差异,其会计要素的设置也有所不同。政府会计要素分为政府预算会计要素和政府财务会计要素,它们共同构成"二元结构"的会计要素。政府预算会计要素设置"预算收入""预算支出"和"预算结余"三要素;政府财务会计设置"资产""负债""净资产""收入"和"费用"五个要素,其中"资产""负债"和"净资"产属于资产负债表要素,"收入"和"费用"属于收入费用表要素。

3. 政府会计基础

政府会计一般有现金制基础、修正的现金制基础、修正的应计制基础和完全的应计制基础。我国现行的政府会计确认基础一般采用现金制基础,这是由原预算会计的特点所决定的。随着我国政府会计环境的变化,政府会计基础的选择应该依据政府会计体系和政府会计目标的要求来决定。因此,我们认为,政府预算会计基础应该与政府预算基础一致,采用现金制会计基础,以评价政府预算收支执行情况和履行的受托责任;政府财务会计基础采用应计制,以评价政府财务状况、运营业绩等受托责任的履行情况,并做出合理决策。

4. 政府会计计量

从会计理论上讲,会计计量包括历史成本、重置成本、可变现净值、现值和公允价值等五种计量属性,它们各有优劣,但彼此并不完全排斥,在会计计量时往往可以同时使用两种或两种以上属性,以提高会计信息的相关性。长期以来,我国政府会计采用的是历史成本计量属性，并以会计核算原则的形式加以规范。历史成本是会计计量属性中最早出现的，具有客观性、可验证性等优点。但实践已经证明，单一的计量属性既不能满足政府会计计量的要求，也不能很好地实现政府会计的目标。在政府会计中，对会计要素项目计量是为了满足政府决策有用并反映受托责任的履行情况。因此，政府会计目标决定会计计量属性的选择，客观上要求政府会计计量模式从现在的单一计量模式向综合计量模式转变，即以历史成本计量属性为主，多种计量属性共存并相互配合，以满足各方面会计信息使用者对多元化会计信息的需求。

需要指出的是，政府会计规范有制度模式、准则模式和准则制度混合模式，目前我国政府会计采用的是制度模式。因此，我国政府会计规范模式的改革，可以借鉴我国企业会计规范改革的进程，政府会计规范模式可以分两步走：一是近期改革目标是建立"基本准则+制度"的混合模式；二是长期改革目标是建立与国际公共部门会计准则相趋同的会计准则规范模式。

（四）建立政府综合财务报告制度

1. 建立政府综合财务报告制度的必要性

政府信息公开制度是政府治理的基础。目前，我国尚未实行政府财务报告制度，政府财务信息只是散见于政府预算执行情况报告、国民经济与社会发展计划执行情况报告及政府工作报告中。政府对外披露财务信息的主要方式是政府预算报告，披露的形式简单且不规范，所传达的财务信息十分有限，政府债权、债务、资产等财务状况不能得到全面完整的反映。这种披露方式对内部使用者来说，无法使政府决策得到充分的依据，对外部使用者而言，政府财务状况的透明度不高，不利于立法等机关和社会公众对政府资金分配与运行的监督和管理。李克强总理在《2014年政府工作报告》中指出："推行政府综合财务报告制度，防范和化解债务风险。"因此，建立政府综合财务报告及披露制度势在必行。

2. 政府综合财务报告模式的选择

从理论上讲，政府财务报告模式可以分为现金制基础下的政府财务报告、修正的现金制基础下的政府财务报告、修正的应计制下的政府财务报告和完全的应计制下的政府财务报告四种。不同会计基础下的政府财务报告在会计要素、报表类型和披露其他信息等方面有所差异。不管采用什么样的财务报告模式，它都是由政府财务报告的目标决定的。因此，根据我国政府会计的环境和政府会计改革的进程，政府财务会计目标强调受托责任与决策有用并存，会计基础由收付实现制向权责发生制转变，这些都决定了目前我国应积极推进政府财务报告制度改革，采用修正的应计制或应计制下的政府财务报告模式。2013年9月，财政部部长楼继伟称："我国将试编权责发生制政府综合财务报告。"这标志着我国政府会计改革进入了新的历史阶段。

3. 政府综合财务报告制度的内容

政府综合财务报告不仅是披露政府综合财务信息的一种规范化途径和载体，而且是信息使用者评价政府绩效及做出相应决策的重要依据，也是实现国家治理体系和治理能力现代化的重要基础。因此，政府财务报告体系的构建应遵循需求导向原则，形成全面评价政府绩效的多维的政府财务报告体系，以满足不同利益相关者多元化的信息需求。我们认为，政府综合财务报告的内容主要包括：① 资产负债表，反映政府财务状况；② 营运业绩表，反映政府营运成本效益情况；③ 现金流量表，反映政府资金的现金流量状况；④ 财务报表附注，如会计政策说明、政府的声明、政府讨论和分析、政府依法行政情况及各类反映政府受托责任履行情况的资料；⑤ 其他附表，对财务报表作补充说明，如对外投资明细表、固定资产明细表等。政府综合财务报告制度还要建立审计鉴定制度、政府会计信息披露问责制，强调公开透明、充分披露的原则，这也是良好政府治理的客观要求。

参考文献

[1] 刘光忠. 关于推进我国政府会计改革的若干建议[J]. 会计研究，2010（12）：11-16.

[2] 丁鑫，荆新. 政府会计三元系统初探[J]. 财务与会计，2011（10）：63-65.

[3] 赵西卜. 对建设我国政府会计准则几个问题的思考[J]. 财务与会计，2011（1）：49-52.

[4] 梁小平. 基于政府治理视角的政府部门内部控制问题研究[J]. 审计监督，2013（7）：14-17.

[5] 柴中达. 政府治理与公司治理相关性研究[M]. 天津：天津人民出版社，2006.

[6] 李定清等. 会计理论[M]. 上海：立信出版社，2009.

推荐单位：重庆市建设会计学会

万州代理记账服务市场现状分析与规范发展思考*

骆永林
重庆市万州区财政局

2000年新《中华人民共和国会计法》第三十六条明确规定:"各单位应当根据会计业务的需要,设置会计机构,或者在有关机构中设置会计人员并指定会计主管人员;不具备设置条件的,应当委托经批准设立从事会计代理记账业务的中介机构代理记账。"在此基础上,财政部于2005年以财政部第27号令颁布《代理记账管理办法》,以此专门规范代理记账机构和行业的发展。代理记账的工作内容主要是:审核原始凭证、填制记账凭证、登记会计账簿、编制会计报表以及向税务机关提供纳税资料等。

一、万州代理记账业务市场的源起

万州代理记账业务起始于2002年,截止到2007年共计批准代理记账业务机构9家,具体如表1所示。此行业的产生和发展主要是看准许多中小企业会计解决方案的需求,即在公司内部不设会计岗位,而是请税务师事务所或者专业的记账公司或具有会计从业资格的个人代理记账,其目的在很大程度上是为了节省企业成本。

表1 万州区2002—2007年代理记账机构统计表

机构名称	批准时间	注册地址	代理记账负责人
重庆市万州区安信会计咨询服务公司	2002.12	万州区孙家书房下街71号501室	蒋真理
重庆市万州区福成会计咨询有限公司	2003.3	万州区白岩路中庆花园2号楼	宋光荣
重庆市万州区瑞茂会计代理服务公司	2003.6	万州区国本路35号(求是办事处内)	于肇让
重庆市万州区通威会计咨询服务公司	2003.8	万州区桂花路71号	管平
重庆万州区华谊财税公里咨询服务有限公司	2004.3	万州区科园路102号2-603室	(不详)
重庆市万州区治万财务咨询服务公司	2004.9	万州区国本路35号(万里城墙处)	汤发英
重庆万玖财务咨询有限公司	2006.3	万州区国本路	徐海军
重庆市万州区瑞格代理记账有限公司	2006.7	万州区周家坝天都商城C5-702室	陈地君
重庆市丰赛财务咨询服务有限公司	2007.3	万州区万里城墙90号	胡浩

在当时的条件下,财政部门仅仅承担了审批的职责,缺乏对会计代理记账业务机构相应的监督管理,代理记账机构的管理和业务市场基本上处于无序运行状态。因市场的无序竞争和利益角逐,经财政部门审批的代理机构的所能承揽的代理记账业务甚少,反而个人代理和"地下代账"(未经财政部门审批而从事代理记账业务)的业务无形增加,致使9家代理记账

---

*本文获重庆市会计学会、重庆市总会计师协会2014年优秀会计论文一等奖。

业务机构于2007年先后"消失",截止到2012年,在全区实施代理记账机构备案登记时,9家代理记账业务机构没有一家备案登记。

二、代理记账业务机构现状浅析

(一)万州代理记账服务机构审批情况

在前面的9家代理记账机构"消失"后,从2007年到2010年的3年时间里,区财政局没有再审批成立代理记账机构,当然代理记账业务活动始终是存在的。从2011年起,代理记账机构又重新活跃起来,截止到2014年6月,经财政审批成立的代理记账业务机构共有10家(除会计师事务所外),其中2011—2013年共计批准成立6家,2014年6月前又批准成立了4家,具体如表2所示。

表2 万州区2011年1月—2014年6月代理记账机构统计表

序号	机构名称	批文编号	批准时间	法人代表	许可证编号	运营情况
1	重庆市万州区拂晓财税咨询服务公司	万州财会〔2011〕2号	2011.01.27	牟春莲	渝万州代许可证字〔2011〕01号	2012年歇业
2	重庆美功财税咨询服务公司	万州财会〔2012〕17号	2012.05.03	丁美功	渝万州代许可证字〔2012〕01号	正常运营
3	重庆市万州区亦平财税咨询服务部	万州财会〔2012〕18号	2012.05.17	周亦平	渝万州代许可证字〔2012〕02号	正常运营
4	重庆元邦财税咨询有限公司	万州财会〔2012〕24号	2012.06.07	郭旭	渝万州代许可证字〔2012〕03号	正常运营
5	万州区白岩路李论财务服务部	万州财会〔2013〕01号	2013.01.21	李必钊	渝万州代许可证字〔2013〕01号	正常运营
6	重庆玉都财务咨询有限公司	万州财会〔2013〕13号	2013.12.4	易载权	渝万州代许可证字〔2013〕02号	正常运营
7	重庆市万州区无微中小企业管理有限公司	万州财会发〔2014〕2号	2014.04.24	丁莉君	渝万州代账许可字〔2014〕01号	正常运营
8	重庆向壹财务咨询有限公司	万州财会发〔2014〕3号	2014.06.04	向迎春	渝万州代账许可字〔2014〕02号	正常运营
9	重庆玉丽财税咨询有限公司	万州财会发〔2014〕4号	2014.06.04	汪玉芬	渝万州代账许可字〔2014〕03号	正常运营
10	重庆市诚鑫财务代理有限责任公司	万州财会发〔2014〕5号	2014.06.19	杨利娜	渝万州代账许可字〔2014〕04号	正常运营

2013年前成立的6家代理记账机构中,重庆市万州区拂晓财税咨询服务公司的代理记账业务处于停滞状态,重庆玉都财务咨询有限公司是2013年12月才批准成立的新公司,以及去年成立的4家机构业务才刚刚起步,在此不做分析,其余4家机构处于正常业务开展之中。

（二）正常营运的四家代理记账机构运行情况

根据2012年和2013年的备案登记显示：重庆美功财税咨询服务公司注册资金10万元，年度代理客户198家，其中工业8家，商业22家，服务业37家，涉农131家，年销售收入均为100万元以下，年度代理收入32.72万元。重庆市万州区亦平财税咨询服务部注册资金6万元，年度代理客户8家，其中工业1家，商业7家，年销售收入均为300万元以下，年度代理收入3.5万元。重庆元邦财税咨询公司注册资金10万元，年度代理客户15家，其中工业1家，商业10家，涉农3家，广告宣传1家，15家企业年销售收入均为300万元以下，年度代理收入4.8万元。万州区白岩路李论财务服务部注册资金2万元，年度代理客户2家，其中工业1家，服务业1家，年度代理收入0.24万元。4家机构实现的年度代理收入约为41万元，年度受托代理客户为224家。

（三）从业人员基本情况

2011年1月至2014年6月，我区成立的10家代理记账业务机构共有从业人员43人。从会计职称层面看：取得高级会计师的目前还没有，取得中、初级会计专业技术资格的分别有16人和4人，仅有会计从业资格的23人；从学历层面看：大学本科以上学历8人，专科以上学历31人，中专及以下学历4人；从所学专业看：会计专业和非会计专业均而有之。以我们近两年对万州代理记账机构备案登记和普查情况的分析，代理记账工作人员受教育水平的高低、专业教育情况的好坏、记账工作经验的影响，代理记账的执业业务水平和代账质量差距是较大的，执业规范也各有不同。

三、万州代理记账行业发展存在的主要问题

（一）代理记账行业的社会认知度不高

会计代理记账是随着市场经济发展以及国家逐步规范中小企业会计核算的政策要求而产生并发展的。代理记账机构有费用节省、服务专业、安全保密、管理规范等诸多优势，一开始就把企业财务会计事务纳入规范运行，在服务过程中为企业负责人把好关，通过定期进行相关的财务分析，帮助应对复杂变化的经营环境，为企业提供经营建议，以帮助企业在合法经营的前提下实现经济效益最大化，为企业的长远发展奠定好基础。但从实际情况来看，由于代理记账业务开展的社会认知度不高，许多小规模企业和民营经济机构不了解代理记账的相关法规和代理记账机构的执业规范，也可能考虑到代账的成本，直接寻求私人代账、"地下代账"，在很大程度上扰乱代理记账机构的正常业务开展，行业发展举步维艰。

（二）代理记账业务开展面临的无序竞争

代理机构的业务发展应当是"市场化"的，按经济规律办事。而目前万州无资质代账的现象普遍存在。据走访调查，未经财政审批又在从事代理记账业务的财务人员不下于80人，主要分为两种类型：一种是中介类，如税务师事务所、会计咨询服务机构、会计培训机构等，此类机构至少有10家，从业人员不下于50人；另一种是个人代理类，主要是行政企事业单位的财务人员兼职代账和无单位的会计人员因生活需要从事代理记账，此类从业人员不下于

30人。究其原因主要是代理记账业务的"关系化"和"杀价风"为其提供了存活的土壤,一方面,一些行业的中介机构利用经营业务直接要求业务单位把会计记账业务交其代理;另一方面,有的部门与没有代理记账资质的机构或个人有着千丝万缕的关系,利用工作之便为代理记账招揽业务,形成一定范围的行业垄断。另外,个人代理以低廉价格进行代账,往往是只要企业有需要,就可以为企业提供"优质"服务,导致造假做假、逃税漏税成为常态,久治不绝。市场的无序竞争不仅给社会造成危害,也严重阻碍了代理记账机构正常业务的开展和行业的健康发展。

(三)迎合业主心态,淡纳税意识,轻会计责任

不少委托代理的私营业主因其自身素质不高,不按规定建账记账,再加上有相当一部分民营企业是从"个体户"过渡而来,过去一直是"包税""定额税"搞惯了,对要求他们据实建账、按账面纳税十分不满。而不规范的记账代理机构为了承揽业务,迎合业主单位的胃口,不是向业主单位宣传相关法律法规知识、代理记账行业规范,而是信誓旦旦打包票避税、减税,淡化企业纳税义务,轻视会计职业道德和法律责任。

(四)财政部门监管职能弱化

截至目前,万州区经财政审批(除会计师事务所外)的代理记账业务机构有10家。按照《代理记账管理办法》的要求,代理记账机构的设立必须先经财政部门审批,接受财政部门的监管。而实际情况是:代理记账机构设立后基本脱离财政部门的业务监管,代理记账公司的业务工作处于既不受财政部门会计管理机构管理,又不受注册会计师协会等行业自律组织管理的无序状态,这就给无资质代账机构(地下代账机构)提供了操作空间,财政部门很难发现,即使发现也没有行之有效的处理手段。按《代理记账管理办法》第二十四条规定,也仅是责令改正,予以公告。2010年万州"江东杯"会计基础工作规范达标竞赛活动中,在其中一组检查的40家企业中就有17家企业的会计业务事项分别交由6家代理记账公司代理,这些代理记账机构都未获得财政部门批准。这与财政部门监管不到位,相关的政府职能部门缺乏联动机制,财政、税务、工商等部门没有实现信息共享有着密切的关系。

(五)代理质量不高,会计信息失真

目前,无论是经财政审批的代理记账机构,还是未取得资质的代账机构或个人代账行为,由于缺失统一的、通用的代理记账业务规范或有规范不执行,基本上都是就事论事,把会计凭证做下来,而代账的人员很少对相应的原始凭证进行审核,更谈不上监督。加上企业不能按时、完整地提供原始资料,会计核算中不能严格遵循收入与成本、费用相互配比原则,同一会计期间内的各项收入与其相关的成本、费用在该会计期间内得不到准确确认的情况不在少数,无法杜绝,由此引发财务和会计报表失真,给国家税收造成的影响也就不言而喻了。

(六)《代理记账管理办法》跟不上现实要求

当前我们使用的《代理记账管理办法》是财政部于2005年以财政部第27号令颁布实施的,尽管《办法》对代理记账机构和业务开展作了许多有利的规定,但随着社会经济的发展,不尽完善、值得修订的地方不断显现出来,如对非法代账的处理、代账机构的责任与义务、委托单位的职责和义务等规定都有待加强。此外,省市级财政部门也缺乏相应的实施细则,

即或是有，其要求与现实要求也有一定差距，作为区县财政部门的会计管理机构，在实际操作中不好驾驭。

四、对我区代理记账业务市场规范发展的对策思考

分析万州代理记账机构和业务市场的发展，总体来讲，代理记账机构普遍存在规模较小、抗风险能力弱、内控制度不健全、执业水平不高、业务单一、总量不大、市场发展不规范等问题。为此，加强对代理记账机构的管理，促进代理记账业务市场的健康发展尤为重要。

（一）加大宣传力度，提高代理记账机构行业的社会认识度

以文件、报纸、网络等手段积极宣传代理记账的积极意义和重要作用，进一步增强代理记账机构的法律意识，特别是代账机构负责人的规范意识，以此求取全社会的认同。同时，财政部门也要加强对代理记账机构的监督管理和业务市场的规范整顿，取缔"个人代账"和"地下代账机构"，对依法建立、执业规范、执业质量优秀的代理记账机构通过媒体进行公告，对非法执业机构予以媒体曝光，引导委托代账单位自觉纳入合法代理记账机构实施代理记账。

（二）加强财政监管，规范代理记账机构的设立

财政部门要进一步完善有关代理记账机构设立的规章制度，严格控制代理记账机构的设立，把好代理记账机构设立资格的审查关口，杜绝无资格机构的设立。一是逐步提高代理记账机构的准入门槛。如代理记账机构执业人数从3人调整到5人，负责人取得会计专业技术资格在2年以上等。二是建立代理记账机构的档案库，准确把握代理记账机构及从业人员的变动情况。三是实行定期检查和年检制度，对未通过检查或年检的代理记账机构进行整顿、回访，规范代理记账机构和从业人员的执业行为，坚决取缔无证经营、违规经营和做假账等不法行为。

（三）加强部门联动，提高监管实效

《中华人民共和国会计法》《个体工商户建账管理暂行办法》《中华人民共和国税收征收管理法实施细则》以及财政部《代理记账管理办法》等都对代理记账行业做出了相应的规定，这给部门联动、形成合力提供了依据，抓好联动就会产生事半功倍的效果。一是工商部门在办理代理记账注册登记时严格把关，不见财政批文不予办理代理记账业务注册登记。二是税务机关在开展税收执法检查时，受检单位是委托代理记账的相关企业或单位，受托代理记账机构必须是经财政批准的合法机构，否则可将受托代理记账机构转交财政检查处理，也可按税务部门的相关法律规章进行处理。三是财政部门在实施财务监督检查或《会计法》执法检查时，对委托代理记账的单位，要按照《代理记账管理办法》的规定，加强对代理记账机构的执业资质、代账质量、会计基础规范等方面的检查，消除"地下代账"、非法代账现象。

（四）加强代理记账行业的自身建设

一是建章立制。建立完善代理记账机构的代理财务会计管理制度和内部控制规范，明确经济责任，使代理记账工作的每个方面都能有章可循，各个环节都能有效控制。二是规范业务处理流程。各项业务都有专人负责，做到程序明确，责任明确。三是制定严格的质量控制

制度，实行责任制管理。定期开展对从业人员的账务处理、稽核过程及结果实施的考核评议，同时将考核结果与薪酬挂钩，奖惩分明。四是提高从业人员素质。要切实加强代理记账机构从业人员的业务培训和职业道德教育，提高代理记账机构从业人员的整体素质，从而提升执业水平。

（五）加强财税政策扶持

财税部门应积极研究代理记账行业的扶持措施和办法，适时出台财税优惠政策，为代理记账机构提供便捷高效的纳税服务，促进代理记账行业的快速发展。特别是税务部门，要充分利用与小规模经济组织联系紧密的优势，积极协调代理记账机构与企业的关系建立，帮助推广代理记账，促进行业发展。

（六）进一步拓展代理记账业务范围

以万州目前代理记账行业的发展情况来看，机构数量在逐步增多，但整体规模普遍较小，代理业务范围不宽，基本上局限于单纯的会计记账和会计核算，也有少数机构延伸到代理纳税申报。为此，必须从机构规模、从业人员的教育培训入手，做大机构规模，提升人员素质，拓展业务范围，能够为委托单位提供会计核算、税收筹划、纳税申报、内部审计、工商税务注册年检、财税咨询等全方位服务。

（七）建立和完善与代理记账业务市场发展相匹配的法律法规和制度

首先，从法律层面上加强代理记账机构的法律地位，积极制定相关的法规及其实施细则，明确委托和代理双方各自的权利和义务。其次，针对当前代理记账业务运行过程中存在的问题，及时制定代理记账管理办法的具体实施细则以及代理记账业务操作流程、业务质量控制等相关规定，以更好地为代理记账机构提供服务。最后，实施委托与代理记账双方的委托承诺制，签订委托承诺书，有效规范代理记账行为。

推荐单位：万州区会计学会

会计业绩信息异质性与高管薪酬*

蒋涛　刘运国　徐悦

重庆理工大学会计学院　中山大学成本与管理会计研究中心　中山大学管理学院

一、引言

中国上市公司主要采用哪些会计业绩指标用于高管薪酬的制定？我们通过对已有的244家中国上市公司公告的高级管理人员薪酬管理办法的分析发现，会计指标中提到最多的是利润指标和营业收入指标。同时，营业收入指标和利润指标也是权重最大的指标。例如，瑞泰科技的经营业绩考核指标中，营业收入占30%的权重，利润总额占30%的权重，净资产收益率占10%的权重，即利润指标和营业收入指标占据70%的权重。

从对高级管理人员的薪酬管理办法的分析中发现，企业基本都采用多重指标考核经理人的工作努力程度，而以往的实证研究大多采用单一指标进行回归验证。Murphy（1999）归纳了以往研究薪酬业绩敏感性的文献，发现主要采用净利润、净利润的变化、股东的财富以及股东财富变化等单一会计指标与高管薪酬进行回归。企业采用多重指标考核经理人，然而现有研究主要采用单一业绩指标进行回归，这样的研究方式是否会忽略一些问题？我们认为，与单一指标考核不同的是，多重指标考核经理人会出现一个新的问题，即各种指标的考核结果可能出现极大的不一致。

Holmstrom（1979）指出，如果存在一种完美无缺的业绩衡量信息，采用这种信息作为信号传递的手段，可以最优地解决代理问题。事实上任何一种会计指标都不是完美无缺的业绩评价工具。人们引入多指标的业绩评价体系，希望它能克服单一评价体系的不足，更好地刻画经理人的工作努力程度。但是，多重业绩指标也会产生一个单一业绩指标考核不会出现的问题——业绩信息评估结果的不一致，即当采用众多指标评估高管业绩时，各会计指标评价结果之间会产生差异。我们把这种现象称之为会计信息的异质性问题。

只要采用多重业绩指标考核体系，就会产生会计信息异质性问题。那么这种异质性程度的大小是否会影响高管薪酬的制定，进而影响薪酬业绩敏感性？假设两个相关性很强的指标测量同一个经理人的工作业绩，评估结果若出现巨大差异，有可能说明这些指标没有很好地衡量经理人的工作努力程度。因此，本文研究业绩信息异质性对高管薪酬业绩敏感性的影响。

研究发现会计信息异质性程度越高，薪酬业绩敏感性越低。其次，与国有控股公司相比，民营控股公司更加注重利润。因此，即使出现业绩信息的异质性，对以净利润为业绩代理变量的薪酬业绩敏感性的影响相对较小。以营业收入为业绩代理变量时，国企与民企不存在上述差异。

以往文献中，会计信息用于高管薪酬制定的实证研究不足，主要集中于盈余管理（会计信息容易被操纵）以及会计业绩考核容易导致经理人的短视行为上[①]，并未涉及信息的异质性

---

*本文获重庆市会计学会、重庆市总会计师协会2014年优秀会计论文一等奖，已发表于《会计研究》2014年第3期。
① 例如为了短期会计业绩，削减研发费用。

问题对薪酬业绩敏感性的影响。已有的文献提出多重业绩指标的采用最好满足考核结果的一致性（Feltham et al.，1994；Datar et al.，2001），主要采用数学模型推导，没有提出相应的异质性测量方法，缺乏相应的经验证明。本文采用实证研究的方法，用现实的数据证明、验证了Feltham和Datar的理论猜想。

此外，以往的薪酬业绩敏感性研究中，将单一的业绩指标放入回归模型，并没有考虑会计业绩信息异质性的影响。会计业绩信息的异质性会降低任意一个会计指标代入模型中得到的薪酬业绩敏感性系数。因此，会计信息之间的异质性可能是造成现有文献中薪酬业绩敏感性系数较低的一个原因。本文的研究有助我们了解企业真实的薪酬业绩敏感性水平。

最后，研究发现，在中国特殊的产权制度背景下，由于国有企业承担了更多的非经营性目标，且其经营决策更容易受到政府的干预，因此，国有企业中会计业绩信息的异质性会呈现更高的水平。当同时面临会计业绩信息异质性时，国有企业会比民营企业更大程度降低利润指标的使用；而对于营业收入指标，两者并无太大差异。面对不同会计指标测量结果出现的差异，民企相对于国企更加偏信利润指标。本文研究结论有助于说明不同产权性质的企业可能拥有不同的业绩指标偏好。目前，学术界还缺乏企业对不同会计指标偏好的研究，本文的研究能够丰富此类研究。

二、理论分析与研究假设

委托-代理关系中的代理成本也被新制度经济学派视为交易成本的一种（亨利，2001）。在不存在代理成本的情况下，代理人拿固定薪酬，或者代理人根据业绩提成，或者委托人拿固定薪酬，这些不同的薪酬契约经济效益相同，均衡状态下代理人获取的薪酬等于其劳动的边际产出。薪酬契约的制定并没有会计业绩信息的用武之地。

代理成本存在的情况下，公司业绩信息作为信号传递的手段，判断代理人的努力工作程度，能够在一定程度上缓解信息不对称，抑制道德风险和逆向选择的发生，客观上能够降低代理成本，提高经济效益。业绩信息需要满足能够反映经理人的工作努力程度、较少受"噪声"影响、信息生产成本较低等特点。会计业绩信息不受市场噪声的影响，衡量经理人业绩时受偶然因素影响较小，其应用也有悠久的历史，自然在高管薪酬的制定中处于重要地位。与美国上市公司相比，中国上市公司较少采用股票、期权等激励方式。更加突显了会计业绩信息在高管薪酬制定中的重要性。

会计信息有很多种，前文提及上市公司基本都采用多重会计信息制定高管薪酬。企业为什么会采用多重业绩信息？首先，没有一种完美的业绩信息能够准确地衡量经理人的工作努力程度。同时，Holmstrom（1979）指出，在高管的考核中，加入一些其他考核指标，只要这些指标信息对风险分担有帮助，这些附加信息就能够缓解代理冲突。因此，大多数企业在高管薪酬考核中采用多重信息。其次，多重业绩考核指标体系更加吻合高管多重工作任务的事实。单一目标的企业，只需要激励经理人朝这个目标努力即可，而多重目标的企业，不但要激励经理人的总体努力程度，还要激励经理人的努力程度在不同目标上的分配。多指标考核体系也容易产生各种业绩指标考核结果的差异问题，那么应当如何看待会计信息的异质性对高管薪酬制定的影响？

Feltham和Xie（1994）指出无噪声和一致的业绩信息能够最优地衡量经理人，不一致的业绩信息只能导致方向和程度上都区别于最优的次优结果，说明如果出现业绩信息异质性，业绩信息的信号传递作用降低。Datar et al. （2001）证明如果各种测量信息都是完美且一致的，选用任何业绩信息结果都无太大差异。如果业绩信息不够完美，最大化这些信息的一致性才能最好地考核经理人的业绩。即使一种信息在考核经理人时的敏感性非常好，如果与其他信息的考核结果不一致，那么加入这个信息也不能在总体上增加信息的效度。刘运国等（2011）研究发现，业绩信息考核结果的差异会增加企业的代理成本。以上研究都表明了保持业绩信息一致性的重要性。

相关性很高的两个测量工具对同一个事物的测量得到比较一致的结果，间接说明原有测量结果比较准确。同样的，对经理人工作努力程度的测量，相关性较高的各种业绩信息最好能够得到一致的结论，以证明业绩测量比较准确。反之，相关性很高的业绩指标出现较大的异质性，有可能是原有指标的测量过程中有不可控的噪声，导致测量结果可能不够可靠。营业收入与净利润是两个不同会计业绩测量指标，中国上市公司的这两个指标的相关系数基本能够有 0.8，统计上显著。相关性如此高的业绩指标在衡量经理人的工作努力程度上应该差异较小，如果这两个指标测量结果出现较大差异，有可能是因为这些信息在刻画经理人的工作努力程度时不够精确。比如公司突然发生不可抗力意外，带来了营业外的损失，这个时候净利润的衡量里便含有了不可控的噪声，即便这个经理人在当期的收入指标完成得很好，因为不可控的噪声影响了利润指标，造成这两个指标的异质性很大，有偏的利润指标并不能很好衡量经理人的努力程度。

另外，即使每个指标的测量结果都比较准确，经理人工作成果的不均衡也会造成业绩信息的异质性。例如，两项工作，一项工作完成较好，另外一项工作完成不够出色，不同指标的测量结果均准确，也会形成评价结果的差异。差异产生的原因可能有两种：一是代理人努力程度的不平衡，有的工作任务完成好，有的完成差；二是客观因素造成，例如战略导向影响，在企业扩大市场份额的战略目标驱使下，营业收入增加，短时期内不可避免会大幅度增加成本，导致企业利润的表现不佳。如果代理人从事多种工作，若希望代理人在每项工作都能花费精力，那么激励合同必须使他花费在不同工作中的努力得到相同的边际报酬，否则还不如放弃对他的激励（张维迎，2005）。若根据代理人的每项工作成果（即各项业绩指标的结果）对相应的工作努力程度进行评价，如果差异的原因是来自于代理人努力程度的不平衡，表明激励契约中代理人花费在不同工作中的努力得到的边际报酬有差异，造成业绩评价结果的差异，这种情况下减少其薪酬与业绩挂钩的程度，即薪酬业绩敏感性降低，是最优薪酬契约的均衡结果[①]。同理，如果是战略导向造成业绩信息的异质性，现有指标对经理人工作努力程度的衡量可能也存在偏误，也会影响薪酬业绩敏感性程度。

Feltham 和 Xie（1994）指出，多项指标的衡量结果最好能够对经理人的评价保持方向一致。采用薪酬与异质性较大的业绩指标挂钩的方式，对代理人进行激励可能加大代理人的风险，不能达到相应的激励作用。例如前文指出战略导向要求企业扩大市场份额，客观因素导致利润表现不佳，若此时强调采用利润指标考核经理人，就不能对经理人产生较好的激励作用。

总之，不论是哪种情况造成的会计信息异质性，都会影响会计指标在高管薪酬契约中的

---

① 这里是指减少与相关会计业绩挂钩的薪酬激励程度，并不表明对经理人的激励程度降低，比如可以寻求其他形式的激励。

运用。薪酬业绩敏感性系数反映出高管薪酬与会计业绩信息之间的敏感程度。系数越大,反映出高管薪酬与会计业绩信息的联系越紧密;系数越小,反映出两者的关联越小。如果会计业绩信息出现较大的不一致性,说明这些业绩信号没有能够很好地反映经理人工作的努力程度,用其来制定高管薪酬时不能对经理人产生最优的激励效果,因此这些会计指标在高管薪酬制定中的作用应该会降低。

基于以上分析,提出假设:会计业绩信息异质性越大,薪酬业绩敏感性越低。

三、研究设计

(一)业绩信息异质性的定义

本文设置 3 个指标来衡量会计业绩信息的异质性。基于已公告的 244 家高级管理人员薪酬管理办法,会计业绩指标中运用最多的是利润指标(21%)和营业收入指标(14%),因此我们主要把营业收入与利润之间的差异作为会计业绩信息异质性的衡量指标。

$Heter1$:按照年度、行业分别将经总资产调整后[①]的上市公司营业收入指标 $Rev_{i,t}$ 和净利润指标 $NetIncome_{i,t}$ 升序排列,分为 10 组,并在 1~10 之间进行打分。分值越高表明此项指标($Rev_{i,t}$ 或 $NetIncome_{i,t}$)取值越大,表现越好。得分值分别用 $SARev_{i,t}$、$SANetIncome_{i,t}$ 表示,则

$$Heter1_{i,t} = |SARev_{i,t} - SANetIncome_{i,t}| \quad (1)$$

表示两项指标得分的差异程度,即 $Heter1_{i,t}$ 值越大,营业收入指标与净利润指标评估结果的差异越大。

$Heter2$:采用两个指标排序结果的方差表示指标间的差异。同样将营业收入指标 $Rev_{i,t}$ 和净利润指标 $NetIncome_{i,t}$ 经总资产调整后按照年度、行业升序在 1~10 之间打分,并分别得到 $SARev_i$、$SANetIncome_{i,t}$。求出两个得分值的平均值 M_1,则

$$Heter2_{i,t} = \frac{1}{2}\{(SARev_{i,t} - M1)^2 + (SANetIncome_{i,t} - M_1)^2\} \quad (2)$$

亦表示两项指标得分的差异程度。同样,$Heter2_{i,t}$ 值越大,营业收入与净利润指标评估结果的差异越大。

$Heter3$:考虑会计指标中的其他指标,包括营业收入、净利润、净资产收益率以及总资产收益率。计算 4 个指标排序结果的方差表示这 4 个指标间的差异。同理,分别按照行业、年度将这 4 个指标升序排列并在 1~10 之间进行打分,分别得到分值 $SRev_{i,t}$、$SNetIncome_{i,t}$、$SRoa_{i,t}$、$SRoe_{i,t}$。求出这四个得分值的平均值 M_2,则

$$Heter3_{i,t} = \frac{1}{4}\{(SRev_{i,t} - M_2)^2 + (SNetIncome_{i,t} - M_2)^2 + (SRoa_{i,t} - M_2)^2 + (SRoe_{i,t} - M_2)^2\} \quad (3)$$

[①] 净利润和营业收入的排名会受到企业规模的影响。规模越大的企业营业收入打分一般会较高,因此对这两个指标分别用总资产进行修正。

即利用四项指标得分之间的方差来表示这四项得分之间的差异程度。$Heter3_{i,t}$值越大,表示多种会计业绩指标评估结果之间的不一致程度越大。

(二)回归模型

本文主要的回归模型如下:

$$\ln Comp_{i,t} = \beta_0 + \beta_1 \ln Perf_{i,t} + \beta_2 Heter_{i,t} + \beta_3 \ln Perf_{i,t} \times Heter_{i,t} + Controls_{i,t} + \sum Industry_{i,t} + \sum Year_{i,t} + \varepsilon_{i,t} \quad (4)$$

高管货币薪酬 $Comp_{i,t}$ 选择上市公司年报中披露的"薪酬最高的前三位高级管理人员"为代理变量,并取平均薪酬的自然对数作为高管薪酬的衡量指标。变量 $\ln Perf_{i,t}$ 用来衡量公司绩效,是上市公司年度经营绩效的自然对数。本文采用净利润和营业收入指标作为公司绩效的衡量指标。变量 $Heter_{i,t}$ 用上文定义的三个异质性指标分别进行回归,以确保结果的稳健性。$\ln Perf_{i,t} \times Heter_{i,t}$ 是本文研究假设的关键变量。

控制变量借鉴已有文献的方法(Ke et al., 2012, Firth et al., 2006),同时控制了公司特征和公司治理因素作为影响薪酬业绩敏感性的变量。中国上市公司中,产权性质以及所有权的集中度都对与业绩挂钩的薪酬制定有很大影响(Core et al., 1999)。因此,本文采用两个变量来控制这些因素:是否为国有企业 SOE、第一大控股股东持股比例 $Top1$。其他的公司特征相关变量包括资产规模 $\ln Asset_{i,t}$、是否发行 B 股、企业所处地区($LocalEast$、$LocalWest$)、公司上市年数 $Firmage_{i,t}$、账面市值比 $BM_{i,t}$、以及资产负债率 $Lev_{i,t}$;其他的公司治理相关变量包括总经理与董事长是否二职合一 $CRO_{i,t}$、独立董事在董事会所占比例 $Ratio_{i,t}$、管理层持股比例 $Hold_{i,t}$ 以及是否设立薪酬委员会 $Commi_{i,t}$。与此同时,我们也控制了行业和年度的影响。

根据上文的理论分析,如果会计业绩信息有较强的异质性,表现出更低的薪酬业绩敏感性。预计 $\ln Perf_{i,t} \times Heter_{i,t}$ 的系数 β_3 显著为负。另外,考虑到薪酬业绩敏感性的研究都是用单一指标来进行讨论,净利润指标并不能代表所有的会计业绩信息指标。因此,我们将营业收入指标 $Rev_{i,t}$ 代替净利润指标作为公司业绩的代理变量放入模型重新回归。同理,符号预计为负。

为减轻遗漏变量所带来的内生性问题,本文同时对模型(4)进行面板固定效应模型的估计,以控制不能观测却能影响高管薪酬的因素,减少模型(4)中的噪声。同样,我们预计系数 β_3 的符号显著为负。

(三)样本选择与描述性统计

中国的上市公司从 1999 年开始陆续披露公司前三位高管(董事)的薪酬数据,因此我们的样本区间为 1999—2011 年,选择沪深两市的上市公司,剔除金融类行业、数据缺失和异常观测值[①],另考虑到亏损企业薪酬考核的特殊性,因此在本文中剔除亏损企业样本[②],最后得到观测值 12930 个。为减少异常值影响,连续变量都进行了上下 1% winsorize 处理。如表 1 所示描述了在 1999—2011 年这个样本区间中所有变量的基本情况。

[①] 异常观测值即如营业收入小于 0 或者营业收入小于净利润的观测值。
[②] 因为本文薪酬业绩敏感度的模型采用对数模式,因而净利润小于 0 的自然被剔除,详见方军雄(2009)。

表1 描述性统计分析

变量名	均值	中值	最小值	最大值	标准差
$Comp$（0000s）	31.524	22.667	1.485	171.667	30.332
$lnComp$	12.256	12.331	9.629	14.356	0.945
$NetIncome$（million）	234	68.400	1.353	4000	551
$lnPerf$	3510	1110	14.118	22.110	1.571
$Revenue$（million）	18.036	18.040	52.800	55300	7990
$lnRev$	20.920	20.828	17.783	24.736	1.357
$Heter1$	2.856	2.000	0.000	9.000	2.206
$Heter2$	3.213	1.000	0.000	16.000	4.043
$Heter3$	2.819	1.688	0.000	13.688	2.996
$lnAsset$	21.526	21.394	19.183	25.011	1.111
SOE	0.596	1.000	0.000	1.000	0.491
B	0.058	0.000	0.000	1.000	0.234
$Top1$	0.393	0.378	0.095	0.751	0.162
CEO	0.144	0.000	0.000	1.000	0.352
$Ratio$	0.324	0.333	0.000	0.556	0.103
$Hold$	0.016	0.000	0.000	0.509	0.067
BM	1.645	1.322	0.824	6.485	0.933
Lev	0.473	0.484	0.049	0.967	0.188
$Commi$	0.289	0.000	0.000	1.000	0.453

四、实证结果

（一）会计业绩信息异质性与薪酬业绩敏感性的实证结果

如图1所示为当异质性指标1取值发生变化时，薪酬业绩敏感性（净利润为业绩代理变量）的变化情况。从图中可以看出，随着异质性指标1的增大，薪酬业绩敏感性逐渐呈下降趋势①，初步证明了前文关于异质性降低薪酬业绩敏感性的假设。

---

① 异质性指标2的图像基本一致，因异质性指标3取值较多且分散，没有呈现出明显的趋势，但随着异质性的增大，薪酬业绩敏感性呈现出愈加波动。此处不再列示指标2和指标3的关系图。将业绩指标替换为营业收入、资产收益率等，情况基本一致，都呈现下降的趋势。

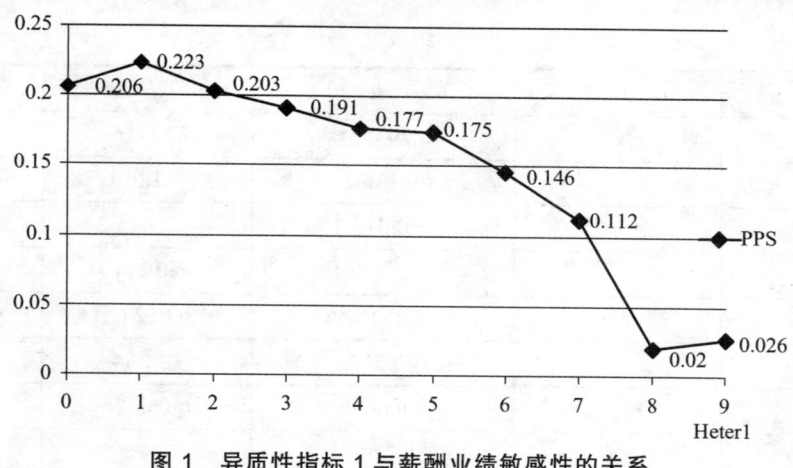

图1 异质性指标1与薪酬业绩敏感性的关系

如表2所示为业绩信息异质性与薪酬业绩敏感性（净利润为业绩代理变量）的回归结果。回归结果符合理论预期，即业绩信息异质性越强，薪酬业绩敏感性越低。表2列示了三个异质性指标的回归结果。ln$Perf$的系数都显著为正，表明上市公司高管的平均薪酬与业绩正相关。加入相关控制变量后，交乘项 ln$Perf \times Heter$ 的系数分别为 -0.011 0、-0.005 98、-0.005 07，且在1%水平上显著为负，表明异质性的增强会降低薪酬业绩的敏感性。固定效应模型结果基本一致，且篇幅有限，没有列出。

表2 会计业绩信息异质性与高管薪酬敏感性（因变量 ln$Comp_{i,t}$）回归结果

	（1）	（2）$Heter$1	（3）$Heter$2	（4）$Heter$3
$Constant$	6.141***	4.083***	4.313***	4.402***
	（35.261）	（12.512）	（13.741）	（13.521）
ln$Perf$	0.238***	0.208***	0.198***	0.183***
	（28.531）	（17.148）	（17.912）	（17.630）
$Heter$		0.202***	0.110***	0.084 0***
		（4.980）	（5.114）	（2.761）
$Perf \times Heter$		-0.011 0***	-0.005 98***	-0.005 07***
		（-4.821）	（-4.913）	（-2.998）
ln$Asset$		0.131***	0.128***	0.137***
		（7.425）	（7.257）	（7.703）
SOE		0.050 7*	0.051 4*	0.055 6*
		（1.685）	（1.706）	（1.846）
Top1		-0.632***	-0.633***	-0.618***
		（-7.659）	（-7.667）	（-7.475）
B		0.199***	0.198***	0.208***
		（2.990）	（2.978）	（3.145）

续表2

	（1）	（2）Heter1	（3）Heter2	（4）Heter3
LocalEast		0.293***	0.293***	0.297***
		（9.136）	（9.120）	（9.193）
LocalWest		-0.015 2	-0.015 2	-0.017 7
		（-0.372）	（-0.371）	（-0.429）
Firmage		-0.052 1***	-0.052 6***	-0.052 9***
		（-3.300）	（-3.334）	（-3.339）
CEO		0.058 3*	0.058 2*	0.057 8*
		（1.779）	（1.775）	（1.763）
Ratio		0.188	0.184	0.200
		（1.232）	（1.209）	（1.318）
Hold		-0.104	-0.107	-0.087 5
		（-0.748）	（-0.769）	（-0.630）
BM		0.036 3***	0.035 5***	0.036 0***
		（2.757）	（2.695）	（2.735）
Lev		-0.045 4	-0.044 4	-0.019 6
		（-0.650）	（-0.636）	（-0.280）
Commi		0.050 9***	0.050 8***	0.050 0***
		（4.138）	（4.134）	（4.069）
N	12930	12930	12930	12930
adj. R-sq	0.522	0.566	0.566	0.565

注：***、**、*分别表示1%、5%、10%统计水平显著。括号内为稳健Z值，时间序列依赖性（time series dependence）经公司层面的Cluster修正且标准差都经过异方差调整，且控制了年度、行业。

企业采用多重会计业绩指标进行考核，如果仅以净利润作为衡量业绩的指标进行薪酬业绩敏感性分析，得出的以上结果尚不能证明会计业绩信息异质性会减少会计信息在薪酬契约制定中的运用。因此，采用会计业绩考核中另一个权重较大的指标营业收入作为经营业绩的代理变量，重新进行回归，不管是水平还是面板回归，回归结果均一致。

（二）产权性质与业绩信息异质性

中国问题的研究都必须关注产权性质这个最大的制度背景问题。中国上市公司大约有60%的企业属于国有企业。下面我们讨论不同产权性质情况下，会计业绩信息异质性对高管薪酬的影响。回归结果如表3所示。从交乘项$\ln Perf \times Heter$的系数绝对值（业绩指标采用净利润）来看，国企均大于民营企业，Chow-test检验结果非常显著，说明会计业绩异质性对高管薪酬的影响受产权性质的影响。国有企业会计业绩信息异质性的存在对薪酬业绩敏感性的降低较多，而民营企业的会计业绩信息异质性对薪酬业绩的敏感性降低较少。

中国国企要承担更多的公共责任，因此对利润的看重不如民营企业敏感。国有企业在保证国家产业安全、救灾等方面有更多的责任。刘慧龙等（2010）认为存在政治关联的国有控股公司拥有更多的企业冗员，这种冗员是国家降低失业率、维护社会稳定的需要。这些社会责任都会影响国有企业的利润水平。Bai（2005）通过对300家国有企业的研究发现，利润不是中国国有企业衡量高管薪酬的唯一目标，国有企业的经营目标更加多样化，明显区别于私营企业以利润作为高管考核主要指标的特点。基于以上分析，我们发现中国民营上市公司更加关注企业利润，基于利润指标的重要性，即使出现会计业绩信息异质性，薪酬业绩敏感性的降低较小。

营业收入作为业绩指标的代理变量代入方程，结果如表4所示，国有企业和民营企业的差异不明显，交乘项 $\ln Rev \times Heter$ 的系数差别不大，Chow-test 检验结果没有显著差异，说明国有企业和民营企业对营业收入指标的态度比较一致。通过此项对比分析发现，高管信息制定中，不同产权性质的企业对不同会计信息的认同存在差异。当出现会计信息异质性，民企更加偏信利润指标。

表3 分产权的业绩信息异质性与薪酬业绩敏感性—Chow-test 回归结果

	（1）国企	（2）非国企	（3）国企	（4）非国企	（5）国企	（6）非国企
$Constant$	5.049***	3.397***	5.340***	3.546***	5.379***	3.802***
	（25.633）	（12.655）	（29.648）	（14.190）	（29.090）	（14.822）
$Perf$	0.241***	0.179***	0.227***	0.171***	0.213***	0.161***
	（26.375）	（15.044）	（27.894）	（15.951）	（26.598）	（15.407）
$Heter1$	0.259***	0.130***				
	（7.737）	（2.868）				
$Perf \times Heter1$	-0.013 8***	-0.007 43***				
	（-7.475）	（-2.900）				
$Heter2$			0.139***	0.067 3***		
			（7.837）	（2.725）		
$Perf \times Heter2$			-0.007 41***	-0.003 76***		
			（-7.541）	（-2.685）		
$Heter3$					0.145***	0.002 28
					（5.832）	（0.058）
$Perf \times Heter3$					-0.008 11***	-0.000 435
					（-5.929）	（-0.195）
$\ln Asset$	0.054 3***	0.206***	0.052 7***	0.205***	0.063 3***	0.201***
	（4.815）	（13.188）	（4.665）	（13.090）	（5.421）	（12.618）
$Top1$	-0.580***	-0.692***	-0.579***	-0.694***	-0.563***	-0.682***
	（-12.168）	（-10.894）	（-12.163）	（-10.917）	（-11.809）	（-10.738）

续表3

	（1）国企	（2）非国企	（3）国企	（4）非国企	（5）国企	（6）非国企
B	0.135***	0.319***	0.135***	0.317***	0.147***	0.320***
	（4.758）	（6.636）	（4.762）	（6.599）	（5.179）	（6.652）
LocalEast	0.311***	0.258***	0.311***	0.259***	0.317***	0.261***
	（18.114）	（10.534）	（18.089）	（10.557）	（18.427）	（10.663）
LocalWest	-0.034 2	0.042 5	-0.034 6	0.043 1	-0.040 0*	0.041 8
	（-1.476）	（1.240）	（-1.495）	（1.259）	（-1.725）	（1.220）
Firmage	-0.039 1***	-0.063 0***	-0.039 6***	-0.063 3***	-0.041 0***	-0.062 3***
	（-3.255）	（-4.664）	（-3.302）	（-4.688）	（-3.405）	（-4.608）
CEO	-0.010 5	0.129***	-0.010 1	0.128***	-0.010 5	0.128***
	（-0.439）	（5.515）	（-0.424）	（5.492）	（-0.437）	（5.493）
Ratio	0.422***	-0.084 1	0.415***	-0.080 9	0.465***	-0.090 0
	（3.508）	（-0.534）	（3.455）	（-0.514）	（3.857）	（-0.572）
Hold	0.409	-0.099 7	0.397	-0.103	0.383	-0.095 6
	（0.822）	（-0.882）	（0.799）	（-0.915）	（0.769）	（-0.844）
Lev	0.004 82	-0.179***	0.004 54	-0.176***	0.021 4	-0.150**
	（0.107）	（-3.062）	（0.101）	（-3.009）	（0.472）	（-2.535）
Commi	0.044 9***	0.057 7***	0.044 7***	0.057 8***	0.044 4***	0.057 2***
	（2.767）	（2.802）	（2.757）	（2.807）	（2.734）	（2.778）
N	7 700	5 230	7 700	5 230	7 700	5 230
adj. R-sq	0.602	0.529	0.602	0.529	0.600	0.529
Perf×Heter Chow-test	chi2（1）=4.15 Prob>chi2=0.041 7		chi2（1）=4.76 Prob>chi2=0.029 1		chi2（1）=7.47 Prob>chi2=0.006 3	

注：***、**、*分别表示1%、5%、10%统计水平显著。括号内为稳健Z值，控制了年度行业。

表4 分产权的业绩信息异质性与薪酬业绩敏感性—Chow-test回归结果

	（1）国企	（2）非国企	（3）国企	（4）非国企	（5）国企	（6）非国企
Constant	3.749***	2.175***	4.263***	2.619***	3.710***	2.029***
	（17.415）	（7.460）	（22.891）	（10.177）	（18.488）	（7.347）
lnRev	0.288***	0.233***	0.267***	0.216***	0.268***	0.226***
	（20.542）	（13.755）	（20.293）	（13.561）	（20.919）	（14.456）
Heter1	0.410***	0.361***				
	（8.573）	（5.604）				
lnRev×Heter1	-0.019 6***	-0.017 7***				
	（-8.780）	（-5.673）				
Heter2			0.204***	0.176***		
			（7.909）	（5.011）		

续表 4

	（1）国企	（2）非国企	（3）国企	（4）非国企	（5）国企	（6）非国企
lnRev×$Heter$2			－0.009 78***	－0.008 65***		
			（－8.144）	（－5.085）		
$Heter$3					0.268***	0.321***
					（9.038）	（7.832）
lnRev×$Heter$3					－0.013 3***	－0.015 9***
					（－9.701）	（－7.888）
ln$Asset$	0.050 6***	0.200***	0.047 0***	0.196***	0.073 7***	0.214***
	（3.483）	（10.556）	（3.224）	（10.320）	（5.102）	（11.238）
Top1	－0.593***	－0.653***	－0.592***	－0.652***	－0.597***	－0.664***
	（－12.130）	（－10.216）	（－12.107）	（－10.198）	（－12.279）	（－10.401）
B	0.118***	0.340***	0.120***	0.339***	0.127***	0.324***
	（4.046）	（7.028）	（4.111）	（7.004）	（4.400）	（6.709）
$LocalEast$	0.315***	0.247***	0.315***	0.246***	0.315***	0.244***
	（17.932）	（9.975）	（17.921）	（9.924）	（18.047）	（9.854）
$LocalWest$	0.008 07	0.056 3	0.009 06	0.057 1*	0.010 1	0.052 8
	（0.341）	（1.631）	（0.382）	（1.654）	（0.430）	（1.533）
$Firmage$	－0.061 2***	－0.074 3***	－0.061 8***	－0.075 0***	－0.064 3***	－0.073 7***
	（－4.999）	（－5.481）	（－5.044）	（－5.526）	（－5.279）	（－5.443）
CEO	－0.005 69	0.130***	－0.004 73	0.130***	－0.005 39	0.128***
	（－0.233）	（5.523）	（－0.193）	（5.520）	（－0.221）	（5.454）
$Ratio$	0.369***	－0.021 2	0.370***	－0.025 1	0.409***	－0.060 0
	（3.001）	（－0.134）	（3.010）	（－0.158）	（3.336）	（－0.379）
$Hold$	0.816	－0.026 7	0.798	－0.024 7	0.848*	－0.019 9
	（1.604）	（－0.234）	（1.567）	（－0.217）	（1.673）	（－0.175）
Lev	－0.371***	－0.466***	－0.378***	－0.472***	－0.356***	－0.496***
	（－8.348）	（－8.089）	（－8.508）	（－8.201）	（－8.022）	（－8.651）
$Commi$	0.044 0***	0.055 0***	0.044 0***	0.054 9***	0.043 5***	0.051 8**
	（2.655）	（2.646）	（2.648）	（2.641）	（2.634）	（2.500）
N	7700	5230	7700	5230	7700	5230
adj.$R-sq$	0.583	0.521	0.583	0.521	0.587	0.524
lnRev×$Heter$ Chow－test	chi2（1）= 0.22 Prob > chi2 = 0.635 5		chi2（1）=0.25 Prob > chi2 = 0.617 3		chi2（1）= 0.91 Prob > chi2 = 0.341 1	

注：***、**、*分别表示1%、5%、10%统计水平显著。括号内为稳健Z值，控制了年度、行业。

五、进一步讨论

有人怀疑会计信息异质性是由盈余管理造成的,那它是否就是一个盈余管理问题?我们需要指出会计业绩信息异质性是一个客观存在的现象,只要采用多重指标考核体系就会造成它的存在,只是其程度存在差异。而盈余管理是人为干预会计处理的问题,是一个主观现象。为了证明他们并不是一个问题,我们运用基本 Jones 模型(Jones,1991)和修正 Jones 模型(Dechow et al.,1995)以及 DD 模型(Dechow et al.,2002)分别计算出六个盈余管理的衡量指标 $EQ1 \sim EQ6$,计算它们与三个异质性指标的 Pearson 相关系数,如表5所示。表5给出这些指标的相关系数,统计上均不显著,表明会计信息的异质性与盈余管理不存在较强的直接关联。

表5 业绩信息异质性与盈余管理相关系数

	$EQ1$	$EQ2$	$EQ3$	$EQ4$	$EQ5$	$EQ6$
$Heter1$	0.011	-0.006	0.001	-0.008	0.003	0.001
$Heter2$	0.006	-0.004	-0.007	-0.009	0.005	0.003
$Heter3$	0.001	0.003	-0.012	-0.001	-0.010	-0.010

注:线性相关系数统计上都不显著。

六、结 论

实证研究发现:业绩信息异质性程度越高,不管是净利润还是营业收入作为业绩指标,薪酬业绩敏感性越低。针对不同产权性质的企业,会计业绩信息异质性对高管薪酬的影响存在差异。当利润作为业绩指标时,民营企业的会计业绩信息异质性对薪酬业绩敏感性的降低程度较小。营业收入作为业绩指标时,国企民企之间不存在显著差异。本文的研究结果表明,如果会计信息评估结果出现较大差异,会计信息作为信号传递的手段用于高管薪酬的制定效果较差。同时本文也发现,在高管薪酬的制定中,不同产权性质的企业对不同会计指标的偏好有差异。

会计业绩信息异质性问题会影响其使用价值,我们是否能设计一个新的业绩指标涵盖原有多重业绩指标的内容?理论与实务界也尝试了平衡计分法、EVA 等指标来刻画经理人业绩,但是事实证明这些综合后的指标忽略了大量不同企业需要的业绩信息,并不能完全替代原有的多重业绩指标。例如,会计信息中的净利润是根据收入费用线性加总而来,但是净利润却并不能完全覆盖营业收入的信息含量。通过对上市公司公告的高级管理人员薪酬管理办法的分析发现,几乎没有公司单独采用平衡计分法这一综合业绩指标制定经理人薪酬。大多数公司仍然采用多重关键的业绩指标制定经理人薪酬。多重指标的使用必然面临业绩信息异质性问题,所以当业绩信息异质性较大时,降低业绩信息的使用价值是比较务实的做法。本文的研究结论对企业完善其高管的业绩评价和薪酬设计机制具有一定的启示和实务指导价值。

参考文献

[1] 方军雄. 我国上市公司高管的薪酬存在黏性吗[J]. 经济研究,2009,3:110-124.

[2] 亨利·汉斯曼,著.企业所有权论[M].于静,译.北京:中国政法大学出版社,2001.

[3] 刘慧龙,张敏,王亚平,吴联生.政治关联、薪酬激励与员工配置效率[J].经济研究,2010,9:109-121.

[4] 刘运国,蒋涛,胡玉明.谁能免于薪酬惩罚?——基于ST公司的研究[J].会计研究,2011,12:46-51.

[5] 张维迎.产权、激励与公司治理[M].北京:经济科学出版社,2005.

[6] Bai, C., L. Xu. Incentives for CEOs with multitasks: evidence from chinese state-owned enterprises[J]. Journal of Comparative Economic, 2005, 33(3): 517-539.

[7] Core, J., R. Holthausen, D. Larcker. Corporate governance, chief executive officer compensation, and firm performance[J]. Journal of Financial Economics, 1999, 51(3): 371-406.

[8] Datar, S., S. Kulp, R. Lambert. Balancing performance measures[J]. Journal of Accounting Research, 2001, 39(1): 75-92.

[9] Dechow, P., R. Sloan, A. Sweeney. Detecting earnings management[J]. The Accounting Review, 1995, 70(2): 193-225.

[10] Dechow, P., I. Dichev. The quality of accruals and earnings: the role of accrual estimation errors[J]. The Accounting Review, 2002, 77(1): 35-59.

[11] Feltham, G., J. Xie. Performance measure congruity and diversity in multi-task principal/agent relations[J]. The Accounting review, 1994, 69: 429-453.

[12] Firth, M., P. Fung, O. Rui. Corporate performance and ceo compensation in China[J]. Journal of Corporate Finance, 2006, 12(4): 693-714.

[13] Hölmstrom, B. Moral hazard and observability[J]. The Bell Journal of Economics, 1979, 10: 74-91.

[14] Jones, T. Ethical decision making by individuals in organizations: an issue-contingent model[J]. Academy of Management Review, 1991, 16(2): 366-395.

[15] Ke, B., O. Rui, W. Yu. Hong kong stock listing and the sensitivity of managerial compensation to firm performance in state-controlled Chinese firms[J]. Review of Accounting Studies, 2012, 17(1): 166-188.

[16] Murphy, K. Executive compensation[J]. Handbook of Labor Economics, Amsterdam: North-Holland, 1999, 3: 2485-2 563.

推荐单位:重庆理工大学

基于成本竞争力的施工企业工程项目
动态成本管理探讨*

李晓川　张喜文

重庆房地综合开发公司　重庆农村商业银行

近年来，随着我国施工企业的快速扩张发展，一些经营管理方面的深层次问题也日益突显，对施工企业的正常经营管理和可持续发展产生了重大的影响。一方面，现阶段由于资源的不可再生性而引发的资源价格持续上涨使广大施工企业面临严重的成本危机，如铁矿石、原煤以及铜价格上涨等，加上国内的人工成本不断攀升，从而给施工企业降本增效带来极大的压力。另一方面，随着世界经济一体化程度的加深，国内国际市场日益融合，我国许多施工企业开始将目光投向国际市场，实施"走出去"战略，这势必进一步加剧国内外施工企业之间的竞争。因此，我国施工企业要想在保持其竞争力和现有市场地位的同时，又能谋求进一步的发展，就必须想方设法地有效运用管理会计的思维和方法，通过实施动态成本管理，取得和保持动态成本优势，切实提升成本管控力和价值创造力。结合以上情况，施工企业能否优化成本管理方法，进而取得成本优势，利润优势关系着该企业的存亡。因此，对施工企业的成本管理必须进行改善，使施工企业的成本管理实现实时管理，从动态的角度去解决所面临的各种成本管理问题。

一、施工企业工程项目动态成本管理的概念界定

现有的相关参考文献显示，目前理论界尚未对"工程项目动态成本管理"这一概念予以统一的规范性界定。在此，笔者将基于对工程项目成本管理研究中主流文献的梳理，结合对动态成本管理工作的实践感悟，对工程项目动态成本管理的概念予以界定。

在目前工程项目动态成本管理的相关研究文献中，主要有以下三种较为主流的观点：第一种观点认为，"工程项目动态成本管理是指在工程项目的成本管理中把计划额作为成本管理的目标值，在项目实施过程中根据项目的进度计算项目的动态成本，定期进行动态成本与目标成本的差异分析，找出差异产生的原因，采取有效措施加以控制，并且为后期发生的项目成本提供依据，以进行有效的成本控制和管理。同时力争事先主动地分析各种产生差异的可能，通过快速完成'计划—动态跟踪—再计划'这个循环过程，尽可能减少、甚至避免偏差[1]。"第二种观点认为，"以前的成本管理，都建立在会计分期的基础上进行研究与应用。而突破会计分期的束缚，突出强调成本对于决策的时效性，即时获取成本构成资料这就是动态成本管理[2]。"第三种观点认为，"动态成本管理是指企业在变化多端的竞争环境下，通过快速的成本信息传输和成本决策机制，实现既定的经营目标并管理未来

---

*本文获重庆市会计学会、重庆市总会计师协会2014年优秀会计论文二等奖。

的经营目标,促使企业保持经营成本与风险成本的相对优势、战略地位相对提高的一种创新成本管理系统[3]"。

综合比较上述三种观点可以看出,在工程项目动态成本管理这一问题的研究上,多数专家学者都基于自己对动态成本管理的不同理解,对工程项目动态成本管理的核心概念——动态性予以阐述。笔者在对此予以比较分析的基础上认为,工程项目动态成本管理是指施工企业对所承担的工程项目进行成本的动态性管理、控制以及调整,是对工程项目的成本数据予以及时地记录、核算、上报以及调整控制,以实现企业有效的成本管控,促进企业利润空间的拓展,从而提升施工企业的成本竞争力。

二、基于过程解构的施工企业工程项目动态成本管理内容分析

施工企业工程项目动态成本管理的内容可以从工程项目成本发生的过程来予以解构和分析。基于过程解构的施工企业动态成本管理内容主要包括事前控制、事中控制和事后控制三个管控模块。

(一)工程项目动态成本管理的事前控制模块

事前控制模块是在工程施工前对相关成本予以管理的阶段及其工作内容,主要包括:

(1)基于成本管控的施工企业组织机构设置,即通过组织机构的有效设置来明确各部门的项目成本管理职权和责任。

(2)工程项目的投标,即通过充分的准备进行投标竞标,利用企业的成本管理优势来实现成功的投标。

(3)工程项目施工方案的设置,即在投标成功以后,就要根据所承担的工程项目及其成本管控的要求来进行工程施工方案的设置。

(4)工程项目责任成本机制的建立,即根据设定的项目成本管理责任来落实各部门及其相应工作人员的成本管理的职责。

(5)科学合理开展成本预测,即在正式进行工程项目建设以前,根据所建设的项目开展科学合理的成本预测等。

(二)工程项目动态成本管理的事中控制模块

事中控制模块是对工程建设过程中的项目成本予以控制的阶段及其工作内容,主要包括:

(1)确定各个工程施工阶段的目标成本,即对工程项目建设过程中的每个阶段的目标成本进行设定。依据各个施工阶段的目标成本实施人工、材料以及机械等费用的控制,对工程建设过程中的实际发生的人工、材料以及机械等费用进行实时控制。

(2)实施现场成本管理,即现场成本管理员对过程建设过程中的每一项支出进行记录,并及时反映,以便于依据目标成本对施工成本及时进行核对调整控制。

(3)设定成本核算报表报送制度,加强成本的过程控制,保证成本从发生、记录、上报到最后的调节控制都能够得到有效的实施。

(4)实施成本奖惩措施,落实成本增加的责任,同时对减少成本的员工进行奖励,保证奖罚分明,以便在工程项目建设完工后,可以及时地开展施工成本管理评估考核,以便总结

经验、吸取教训。事中控制模块是工程项目动态成本发生的具体阶段，是施工企业实施动态成本管理的核心内容。

（三）工程项目动态成本管理的事后控制模块

事后控制模块是对工程项目建设完工后的工程验收及其管理。工程项目完工后，施工单位与工程的设计单位以及工程的质量监督单位要对建设项目予以审核，通过对建设工程的共同检测来确定工程项目建设是否符合项目合同的要求，据此最后决定是否验收，并办理验收手续以及结清账款。

基于上述施工企业工程项目动态成本管理的三大模块分析，结合相关文献资料的研究成果和笔者日常从事施工企业工程项目动态成本管理的实践，可以将工程项目动态管理的应用流程分为六大步骤：

（1）明确企业成本管理的目标，也就是对新项目的成本进行估算，以确定进一步控制建设成本的依据；

（2）确定合同，签订合同，依据合同要求设定各类合同履行的动态成本形式；

（3）清晰划分工程建设的成本结构，分析动态成本的结构；

（4）设计成本的记录核算以及上报的各个规则，对工程项目的成本管理制定相适应的规则，并保证实施；

（5）建立动态成本信息系统，针对成本数据的记录、核算以及调整控制构建成本信息传递系统；

（6）将目标成本作为动态成本管理控制的一条主线，根据期初设定的目标成本对工程施工过程中的各项成本进行严格控制。具体应用流程如图1所示。

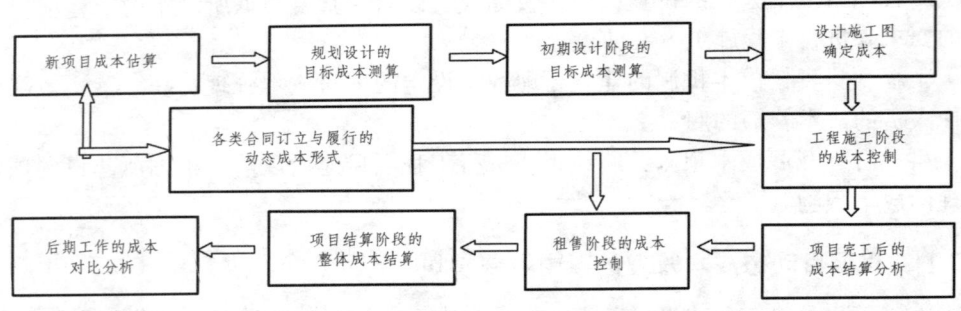

图1　施工企业工程项目动态成本管理流程图[4]

三、工程项目动态成本管理的内在优势

项目成本管理是企业财务管理中的重要组成部分，是企业获取经济效益的来源，直接关系着施工企业的生存与发展。作为建筑施工企业必须着眼于成本竞争力的提升，高度重视项目成本管理，强化建设项目的成本管控，只有这样才能在日趋激烈的市场竞争中得以生存并获得可持续的发展。目前，我国大部分施工企业都采用了一定的成本管理方式，但也暴露出了诸多问题。然而，工程项目动态成本管理这种方式所具有的其他成本管理方式难以比拟的内在优势，将有助于弥补当前施工企业成本管理存在的不足。

（一）工程项目动态成本管理具有内生性的成本管控责任优势

目前，我国施工企业的成本管理方法存在着企业成本责任制度不健全、不完善的问题，也就是工程建设过程中成本责任落实得不够完善和细致，各种成本管理工作分配到各个不同部门后没有进一步落实到具体的人员，各个员工在成本管理工作中时常对自己的责任并不明确。正因为这样，最后在实际施工过程中整个成本管理工作无法正常进行。

动态成本管理建立了完善细致的成本责任制度，这种成本责任制度遵循了标准化和规范化的原则，其实施可以做到将各个成本管理工作具体落实到每个人，最后能够保证成本管理工作得到有效的实施。动态成本管理总的组织特点是设定项目经理部作为组织的领导体系，公司总经理对总成本负责，总会计师对总经理负责，董事会负责审核权力的分配和审核批准目标成本的变动申请。成本控制工作作为成本管控的中心，对动态成本管理工作设定了特定的岗位，如项目现场成本管理员，其岗位的职责正是应对项目建设工程中的成本管控而设置的，项目现场成本管理员负责对项目现场的设计变更、工程进度款、材料进度款、现场签证的管理，并定期向成本管理部提交相关成本信息资料。动态成本管理体系还特设了项目经理，即应对不同的建设项目设定相适宜的成本管理责任人，项目经理是施工项目工程的全过程管理和项目成本控制的第一责任人，对项目工程建设负主要责任。

由此可见，动态成本管理的应用，除了对每个部门的职责权限进行了明确以外，还对每个员工的职责权限进行了规定，这样的规定保证了成本管理的每一个层次的每一项任务都能落实到具体人员的身上，使得项目成本管理工作做到全面实施。这种内在的成本管控责任机制，能够保证公司制定的成本管理规章制度在实际工作中得到有效实施，从而进一步强化了企业成本管控的能力。

（二）工程项目动态成本管理具有内生性的成本管控系统优势

当前，我国施工企业往往存在项目施工成本管控不严的现象。某些公司的管理人员对成本预测、规划、核算、上报以及反馈调节等环节认识不清、重视不够，成本的过程控制没有得到有效实施。直到工期结束时才发现项目成本管理上出现了大问题，项目利润微小，有的甚至出现亏损。特别是在成本控制阶段，容易出现工期设定不合理以及工程质量控制不严等问题，例如，有些施工企业由于工期设定不合理，最后出现了赶工期的现象，同时为了赶工期而往往又导致了工程质量降低的问题，最后致使施工成本增加和工程项目亏损。

动态成本管理内生性得具有强有力的成本管控系统。在动态成本管理实施过程中，各个系统的相关人员充分知晓成本预测、规划、计算、上报以及调整反馈等工作流程，职责分配明了，公司员工能够认真地履行自己的职责。同时，动态成本管理对成本控制按照建设工期进行了阶段划分，这样就能使得工程建设按时间按质量地完成，并且能够及时发现成本的真实情况以及成本的超支状况。动态成本管理通过制定工程建设过程计划，帮助施工人员更好地进行施工，保证了工程在规定的期限内完成，避免了赶工期现象的发生。此外，动态成本管理还具有质量成本管理控制的功能，这可以使得工程项目的质量成本尽量达到最小值，从而有利于提高施工企业的信誉度。

（三）工程项目动态成本管理具有增强目标成本有效性的内生功能优势

在施工企业成本管理工作中，工程项目目标成本的制定往往存在不完善和被忽视等问题。

本来就施工企业而言，对于任意一项工程项目都必须在期初设定完善的目标成本计划，然后以此为依据对后期的成本控制工作予以管理。但在现实的成本管理工作中，却存在这样的现象，即一个工程项目的目标成本设定虽然符合相关规章制度，但却因为不适用于该项目，以至于最后被束之高阁，没有起到作为目标成本应当起到的作用。同时，由于工程实施过程中存在变数，所以实际上目标成本也需要进行一定程度的调整，然而在其实施过程中，施工企业并没有根据实际予以调整，而最终导致虽然期初目标成本很实用，但最后由于变数的存在也变得不再适用了，从而致使项目成本管理出现诸多问题。

动态成本管理的实施使目标成本的控制作用更为有效，其应用使得施工企业在工程期初就设定了完善的目标成本和成本计划额，并把成本计划额作为成本管控的目标值，在项目建设过程中依据成本计划额来管控工程的动态成本。通过设定固定的日期来核准计划额与实际额的差异，并在分析的基础上找出其存在差异的原因和予以解决，从而为以后进行工程项目动态成本管理提供实践依据，以促使工程项目动态成本管理能够更加有效地实现全过程的成本控制和管理。

四、施工企业实施工程项目动态成本管理存在的主要问题

施工企业实施工程项目动态成本管理有利于资金的合理安排和使用，有利于拓展企业的利润空间和提高企业的成本竞争力。但是，由于工程项目动态成本管理才刚刚开始被施工企业重视，其应用实施还不够成熟，主要存在以下五个方面的问题。

（一）施工企业工程项目实施动态成本管理的基础较为薄弱

对于动态成本管理来说，它的实施前提就是施工企业能够具有较高的管理水平。动态成本管理是企业自下而上、从圆周反射到圆点的行为，对企业的基本素质有一定的要求，即良好、流畅的管理流程、较优的人员素质、传递通畅的信息等。结合动态成本管理的优势来看，动态成本管理具有明确的企业成本责任制度，具体来讲就是不仅能够做到将成本管理分配到各个部门，而且能够明确到各个部门的相关人员的身上。而目前我国施工企业整体成本管理水平不高，管理基础薄弱，存在着很多问题。例如有些企业内部的责任成本管理力度不均匀，在某些部门中成本管理责任分配明确，有些部门中却很模糊。有些企业的资金管理的效率比较低下，对于资金的时间价值成本重视不够，导致资金周转较慢，不利于企业收益的提高。

（二）施工企业普遍缺乏协作有效的动态成本管理团队

工程项目的动态成本管理系统的应用对企业内部的组织机构有更高的要求，要充分运用该系统，必须要有相应的高水平的人才管理体系。在现今工程项目动态成本管理才初步地被引用到我国的施工企业，我国相关企业的管理人员的成本管理意识淡薄，企业成本管理体制不健全以及缺乏相应高水平的成本管理研究团队，这样就导致了工程项目动态成本管理的应用不到位，没有给施工企业带来应有的更高利润、提升施工企业的竞争地位。比如，从拥有高水平的成本管理研究团队方面来看，在项目内部存在这样的现象，擅长技术的只是负责技术，而并不关心企业的其他有关事项，负责建筑工程的只是注重工程的建设以及进度。这样表面上虽说各司其职，但工程项目的成本管理实际上是要靠公司全部员工来管理控制的，项目的效益也只能依靠

大家来创造，而由以上现象可以看出各个有关部门并没有做到彼此协作，来为实现企业的效益而共同努力。这样的组织机构根本无法有效地应用工程项目动态成本管理，企业的成本管理也就没能够得到提高。而企业应该为了实现动态成本管理的实施努力构建一支协作有效的管理团队，这样才能真正地保证实现动态成本管理的优势来提高企业的竞争力。

（三）施工企业财务人员实施工程项目动态成本管理的能力不足

动态成本管理要求有较高素质的企业财务人员。由于动态成本管理突破了会计分期带来的成本核算局限性，故在管理过程中需要动态地归集、整理、分析手中的经济资料，而这一切最后都是以财务数据来反映，故需要财务人员的通力配合和努力才可顺利完成。同时需要财务人员从观念上完成转变，从素质、技能上提高应对管理的需求。以上内容就表明为了有效实施动态成本管理，我国施工企业的相关管理人员必须具有高的能力素质。而在现实工作中，我国施工企业的相关管理人员的素质能力并不高，并没有达到以上对相关管理人员相应的要求。比如，财务人员对于动态归集的成本数据并没有做到进行及时有效的处理，没有有效反映到上级管理层，也就没有为企业对成本的控制提供有效的数据依据。

（四）施工企业工程项目动态成本管理的应用效率不够理想

工程项目的成本管理涉及建筑企业建筑工程的整个过程，工程项目动态成本管理要求企业能够对建设过程中遇到的各种实时具体问题做出有效处理。施工企业运用工程项目动态成本管理以后，能够对数据的收集、计算与整理做到有效处理，成本信息的及时性以及有效性准确性都能够得到保障，成本控制的效果也会大大提升。但是，现如今我国的施工企业却没能够实现该管理方法的数据处理优势，使得该系统未得到有效的实施。施工企业由于考虑到动态成本管理的优势，便纷纷效仿引进到企业中，但是该管理方法的嵌入性较弱，企业并没有将该管理方法与自身的具体需要相融合，以至于该管理方法的应用效率不高。同时，在运用该方法的时候，直接将企业原先会计核算系统的数据运用到该成本管理体系中，由于会计的核算原则和目的与成本管理的需求并不完全相同，最后导致数据处理不当，没能够有效反应企业的成本数据，数据的质量也无法得到保障。

（五）施工企业实施工程项目动态成本管理的部门协调性不够强

工程项目动态成本管理实施以后，供、产、销等部门需要投入更多的劳动。例如：为保证原材料价格信息的市场适用性，供应部门就需货比三家甚至多家，以求原料、辅料、机配件采购价格的真实性、经济性和时效性。在生产环节，为配合以销定产的预算要求，管理人员需要投入更多的精力关注定单的原材料消耗率、成品制成率、能源消耗率是否在可控范围之内，管理过程更加精细化、程序化。在销售阶段，为避免虚高或虚低的市场定价，销售部门就需投入更多的精力去研究企业和市场需求之间的关系、市场需求走向的趋势，工作更细化。这样在企业基本面暂未达到管理要求的情况下，为完成管理目标，有时会出现执行人员疲于奔命的情况，并且由于更多劳动的投入冲击施工企业原本的员工设定，这样就将导致本来很先进的管理方式并不能得到有效实施，不但不能给企业带来经济利益以及竞争优势，反而会给企业带来麻烦，使得原本已经畅行的部门机制变成最后各个部门之间工作不能达到较高水平协调性的局面。

五、提高施工企业工程项目动态成本管理水平的对策建议

为了更好地应对目前施工企业实施工程项目动态成本管理的不足,增强施工企业的成本竞争力,促进我国施工企业工程项目动态成本管理水平的提升,笔者结合前人研究的成果和自己在实践中发现的问题,提出了以下三点对策与建议。

(一)提升施工企业成本管理整体水平,夯实其实施动态成本管理的基础

跟发达国家相比,目前我国施工企业整体成本管理水平比较低。为了有效应用工程项目动态成本管理,有效发挥其利润优势、竞争优势,从而为企业带来经济利益以及竞争力利益,我国施工企业必须采取有效措施来提高自身的管理水平。首先,可以引进国外的先进管理理念,并结合企业自身的特点来提升自己的管理水平。比如,通过聘用国外某些大型建设企业的高层管理人员到企业任职,也可以通过到国外某些大型的建设企业进行参观学习,将他们先进的管理方式以及管理理念进行消化吸收。其次,我国施工企业应该认识到自身管理水平的不足,明确企业内部员工的职责分工,并且设定绩效管理,完善企业的员工奖罚制度,通过合理的奖罚制度来提升员工的积极性,促使员工之间通力合作,为企业创造源源不断的利益。最后,还应该重视企业的部门机构设置,防止部门职权职责的重叠反复,减少施工企业某些不必要的成本支出。

(二)加强施工企业成本管理人员的培训,提升其实施动态成本管理的能力

施工企业管理必须加大对动态成本管理的重视,制定符合企业自身需要的动态成本管理规则制度,树立全员动态成本管理意识。首先,要树立统一的动态成本管理意识,从项目管理人员到普通施工人员都要进行动态成本管理培训,使得动态管理各个部门的各个人员明确自己的成本管理任务以及权限,去除以前旧的不适用的管理机制,灌输动态成本管理意识,把一切为了企业效益的意识深深地刻在每个职工的心里,让所有员工真正做到为了企业的效益共同努力。其次,要积极引进国外先进的管理经验,组织职工培训,提高专业人员的素质,努力构建一支专门的成本管理研究团队。构建的这支成本管理研究团队要能够做到熟悉动态成本管理的先进理念,熟练各种动态成本管理方法和技巧,能够知晓熟透动态成本管理的数据处理系统。最后,还要强化各个成本管理人员以及各个工程施工人员的时间效率意识,能够做到快速有效地进行成本管理。其中,尤其要注重对财务人员的培训及其组织,以便不断提高财务人员处理数据的能力,增强各成本数据的有效性,为企业的成本决策和动态成本管理提供有效的数据支持。

(三)强化施工企业部门间的协调控制,提高其实施动态成本管理的协作水平

为了能够提高动态成本管理系统的应用效率,实现施工企业能够充分发挥该系统的成本管理优势,对企业成本数据的收集、计算与整理做到有效处理,成本控制的效果得到大大提升,进而提高企业效益,提升企业竞争地位,就必须提高企业各部门工作的协调性。根据以上原因,我国施工企业在运用动态成本管理过程中可能出现企业各部门工作协调性变弱的现象,施工企业必须予以重视。由于动态成本管理对企业管理的高要求,对部门工作量的需求增大,这样导致的部门工作协调性变弱,施工企业应该予以防范。比如,可以在运用动态成本管理的同时适量增加部门员工的聘用,特别是对高素质相关职能人员的聘用,对各个部门

工作进行明确。同时由于动态成本管理对材料供给以及供应方的过硬要求，施工企业应该注重对企业关联方的建设，对供应方和销售方进行筛选，促成上下游企业友好共赢的合作局面，进而促进构建供产销合理协作的局面。最终既能够充分发挥动态成本管理的优势，也能够做到企业内外部工作经营的高度协调。

参考文献

[1] 刘斌. 成本创新动态管理实践探索[J]. 科技创新导报, 2011, （33）: 192.

[2] 赵新才. 动态成本——管理会计的新视角[J]. 冶金财会, 2007, （06）: 16-17.

[3] 田冠军. 动态成本管理——理论基础与概念界定[J]. 石家庄经济学院学报, 2006, （1）: 25-27.

[4] 高青春. 施工企业动态成本管理简析[J]. 中国外资, 2013, （13）: 227-228.

[5] 郑倩. 浅析房地产企业的动态成本管理[J]. 财会月刊, 2007, （36）: 46-48.

[6] 徐禾. 房地产开发企业动态成本管理[J]. 财务与会计, 2005, （10）: 43-45.

[7] 季书战. 施工企业动态成本管理的信息化建设[J]. 财务与会计：理财版, 2013, (3): 25-26.

[8] 罗建夫. 动态成本管理[J]. 城市开发, 2013, （8）: 66-67.

[9] 李慧, 谭海凤. 房地产企业成本管理策略研究[J]. 中国管理信息化, 2011, （16）: 11-13.

[10] 田越强. 工程建设项目动态成本管理信息化研究——以新疆某隧道施工项目为例[J]. 科技与管理, 2010, （1）: 120-123.

推荐单位：重庆市建设会计学会

GS公司EVA奖金池绩效激励的应用探析

杨 宇

中冶赛迪集团有限公司

一、引 言

2013年11月，中共十八届三中全会决定进一步推动国有企业改革，继续完善现代企业制度[1]。在推动国有企业法人治理结构方面，要"健全协调运转、有效制衡的公司法人治理结构"；在企业高管人事体系建设方面，要"建立职业经理人制度，更好发挥企业家作用"；在用工及分配体制方面，要"深化企业内部管理，推进人员能上能下、员工能进能出、收入能增能减的制度改革"；在绩效管理方面，"建立长效激励约束机制，强化国有企业经营投资责任追究"等。在国有企业建立长效激励约束机制方面，国有企业监督管理机构的政策导向出现了重大变化。2013年12月，在上海市出台的《关于进一步深化上海国资改革促进企业发展的意见》中，就提出了"坚持国有企业领导人员收入与职工收入、企业效益、发展目标联动，行业之间和企业内部形成更加合理的分配激励关系。建立健全企业核心骨干长效激励约束机制、与市场机制相适应的分配机制"等指导意见。该文件指出，"符合法定条件、发展目标明确、具备再融资能力的国有控股上市公司，可实施股权激励或激励基金计划""健全与长效激励相配套的业绩挂钩、财务审计和信息披露、延期支付和追索扣回等约束机制"[2]。

企业绩效激励约束是企业公司治理构架里的重要制度之一。企业绩效考核是围绕着组织与员工的组织绩效和员工绩效来展开的[3]，组织绩效和员工绩效紧密相关。而薪酬制度是影响经营层绩效行为的最主要因素之一。在知识经济时代，如何有效发挥核心员工的绩效激励作用对企业持续发展的重要性得到了更为广泛的重视。EVA绩效评价方法作为一种有效的管理工具，受到国务院国资委等国有资产管理部门的重视关注，并积极加以推行。为此，国有企业要以资本管理为核心，以绩效考核为抓手，加大制度创新，建立健全企业的长效绩效考核机制，积极探索EVA奖金池等手段在完善企业经营层绩效薪酬激励中的应用。

二、EVA绩效评价的基本理论及其研究应用

（一）EVA绩效体系的产生及完善

在企业剩余收益、经济利润等概念基础上，20世纪80年代，美国思腾思特咨询公司提出了EVA（Economic Value Added，经济增加值）的定义和EVA绩效体系。该体系从评价指标、管理体系、激励制度和理念体系四个角度来解读企业绩效管理，其中独特之处在于它的激励机制——EVA奖金池制度。企业EVA奖金池"上不封顶、下不保底"，极大地提高了经营层

---

* 本文获重庆市会计学会、重庆市总会计师学会2014优秀会计论文二等奖，已发表于《财会月刊》2014年4月（上）期，原题目为《建筑公司EVA奖金池绩效激励》。本文现有标题为《重庆会计论坛》编委会修改后的标题，作者原稿的标题为《EVA资金池与企业绩效激励应用探析》。

的积极性，又可以防止经营层的短期决策风险。因此在累计EVA奖金支付与累计业绩之间建立了比较稳定的联系。EVA最显著的特点是弥补了传统的会计利润指标忽视资本成本等缺陷，但是EVA作为单一的创造价值能力指标，难以在综合绩效考核中发挥更大的作用，为此，美国思腾思特咨询公司把平衡积分卡（BSC）与EVA结合，新创了EVA平衡积分卡。其特点是将EVA置于BSC的顶端，并将BSC布局倾向于长期EVA增长。EVA平衡积分卡仍然从财务、客户、内部流程、学习与成长四个方面构成四个维度，对它们施以不同的权重来加以评价企业绩效。

（二）EVA奖金池

EVA奖金池是企业依照EVA或EVA增加值来核定绩效奖励，并设立奖金池（奖金库），将超过目标的奖金分期发放，后期经营业绩不佳时进行扣减，在业绩持续上涨时继续发放，以保持企业的经营持续性。EVA奖金池的制度设计主要包括EVA目标值、奖金目标值的确定等。较为常用的模式是现代EVA红利计划。其计算公式是：计划红利 = 目标红利 + （ΔEVA − EI）× y%。其中，EI是超额EVA增量，即实际EVA − 预期EVA增量。因为（ΔEVA − EI）可能为正，也可能为负，这更有利于计划红利的改进，让企业股东和企业经营层更加明确基本的EVA奖金预期和超额奖金预期，并加重了对超额EVA增量的考核奖惩。EVA绩效管理应用的核心工具是EVA奖金池以及与股票期权结合的相关激励工具等。

严格意义上讲，红利与奖金在性质上是不一样的。基于EVA基础的绩效激励实质是红利，是企业所有者授予给经营层的特殊激励，但红利又类似奖金性质，本文统称EVA奖金。

（三）EVA绩效评价的研究应用

国际上将EVA的研究大体分为三个阶段，即对EVA与现金流折现来表示企业价值的比较研究、EVA作为企业业绩评价指标的可行性研究以及EVA与企业激励机制的关系及实践探索过程研究[4]。王燕妮、赵文平（2007）对国内EVA研究进行了梳理，指出了四大热点领域和研究成果，领域包括：EVA计算调整的研究；EVA有效性的理论研究；EVA报酬计划设计研究；EVA实际应用研究等[5]。在EVA绩效应用效果方面，张彩江、黄静（2008）分析了EVA在管理激励中的运用，证实了基于EVA的奖金计划激励模型在改进传统经理层激励模式、增进激励绩效方面效果显著[6]。但是在国务院国资委的《中央企业负责人经营业绩考核办法》中，提出了对EVA进行考核，却没有采用EVA激励计划等工具。因此，在国家政策层面上，对EVA绩效激励在国有企业中的推广还有所限制，从而影响了EVA考核体系的优势，特别是其长期激励效果的发挥。

诸多文献指出了EVA存在的优缺点，强调在EVA绩效应用中需要扬长避短，结合中国国有企业特点进行"本土化"改造和应用。在企业绩效指标预算环节中，如何把EVA计算过程和运用化繁为简，如何把EVA奖金池的绩效薪酬激励作用更好地发挥出来，是理论研究和企业实践探索的重要方向。

本文以国有企业GS集团和子公司GS公司为例，在现有绩效考核体系改进的基础上，引入并建立以EVA为主的绩效考核体系，模拟实施EVA为核心的经营绩效考核模式。根据模拟结果，论证了企业实施EVA奖金池计划，进行红利延迟奖励，可以更好地起到对经营者的长期绩效激励作用，促进经营层重视和维护企业投资者的长期利益，与企业投资者实现双赢。

三、GS集团与子公司GS公司的企业绩效激励管理现状分析

（一）GS集团的绩效考核指标设置及其不足

GS集团是一家国有大型科技型工程技术企业集团，目前有十多家控股分、子公司。由于种种原因，GS集团还没有建立起子公司经营层的长效激励机制，而以当期利润总额等与经营指标挂钩，进行绩效考评和确定子公司经营层的工资总额。

作为企业所有者，集团公司和子公司经营层（受托经营者）在绩效管理中难免存在利益分歧和冲突。如集团内子公司经营层的薪酬总额近年来在不断增长，但子公司的利润增长幅度不明显，集团的投资收益率没有明显增长。这表明以利润指标等为主的绩效考核体系，对EVA的关注偏少，企业所有者权益并没有得到充分重视和保护。

（二）完善GS公司经营层绩效考核与薪酬激励的基本思路

GS公司是GS集团里一家有20年历史的全资子公司，以工程设计、工程施工和工程服务为主营业务。2013年末有员工90多人，其中公司经营层3人。GS集团对子公司的绩效考核结果的应用主要体现在集团核定子公司经营层薪酬及公司薪酬总额等方面。

为了完善长效激励机制，集团公司应把子公司的整体绩效考核与子公司经营层的个人绩效分离开来，并拟定经营层的中长期激励办法。为此，需要改进现有的绩效考核办法，集团对子公司企业经营层的基础年薪和绩效薪酬进行划分，以三年或五年为一个考核期间，严格考核，并分期、延迟兑现绩效薪酬，促进经营层注重企业的合理均衡发展，避免企业业绩大起大落。因此，GS集团应争取获得政策试点，引进实施EVA奖金池制度，并以此作为中长期激励的制度基础，改变以往以短期利益为主的弊端。在EVA奖金池的基础上还可以进一步进行股票期权激励机制的设计。

四、EVA奖金池应用于GS公司绩效薪酬激励的模拟分析

（一）以EVA值为核心，进行经营绩效薪酬体系的设计

GS集团在对GS公司经营层的年薪进行科学合理核定，并在对年薪中的绩效薪酬实施延迟发放的基础上，通过充分调查评估测算，建立以EVA指标为核心、以BSC为框架的绩效体系，运用EVA奖金池模式来实施绩效激励，改变短期和长期绩效不匹配的问题。模拟结果如表1所示。集团在核定经营层激励的红利分配比例等时，应合理设定部分非财务考核指标，以兼顾BSC绩效管理体系的要求。

表1 GS公司2013—2015年EVA指标模拟测算表　　　　单位：万元

序号	模拟指标	基准年	2013年	2014年	2015年	说明
1	营业收入	15 300	16 500	15 500	14 500	
2	毛利率/%	10.00	10.00	11.00	12.00	
3	营业毛利	1 530	1 650	1 705	1 740	
4	营业费用	1 155	1 259.5	1 239.5	1 219.5	

续表 1

序号	模拟指标	基准年	2013年	2014年	2015年	说明
4.1	工资总额	650	715	715	715	每年以基准年的10%增长
4.2	社保福利等其他成本	195	214.5	214.5	214.5	工资总额×30%
4.3	其他营业费用	310	330	310	290	营业收入×2%
5	利润总额	375	390.5	465.5	520.5	
6	净利润（25%，CIT）	281.25	292.88	349.13	390.38	所得税率25%
6.1	净利润增长额		11.63	67.88	109.13	与基准年比较
6.2	净利润增长率完成值/%		4.13	24.13	38.80	同上
6.3	利润增长率考核值/%		10.00	10.00	10.00	同上
6.4	Δ利润增长率/%		-5.87	14.13	28.80	（6.2）-（6.3）
7	平均投入资本（净资产）	2 755	2 901.44	2 929.56	2 950.19	
7.1	资本成本（6%）	165.3	174.09	175.77	177.01	
7.2	净资产收益率/%	10.21	10.09	11.92	13.23	
8	本年EVA	115.95	118.79	173.35	213.36	

（资料来源：作者根据GS公司经营情况模拟测算）

在设立子公司核心员工的EVA绩效薪酬时，需要统筹研究子公司全员收入的稳定增长和加大核心员工的激励约束问题。如果根据未来三年情况预估，参照以往的工资总额管理办法，GS公司考核年度的工资总额在基数年会有0~10%的增长，但这种类似"封顶"的管理模式限制了公司经营绩效和员工收入的动力。为了稳步推进改革，有必要保证公司员工队伍和员工收入的稳定，因此，集团核定考核年度的公司薪酬总额在基准年数上增长10%。这既能保证子公司经营目标的实现，即工资总额实现一定增长，又能推动公司核心员工通过EVA红利增长从而获得更高绩效薪酬，从而激发子公司核心人力资源的创新活力。

根据对集团有关经营指标的测算分析和分解，集团下达GS公司2013—2015年的EVA绩效主要指标，如表2所示。

表2 GS公司2013—2015年EVA绩效考核主要指标明细表

序号	模拟指标	集团下达最低指标	备注
1	2013年资本成本	成本率6%	集团测算确定
2	三年EVA率增长率	指标≥0%	
3	ΔEVA增长值	指标≥0%	
4	三年EVA目标红利率	10%	
5	2013年预定目标ΔEVA	基础年EVA的50%	
6	经营层EVA红利当期发放比	30%	后两年分别为40%，30%

（资料来源：作者根据GS公司经营情况模拟测算）

（二）GS 公司 EVA 奖金池计划的设立与施行

1. 准确把握奖金池计划的实质

实施 EVA 奖金池，实质上是企业经营层和其他核心员工，作为核心人力资本参与到企业剩余收益的分配。EVA 奖金也是企业经营层等从为企业所有者创造的额外收益中，按照约定获得的人力资本绩效奖励。

2. 厘清计划的关键内容

EVA 奖金池计划的核心内容是经营层在 EVA 奖金库所占的比例、核心员工所占的比例、当年可发放的 EVA 奖金额度等。GS 集团可以结合 EVA 和 BSC 综合体系的要求，从财务指标、客户关系、内部流程以及学习创新等维度，选择与长期战略更为紧密有效的考核指标来加以考核，并设立 GS 公司 EVA 奖金池，如表 3 所示。

表 3　GS 公司 2013—2015 年 EVA 奖金池模拟数据表　　单位：万元

序号	EVA 奖金池数据	2013 年	2014 年	2015 年	说明
1	本年 EVA	118.79	173.35	213.36	见表注
2	EVA 率	4.09%	5.92%	7.23%	EVA/投入资本
3	本年 ΔEVA	2.84	57.4	97.41	本年 EVA－基准年 EVA
4	预定 ΔEVA 目标	57.975	57.975	57.975	基准年 EVA×50%
5	EVA 目标红利（10%）	11.88	17.34	21.34	本年 EVA×10%
6	EVA 超额红利	－55.14	－0.57	39.44	本年 ΔEVA－预定 ΔEVA 目标
7	EVA 奖金年初数	0	－15.69	0.955 5	
8	EVA 奖金提取数	－15.69	17.055	41.06	EVA 目标红利＋EVA 超额红利×50%
9	年末可发放经营层 EVA 奖金额度	0	1.365	42.015 5	上年累计结余×50%
10	本年 EVA 奖金发放数	0	0.409 5	12.604 7	上年累计结余×30%
11	红利奖金发放后 EVA 奖金池余额	－15.69	0.955 5	28.864 9	年初数＋本年提取－本年发放

注：基准年的 EVA＝115.95 万元；EVA 率＝4.21%。计算结果最多保留四位小数，本表未考虑非经营层核心员工 EVA 红利计提与发放。

（资料来源：作者根据 GS 公司经营情况模拟测算）

3. 科学界定奖金池计划的人员范围

除了子公司经营层外，非经营层的核心员工在创造企业 EVA 价值方面与经营层具有相似的重要性，集团可以核定从 GS 公司当年实现的 EVA 值中提取一定比例的核心员工 EVA 红利奖，这有利于公司核心人力资源的稳定发展。

4. 确保 EVA 奖金池计划的严格施行

表 3 中有关指标的设计,主要考虑的因素是 EVA 奖金在 3 年里分期延迟发放,并确保 EVA 期望值得到不断改善,即预定 ΔEVA 目标。这个目标的实现与否,与经营层的绩效红利关系更密切。因此,在预定 ΔEVA 目标的设定上,集团公司(通过子公司董事会)与 GS 公司应该达成契约,减少博弈,在考核期间严格执行,不应随意变更。

(三)GS 公司的绩效路径选择和绩效收益分析

GS 公司的经营层经过分析,认为提升项目管理水平、减少资源占用和资源浪费以及控制项目成本、提升项目毛利是实现相关绩效指标的主要途径。目前公司主营业务毛利为 10% 左右,而建筑装饰全行业的毛利良好值在 15% 左右,优势值在 20% 以上[7]。公司在成本管理上挖掘的空间相当大。因此,公司要实现三年绩效目标的路径择优方向是项目精细化管理,而非盲目开拓业务,并把减少材料浪费和成本不合理损耗作为项目管理的核心任务,并加大项目经理等核心员工的绩效奖励力度。通过努力,GS 公司按照 EVA 奖金池模式就可以产生较好的绩效薪酬。

通过对 GS 公司经营层的 EVA 绩效收益进行分析,发现在实施 EVA 奖金激励模式后,GS 公司的经营层主要是通过 EVA 奖金来获得除了原有薪酬之外的更多绩效奖励。这既能充分发挥管理者的管理才干和创新精神,实现企业效益最大化,又能把企业所有者和经营者的利益更紧密地联系在一起,建立起企业经营层维护企业所有者利益的长效机制。当然,如果出现了连续的负增长,要检讨企业状况,追究企业经营层的责任,也可以建立适度的追索机制。

(四)GS 集团实施 EVA 奖金池模式后的模拟效益

根据模拟数据(见表 4),本文可以得出如下结论。

表 4 GS 集团 2013 年-2015 年收益情况表   单位:万元

序号	项目	2013 年	2014 年	2015 年	说明
1	净利润(25%,CIT)	292.88	349.13	390.38	见表注
2	净利润较基期增加额	11.63	67.88	109.13	
3	净利润较基期增加幅度	4.13%	24.13%	38.80%	
4	本年 EVA	118.79	173.35	213.36	
5	计提 EVA 经营层红利奖金	0	17.055	41.06	表 3 数据
6	计提其他核心员工 EVA 奖金	23.758	34.67	42.672	计提奖金=当年实现 EVA×20%
7	计提 EVA 奖金总额	23.758	51.725	83.732	
8	EVA 奖金占净利润增长额的比例	0	51.08%	76.73%	
9	EVA 奖金占工资总额的比例	0	7.23%	11.71%	
10	本年 EVA 收益净额	95.032	121.625	129.628	本年 EVA-本年计提 EVA 奖金
11	本年 EVA 收益净额占净资产的比例	3.28%	4.15%	4.39%	

注:基准年净利润为 281.25 万元。
(资料来源:作者根据 GS 公司经营情况模拟测算)

1. GS集团获得超额收益

EVA收益净额大于0，意味着GS集团作为企业所有者，通过实施EVA奖金池计划仍然获得了超过预期资本成本率的额外收益。这表明EVA绩效激励确实可以提高企业的盈利水平。三年净利润超基期净利润的总额为188.64万元，计提EVA奖金为159.215万元。

2. GS公司核心员工获得额外薪酬激励

GS公司的EVA激励计划使得公司员工的薪酬水平保持了不同的增长幅度，而且核心员工的增长更明显。这有利于进一步鼓励企业核心人力资源的能力发挥，完善公司的长效激励机制，这让企业的竞争激励和约束机制更加明显。

3. 企业所有者和经营层等核心员工的利益获得双赢

EVA绩效考核与传统的利润指标考核比较，能改进企业所有者和经营层的利益冲突缺陷，双方利益取得了共赢。通过EVA红利池计划，通过延迟发放奖励的办法，又对企业经营层的短期行为进行了一定的限制。

（五）GS公司模拟应用EVA奖金池绩效薪酬模式的结论及展望

GS公司经营层通过EVA奖金池进行绩效薪酬奖励计划，确认了企业必须兼顾企业、员工和管理经营层的切实利益，并将企业考核的目标都集中在关注EVA绩效上来，这也就是统一了短期的、长期的经营绩效评价标准，奠定了利益共享的基础，这是实施EVA绩效考核最重要的目的。通过延期发放经营层的绩效年薪和EVA红利，进行逐期滚动，也有利于企业经营层更积极主动地推动企业经营战略的稳定持续发展。因此，EVA奖金计划有效解决了企业经营层与所有者（股东）利益的短期一致性问题。

GS公司从事的建筑业是完全竞争行业，国有资本已显现逐步退出本行业的政策趋势，GS集团也不例外。未来，GS公司可能引入非国有资本，形成骨干员工持股、国有资本部分持股或完全退出的混合所有制形式，这对改善和提升公司治理结构的效率是有益的。因此，GS集团在GS公司尝试进行EVA绩效薪酬改革，也可以为GS集团整体推行EVA绩效考核薪酬办法积累经验。

五、总 结

当前，EVA绩效红利奖金池在国内缺乏广泛应用，除了其需要本土化改造之外，其观念理念未得到普遍重视也是重要因素。EVA绩效红利奖金与股票期权激励是异曲同工的。当今时代，知识资本在企业里具有核心竞争力，企业核心员工作为人力资本的拥有者，在企业价值创造方面更有直接贡献。周其仁（1996）认为现代企业的最优所有权安排应该是授予人力资本所有者拥有剩余收益权。企业就是一个人力资本与非人力资本的特别契约，它们共享企业所有权[7]。EVA奖金是企业所有者根据企业经营层等核心人力资本创造额外收益的贡献程度，而授予的一种人力资本绩效奖励。

因此，要推进EVA奖金池激励模式在国有企业绩效薪酬激励中的实践应用，除了继续进行理论探索、实证研究外，还需要企业其他条件的配合，如管理观念的转变、国家相关政策支持等。限于篇幅，本文对以下问题没有进一步探讨，例如，如何解决EVA红利奖金的来源问题？实施EVA考核涉及的相关会计核算、外部审计规则问题？EVA红利计划如何改进当前企业的全员绩效考核等？总之，EVA激励模式在中国的发展需要经历"本土化"的研究和探索，以及国有企业其他改革的配套支撑。只有这样，它在国有企业的绩效考核激励中才可能显现出更大的效果。

参考文献

[1] 中国共产党第十八届中央委员会.中共中央关于全面深化改革若干重大问题的决定[EB/OL].北京：中国政府网，http：//www.gov.cn，2013-11-15

[2] 上海市国有资产监督管理委员会.关于进一步深化上海国资改革促进企业发展的意见[EB/OL].http：//www.shgzw.gov.cn/，2013-12-18.

[3] 林新奇.绩效考核与绩效管理[M].北京：对外经济贸易大学出版社，2011：3-6.

[4] 赵治纲.中国式经济增加值考核与价值管理[M].北京：经济科学出版社，2010.

[5] 王燕妮，赵文平.基于价值的EVA与资本结构关系研究、理论综述与研究设想[J].商业研究，2007（2）：14-15.

[6] 张彩江，黄静.基于经济增加值（EVA）的经理层企业薪酬激励体系研究[J].软科学，2008，22（6）：134-138.

[7] 周其仁.市场里的企业：一个人力资本与非人力资本的特别和约[J].经济研究，1996（6）.

推荐单位：重庆市建设会计学会

从集团公司 IPO 审核谈企业财务管理的关键点*
——以施工企业为例

付小京

重庆巨能建设（集团）有限公司

伴随着我国经济的持续稳定增长，各级政府鼓励具备条件的国有大型企业加快上市步伐，以上市公司为平台整合资源，促进企业转型升级，增强国有经济竞争力。随之而来的是各中介机构运用 IPO（Initial Public Offerings，首次公开募股）审核废出具体含义标准在主体资格、独立性、业务规范运作、财务与会计、法律等多方面辅导企业做好上市前期准备工作。笔者看到中介机构审核过程中，IPO 审核内容非常丰富，如关注行业发展的潜力分析、经营管理的合规性分析、财务信息的真实性揭示等，从多方面帮助企业提升信息披露质量，满足 IPO 审核要求。本文将各中介机构审核中关注的焦点问题引申，结合施工企业的行业特点，浅谈财务处理中的关键点，以便为解决企业改制与上市工作中的相关问题创造更为成熟的条件。

一、出资情况

（一）IPO 审核关注点

审核出资是审核主体资格重要内容之一，一般从了解企业的基本情况和历史沿革入手，查实企业从设立到最近一期注册资本变动中历次出资过程的合规、合法、权属清晰情况。实务中拟上市公司前身是国有企业改制设立或新设有限公司的，IPO 审核的重要内容包括：① 改制过程中涉及审批的手续是否合法、完整，特别是涉及国有资产的，必须做到过程合法、权属清晰合规，尤其是国有资产是否存在流失；② 改制过程中净资产（重点是实收资本、资本公积）账务处理的合规性；③ 净资产作价出资是否经中介机构评估；④ 原国有企业的债权债务的变更手续是否合法；⑤ 实物资产出资是否办理相应产权转移手续，实物资产出资是否有取得时的原始票据；⑥ 涉及股权转让的，转让过程是否合法合规；⑦ 公司重大出资是否均经有证券资格的会计师事务所出具验资报告；⑧ 如何处理按照相关部门批复的注册资本与实收资本账务处理的尾差。

（二）财务管理关键点

企业对出资瑕疵问题，能够向审核机构反映清楚的应尽量采取补救、重新提供证据等办法解决，如：① 涉及主管单位审批手续欠缺的问题，应争取得到有关主管部门的确认文件，如国资委出具的相关文件，证明出资情况、过程、金额属实；② 涉及账务处理差错的，企业应通过调整账务，必要时应追溯至发生错账的当年，调整相关科目的年初数；③ 欠缺中介机构审核的，可以聘请具有证券从业资格的会计师事务出具验资复核报告。

---

*本文获重庆市会计学会、重庆市总会计师协会 2014 年优秀会计论文二等奖。

企业股东出资如果确实存在不实情况，股东需要承诺并重新出资（货币或非货币资产），补足出资不实部分，并经具有证券从业资格的会计师事务出具验资复核报告，以确保出资真实、充分。如果不实出资涉及企业所得税的，还应做相应的纳税调整。

二、建筑施工企业的经营模式对业务的影响

（一）IPO 审核关注点

审核企业经营模式是审核主体业务规范运作的内容之一。从行业分析来看，建筑施工企业尤其重要，建筑市场竞争激烈，建筑施工企业的经营项目特殊，审核将评估企业内部控制制度健全与否作为关键环节。将建筑施工企业的经营模式对业务的影响作为审核的切入点，以各工程项目为抽查对象，来分析经济合同的签订、执行过程，从而评估项目管理水平。IPO 审核的重要内容包括：① 通过收集工程项目资料来初评项目管理水平；② 工程项目合同台账是否记录完整，内容充分、翔实；③ 从成本资料反映出企业对成本管理是否属于粗放型管理，是否建立相关的合同总成本有效管理机制；④ 是否存在借用资质承接项目，是否存在挂靠式经营；⑤ 是否存在对企业资质有风险的技术人员挂靠；⑥ 从亏损项目入手，易于找出项目管理不善的问题；⑦ 如何处理子公司承接的工程项目是以母公司的资质进行中标的项目。

（二）财务管理关键点

从 IPO 审核看到建筑施工企业的生存点，建筑施工企业的工程项目管理水平直接影响到项目盈利水平，所以企业应加强项目管理，提高项目效益。围绕审核关注点，也即项目管理过程中影响财务处理的重要点，我们应该做好以下工作：① 工程项目的档案资料必须完整、充分，包括项目内部控制制度文件（成本预测、费用控制措施、资金回收及使用计划等）、经济合同（合同台账、与业主签订合同、专业分包合同、项目部承包经营签订的承包合同、采购合同等等）、工程概（预）算及决（结）算资料（投标报价文件、各项经济签证、竣工工程决算书等）、工程项目统计资料（包括实际完成工作量的统计报表、报经由业主或监理签认的统计工作量报表及未完施工盘点表）、财务会计资料（会计报表、会计凭证、账簿、辅助账及各类台账、成本明细表及竣工工程成本表）、工程项目经济活动分析资料（成本分析、费用分析、资金分析等各项分析资料）。② 项目管理是全员全过程管理，涉及各个部门，其中财务部是组织者，经营开发部是管理者，项目部是执行者，同时应建立起责权利相结合的激励机制。③ 加强合同总成本管理基础工作，要形成制度化、程序化、标准化管理模式，它是计算完工进度的依据。合同总成本需要有完整的计算过程和资料支撑，工作量非常大，企业内部相关部门需要密切配合，运用先进、实用化的管理手段来实现。④ 加强合同管理，规范合同的签订。在集团范围内，按照合同主体（具有资质的单位）为总承包单位，再根据各专业特点，通过签订专业分包合同分包给下属单位，并分别确认项目收入成本，避免重复申报工程项目情况。⑤ 全方位信息化管理，应用到经营、计划、进度、现场、档案、应用表格等基础管理工作中。⑥ 建立人力资源管理制度体系，企业职工的五险一金应按规定缴纳，特别是工程项目的人员以及临时工等。

三、执行《建造合同》对确认收入成本的影响

（一）IPO 审核关注点

审核建筑施工企业执行《建造合同》准则是审核财务与会计合规性的重要内容。建筑施工企业的工程项目生产周期长、产品的价值高且存在可变动影响因素，企业按照《建造合同》确认收入成本所需资料有许多不确定性，且多是内部资料。基于内部制度审核结论健全、充分可信的前提下，IPO 审核的重要内容包括：① 合同总收入确认依据是否充分；② 合同总成本确认依据是否充分；③ 合同变更支撑资料是否真实；④ 选择计算完工进度的方法是否合适且遵循一贯性原则；⑤ 会计科目核算内容是否正确；⑥ 合同预计损失的处理是否恰当；⑦ 确定核算对象是否合理；⑧ 比较工程结算确认金额与完工比例法确认收入（即投入量与产出量），差异率反映确认的准确性；⑨ BT 项目核算正确与否；⑩ 重点关注企业前十位工程项目确认收入的依据和过程。

（二）财务管理关键点

企业执行《建造合同》确认收入成本是 IPO 审核的关注重点，其主要原因就在于认为企业对确认依据资料存在可操作空间，如业主迟迟不办理结算，企业控制分包结算，在施工期间受合同变更和材料价格上涨、工程量变化等造成合同收入和成本处在动态变化之中，等等。所以企业需要详尽提供确认收入成本的各种过程资料，而且争取外部资料增加说服力，证明确认依据可靠。建议做好以下工作：① 遵从客观原则，详细披露公司所有合同类型及确认合同总收入方法，若确实存在无固定的合同总价合同，就要寻求一种可行的确认方法，最好是有外部的支撑来论证结果是可靠的、有可确认收入的条件。② 合同总收入有一定不确定性，在施工过程中发生设计、签证变更情况后，项目部应及时取得经业主、监理书面确认的手续，包括会议纪要等过程记录支撑资料，以提供充分依据，否则容易造成随意调节的嫌疑。③ 合同总成本依据内部资料支撑，企业内部预算合理预计合同总成本，为了增强合理及实质的流程、技术支撑，可组织相关部门对合同成本内容分项确认（如采购部门为材料成本责任中心、人力资源部为人工成本责任中心、相关部门为间接费用成本责任中心），并签字明确责任，待项目竣工后做成本明细分析，分析差异原因，做项目成本事后评估，纳入成本考核内容。④ 关于完工比例法的确认，准则规定有实际成本比例法、完成工作量比例法和实际技术测量法，由于实际发生的成本能够可靠取得，可操作性强，一般采用实际成本比例法，该方法一旦确定，不能随意变更。⑤ 实时控制两种方法确认百分比的差异，其中，按实际成本计算的完工进度=（账上累计发生的工程施工-合同成本）/预计合同总成本，根据签单确认完工百分比=开工至报表日业主方确认的累计签单量/预计合同总收入，以便及时反馈信息到业务部门，若后者小于前者（结算滞后情况），则企业应加强与上游业主方的工程结算；若前者小于后者（实际成本反映不完整情况）则应加强与下游分包方的结算。企业可以定期核对已完工工程量的统计，并及时与分包方确认工程计价；或者在期末暂估已完工未计价部分，待次月初再做调整，以保证期末实际成本的准确性。⑥ 对于符合 BT 项目的业务，严格按准则核算，不混淆施工业务与投资业务。在建造期间，对于所提供的建造服务按照《建造合同》确认相关的收入和成本，建造合同收入按应收取对价的公允价值计量，同时确认长期应收款。将竣工时点到约定付款日之间的期间作为融资期，在融资期内，长期应收款应采用摊余成本计量并按期

确认利息收入，实际利率在长期应收款存续期间内一般保持不变。⑦ 注意会计科目的勾稽关系，工程项目完工后，"主营业务收入"与"工程结算"和"主营业务成本"与"工程施工-合同成本"累计发生额是一致的。在施工中，前者由于工程结算与完工进度的不一致性可能存在不一致，后者在按照实际成本计算完工进度的情况下则应一致。

四、税收事项

（一）IPO审核关注点

税务事项是IPO审核财务与会计合规性的重点问题，税收事项一般从税收规范性和税收优惠政策两个方面入手，IPO审核的重要税收事项包括：① 通过收入分析测算企业执行的税种、税率是否合法合规；② 税收优惠是否合法，是否有相关税收优惠批准文件；③ 票据是否合法；④ 纳税申报是否及时正确，是否完整纳税；⑤ 对于甲供材料是否纳税；⑥ 有无税收方面的违规行为，是否受过税务部门处罚。

（二）财务管理关键点

IPO审核需要对企业主要税种的纳税情况提供专项意见，针对上述重点，我们应做好以下工作：① IPO审核过程中对企业会计报表进行重大调整，造成调整后财务报表与申报财务报表之间存在差异，中介机构应出具关于原始财务报表与申报财务报表差异情况的专项意见，企业完成补税义务，但要区分补税的性质，被税务机关处罚是评判有重大违法行为的标准，企业应谨慎处理。② 税务档案规范管理，税收资料齐全，包括各类涉税票证、申报表、审批表、处理决定书、发票登记簿等。③ 企业从管理部门到项目部强化票据，划分责任，分析不能取得票据的环节、原因，做好相应管理，以更好及时向外部单位索取合法票据，这不仅是规避税务风险，也为后期"营改增"做好准备。④ 企业有享受地方税收优惠政策的，若存在与国家税收法规不一致的地方，企业应取得省级以上税务部门出具的确认证明，以佐证企业不存在违法行为。⑤ 印花税税负轻，但税务机关执行"轻负重罚"的管理方式，企业注意容易忽视的两个方面：一是纳税地点，印花税暂行条例及施行细则未明确规定印花税的纳税地点，多数将税务主管地或合同的签订地作为纳税地点，企业外地施工项目可向项目所在地税务机关提供相关的完税凭证，避免重复缴税；二是纳税方法，企业取得核准实行汇总缴纳的，应取得税务机关发放的汇缴许可证。⑥ 对于甲供材料，企业在投标及与业主方签订合同时，注意在工程量清单计价中，甲供材料费用要计入综合单价及工程总造价中，并计取相应的措施项目费及相关规费、税金等。

五、总 结

本文从出资问题、经营模式、《建造合同》准则执行、税收事项四个方面，梳理施工企业IPO审核的财务处理关键点，这些问题关系着企业能否通过中国证监会的IPO审核。通过对这些财务关键问题进行归纳、总结，提出能够减少IPO财务审核障碍的应对措施，以供参考。

参考文献

[1] 财政部. 企业会计准则（2006）[S]. 北京：经济科学出版社，2006.
[2] 财政部会计司. 企业会计准则讲解（2010）[S]. 北京：人民出版社，2010.
[3] 汪志锋. IPO企业上市实务：案例剖析与审核重点[M]. 北京：中国法制出版社，2012：121-130.
[4] 中国证券监督管理委员会会计部. 上市公司执行企业会计准则案例解析[M]. 北京：中国财政经济出版社，2012：49-60.
[5] 林见明. 建筑企业会计[M]. 北京：中国建筑工业出版社，2010：271-290.
[6] 陈新环. 企业内部审计项目管理规范操作[M]. 北京：中国时代经济出版社，2009：111-123.
[7] 张庆龙. IPO财务审核、审计职业关注要点与案例分析[EB/OL]. 中国工程咨询网，2010-05-15.
[8] 宋景平. 浅谈施工企业工程项目审计[EB/OL]. 中国工程咨询网，2012-04-17.

推荐单位：重庆巨能建设（集团）有限公司

浅谈政府购买小企业代理记账服务的实践与思考*

邱 麟

北部新区财政局

政府购买小微企业代理记账服务是指政府为规范政府扶持专项资金的使用和扶持小微企业的健康发展,将小微企业代理记账服务的事项交给有资质的代理记账机构来完成,并根据代理记账机构提供服务的数量和质量,按照一定的标准支付服务费用。这是一种"政府承担、定项委托、合同管理"的新型的提供公共服务的方式。

本文是在对重庆市北部新区政府为微型企业购买代账服务的实践经验进行整理分析的基础上总结完成的。

一、政府为微型企业购买代理记账服务的成效

自 2011 年 6 月重庆市北部新区政府为微型企业购买代账服务以来,经过招投标选定的代理记账机构要本着对重庆市北部新区政府和微企业主负责的原则:一方面对微企业主贯彻"遵纪守法"的观念;另一方面积极宣传微企政策,让微企享受最大限度的政策优惠;在代账服务工作中不断实践优化工作流程,让微企业主认识和理解会计工作的必要性和重要性,懂得"遵纪守法"与"合理节税"的正确关系,懂得在享受国家大好扶持政策的同时应尽的责任和义务。经过三年实践,代账服务取得了显著的成效。

(一)微型企业主层面来看

1. 代理记账机构起到了微企"管理秘书"的作用

当创办人递交微型企业申请并核准微企名称后,代理记账机构的代办证照工作便开始了:通知微企创办者准备设立登记的相关资料和办理相关手续,同时向微企详细讲解和宣传扶持政策,直至营业执照、组织机构代码证、税务登记证、公司公章、财务专用章、发票专用章、合同专用章办理完毕,也即代办证照工作完成,再交由公司代理记账人员开展代账服务。当微企要税务报到、办理网上申报及核定税种,或微企要申请发票、要开具发票,或微企自有资金使用完毕要申请使用财政补助资金,或一个会计年度结束需要办理退税时,代理记账机构就像"秘书"一样提醒微企业主准备资料和代理填制规范的表格,甚至手把手地教微企经办人员开发票、填表格等规范操作,使许多政府相关部门的工作规范顺利展开。

2. 规范了微企会计账簿和会计报表,提高了微企会计信息质量

代理机构专业运作,联系企业、收集记账资料、整理凭证、账务处理、二级复核、三级复核、编制会计报表、纳税申报、年终所得税汇算等整个代理记账过程均有规范的业务流程,

---

*本文获重庆市会计学会、重庆市总会计师协会 2014 年优秀会计论文二等奖。

强调银行对账单及收支凭单的收取和核对工作,逐渐实现了规范记账、账目清晰完整。

3. 为微企业主建立了"依法纳税"的意识

在代理记账服务过程中,及时向微型企业宣传税收政策,帮助微型企业树立依法纳税观念,并协助企业确定税种税率及征收方式,及时依法纳税。三年来,没有一户微企因税收问题受到处罚。同时,按照国家扶持政策协助微型企业办理税收返还,及时享受国家的税收优惠。

4. 为微企业主开展财务知识培训,教会微企独立记好三本账

为微企业主开展财务知识培训,教会微企独立记好三本账:现金日记账、银行存款日记账、商品进销存明细账。"九类人员"中,一部分人员有知识有抱负有技能,另一部分人员勤劳肯干,勇于创业,他们遇上了好政策,政府出资金找项目,让他们有机会一展宏图。但是,他们不懂现代企业的经营管理,不懂公司开门第一件事"财务会计管理"。由政府为微企购买代理记账服务,旨在带领微企渡过成立之初的"盲关",逐渐步入规范化轨道。为此,重庆市北部新区微企办积极组织代理记账机构,分事前、事中、事后对微企进行记账基础知识培训,从出纳业务规范,日记账登记,商品进销存核算,独立核算收入、成本、费用、利润或亏损,代理记账服务期满后如何交接和保管会计资料等方面着重培训。三年来,累计开展了10次集中培训,目前微企能够自行记录现金、银行存款日记账,商贸企业能够自行记录商品进销存明细账,并根据商品进销存明细账规范完成商品进销存月度报表。

5. 为微企企业管理提供咨询,传播现代企业管理理念

作为微企,在起步之初就要注意建立现代化的公司管理制度,特别是建立健全财务管理制度。通过代理记账机构帮助他们建立费用报销制度、资金使用审批制度、实物资金管理制度等,尽可能地避免微企陷入"发展、落后、破产"的生存怪圈,对微企的健康发展起到了特殊作用。

(二)从政府层面来看

1. 代理记账机构参与微企财政补助资金使用审核,确保了财政资金的依法安全使用

代理记账机构在重庆市北部新区微企办的领导下,完善了自有资金和财政资金使用监督流程:企业经营业务发生的收支票据先在企业账面反映,待自有资金按规定使用完毕,通知微企按财政补助资金使用规定要求准备相关合同、发票、照片等资料到代理记账机构填表,并通过代理记账机构专门人员对企业提交的票据与记账情况进行审核,核查无误后签署"以上项目与记账情况相符"的审核意见,确保账实相符。之后再由所辖工商所初审,最后由微企办审批放款。解决了工商税务相关部门通过巡查难以确定微企财政补助资金使用流向的问题。在工作中,通过账面反映未开展经营活动的企业,及时反映到微企办,微企办及时责令其退回财政补助资金并办理注销登记,确保了财政资金的依法安全使用。

2. 代理记账机构是政府对小微企业优惠扶持的宣传者和具体落实者

代理记账机构成立了政策管理部门,专门收集最新扶持政策以及对该政策的解释,组织内部代理记账人员学习掌握,以便在工作中为小微企业提供咨询和享受优惠政策的指导。比如政府贴息贷款政策的宣传,国家对微企税收补贴和社保补贴政策的宣传和落实,财政补助资金使用具体要求的宣传和落实,税务部门对微企管理具体要求的传达、讲解和落实等等,这些政府工作事项通过代理记账机构得到了便捷的实施。

3. 为建立服务型政府提供了良好的契机

公共服务外包是指政府为提高公共服务质量,将原本由自身提供的公共服务或管理职能,通过契约形式委托给第三方服务提供商来完成,并以财政性资金予以支付报酬的经济活动。目前,其业务领域基本涵盖了服务外包的三大业务类型,如以计算机系统运行维护、门户网站运维等业务为主的服务信息技术外包(ITO);以财务和审计服务、人力资源管理及培训等外包为主的业务流程外包(BPO);以专业技术鉴定、检验、检测等业务为主的知识流程外包(KPO)。据商务部统计数据,2012年7月至2013年6月我国政府服务外包合同签约金额81 525.4万美元,其中:服务信息技术外包(ITO)占69.59%;知识流程外包(KPO)占21.88%;业务流程外包(BPO)占8.53%。

政府为小微企业购买代理记账服务属于业务流程外包(BPO)。通过由专业代理记账机构为小微企业代理记账,不仅节约了重庆市北部新区微企办的人员经费,对改变政府"养人办事、人浮于事"的低效运行状况,建立"费随事转"和"养事不养人"的公共服务新模式有一定的示范作用,有效推进了政府职能的转变。

(三)从记账服务机构层面来看

1. 政府为小微企业购买代理记账服务推动了代理记账机构的发展

政府为小微企业购买代理记账服务推动了代理记账机构的发展,为代理记账机构提供了良好的资源,因为政府对代理记账工作有规范和要求,让代理记账机构得以思考专业化发展道路,促进了代理记账机构的专业水平的提高。

2. 小微企业代理记账会员服务平台为小微企业提供了信息沟通的便利

代理记账机构建立小微企业会员服务平台,在平台上,会员们可以互相交流,资源信息共享,生意先照顾熟人。一方面对小微企业提供了便利,另一方面为代理记账机构业务拓展和客户保持提供了方便。

3. 促进了代理记账机构标准化管理模式的建立

为了提高工作效率,代理记账机构不仅要对其工作人员的业务水平提出更高的要求,同时机构必须建立完善的代理记账业务流程,实行标准化管理程序。经过重庆市北部新区微企办三年来的实践,代理记账机构在代理记账业务流程建设上取得了显著的成效,使代理记账业务能够按标准化的流程有条不紊地开展,提高了工作质量和效率。

二、政府为微型企业购买代理记账服务存在的问题

(一)政府为微型企业购买代理记账服务合同定价简单化

在既定的代理记账服务内容下,不同的微企工作量是各不相同的,比如在代理记账客户的收入支出指标、纳税指标,制造业、商品销售业、服务业,商品销售业增值税小规模纳税人和一般纳税人等不同,与代理记账工作量大小有密切的关系。如何合理确定不同服务对象的服务定价直接关系到政府预算的合理性和代理记账机构回报的合理性。重庆市北部新区政府为微企购买代理记账服务的成功经验在重庆市范围内即将得到推广,早在2013年6月26

日,重庆市财政局和工商行政管理局渝工商发〔2013〕15号《关于开展微型企业记账服务工作的通知》将服务定价为每户每月补贴150元,那么针对不同行业、不同收入支出水平的企业不能简单划一,应该有区别地给予微企每户每月不同水平的补贴,或者收取微企差额费用来平衡代理记账机构的合理回报。

(二)选择代理记账机构时需要一个规范的选择标准

重庆市北部新区政府三年来为微企购买代理记账服务的成功实践,在于选择了一个好的服务机构,代理记账机构有规范的代理记账业务流程,有三级复核把好代理记账质量关,有真诚服务于微企的敬业思想,得到了广大微企业主的好评。但是,要把这一经验在全重庆市内推广,除了在服务定价上要考虑代理记账机构的合理回报外,选择合适的代理记账机构至关重要。

上述两个方面相辅相成,代理记账服务定价是基于一定的代理记账工作质量的,没有合理的定价,势必造成代理记账机构的"粗制滥造""偷工减料",没有选择一个优秀的代理记账机构,再高的定价也不能完成政府购买的服务,也不利于重点优秀代理记账服务机构的培育。

(三)代理记账机构及从业人员素质亟待提高

代理记账行业竞争激烈,一方面由于代理记账机构近年来急剧增加,为生存而引发的激烈竞争迫使收费水平相对下降(十年前普通企业代理记账基本收费300元起,现在一些代理记账机构收费甚至低于200元),一方面员工的工资水平和五险一金缴费标准逐年增长,人力成本不断攀高;另一方面,由于税务系统的信息化水平不断提高,税务、社保、医保以及以后的工商登记信息、银行信息的联网,要求提供的数据越来越多,越来越全面,对从业人员的素质要求越来越高。高素质人员必然要高人力成本,而代账市场过于饱和,为获得业务,收费大大下降,代账公司为维持生存,就招用较低人力成本和较低业务水平的从业人员,这样就形成了一个矛盾体。纵观重庆本地代理记账业发展规模大的机构,无一不是有许多每月一千元、几千元甚至含有顾问咨询业务的上万元的客户存在,代理记账业的持续稳定发展急需代账从业人员业务素质水平的提高。

三、对政府购买小微企业代理记账服务等公共服务的认识

公共服务外包作为一种新型的公共服务模式,目前在我国还处于初步发展阶段,但该模式的运用和推广在西方社会已较为成熟,而且具有一定的理论支持。公共服务外包的实质是在公立和私营提供者之间引入竞争机制,利用市场机制促进服务效率的提高。政府行政机构是公共服务的最大垄断者。由于政府行政机构往往受到有组织的利益集团的影响,很难真实地反映和表达公众的实际需求,并且由于缺乏竞争,政府提供服务的成本高且办事效率低下,因此需要创造一种竞争的环境促使其参加竞争,从而降低政府提供公共服务的成本,提高效率。而公共服务外包正满足了这一要求。政府购买小微企业代理记账服务正是政府公共服务外包的一种形式。它不仅对政府扶持小微企业的发展是"最贴心的服务",也推动了政府公共服务职能的转变。

四、今后工作的改进措施和建议

在政府购买代理记账服务工作中，代理记账机构深刻感受到要做好这份工作非常艰难，难在微企业主自身素质不高，无企业运作经验，无现代企业管理意识，再加之企业经营状况不佳，难于建立自觉纳税意识，少数人甚至认为代理记账工作不仅不能为他们创收，反而给他们增添了麻烦，要转变他们的意识观念非一日之工夫。为了搞好今后的微企代理记账服务工作，应采取以下措施。

（一）政府为微型企业购买代理记账服务合同定价合理化

根据服务合同确定的代理记账服务内容，按照一个合理的定价标准对不同类型的微企代理记账需要的工作量确定不同的合同定价。比如上海《闵行区财政局为小微企业购买代理记账服务的实施办法》中规定购买服务的费用标准："以企业上年纳税为基础，年纳税累计在10万元内（含10万元）的补助标准为500元/月，在10万~20万元（含20万元）的补助标准为800元/月，超过20万元的补助标准为1 000元/月"。这是以小微企业年累计纳税金额确定的定价标准，直接以小微企业对国家纳税贡献进行的定价。

在重庆地区目前的经济发展水平和广大小微企业普遍享受2万元免征税优惠的情况下，建议实行以收入水平高低，或在没有收入的开办之初以支出水平高低为标准进行代理记账服务合同定价。

（二）选择代理记账机构时需要制定一个规范的选择标准

由于现在代理记账机构众多，良莠不齐，政府在选择代理记账服务提供商并与之订立代理记账服务外包合同时，可以委托专业机构对接包方的能力进行综合评价，从业务能力、经营规模、接包经验、信誉等方面对其设定相应的准入条件，以保障政府公共服务外包质量，应该从以下方面来确定服务机构：

① 服务机构历史客户数量、客户满意度评价其从业规模、服务质量和信誉水平；
② 服务机构主要从业人员的文化水平、职称、从业经历来评价其整体从业能力；
③ 服务机构投票方案是否完备合理、是否有接包经验来评价其承担服务组织能力。

（三）代理记账机构及从业人员素质的提高需要一个切实可行的行业管理措施

财政部门是会计从业资格和代理记账机构从业资格的审批单位。目前代理记账机构众多，从业水平良莠不齐，造成代理记账行业恶性竞争，对行业发展极为不利。正如前几年重庆地区会计师事务所的发展状况一样，由于收费水平执行2000年市物价局制定的标准，十一年不变，加之会计师事务所过度增加，造成行业竞争激烈杀价，让不少有识之士挥泪离开审计行业，加入企业管理层，随之而来的是本土有实力的会计师事务所为生存拓展业务，纷纷成为外地有上市公司审计资格的大型会计师事务所的重庆分所，至2011年8月1日会计师事务所收费标准得以调整，财政部门和注协近年基本不再审批增加新的会计师事务所，造成这样的局面均为当初对会计师事务所的"成长"缺乏控制。

会计在当今社会经济中有着的重要作用：

（1）会计工作是社会诚信的基础，因为企业是社会经济的细胞，企业诚信取决于会计信息诚信。会计信息的真实性也是建立在会计实体决策者诚信的基础上的，如果将会计的规范化上升到法规的高度加以重视,将对社会诚信建设起到事半功倍的作用。

(2)会计工作的特殊地位,要求从事会计工作人员自身具备诚信、正直的素质以及较高的专业知识和专业技能。所以,加强会计队伍建设非常重要。

面对代理记账行业的混乱局面——缺乏行业管理、存在众多的无组织机构的个体代账、代账公司之间低价竞争、从业人员素质低下等现状,建议成立代理记账行业协会和财政部门加强行政监管,参照会计师事务所的做法统一制定价格标准,严格执业资格审批,控制代理记账机构的发展和提高执业水平。

1. 代理记账机构的发展应从执业过程中提高服务质量,增加服务附加值

会计师事务所是从外部审计的角度去评价一个企业的会计信息的真实合法性,并进行公证,总有"隔靴搔痒"的嫌疑,而企业会计是会计信息的"制造者",对企业决策者的作用远大于审计人员。这种根植于企业内部的服务,远远摒弃了传统的"见票做账"的与企业"背靠背"的服务方式,让代理记账服务业有无限发展空间,如代理记账、会计服务外包、会计派遣、常年顾问、内部控制筹划等,一个有发展远景的代理记账服务机构应该是现代企业会计服务的集成总部。

针对重庆市北部新区政府购买小微企业代理记账服务的实践经验,要按政府要求做好小微企业代理记账服务,应针对服务对象的特点,在今后工作中做好以下服务:

(1)对新办微企举办会计基础知识培训,对老客户进行一年一度会计知识再培训,克服沟通难、配合度低的服务障碍。

(2)进一步完善代理记账服务流程,建立健全标准化管理程序;采取更合适的方法改进与企业主的沟通方式,提高工作效率以降低机构运作成本。

(3)宣传微型企业优惠政策,帮助微型企业树立依法纳税观念。第一时间取得微企扶持新政策,认真学习领会政策精神,及时向微企业主传达并改进代理记账工作。

(4)开展对微企多元化的延伸服务,提高工作附加值。比如:按照微型企业的后续帮扶政策规定要求,代理贷款及担保事宜,代理微型企业年检,代理微型企业注册商标等知识产权申办等事宜,提供内部控制制度设计及管理咨询,办理其他专业财经管理事项,提供微型企业网上预申请咨询及工商、财务、税务政策咨询等。

2. 政府为小微企业购买代理记账服务范围的延伸

国务院总理李克强2013年7月31日主持召开国务院常务会议,专门研究推进政府向社会力量购买公共服务的重大议题,会议明确将适合市场化方式提供的公共服务事项交由具备条件、信誉良好的社会组织、机构和企业等承担,并对政府购买公共服务的内容、方式、主体、资金、监管等方面做出了指引性要求。政府为小微企业购买代理记账服务属于业务流程外包(BPO)。三年来的政府为小微企业购买代理记账服务的工作经验证明:政府公共服务外包是贯彻落实国务院会议精神、加快服务业发展、提升公共服务水平、促进政府职能转变的重大举措之一。由此政府为小微企业购买代理记账服务范围的延伸构想如下:

(1)政府购买代理记账服务可以推广到政府机构行政事业单位会计服务外包。这正是会计作为管理监督职能的体现,聘用社会组织外派会计,独立于行政事业单位,回避了内部工作人员担任会计工作既有的利益关系,有利于实施政府对下属行政事业单位的财务会计监督职能。

(2)对于部门人员较少的行政事业单位的一些与会计信息相关的服务一并外包,既节约

了人力资源，又能更准确快捷地完成。

（3）政府部门行政事务服务外包。从行政类型的角度看，只有服务行政可以执行外包，秩序行政只能由政府承担其供给义务。以北京市东城区行政服务中心为例，办事大厅分为市场准入、固定资产投资和个人事务办理三个服务区，其中可以外包的服务行政包括：① 行政服务中心前台接待、咨询服务；② 个人事务办理指导；③ 企业事务办理指导；④ 代付新入驻企业注册登记所需费用服务；⑤ 企业事务呼叫中心服务（企业事务呼叫中心负责配有专业的坐席人员对企业提出的问题予以解答，承担驻区企业需要，政府及政府职能部门帮助协调解决事项的受理、调查、协调、转办、督办、回访、考核、汇总等事务工作）。

上述这些事务由曾经为小微企业代理记账服务的运营商来完成有许多便利之处：一是企业事务办理指导是政府为小微企业购买代理记账服务的内容之一，指导企业工商登记及变更、社保办理、税务登记变更、企业年检等，三年来派遣的微企办工作人员对这些事务深知业务流程并操作熟练；二是这些公共服务基本都是非竞争性的，由政府选择实力较强、信誉较好的社会组织来承接比较合适；在现代企业事务处理中会计事务处理最严谨，由专业从事过会计工作的人员办理这些合规性事务，从职业特性方面来看，对提高办事效率比较有利。

参考文献

[1] 政府公共服务外包如何发展[EB/OL]. 中国服务外包网，2014-02-20.
[2] 陈奇星. 完善基层政府公共服务外包的思考：基于上海市的研究公共管理[J]. 中国行政管理，2012，11：77-79.
[3] 新加坡将改革公交系统实施"政府外包模式"[N]. 经济日报，2014-05-29.

推荐单位：北部新区财政局

广告牌资产所有权与经营权相分离的会计核算问题探讨*

刘 彦

重庆高速资产经营管理有限公司

一、问题提出

广告公司（受托方）接受委托，在运营公司（委托方）授权的位置建造广告牌，建造完成后在一定期间内将该广告牌出租给第三方，以获取租赁收入来弥补广告牌建造成本，经营期满后，广告公司将广告牌移交给委托方。换句话说就是受托方是广告资产的实际出资方和建造方，在约定期间内仅享有经营权，委托方提供建造广告资产所需的广告位，享有广告资产在约定经营期满以后的资产所有权，这种新型合作模式涉及资产所有权与经营权相分离的会计核算处理，与普通的会计核算有很大的区别。

二、目前相关研究与分析

（一）税法对代建行为的相关规定

目前参照全国各地方税务局对代建房屋行为的纳税规范：对房地产开发企业接受建房单位委托，为其代建房屋的行为，应按"服务业—代理业"征收营业税，其营业额为其向委托方收取的代建手续费。

这里所指的代建房屋行为必须同时符合下列条件：① 以委托方的名义办理房屋立项及相关手续；② 与委托方不发生土地使用权、产权的转移；③ 与委托方事前签订委托代建合同；④ 不以受托方的名义办理工程结算。凡不同时符合上述条件的，受托方不论以何种形式与对方结算，均属房屋销售行为，按"销售不动产"税目征收营业税。（文件参考冀地税发〔2000〕93号[1]、沪地税〔1996〕43号[2]、浙地税函〔2004〕437号[3]、宁地税（流）发〔1998〕073号[4]）。

由于受托方是广告资产的实际出资方和建造方，因此无法同时满足代建行为四个条件中的第1条和第4条，而代建业务要求必须同时满足四个条件，故该项经济业务不能作为代建业务进行账务处理。

（二）按照《企业会计准则》对相关问题处理的方式

根据《企业会计准则第14号——收入》[5]新准则第二条的规定，收入是指企业在日常活动中形成的、会导致所有者权益增加的、与所有者投入资本无关的经济利益的总流入。

---

*本文获重庆市会计学会、重庆市总会计师协会2014年优秀会计论文三等奖，已发表于《重庆交通财会》2014年第1期。本文现有标题为《重庆会计论坛》编委会修改后的标题，作者原稿的标题为《广告资产所有权与经营权相分离的会计核算问题探讨》。

新准则所涉及的收入,包括销售商品收入、提供劳务收入和让渡资产使用权收入。同时,新准则也明确规定,企业代第三方收取的款项应当作为负债处理,不应当确认为收入。另外,长期股权投资、建造合同、租赁、原保险合同、再保险合同等形成的收入,适用其他相关会计准则。

1. 销售商品收入的确认与计量

新准则第四条规定销售商品收入同时满足下列条件的,才能予以确认:① 企业已将商品所有权上的主要风险和报酬转移给购货方;② 企业既没有保留通常与所有权相联系的继续管理权,也没有对已售出的商品实施有效控制;③ 收入的金额能够可靠地计量;④ 相关的经济利益很可能流入企业;⑤ 相关的已发生或将发生的成本能够可靠地计量。

企业应当按照从购货方已收或应收的合同或协议价款确定销售商品收入金额,但已收或应收的合同或协议价款不公允的除外。

合同或协议价款的收取采用递延方式,实质上具有融资性质的,应当按照应收的合同或协议价款的公允价值确定销售商品收入金额。

应收的合同或协议价款与其公允价值之间的差额,应当在合同或协议期间内采用实际利率法进行摊销,计入当期损益。

销售商品涉及现金折扣的,应当按照扣除现金折扣前的金额确定销售商品收入金额,现金折扣在实际发生时计入当期损益(当其发生的财务费用)。销售商品涉及商业折扣的,应当按照扣除商业折扣后的金额确定销售商品收入金额。企业已经确认销售商品收入的售出商品发生销售折让的,应当在发生时冲减当期销售商品收入,销售折让属于资产负债表日后事项的,适用《企业会计准则第 29 号——资产负债表日后事项》。企业已经确认销售商品收入的售出商品发生销售退回的,应当在发生时冲减当期销售商品收入,销售退回属于资产负债表日后事项的,适用《企业会计准则第 29 号——资产负债表日后事项》。

2. 提供劳务收入的确认与计量

企业在资产负债表日提供劳务交易的结果能够可靠估计的,应当采用完工百分比法确认提供劳务收入。

新准则第十一条规定提供劳务交易的结果能够可靠估计,是指同时满足下列条件:① 收入的金额能够可靠地计量;② 相关的经济利益很可能流入企业;③ 交易的完工进度能够可靠地确定;④ 交易中已发生和将发生的成本能够可靠地计量。

企业确定提供劳务交易的完工进度,可以选用下列方法:

① 已完工作的测量。

② 已经提供的劳务占应提供劳务总量的比例。

③ 已经发生的成本占估计总成本的比例。

企业应当按照从接受劳务方已收或应收的合同或协议价款确定提供劳务收入总额,但已收或应收的合同或协议价款不公允的除外。

企业应当在资产负债表日按照提供劳务收入总额乘以完工进度扣除以前会计期间累计已确认提供劳务收入后的金额,确认当期提供劳务收入;同时,按照提供劳务估计总成本乘以完工进度扣除以前会计期间累计已确认劳务成本后的金额,结转当期劳务成本。

企业在资产负债表日提供劳务交易结果不能够可靠估计的,应当分别按下列情况处理:

（1）已经发生的劳务成本预计能够得到补偿的，按照已经发生的劳务成本金额确认提供劳务收入，并按相同金额结转劳务成本。

（2）已经发生的劳务成本预计不能够得到补偿的，应当将已经发生的劳务成本计入当期损益，不确认提供劳务收入。

新准则第十五条规定，企业与其他企业签订的合同或协议包括销售商品和提供劳务时，销售商品部分和提供劳务部分能够区分且能够单独计量的，应当将销售商品的部分作为销售商品处理，将提供劳务的部分作为提供劳务处理。同时也明确规定了销售商品部分和提供劳务部分不能够区分，或虽能区分但不能够单独计量的，应当将销售商品部分和提供劳务部分全部作为销售商品处理。

3. 让渡资产使用权收入的确认与计量

让渡资产使用权收入包括利息收入、使用费收入等。

新准则第十七条规定，让渡资产使用权收入同时满足下列条件的，才能予以确认：① 相关的经济利益很可能流入企业；② 收入的金额能够可靠地计量。

企业应当分别按下列情况确定让渡资产使用权收入金额：① 利息收入金额，按照他人使用本企业货币资金的时间和实际利率计算确定。② 使用费收入金额，按照有关合同或协议约定的收费时间和方法计算确定。

不同的使用费收入，其收费时间和收费方法各不相同，有一次性收回一笔固定的金额，有分期不等额收回的。如果合同或协议规定使用一次性支付，且不提供后期服务的，应视同该项资产的销售一次确认收；如提供后续服务的，应在合同或协议规定的有效期内分期确认收入；如合同或协议规定分期支付使用费的，应按合同规定的收款时间和金额或合同规定的收费方法计算的金额分期确认收入。

4. 现行准则下对所有权与经营权分离情况的会计核算

根据《企业会计准则第14号——收入》上述原则，受托方与委托方在不同时间段将对该项广告资产进行不同的账务处理。

在传统会计核算模式下，受托方账务处理如下：

受托方建造广告牌，从法律形式上说，该项资产不属于受托方，因此按照传统会计处理模式，将该项资产作其他非流动资产进行账务处理：

借：长期待摊费用或其他非流动资产
　　贷：银行存款或应付账款等

受托方在经营期间内，按直线法对其他非流动资产进行摊销时：

借：营业成本——待摊费用
　　贷：长期待摊费用或其他非流动资产

受托方在经营期间内，对外发布广告获取广告收益：

借：银行存款或应收账款等
　　贷：营业收入——广告发布收入

在传统会计核算模式下，受托方经营期届满，将资产移交给委托方，委托方的账务处理：

合同期满收到移交的广告牌时，聘请专业评估机构对该广告资产进行评估并出具评估报告：

借：固定资产（按评估价值确认）
　　贷：营业外收入
委托方提取固定资产折旧时：
借：营业成本——折旧费
　　贷：累计折旧

传统会计核算模式下进行账务处理，受托方隐匿了广告租赁或广告发布成本，而委托方隐匿了租赁或者广告发布收入，从表面上看，委托方不开具发票给受托方，节约了税收成本，但这样会造成实物资产移交时受托方不能开具发票给委托方，委托方将无法取得发票入账。一方面委托方按照评估价值作营业外收入增大企业利润，缴纳企业所得税，另一方面委托方不能取得相关资产入账的发票，该资产在以后期间计提的折旧或摊销不能在税前进行扣除。

对于上述情形，实质是受托方以建设完工的广告牌抵顶租赁费的情况，即对方以非货币资产（广告牌）作为对价形式支付租赁价款，应视作委托方在提供广告牌租赁服务后，根据合同约定的租赁费金额，根据《企业会计准则第14号——收入》的相关规定确认租赁收入，同时确认应收账款。以实物（即广告牌）抵顶应收款项时，对于所收到的抵债物资按其公允价值入账，借记固定资产，抵债物资的入账价值与应收账款账面价值之间的差额确认为营业外收入或营业外支出（金融资产终止确认损益）。

三、广告牌所有权与经营权相分离会计核算的新思路

《企业会计制度》[6]第十一条第二款规定：企业应当按照交易或事项的经济实质进行会计核算，而不应当仅仅按照它们的法律形式作为会计核算的依据。这是"实质重于形式"在企业会计制度中的体现。这里的"实质"是指交易或事项的经济实质，但"形式"是不是仅指交易或事项的法律形式呢？

《国际会计准则》[7]关于"实质重于形式"第三十五条规定："如果信息要想真实反映它所拟反映的交易或其他事项，那就必须根据它们的法律形式进行核算和反映。交易或其他事项的实质，不总是与它们外在的法律或设计形式相一致。"可见，这里的"形式"是指交易或事项的外在表现，既指其法律形式，又指法律形式之外的其他形式。实质重于形式（substance over form）的英文表达已经很好地说明了这一点[8]。

"实质重于形式"强调当交易或事项的经济实质与其外在表现不相一致时，会计人员应当具备更好的专业判断能力，注重经济实质进行会计核算，以保证会计信息的可靠性。

委托方授权受托方代建广告牌，并在合同约定的期间内免费提供给受托方运营以换取合同期满后广告牌免费移交给委托方，实质是委托方以免收租金的形式换取广告牌。对于委托方来说，应参考其他不以换取广告牌为目的的交易中将广告位提供给第三方运营收取的租金额，向委托方收取广告位租金。我们只有正确理解了该交易的实质，我们才能更好得正确地进行账务处理。

（一）受托方的处理

1. 资产的初始确认

《企业会计准则——基本准则》[9]第二十条规定："资产是指企业过去的交易或者事项形成

的，由企业拥有或者控制的，预期会给企业带来经济利益的资源。"

首先，受托方建造广告牌达到预定可使用状态是由过去的交易或事项形成的；其次，虽然受托方无广告牌的所有权，但在合同期内受托方能够控制该项资产；再次，该项资产预期会通过出租的方式给受托方带来经济利益的流入。

《企业会计准则——基本准则》第二十一条：符合本准则第二十条规定的资产定义的资源，在同时满足以下条件时，确认为资产：

（1）与该资源有关的经济利益很可能流入企业；

（2）该资源的成本或者价值能够可靠地计量。

首先，广告公司受托建造广告牌，对广告牌建造成本进行分类归集、核算，其相关成本能够可靠计量；其次，广告牌建成后，在合同期内，广告公司将其出租给第三方从而取得广告牌租赁收入，在有关经济利益很可能流入企业时确认该项资产。

综上所述，我们认为：确认资产的关键并不在于是否拥有法律上的所有权，而是看是否符合会计准则中有关资产的定义和确认条件。因此，受托方受托代建广告牌支出在满足资产定义及上述资产的确认条件时应确认为一项资产。

2. 资产的后续计量

受托方受托代建广告牌，应在该项资产达到预定可使用状态时，在剩余合同期内（合同期减去广告牌建设期）按直线法计提折旧或摊销，分期计入成本费用中。

借：固定资产
　　贷：银行存款等
借：营业成本——折旧费
　　贷：累计折旧

3. 确认应付广告位租金

为了便于双方日后的账务处理，建议委托方开具广告位租赁发票给受托方，受托方根据租赁费发票确认应付广告位租金的账务处理：

借：营业成本
　　贷：应付账款——委托方

4. 资产移交

合同期满，受托方将广告牌移交给委托方。按上述处理后，在移交日该项资产应无剩余价值，由于我国目前采用的是以票控税的税收政策，因此建议受托方开具相应发票给委托方作为资产入账依据，该资产在以后期间的折旧摊销才能在委托方税前扣除。

借：固定资产清理
　　累计折旧
　　贷：固定资产
借：固定资产清理
　　贷：应交税费
借：应付账款——委托方
　　贷：固定资产清理

借：固定资产清理
　　贷：营业外收入

（二）委托方的处理

同理，为了避免日后出现税收问题，免租期内，委托方开具租赁发票给受托方，确认营业收入的账务处理：

借：应收账款——受托方
　　贷：营业收入

合同期满收到移交的广告牌：

借：固定资产（参考评估价值）
　　贷：应收账款——受托方
　　　　营业外收入（通常应无发生额）

四、结 语

从上述会计处理可以看出，"实质重于形式"在会计核算方面能够破解一些核算难题，如果按照常规会计核算，那么委托方资产很可能无法入账，造成账外物资，即使按照评估价值入账，在我国目前以票控税的税收政策形式下，如果委托方不能取得相关资产入账发票的话，该资产在以后期间的折旧摊销都不应当在税前扣除，造成委托方不必要的经济损失。通过"实质重于形式"的合理运用，双方出具对等发票金额，以较小的税收成本换取较大的税收抵扣和规范的账务处理。

本文的撰写旨在为理论界和实务界的进一步研究和运用抛砖引玉，望有关专家、学者和同行不吝赐教。

参考文献

[1] 河北省地方税务局. 冀地税发〔2000〕93号 河北省地方税务局关于房地产业营业税有关政策问题的通知[Z]. 河北：河北省地方税务局，2000，09.

[2] 上海市地方税务局. 沪地税〔1996〕43号 关于"销售不动产"及其他有关营业税征收问题的具体规定[Z]. 上海：上海市地方税务局，1996，09.

[3] 浙江省地方税务局. 浙地税函〔2004〕437号 关于营业税若干政策业务问题的通知[Z]. 浙江：浙江省地方税务，2004，10.

[4] 宁波市地方税务局. 宁地税（流）发〔1998〕073号 关于对房地产开发企业代建工程征收营业税的批复[Z]. 宁波：宁波市地方税务局，1998，07.

[5] 中华人民共和国财政部. 企业会计准则第14号——收入[Z]. 北京：财政部，2014，03.

[6] 中华人民共和国财政部. 企业会计制度[Z]. 北京：财政部，2000，12.

[7] 周红，王建新，张铁铸. 国际会计准则[M]. 大连：东北财经大学出版社，2012.

[8] 唐善琪，王佩. 实质重于形式在会计中的运用[Z]. 经营管理者. 成都：四川省企业联合会，2010.

[9] 中华人民共和国财政部. 企业会计准则-基本准则[Z]. 北京：财政部，2014，07.

推荐单位：重庆高速资产经营管理有限公司

论工业企业降低成本的几种有效途径*

胡 琳

重庆远风机械有限公司

现代企业管理的目标已不再是短期内使利润最大化,而是如何取得长期竞争优势,实现企业价值最大化。尽管企业可以采用不同的战略来开发其竞争优势,但无论采用哪一种方式,都离不开成本管理,因此控制成本、降低成本是企业发展的必经之路和关键工作。良好的成本控制管理可以降低产品成本,提高企业效益,同时也能解决企业在成本管理中存在的问题,实现企业长远目标。本文拟从以下几方面论述降低企业成本的途径。

一、实行现代化的管理降低成本

(一)通过加强供应管理,控制材料采购成本

企业相关人员在核定采购单价时,应深知在控制成本、保证质量的大前提下,降低买价是采购管理环节的重点,在采购环节中应做到以下几点:

(1)首先应了解相关行业的相关规则及行业信息,为保证能采购到质优、价廉的货物,应了解市场最新行情、最新动态和相关行业政策及规则,以便更好地掌握主动权,不受供应商单方面因素的影响。具体做法可以采用加大市场考察力度以及将供货商的货物种类、质量、价位及优惠政策等——摸清,可以择优选择,为公司节约采购资本;一旦出现意外情况可以不必惊慌,及时采取应急措施,为公司挽回损失。

(2)及时付款获取价格折扣,部分供货单位为了及时收回货款,常会采用一些优惠政策以鼓励购买者及时付款,供应部门可以采用这种方式获取优惠价格。

(3)批量采购获取差价,批量的购买肯定比零售的便宜得多,例如常用的标件类的材料、产品的通用件以及生产过程中通用的低耗物品等等。

(4)在价格回落时购买,在生产生程中,其中有部分材料的市场波动较大,但也有一定的市场规律,如铜材、铝材等,在销售淡季买入,能给企业节约不少采购资金。

(5)选择信誉良好的供应商并签订长期合同,与诚实守信、重视信誉的供应商长期合作,不仅能保证供货质量,还可以得到付款和价格的优惠。质量价格双丰收,何乐而不为呢?

(6)定期对所购物资做材料价格比对,同种材料做不同单位的对比。例如同期的对比、上期的与本期的对比等,了解不同单位的价格差异,从而也可避免同一单位因工作失误将材料价格输错的失误。

(7)不少企业因是人为手工地定计划,在采购环节又未加强跟踪管控,出现业务人员多采购材料的情况,造成仓库物资积压,日积月累积少成多,一旦产品改型或淘汰,则多购材

---

*本文获重庆市会计学会、重庆市总会计师协会2014年优秀会计论文三等奖。本文现有标题为《重庆会计论坛》编委会修改后的标题,作者原稿的标题为《试论企业精细成本管理及其价值》。

料须报废，或材料的储存时间过久老化等情况发生，会给企业来带来巨大的经济损失。为预防这一情况发生，建议企业启用生产计划、采购及库存管理模块，这一软件的实施可给企业节约不必要的采购成本，根据生产制订计划数量，要合理地利用库存，采购只能少买或不买，绝对不能多买，超出计划数量的则不能入库。

（二）通过加强物资管理，控制材料消耗成本

物资储存量和材料消耗量的高低，直接影响着产品成本的升降。材料消耗是指在一定的生产技术和生产组织条件下，为制造公司产品或完成公司某项生产任务而消耗的材料数量。因此，各企业从材料消耗量的制定到物资的发放都要实行严格的控制，设定材料消耗表就是在保证正常生产的情况下，控制企业生产消耗量，降低企业生产成本，只有做好材料消耗定额即成本控制，才能谋求最佳经济效益，提高企业的竞争能力。机械企业的材料指生产各种机械设备所耗用的各种材料，具体包括钢材、非金属、五金、化工、轴承、标件、毛坯、电器元件、外购半成品及其他材料。物资供应部门应根据相关部门确定的材料消耗量设定合理的消耗定额，不盲目扩大消耗定额，严格考核材料消耗定额。如要清楚准确地掌握材料消耗情况应做到以下几点：

（1）生产部门在领用材料的过程中，相关单据对应的要素一定要真实完整地填列（在生产过程中时常出现不清楚时错填或不填的情况，给后序人员的工作带来一定的麻烦）。

（2）部门与部门的交接中手续一定要完善。

（3）车间现场在出现因内部原因导致材料报废或不能继续使用的，一定要按正常流程办理相关的超领手续，如出现因供货单位的质量问题而导致不能使用须重领的，应凭检验部门提供的相关纸质依据到原仓库重领，相关的不良品就退回指定的位置，仓库人员应及时通知相关采购人员进行退货处理（退货一定要及时），采购部门并将相关信息回馈至供货单位进行补货或扣款处理，这样才能清楚地了解生产过程中产品实际消耗材料和超领材料的情况，对材料的消耗才能有效地管控。

（4）对仓库最好是实行封闭式分类管理，防止物料流失。仓库最好习惯性地实行每月一小盘（随机抽取式），定期一大盘，再由指定相关部门不定期抽盘，从而做到账实相符，达到合理储存、使用物资，降低成本，提高效益，使之既保证生产的合理需要，又减少资金占用等。定期评估处理呆料，根据不同料品制定呆料处理周期，从而减少仓储成本及提高空间的利用率。

（5）强化模具管理，减少再次投入模具成本。模具就是用来成型物品的工具，被称为工业之母。工具由各种零件构成，不同的模具零件材质不同。它主要通过所成型材料物理状态的改变来实现物品外形的加工。例如机械企业多数用到的有蓄电池产品的工业模具、管式模具、铸焊模具、连铸连扎模具，还有生产毛坯件的翻砂模具或脱蜡模具等；灯饰企业多数用到的有五金件的旋压模具、压铸模具，装饰的玻璃用到的机压模具、口吹模具、离心模具等。因用的材料不一和加工的难易程度不同，则模具费用也不尽相同（多则几万或几十万，甚至更高的费用）。为了确保模具的正常生产、品质稳定，产品质量符合规定要求，提供可靠质量保证等，建议企业应建立一套适用于本公司模具的管理办法，对模具的使用和维修、保养、报废、存放过程进行合理有效监管，避免因管理不当导致模具丢失或报废等，从而须再次的投入模具成本，这样就会给公司带来额外的经济损失。

以上虽说是几小点，如果能把它认真地做好、做到位，就能给企业规避不少损失。

(三)通过加强销售管理降低销售费用

要把增强销售人员的法律意识与加强销售管理相结合,在每一笔销售业务发生以前,要对客户的营运状况和承付能力认真调查核准,不能贸然发货,更不能搞"感情交易""君子协议",避免不必要的经济损失。对业务人员的工资、奖金、差旅费、补助、业务费及装卸费、短途运输费、中转环节等费用本着既要节约、又要调动积极性的原则制定相应的管理办法。例如利用资金占用、货款回笼等方式,并进行严格考核与奖惩,对拖欠的货款,要采取经济、法律、行政的手段予以积极清收;除对相关战略客户外,其他用户一律实行进度款交易;加强与滚动结算战略客户的沟通,最大限度缩短滚动结算周期,加大回款预算考核力度,确保应收账款控制在预算指标以内,以减轻公司的资金困难。

(四)通过加强资金管理降低管理费用

企业要建立健全财务监督体系,建立厂内银行,通过推行模拟市场核算来降低成本,控制费用来提高经济效益。工业企业应紧紧抓住现金流这条主线,强化资金预算管理,按月编制月度资金预算,并严格执行,按月分析,严格考核。避免用钱无计划、开支无标准、多头批条和资金跑冒滴漏现象严重造成的在资金使用上不计成本的做法。具体实施上,要求各部门每月上报资金支出预算,报领导审批后严格按照预算指标安排各项工作,对无预算或超预算的项目,一律不予支付,确保现金流正向流动。月中实行资金预警控制,确保资金运转正常,月底实行资金预算执行分析,对预算上报不准确、误差较大的项目逐项进行分析,落实责任,查找原因,逐步改进,确保企业生产经营活动的现金流正常运转。同时也使全体职工感受到市场竞争的压力,特别要加强行政费用及一些事业性费用的核算,包括管理部门的行政、差旅、办公等的开支。在这方面要根据承担的工作性质不同,核算每个人头的费用基数进行控制考核。

二、实行以技术改造降低产品成本

近年来,原材料价格上升、材料提价对成本上升的影响很大。如何在这些不利因素存在的情况下降低成本、提高效益?企业必须树立技术改造是降低成本的重要途径的观念,通过技术改造,采用新技术、新工艺、新材料,提高产品技术含量,开辟降低生产成本的途径。

(1)要特别注重产品工艺技术的改革,积极采取新技术、新工艺节能降耗,从根本上减少原材料的消耗,在达到产品质量目标的同时,保证成本控制目标的实现。应做到以下几点:

① 应适当对车间工作人员工种的配比问题进行改革,岗位分工不合理,会造成部分岗位人员过剩的情况,应通过每环节的标准工时拟定人员数量,从而降低人工成本(使人员最小化,产量最大化)。

② 结合本厂实际状况优化产品零件的模具,使模具工序最小化、产量最大化,尽可能做到模具小型化、智能化等,这也是降低成本的一方面。例如:一个产品模具可一出一,也可一出二,一出三等;一个零件可以用两个模具做出,也可用一个模具等,哪种更能省成本些就用哪种。

(2)在实施技改项目建设中应注意降低项目建设成本,注重以较少的投入求得较多的回报。一方面要采取短、平、快的技改方式,另一方面要采取超常规的基建和技改管理,报上项目的时机要选准,立项要准确,实施要快速,在保证质量的前提下,千方百计加快技改工程进度,降低项目建设成本,争取早日得到投资回报。

三、实施制度改革降低运营成本

深化企业改革,不断激发职工的劳动热情,提高职工素质,建立适应市场经济的精干高效的运行机制,也是降低成本的重要一环。各企业要把深化改革作为降本增效的重要工作。首先,要改革人事制度,打破干部和工人的界限,体现"肯干、能干、干好"的用人原则,实行招聘与聘任制相结合的人事制度,优化劳动组合,竞争上岗,优胜劣汰,做到"能者上、庸者让、差者下",从而调动干部职工的积性,提高劳动生产率,增强企业干部职工的工作责任感和危机感,发动全体干部职工投入降本增效的工作中去。其次,在科学测定确保最佳成本目标所必需的劳动量的基础上,相应改善劳动组织,核定劳动定员,改革内部分配制度,减少因非生产性人员过多和窝工、怠工、劳动量不足造成的消耗。各企业内部可根据各科室及车间的工作性质、工艺复杂状况、劳动强度、工作环境等因素,分别采取相应的分配形式,做到向苦、脏、累、险和高技能岗位倾斜,进而激发职工的劳动热情,增加有效劳动时间,降低单位产品的劳动消耗量和工资成本,按生产经营实体需要对职能科室进行精简合并,本着精干、高效的原则配备管理人员,改变人浮于事的局面,达到降本增效的目的。

四、实施质量管理降低产品能耗

产品的质量与产品成本之间有着极为密切的关系。在竞争异常激烈的情况下,谁的产品质量高,谁就有竞争力,产品就有市场,就不会占用过多的资金;产品质量高,不出或少出次品,可以直接降低生产成本;产品质量高,就可以按优质优价原则,以较高价格出售,相对降低成本在销售收入中的比重;产品质量高,可以赢得更多的用户,直接增加销售量,降低销售成本;产品质量高,实际上也就节约了能源、原材料;产品质量高,就可以节省劳动力与管理费用,这样无疑会降低成本。因此,企业要十分注重提高产品质量,千方百计严把产品质量关。

一是要强化对质量管理的领导,企业厂长(经理)要亲自抓质量,形成质量管理网络,每天反馈质量信息,进行质量分析、控制质量成本。二是要有严格的工艺技术标准,对影响产品质量的供、产、销等各个环节实行系统的质量管理,做到不符合质量要求的原材料不采购进厂,不符合质量要求的半成品不流入下道工序,不合格的产品不出厂。三是要充实质量管理力量,完善质量管理制度,建立专职检测队伍,制订自检、互检和专检相结合的质量检测制度和标准,严把产品质量关。同时将质量管理纳入经济责任制考核,推行优质优价优工资、劣质废品惩工资的分配原则,对因各种原因影响产品质量的人或事要给予严肃惩处,以此增强企业上下的质量意识、提高产品质量。四是开展群众性的质量管理小组活动,有计划有组织地进行质量攻关。对影响产品质量,一时又难以搞清的质量问题,作为QC小组的攻关课题落实到车间、班组,开展群众性的QC小组攻关活动,使群众性的QC小组活动在有组织领导、有活动课题、有计划安排、有检查落实的受控状态下进行,从而提高产品质量。

五、实施优化产品结构降低运营成本

要努力优化产品结构。一个企业的产品受市场欢迎,能在市场中占有一定的份额,是降低成本的基础前提。如果一个企业的产品销售不出去,造成积压,根本谈不上降低成本。只有产品品种多,产品结构合理,才能满足不同层次消费者的需要,才有稳定的市场,才可以减少库存和产品资金占用,加快资金周转;只有产品结构合理,才能加速产品扩散,实行多角化经营,加快市场渗透,提高市场的相对占有率,从而达到降低成本的目的。所以各企业在生产经营中必须认识到自己的不足,认真分析、审时度势,及时改变生产经营战略,对市场形势不好、积压占用成品资金多的产品进行限产和转产,对选择的主导产品要通过采用先进技术,提高生产的机械化、自动化水平,强化生产指挥调度等一系列措施提高产量,以降低产品成本中所含的折旧、利息等固定费用。同时还必须不断创新、优化产品结构,采取"你无我有、你有我多、你多我精、你精我转"的策略,增加花色品种,开发新产品,追踪世界发展潮流,结合不同地区、不同层次消费者的需要,形成不同的产品结构,使产品市场逐步扩大。

六、总　结

通过上述分析可以看出,降低成本不再是一个人也不是一个部门能做到的事,它需要公司的重视、领导的关注、上级与下级的沟通、部门与部门之间的配合,还有每一位员工的正确认识等,一定要明确降低成本对生产管理的重要性。企业要抓好自己的生产管理,这样才能更好地发展企业。目前国内大多数企业存在的成本管理体系已经不再适合企业的发展需要,因此企业应该勇于创新,找到适合企业发展的新的管理方法。上述的几种途径只是个人的建议,在生产过程中,应将理论的探讨以及实践的需要相互结合在一起,依据自身的特点找出适合的成本管理方法,从而有效地降低企业的产品成本,提高企业的核心竞争力,如此才能在激烈的市场竞争中生存下来并发展壮大,实现企业价值的最大化。

参考文献

[1] 企业降低成本的途径和方法研究[EB/OL]. http://www.360doc.com/content/08/1117/11/32668_1942993.shtml. 2008.

[2] 王德敏. 成本费用控制精细化管理[M]. 北京:人民邮电出版社,2009.

[3] 刘清秀. 如何实施以现金流为核心的全面预算管理[J]. 现代管理,2009:2.

[4] 王娜. 工业企业全面预算管理探讨[J]. 当代经济,2011,08:30-31.

[5] 白雪梅. 试论中型工业企业全面预算管理[J]. 现代管理,2010(6).

[6] 丁亚杰. 试论中型工业企业全面预算管理[J]. 管理纵横,2010(2).

[7] 成本管理的重要性[EB/OL]. http://www.docin.com/p-694490244.html.

[8] 企业降低成本的途径[EB/OL]. http://wenda.haosou.com/q/1362465698067496?src=150.

[9] 宋洁. 市场经济条件下降低成本的途径的研究[J]. 现代经济信息,2010:7.

[10] 张伽嘉. 企业战略成本管理研究[D]. 厦门:暨南大学,2010.

推荐单位:万州区会计学会

财务管理与实践

巴南区"村财镇管"运行现状及其完善对策探讨 *

顾 飞 李文博
重庆工商大学财务与会计研究中心 重庆工商大学会计学院

农村经济越发展,村级财务工作及其监管就越重要。村级财务工作不仅因关乎广大农民群众的切身利益而备受其关注,而且还直接影响到农村基层的党群干群关系,事关农村社会的和谐稳定和经济可持续发展。近年来,随着国家惠农支农政策的陆续颁布,特别是农村土地在流转、承包、商业开发等过程中所带来的经济利益越发增多加大,村级财务工作已经成为一个极易引发农村基层社会矛盾冲突并亟待有关部门高度重视的突出问题。为了进一步规范村级财务,实现对村级财务的常态化依法监管,治理农村基层财务混乱的状况,绝大多数的镇村都相继采取了"村财镇管"的村级财务管理模式。笔者在对巴南区"村财镇管"运行现状进行实地调查的基础上,梳理了该区实施"村财镇管"的初步成效,并就其运行中存在的主要问题及原因予以了分析,进而基于"理顺管理体制,完善运行机制,加强协同治理,优化作用发挥"的基本思路,对其完善"村财镇管"模式的运行提出了对策建议。

一、巴南区"村财镇管"工作概况及其实施成效

重庆市巴南区共有22个镇街、198个村。根据《重庆市巴南区人民政府办公室批转区农牧渔业局区财政局区民政局区审计局关于推进农村财务规范化管理的实施意见的通知》(巴南府办发〔2004〕86号)和《关于印发〈巴南区村社会计委托代理制实施方案〉通知》(巴南农业发〔2004〕33号),截至2014年9月,除花溪街道外,目前已有21个镇街、190个村相继实施了"村财镇管"模式改革。界石镇等个别镇街还根据村情不同采取了以"村财镇管"为主体的"村财镇管"与"村财村管"的"双轨并行"模式。

(一)巴南区"村财镇管"的基本做法和实践模式

按照《关于印发〈巴南区村社会计委托代理制实施方案〉通知》(巴南农业发〔2004〕33号)的规定,巴南区"村财镇管"的基本做法是在村民自愿、依法委托的基础上,以所有权、使用权、收益权、审批权、监督权"五权"不变为前提,由镇街设立的会计委托代理记账办公室(以下简称"代账办")与村社签订村社会计代管协议书,明确各自的责任和义务。镇街代账办以村为核算主体,根据《村集体经济组织会计制度》,实现"资金账户、报账时段、报账程序、会计核算、会计档案"的"五统一"服务。各村不再设会计和出纳,只设一名报账员,主要负责村级收入、支出原始凭证的收集整理,村级备用金的领取、保管,以及定期向

---

* 本文是重庆工商大学学生科技创新基金资助项目——"巴南区'村财镇管'运行现状及其完善对策研究"的阶段性成果。本文获重庆市会计学会、重庆市总会计师协会2014年优秀会计论文一等奖。由于论文部分内容涉及到被调研单位的内部资料,文中所述的镇街和村社财务存在的问题均以隐名方式表述。谨此对巴南区财政局在本文调研中给予的大力支持和提供的相关资料深表谢意。

代账办报账。镇街代账办定期办理下辖各村的收支核算，按季生成财务公开明细，经代账办和村务监督委员会审签后张榜公布，接受群众监督质询。

目前，巴南区"村财镇管"的实际运行模式有两种类型。一种是政府主管型的"村财镇管"模式。这种模式的基本特征是镇街机构直接代账，即各镇街以经发办、财政所或农服中心为依托，设立代账办，由其负责"村财镇管"具体业务工作。未专设代账办的部分镇街，则是由镇街指定的上述三机构之一，兼负"村财镇管"具体业务工作的职责。这种政府主管型的"村财镇管"模式是巴南区"村财镇管"的基本运行模式（见图1）。另一种是政府主导、中介代账的"村财镇管"模式。这种模式的基本特征由镇街部门选聘的社会中介组织代账。这种政府主导、中介代账的"村财镇管"模式已为2014年开始实施"村财镇管"改革的李家沱街道所采用。鉴于巴南区李家沱街道所采用的第二种模式才刚起步探索，其实际运行情况还有待时日予以观察考查。故此，本文将研究的对象锁定为巴南区"村财镇管"普遍采用的第一种模式。

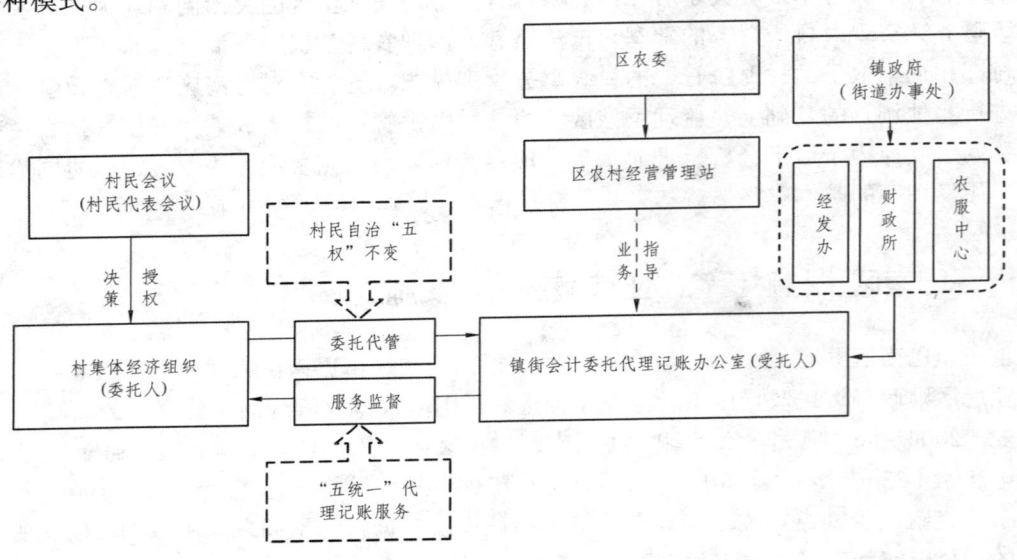

图1 巴南区"村财镇管"的基本模式

（二）巴南区"村财镇管"工作成效初显

巴南区实施"村财镇管"模式改革有效地遏制了过去村级财务运行无序、管理失范、监督薄弱等现实状况，取得了初步成效。2009年，巴南区南泉街道还被农业部办公厅确定为"第二批全国农村集体财务管理规范化示范单位"。经过十年来的实践探索，基本形成了由区级部门共同参与的"村财镇管"工作组织领导格局，实现了"村财镇管"代账机构、办公场所、镇街财务人员和村报账员、电算化硬软件的"四落实"，促进了会计账目由"浊"渐"清"、财务收支由"暗"渐"明"、人员素质由"低"渐"好"、制度流程由"无"渐"有"、基础规范由"弱"渐"强"、"三资"管理由"乱"渐"治"的"六渐进"，对于加强巴南区村社党风廉政建设和财经制度建设，完善其农村财务管理体制，实现巴南区镇街对村社经济活动会计监管的常态化，推进以财务公开为重点的村务公开，促进农村基层和谐稳定发展发挥了积极作用。

二、巴南区村财镇管工作亟待解决的主要问题

虽然巴南区的"村财镇管"改革实践对于规范村级财务运行与核算,提高农村财务管理水平起到了一定的积极作用,但是在其具体运行过程中,由于受到一些主客观因素的影响,"村财镇管"模式的内生优势和功能作用尚未得以充分发挥,"村财镇管"工作的实际运行与广大农民群众的热切期望还有一定的差距。笔者在随机调研、片区座谈、发放问卷、专题研讨等点面结合的调研方式基础上,归纳总结了当前巴南区"村财镇管"工作存在的四个主要问题。

(一)区、镇、村三级联动的"村财镇管"制度体系不够健全完善

"村财镇管"模式作用机制的有效发挥,需要健全完善的区、镇、村三级制度联动体系予以规范和保障。虽然早在 2004 年巴南农业发〔2004〕33 号文《关于印发〈巴南区村社会计委托代理制实施方案〉通知》就对该区实施"村财镇管"后的相关管理制度作了概括性的规定,但就总体而言,其内容涵盖尚不全面,操作条款也欠细化。如在区级部门横向联动、镇街代账办的设置和职责、村级报账员管理、"村财镇管"分级考核奖惩等方面的规定还不尽完备。此后,在"村财镇管"专项制度建设方面,巴南区"村财镇管"工作的主管部门也未能及时地以《中纪委、财政部、农业部、民政部印发关于进一步加强村级会计委托代理服务工作指导意见的通知》(财会〔2010〕4 号)、《农业部、监察部关于印发〈农村集体经济组织财务公开规定〉的通知》(农经发〔2011〕13 号)、《农业部、财政部、民政部、审计署关于进一步加强和规范村级财务管理工作的意见》(农经发〔2013〕6 号)和《财政部关于印发〈关于加强和改进基层会计管理工作的指导意见〉的通知》(财会〔2013〕12 号)以及《重庆市农业委员会、重庆市财政局关于进一步加强农业财务工作的通知》(渝农发〔2010〕218 号)等相关文件精神为依据,结合本区实施"村财镇管"的实际情况,对原来制定颁布的实施方案予以修订完善,与"村财镇管"相关的配套制度也不够健全,从而在一定程度上影响了"村财镇管"工作的规范运行。

就巴南区镇村两级的"村财镇管"专项制度建设而言,其建设步伐也相对缓慢、制度基础不够牢固、相关配套规范也不尽完备,尚未形成上下联动、左右协调、运行顺畅、执行有力的区、镇、村三级"村财镇管"制度保障体系。最近几年,随着巴南区区委区府对于农村财务工作的日益重视,龙洲湾街道、南泉街道、鱼洞街道、南彭街道和跳石镇等镇街才陆续出台了镇街的农村财务管理制度等相关规定。但是,由于镇街层级的财务管理制度受其制定机构的行政权威性及业务局限性等因素的影响,其实际执行受到一定的限制。

(二)"村财镇管"队伍素质不高,业务培训的针对性和实践性不够强

各级领导干部和相关业务人员的素质能力是保障"村财镇管"运行质量的关键。目前,巴南区"村财镇管"工作体系中所涉及的基层领导干部和相关业务人员在依法理财、规范理财和科学理财的政治素养、法治观念、政策水平、业务素质和操作能力等方面还普遍显得比较薄弱,难以很好地适应巴南区统筹城乡发展对"村财镇管"工作的新挑战和新要求。部分村社干部财经法规知识欠缺、遵纪守法意识不强,导致其在财经问题上制度执行不严、监督管理不力;村务监督委员会成员文化偏低、个别成员年龄偏大,依法履职的监管意识和素质能力不足;代账办财务人员特别是各村报账员,绝大多数没有财会专业背景、缺乏必要的上

岗培训和定期轮训,导致业务处理错漏较多、流程操作不尽规范。虽然,巴南区有关区级部门也举办了一些农村财会人员培训,但由于在培训设计上缺乏与纪检监察、财政审计等相关部门的横向沟通、缺乏对"村财镇管"基层实际业务需求的深入了解,致使培训在课程内容、师资配备、学习方式等方面的针对性和实践性不够强,影响了培训的实际效果,不利于"村财镇管"业务队伍素质和能力的提高。

(三)村务监督和财务公开与广大农民群众的期望尚有差距

村务监督和财务公开体现了村民自治的要求,是夯实农村"三资"管理的基层治理基础,也是促进"村财镇管"工作不断完善改进的重要力量。《中华人民共和国村民委员会组织法》第三十二条规定,"村应当建立村务监督委员会或者其他形式的村务监督机构,负责村民民主理财,监督村务公开等制度的落实,其成员由村民会议或者村民代表会议在村民中推选产生,其中应有具备财会、管理知识的人员。村民委员会成员及其近亲属不得担任村务监督机构成员。"但在调研中发现,巴南区有个别村的村务监督委员会,其成员的任职资格与上述法律条款要求不符,如存在个别村由两委会成员兼任村务监督委员会主任的情况。同时,部分村还存在村务监督委员会成员履职能力较弱、监督职能发挥缺位、财务监督审签手续不全、民主理财记录泛泛而谈以及村级财务"选择性公开"、财务公开督查不力和对村民质询回应不足等情况。如部分村的村民主理财小组很少实行集体签字,一些村财务公开重公布、轻反馈;个别村的大额投资未见民主决策程序相关资料;有的村列支村干部补贴未向村民公开;有的村以职务补贴、伙食补贴、交通补贴、"下社补贴"等各种名目乱发补贴,甚至有一个村还以"退休补贴"为名,给一名卸任村会计发了27.2664万元的"退休补贴";有的村对财务情况实行"选择性公开",仅仅是把"见得光"的部分公开出来,其余就捂着藏着。上述问题虽然都发生在村级财务领域,但是究其根源,与巴南区村级基层治理体系的尚不健全有着紧密的关系。正是由于目前我国农村基层普遍存在的村级治理体系不健全、治理能力薄弱等现实情况,使得"村财镇管"的有序运行缺乏牢固完善的村级基层组织治理保障,严重制约和影响了"村财镇管"作用机制的正常发挥。

(四)"村财镇管"模式的实际运行缺乏牢固的会计基础工作支撑

会计基础工作是会计工作顺利开展和会计信息质量水平的重要保证。由于巴南区部分镇街领导和村社干部对会计基础工作的重视程度不够,镇街代账办或从事代账工作的财务人员未能实现100%的依法持证上岗工作;各镇街代账办依托的镇街部门各有不同且多有调整变动,"村财镇管"工作的延续性受到影响;镇街代账办或者从事代账工作的财务人员绝大多数属于兼职人员,工作精力投入不足,为下辖村级组织提供的代账服务质量普遍不高;代账人员的编制和待遇等问题致使部分代账人员难以安心工作,影响到现有代账人员队伍的稳定;大部门镇街代账办使用的"农友"电算化软件存在操作不便、售后服务不到位、单机版不能联网等缺陷,以至于不能完全满足会计核算及联网监管的工作需要;个别代账人员的责任心和原则性不够强,执行相关制度不严,存在迫于领导压力或担心得罪人而放松了会计审核标准,弱化了会计监督工作;各村报账员几乎均为未持有会计从业资格证的非专业人员兼任,且兼职人员往往会随着村委会换届而调整变动;相关的会计工作和报账工作交接还不够规范。上述在调研中发现的农村会计基础工作薄弱等客观情况,弱化了"村财镇管"模式实际运行的业务基础，制约了村级财务工作的有序运行，严重影响到村级财务信息质量。会计科目混用、建账不规范、账册使用不合规、对账结账有误、账实（资金、资产）不符、公款私存、非法票据（白条）入账等违反财经法纪的情况依旧普遍存在。甚至出现了某村村干部利用假发票报销费用 13.9 万元和某村工业厂房修建工程项目无预算管理、无招投标程序、无承包金额等引起区委区府领导高度关注的严重违反财经法纪的事件。

三、制约巴南区"村财镇管"作用发挥的原因分析

巴南区"村财镇管"存在的主要问题虽然主要集中表现在镇村两级和财务领域，但其根源则涉及部分领导干部依法理财意识不强以及"村财镇管"的区、镇、村三级联动体制不健全和运行机制不完善等三个方面。本文在调研分析的基础上，将目前制约巴南区"村财镇管"作用发挥的原因归纳梳理为观念性障碍、体制性障碍和机制性障碍（见图2）。

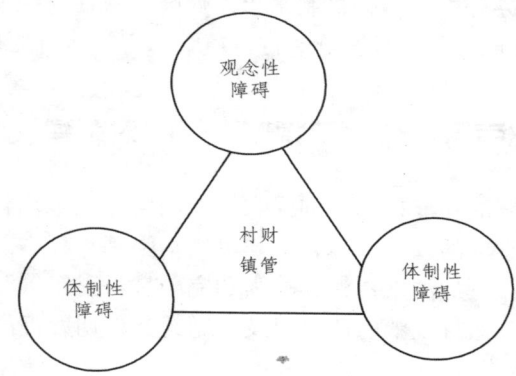

图 2　制约巴南区"村财镇管"作用发挥的原因分析框架

（一）观念性障碍：部分领导干部依法理财观念不强，对"村财镇管"工作重视度不够

领导干部高度重视是实际运行中充分发挥"村财镇管"作用机制的关键。通过调研，笔者发现巴南区个别区级部门和镇街的领导干部在实际工作中存在财经法治意识不强、"重发展，轻管理""重速度，轻规范"等认知误区。部分领导干部对财经法规和"三农"政策知之不多、解之不深，财经风险防范和财务流程合规观念淡薄，对财务人员的建议重视不够，在财经工作管理上随意性强，甚至带头违反党风廉政建设的要求和财经法纪，致使代账办和代账人员对发现的财务问题"看得见却管不了"。这种依法理财意识的缺位是致使个别领导干部对"村财镇管"工作重视不够、过问不多、督促不严、推进不力的观念性障碍。

（二）体制性障碍：管理体制尚未完全理顺，未能形成三级联动的一体化垂直管控体系

虽然《中共重庆市巴南区委办公室、重庆市巴南区人民政府办公室〈关于进一步加强农村集体资金资产资源管理的通知〉》（巴南委办〔2013〕83 号）和《重庆市巴南区人民政府办公室批转区农牧渔业局区财政局区民政局区审计局关于推进农村财务规范化管理的实施意见的通知》（巴南府办发〔2004〕86 号）对巴南区区级部门和镇街机构在"村财镇管"中的职责定位予以了规定，但在实际运行中仍然存在不同程度的主体缺位或者错位情况。如镇街代账

办到底是应该设在经发办、财政所还是农服中心,目前巴南区各镇街的做法并不一致,这情况的存在客观上不利于区级对口管理部门对"村财镇管"工作实施统一的垂直管控。同时,巴南区某些镇街将代账办设在财政所,使得财政所集"运动员"和"裁判员"于一身,从而弱化了镇街机构之间的横向监督制衡。由此可见,目前巴南区"村财镇管"工作在管理体制上的不顺畅形成了制约其内生优势和作用发挥的体制性障碍。

(三)机制性障碍:配套保障机制不够完善,不能为"村财镇管"有效运行提供有力保障

"村财镇管"是一项系统工程,其有效运行需要不断地健全完善相应的配套保障机制。虽然近年来,巴南区出台了诸如《中共重庆市巴南区委办公室、重庆市巴南区人民政府办公室〈关于进一步加强农村集体资金资产资源管理的通知〉》(巴南委办〔2013〕83号)等进一步加强农村集体"三资"管理的文件,各镇街也陆续制定了相关的农村财务管理制度,但由于在制度设计和执行监督等方面缺乏区级部门联动、基层组织治理、定期督查、问题反馈、考评挂钩、责任追究、整改督办等配套运行机制来予以保障,致使村级财务存在的某些问题"屡查屡犯、屡禁不止",从而成为了严重影响"村财镇管"有效运行的机制性障碍。

四、加强和完善巴南区"村财镇管"工作的对策建议

充分发挥"村财镇管"的功能作用是加强农村基层财务规范化管理和常态化监督,不断提升村级财务工作群众满意度的重要保障,必须以固本强基、标本兼治为原则,在解决"村财镇管"具体问题的同时,更加注重构建、加强和完善"村财镇管"工作的长效机制。本文基于对巴南区"村财镇管"运行现状的调研以及对制约其作用发挥的原因分析,提出以下四点加强和完善巴南区"村财镇管"工作的对策建议。

(一)上下联动完善管理制度体系,夯实"村财镇管"规范运行的制度基础

构建和完善上下联动的"村财镇管"管理制度体系是夯实"村财镇管"规范运行的制度基础,也是促进"村财镇管"的积极作用得以充分发挥的长效机制。巴南区应以《中共重庆市巴南区委办公室、重庆市巴南区人民政府办公室〈关于进一步加强农村集体资金资产资源管理的通知〉》(巴南委办〔2013〕83号)为基准,由巴南区农委、纪检监察部门、财政局和审计局等区级部门协同联动,依据国家和重庆市的相关政策法规,立足本区"村财镇管"实践,在各自职责权限范围内,制定并出台《巴南区村社会计委托代理服务机构及人员管理暂行办法》《巴南区村集体经济组织报账员管理暂行办法》《巴南区村集体经济组织财务工作量化考核暂行办法》《巴南区"村财镇管"工作监督管理暂行办法》和《巴南区"村财镇管"工作责任追究暂行办法》等专项及配套制度。同时,还应结合巴南区统筹城乡发展的实际和巴南农业发〔2004〕33号文件的执行情况,在排查制度漏洞、监管盲点、管理软肋的基础上,以进一步增强制度规范的针对性和操作性为重点,将原有的《巴南区村社会计委托代理制实施方案》升级为《巴南区"村财镇管"工作实施细则》。

另外,巴南区还应注重对镇街、村社层级相关财务管理制度建设的推动和指导,帮助巴南区各镇街完善和制定《镇(街道)"村财镇管"工作管理细则》《村(社)财务及报账工作规范细则》等制度规范,将广大农民群众普遍关心的招待费、干部津补贴、工程项目招投标、

集体经济合同等村社财务事项的管理程序化和规范化，从村社财务活动的源头夯实以制度管权、按制度办事、靠制度理财的基础。

（二）以实践为导向实施分层培训，推进"村财镇管"工作的干部队伍建设

以问题为抓手，以实践为导向，培养能够依法理财、规范理财和科学理财的"村财镇管"干部队伍是夯实"村财镇管"人本基础的关键所在。巴南区应按照《中央组织部关于加强和改进基层干部教育培训工作的意见》（中办发〔2011〕33号）、《财政部关于开展农村财会人员财政支农政策培训工作的通知》（财办〔2008〕43号）、《财政部关于进一步加强财政基层培训工作的指导意见》（财办〔2012〕33号）和《中共重庆市巴南区委办公室、重庆市巴南区人民政府办公室〈关于进一步加强农村集体资金资产资源管理的通知〉》（巴南委办〔2013〕83号）等文件的规定，由"村财镇管"工作的区级主管部门会同其他区级相关部门联合出台《重庆市巴南区"村财镇管"领导干部、工作人员培训工作实施方案》，启动巴南区"'村财镇管'千人培训计划"。力争从2014年起用2~3年的时间，对巴南区实施"村财镇管"的21个镇街、190个村的21名镇街分管领导、380名村干部、63名代账机构负责人及财务人员、190名村报账员和近600名村务监督委员会委员实施分层次、全覆盖的定期轮训。

在培训内容的设计上，根据各受训对象在"村财镇管"工作中的不同定位和职责各有侧重。其中，镇街领导和村社干部侧重于党风廉政纪律和财经政策法规的培训，镇街代账机构负责人、财务人员和各村报账员侧重于最新财经会计制度、基础工作规范和电算化操作等内容的培训，村务监督委员会成员侧重财经法规和监管知识的培训。在培训方式上，应改变过去偏重理论讲授的方式，更加突出实践导向和操作能力，在前期调研准确了解培训需求的基础之上，采取面授讲解、实作训练、现场观摩和警示教育等多种行之有效的培训方式。

（三）依法强化村级组织治理基础，启动"阳光工程"增强农村群众满意度

依法完善农村基层组织的治理结构和内部控制体系，增强农民群众民主理财监督能力，拓宽农民群众民主理财监督渠道是推动"村财镇管"工作健全完善的重要举措，也是不断提高广大农民群众对"村财镇管"工作认可度和满意度的必然要求。巴南区应严格按照《中共重庆市巴南区委办公室、重庆市巴南区人民政府办公室〈关于进一步加强农村集体资金资产资源管理的通知〉》（巴南委办〔2013〕83号）的规定，统一各镇街代账办设置所依托的镇街机构，厘清镇街农发办、财政所、农服中心与代账办的关系，建立健全镇街代账办的内部控制体系，理顺"村财镇管"的镇街工作组织管理体制，逐步实现农村集体"三资"（资产、资金、资源）管理的一体化。

同时，巴南区还应充分发挥各村党支部的战斗堡垒作用，在各村基层党组织的统筹领导下，一方面要厘清各村两委会的工作职责和财务权限，使其在村级财务及其管理活动中能够依法履职而不越位。另一方面，要完善村务监督委员会（民主理财小组）成员的产生和退出机制，培养和提高村务监督委员会成员的民主理财责任意识以及依法履行村级财务监督职责的能力，确保其在任不缺位、履职能监管，做实"村财镇管"工作的村级组织治理基础。

此外，巴南区还应根据"村财镇管"后广大农民群众对财务公开的合理诉求，从进一步依法完善村级财务公开的内容、严格规范财务公开程序、健全财务公开监督机制、强化财务公开质询回应和提高村民民主理财监督能力五个方面入手，实施"村级财务阳光工程"。应采

用农家院坝会、乡村广播、民间文艺演出等多种贴近基层农民群众的微宣讲形式,讲授农村财经法规政策,提高村民参与民主理财监督的觉悟和水平。还应当针对巴南区在外打工的中青年村民比例较高、留守的老年村民民主监督能力有限等实际情况,有效地利用手机APP软件、"掌上巴南""巴南微云"等信息平台资源,启动并逐步推进巴南区村级财务网络公开工作试点,使外出务工村民能够"无障碍"地履行财务知情权和民主监督权,拓宽"村财镇管"民主监督工作的群众参与面,不断提升广大基层农民群众对巴南区"村财镇管"工作的满意度。

(四)加强动态适时监管,搭建"三维协同"的集成化监管平台

从制度、机构、技术三个维度入手,以建章立制为基础,以部门协同为依托,以技术控制为手段,搭建巴南区"村财镇管"工作的"三维协同"集成化监管平台,是进一步强化对"村财镇管"日常运行动态监管的有效手段。巴南区应以贯彻实施《行政事业单位内部控制规范(试行)》(财会〔2012〕21号)为契机,严格按照《中共重庆市巴南区委办公室、重庆市巴南区人民政府办公室〈关于进一步加强农村集体资金资产资源管理的通知〉》(巴南委办〔2013〕83号)规定的部门职责,形成由区农委定期组织工作检查和组织指导农村财务审计监督工作、由区纪检监察部门依法查办农村集体"三资"违规违纪问题、由区财政督促财务管理人员严格执行财务法律法规、由审计局负责对农村集体经济组织审计工作进行指导的多部门协同联动的巴南区"村财镇管"运行监管工作格局。同时,还应将"村财镇管"工作纳入巴南区区级有关部门和镇街的年度综合目标考核体系,明确"村财镇管"工作的"一把手"负责制和责任追究制。

另外,巴南区还应鼓励和支持各镇街的"村财镇管"工作逐步由会计电算化向财务管理网络化升级,并在此基础上实现对农村集体"三资"管理的网络技术集成控制。应由巴南区区级主管部门牵头,相关区级部门联合参与,投入专项资金开发具备实时监控、远程查询、业务处理、在线分析指导、合同和租金收取到期提醒、保密等功能的"巴南区农村集体'三资'动态监管信息平台"。通过信息技术控制,减少人为干预,强化异动预警,实现对财务违法违纪行为防控的前置化,从而更好地保障农村集体"三资"的安全完整,为巴南区统筹城乡发展做实基层财物保障基础。

参考文献

[1] 郑晓燕. 浦东农村治理机制创新的对策[J]. 浦东开发,2014,06:34-36.

[2] 张坤,郭斌. "村账乡管"的制度缺陷及其优化机制设计[J]. 农村经济,2014,06:121-124.

[3] 权丽华,崔治龙. 制度经济学视角下的"村财乡管"模式改进探析[J]. 生产力研究,2013,12:23-24.

[4] 颜明华,杨梦逸. 区领导拍案怒斥村务管理乱相[N]. 巴南日报,2014-07-24.

[5] 郑建华. "村账乡代理"的实践与思考[J]. 中国财政,2013,10:54-55.

推荐单位:重庆工商大学

"营改增"税制改革对事业单位财务管理的影响*

王小容　刘晓凤
重庆市农业科学院

随着"营改增"在全国范围推行，行政事业单位也纳入了税制改革的范围，而"营改增"的实施对事业单位的财务管理工作者提出了新的要求。本文阐述了我国"营改增"税制改革的背景，论述了它对事业单位税负和会计核算的影响，进而提出事业单位应对"营改增"的对策及提高财务管理水平的建议。

一、"营改增"税制改革背景

增值税自1954年在法国开征以来，因其有效地解决了传统销售税的重复征税问题，迅速被世界其他国家采用。目前，已有170多个国家和地区开征了增值税，征税范围大多覆盖所有货物和劳务。我国1979年引入增值税，最初仅在襄樊、上海、柳州等城市的机器机械等五类货物上试行。1984年国务院发布增值税条例（草案），在全国范围内对机器机械、汽车、钢材等12类货物征收增值税。1994年税制改革，将增值税征税范围扩大到所有货物和加工修理修配劳务，对其他劳务、无形资产和不动产征收营业税。2009年，为了鼓励投资，促进技术进步，在地区试点的基础上，全面实施增值税转型改革，将机器设备纳入增值税抵扣范围。

2011年11月，财政部和国家税务总局联合发布了《营业税改征增值税试点方案》，该方案于2012年初在上海的部分行业实施，取得了阶段性的成功，并在全国12个省市推进。从2013年8月起，在全国范围内开展交通运输业和部分现代服务业"营改增"试点工作，至此，在我国部分行业税收体系中一直实行的营业税将逐步退出舞台。

此次税制改革为了推进生产性服务业的发展，规范税制，实现结构性减税，在现行增值税17%标准税率和13%低税率的基础上，新增11%和6%两档税率。对于一般规模纳税人而言，租赁有形动产等适用17%税率，交通运输业、建筑业等适用11%税率，其他部分现代服务业适用6%税率，而对于小规模纳税人，则适用3%的征收率。征税对象中的应税劳务从原有的加工、修理、修配3个生产性劳务扩大到交通运输劳务和部分现代服务劳务，包括陆路运输服务（不包括铁路运输）、水路运输服务、航空运输服务、管道运输服务、研发和技术服务、信息技术服务、文化创意服务、物流辅助服务、有形动产租赁服务、鉴证咨询服务等。

二、"营改增"对事业单位的影响

（一）"营改增"对事业单位税负的影响

事业单位在此次税制改革中涉及改征增值税的部分主要是服务性收入。"营改增"之前，

---

*本文获重庆市会计学会、重庆市总会计师协会2014年优秀会计论文二等奖。

事业单位应税服务性收入按照5%的税率缴纳营业税，税改后，服务性收入属于现代服务业，一般纳税人按6%税率征税，小规模纳税人按3%税率征收。

1. 对一般纳税人事业单位的影响

对于一般纳税人的事业单位而言，"营改增"前服务性收入缴纳营业税，税率为5%，"营改增"后，事业单位涉及的"营改增"范围适用6%的税率，税率增长20%，税负根据事业单位是否有可抵扣的进项税额及可抵扣进项税额的多少而不同。

科研事业单位大部分服务性收入来源于其他单位的课题经费，根据经费性质，有的需要缴税，按照财政部票据管理中心的解释，自2010年7月1日起，总项目任务书中列明分课题承担单位的，不允许开具从财政部门领取的票据，具体处理办法分两种情况：一是视同国库集中支付拨付的经费，不再开具任何票据，收款单位根据银行进账单登记收入账和银行账，付款单位根据银行支付回单登记支出账和银行账，这种处理方法自然不需要缴税；二是收款单位开具税务发票，这自然需要缴税。项目任务书没有列明分课题承担单位的，视同提供应税劳务，开具税务发票，缴纳税款。事业单位取得服务性收入需承担的主要成本是人力资本，来自其他单位的课题经费也因为属于课题承担单位而不能取得增值税票。因此，"营改增"后事业单位可能因没有可抵扣的进项税额，按6%税率缴纳增值税，相对原来5%的税率税负将有所提高。

2. 对于小规模纳税人事业单位的影响

对于小规模纳税人的事业单位来讲，"营改增"前服务性收入缴纳营业税，税率为5%，改革后，税率3%，税率降低40%，事业单位开具税务发票的服务性收入为含税收入，纳税还需换算为不含税收入缴税，税负降低超过40%。尽管小规模纳税人税负降低，但对其纳税人身份的认定有严格要求。

国家税务总局发布的《国家税务总局关于北京等8省市营业税改征增值税试点增值税一般纳税人资格认定有关事项的公告》规定，试点纳税人应税服务年销售额超过500万元的，除"试点实施前已取得一般纳税人资格并兼有应税服务的试点纳税人"外，应当向主管税务机关申请增值税一般纳税人资格认定。若事业单位年应税服务金额超过500万元，应申请一般纳税人资格认定，需要按6%缴纳增值税，不再享有3%的征税率。

（二）"营改增"对事业单位会计核算提出了新要求

按照税法要求，事业单位的事业收入和经营收入应依法缴税，但从目前的会计核算上看，很难从账务上区分税收收入和非税收收入。事业单位开具了发票的收入，根据合同的性质，一部分作为预收款项列为课题经费，一部分列为技术服务收入。从账务核算上看，预收账款中的课题经费既包括不需开票的财政拨付的专项和非专项项目经费以及科委等其他部委的课题经费，又包含了收到其他单位转付的需要开具发票的课题经费；技术服务收入中也同样存在有的需要开票、有的不需要开票，如事业单位提供技术转让、技术开发业务和与之相关的技术咨询、技术服务业务所取得的收入，免征营业税，实行营改增后任免征增值税。这种核算方式符合事业单位会计制度和国家预算管理的要求，却不符合税务的税收收入和非税收入分别核算的要求。实行"营改增"后，税务部门不再仅仅通过票据管理来区分税收收入和非税收收入，他可以通过核定科研事业单位的税收收入征税，这将要求事业单位从会计核算上厘清税收收入与非税收收入。

会计核算的基本原则要求收入与成本实现配比,从目前科研事业单位的运行情况来看,多数事业单位属于财政补助单位,而不是财政保障单位,工资经费和机构运行费用的预算内经费远远不足,缺口部分需要自行筹集经费弥补,大部分事业单位通过横向课题经费或者技术服务收入等来弥补。课题经费实行预收款管理,包括税收成本在内的各项课题支出都在该项目里列支,月末根据支出将预收款转收入,可以说课题经费管理能够实现配比原则。而技术服务收入部分很难实现配比原则:第一,技术服务收入对应的成本部分,比如检测收入所需的检测用材料、出版杂志的印刷费等,这部分支出可能在其他课题经费里列支;第二,技术服务收入用来弥补预算经费的不足,而不足部分主要为工资经费支出和机构运行费用,这样的收支也是不配比的。

实行"营改增"后,事业单位的可抵扣进项税额的认定应该准确。由于事业单位技术服务收入与成本不能实现配比,取得的增值税税票所使用的经费来源于财政拨款,从财政理论上讲,所支付的进项税是不能申报抵扣应税服务收入形成的销项税额。这必然要求科研事业单位改变以往的会计核算方式,健全适应增值税征收管理办法的会计核算,厘清单位商品(服务)、所得等各种税收的过程以及之间的科学关系。

三、对策研究

(一)完善事业单位会计核算体系

财政部于 2012 年 12 月 19 日发布了新《事业单位会计制度》(以下称新制度),要求事业单位从 2013 年 1 月 1 日起施行。科研事业单位要完善会计核算体系,需要符合新制度的要求,满足单位的预算管理,还需要按照《政府收支分类科目》的规定完善会计科目体系。实行"营改增"后,科研事业单位在会计核算上应该区分税收收入和非税收收入,应税服务收入与其成本实现配比。按新制度要求,在一级科目"事业收入"下增设"事业收入——服务性收入(应税)"和"事业收入——服务性收入(免税)"两个二级科目,分别核算应税的咨询、技术、出版印刷等服务性收入和免税的服务性收入;在现有的科目"事业支出——基本支出"、"事业支出—项目支出"基础上增设"事业支出—服务性支出"明细科目。事业单位开具了应税发票的款项不应作为课题制管理,应属于提供有偿的服务,理应纳税,在"事业收入——服务性收入(应税)"中核算,并按照每项合同或任务进行辅助核算,各项合同或任务所发生的支出,如差旅费、人力资本、购买材料、出版印刷等费用均在"事业支出——服务性支出"中核算,也同样按各项合同或任务进行辅助核算。这样的科目设置既符合了税务管理的需要,又能反映事业单位创收收入在多大程度上弥补事业发展预算经费的不足,即可以通过经费自给率来衡量。经费自给率=(事业收入——服务性收入)-(事业支出——服务性支出)/(事业支出——基本支出)×100%,比如某事业单位当年获得财政补助资金 100 万元,用于机构运行等公用支出,当年实际公用支出 150 万,取得的服务性收入为 80 万元,发生服务性支出的成本为 30 万元,该单位的经费自给率为(80-30)/150=33%。

(二)配备专业的财务管理队伍,加强税收筹划

事业单位按社会功能划分为承担行政职能、从事生产经营活动和从事公益服务的三个类别。对于承担行政职能的事业单位的会计核算和管理参照行政单位进行管理,从事生产经营

活动的事业单位纳入企业财务管理体系，从事公益服务的事业单位按事业财务管理。公益类事业单位的财务管理较为薄弱，如科研事业单位对科研人员的重视程度远远超过财务等经济管理岗位人员，财务等经济管理部门配备力量不足，不仅不能对单位的发展发挥重要的抉择支持作用，反而成为单位发展和管理中的"瓶颈"。

实行"营改增"后，事业单位的税收类别和税率等发生了变化，税收的筹划显得尤为重要，事业单位需要结合单位经济业务选择纳税人身份，降低单位税负，同时调整充实办税和财务管理的人员队伍，并通过有效的激励机制把业务能力强、热爱财税工作的人员配置到税收管理关键岗位上，并鼓励和支持财务人员参加财税知识的培训，为单位创建高素质的财务管理团队。

（三）加强事业单位发票管理

在营业税制下，事业单位只需根据到款情况和合同开具营业税发票，而"营改增"后需开具增值税发票，发票种类发生变化，对发票管理也有了新要求。增值税发票包括普通发票和专用发票两种，由于增值税专用发票可以抵扣进项税额，故涉及开具增值税专用发票的单位需要严格加强发票管理，制定发票管理新规范，做好发票开立、领用、使用、核销等方面的管理工作，否则发票使用不当易产生法律风险。

（四）加快事业单位财税信息化建设

"营改增"政策是财税部门经过前期大量的调查研究和结合国外先进的税收管理经验作出的决策，对推动我国国民经济发展、规范税制、实现结构性减税有着积极意义。但总体的利好不等于对个体的绝对利好，改革必然涉及利益格局的调整，事业单位在此次改革中税负的变化，需要通过网络、软件等信息技术及时反馈给财税管理部门，争取最为有利的政策支持，促进事业单位健康有序发展。实行"营改增"后，针对目前有的事业单位税负提高的情况，鉴于事业单位主要提供公益类服务为主，财税部门应完善财政补偿机制，对因税改造成税负提高的事业单位给予补贴。

参考文献

[1] 韩东成. 营业税改征增值税对航道维护管理事业单位的影响及对策研究[J]. 交通财会, 2012, 08: 69-72.

[2] 孙卫. 浅谈"营改增"税改对企业税负及财务指标的影响[J]. 财会研究, 2012, 18: 17-18.

[3] 杨丽峰, 杨亦民. "营改增"后高校纳税身份选择[J]. 会计之友, 2014, 13: 95-96.

推荐单位：重庆市农业科学院

上市公司亏损前后投融资实证研究*

张书伟

重庆市渝中区财政局

一、引 言

公司投资的融资约束问题是西方近 30 年来的热门话题之一。由于新古典投资理论和托宾 Q 理论在测定相对持续的投资需求模型中忽略了融资因素产生的影响，其对现实问题的解释能力受到了怀疑。在宏微观两个层次需求的推动下，一些经济学家指出，由于存在着不完全资本市场，公司投资所面临的融资约束问题可能会引起和放大经济波动。而由于借款人和贷款人之间存在着信息不对称并带来逆向选择问题，致使外部融资的成本高于内部融资成本，这就产生了"融资约束"问题。

在我国，随着资本市场改革的日益深化，上市公司的融资问题得到了广泛的关注，但把融资问题引进公司投资决策模型并未受到关注。冯巍（1999）曾用 Fazzari 的检验模型来检验公司投资与内部现金流的关系，检验结果表明内部现金流对每股分红低于 0.05 元的公司、非国家重点企业以及没有实行主办银行制度的公司的投资水平存在着显著性影响，从而得出了存在融资约束的结论。

理论上说，公司投资的融资约束程度取决于公司与资金供给者之间信息不对称的程度。如果资金供给者对公司资金使用情况的监督成本大于资金的机会成本时，资金供给者则不会向公司提供资金，即使当监督成本要小于资金的机会成本时，资金供给者愿意为公司提供资金，但是仍然要求获得较高的回报以补偿监督成本。通常，与外源融资成本相比，内源融资成本更低，公司投资存在外源融资约束。但是，当信贷市场或资本市场越完善，公司与资金供给者之间信息不对称程度越低，则公司受到的外源融资约束程度越低。因此，公司投资将首先依赖于内源融资。

二、理论分析与研究假设

西方多位学者和我国学者冯巍、郑江淮、何金耿和丁加华等均发现企业内部现金流与投资支出存在显著的正相关关系，这表明具有相同投资机会但不同内源融资存量的两家公司将表现出完全不同的投资支出水平。导致这一差异的原因，西方学者给出了两种主要的理论解释：一是从融资角度解释的融资约束假说，认为管理者与外部资本提供者之间存在信息不对称，因而后者在提供资金时要求更高的报酬率，使得企业内部资金与外部融资成本存在差异，外部融资高昂的成本使公司无法得到最优投资所需的资金支持，只能高度依赖内源融资从而引发投资不足；二是从投资角度解释的自由现金流量假说，认为当经理人的目标函数与股东

---

*本文获重庆市会计学会、重庆市总会计师协会 2014 年优秀会计论文三等奖。本文现有标题为《重庆会计论坛》编委会修改后的标题，作者原稿的标题为《上市公司亏损前后的投资和融资的实证研究》。

相异且企业存在自由现金流量时，经理人不是基于股东财富最大化的目标将它们支付给股东，而是将其投资于不能为股东创造财富但能增加经理人私利的项目上，从而导致过度投资。

然而，由于在信息不对称和代理问题上的差异，陷入亏损的企业与盈利企业的投资-现金流敏感度是不同的。在信息不对称方面，亏损企业的信息不对称要比盈利企业更为严重，理由是：亏损公司为避免被摘牌比健康企业更有动机进行盈余管理；上市公司在信息公布时普遍存在的"好消息和盘托出，坏消息隐约其辞"的现象使投资者更有理由怀疑亏损公司所公布信息的真实程度。信息不对称将导致企业的外部融资成本更高，使得财务困境企业对内部资金的依赖更严重，而这些企业往往因连年亏损导致留存收益匮乏，内部资金严重短缺，从而使得投资对现金流的波动更为敏感。企业陷入困境后融资难度加大，融资成本上升。

在代理问题方面，财务困境企业的股东与债权人、经理与股东之间的代理问题更为严重。一方面，在有负债的企业中，股东存在投资高于债权人预期风险的项目以实现掠夺债权人财富的资产替代动机。显然，在股权实际价值相当低（尤其是接近于零）时，冒险一旦成功，收益大部分归股东，而即使冒险失败，损失也不多。因此，这种情况下股东进行资产替代的动机最强。企业在陷入财务困境后，其股价大幅下跌，因而，困境企业的股东进行资产替代的动机将比健康企业更强。De'camps和Faure Grimaud（2000）将这一现象描述为股东的"复苏赌注"（Gamble for Resurrection）。另一方面，困境企业的经理也有强烈的动机配合股东进行复苏赌注（Barry E. Adler，1995），因为，企业破产将导致经理对企业控制权的丧失，从而使经理失去控制权收益（如工作职位、声誉、非货币性收入等）。综上所述，一方面是企业陷入困境后融资难度加大，融资成本上升，另一方面是股东和经理都有扩大投资的动机。

在中国，不同类型的企业所遭受的融资约束和代理冲突存在较大差异。从融资约束角度来看，普遍认为国有企业外部融资能力强、所遭受的融资约束程度较民营企业轻。国有企业主要存在于高利润的垄断性行业，通常有较好的业绩和经济实力，不仅有能力从国有银行获得贷款，建立融资关系，而且国有银行为了改善自身的经营质量往往也争相为其提供贷款，融资约束程度也比较轻。而民营企业很难做到像国有企业那样融资，尤其是中、小规模民营企业在银行信贷市场以及资本市场中处于明显的劣势地位，常常受到融资约束的困扰。所以，我们认为民营企业遭受的融资约束较严重，因此，民营企业有较高的投资-现金流敏感度。

综上，我们提出如下假设：

假设1：与发生首次亏损之前相比，企业发生亏损后的投资对现金流更加敏感。

假设2：在发生亏损的公司中，与国有企业相比，民营企业具有更高的投资-现金流敏感度。

三、实证研究设计

（一）样本选择

本文选择沪深上市公司中上市以来在2010年或2011年出现首次亏损的公司作为亏损企业研究样本。为保证数据的有效性，消除异常样本对研究结论的影响，本文对样本做了如下处理：① 剔除了金融类企业，因为它们的资本性支出特点与其他公司相差很大。② 剔除2009年上市的公司，这些公司缺少亏损前两年的数据。最终得到107家上市公司作为研究样本。各年样本分布为2010年28家和2011年79家，其中国有企业69家，民营企业38家。主要的财务数据来自于国泰安数据库（CSMAR）和巨潮资讯网（http://www.cninfo.com.cn/）。

（二）主要变量的定义与描述

本文的研究变量主要包括被解释变量、解释变量和控制变量 3 个部分。各组变量的定义如表 1 所示。

表 1　变量定义

变量	定　义
被解释变量	
I/K	投资，以固定资产净额与在建工程净额之和与期初总资产的比值衡量
解释变量	
CF/K	现金流，以经营活动产生的现金流量净额与期初总资产的比值度量
Loss	虚拟变量，亏损前取 1，其他取 0
Loss*（CF/K）	现金流量与亏损虚拟变量的交乘项
控制变量	
Cash/K	现金持有量，为期初货币资金与期初总资产的比值
Growth	投资机会，固定资产增长率
Size	公司规模，企业总资产的自然对数
Indus	行业虚拟变量，按照《上市公司行业分类指引》，非金融类上市公司行业类型一般分为 21 类，制造业由于公司数量较多，取两位代码分类，其他行业取一位代码分类，总共设计了 20 个行业虚拟变量

（三）模型设计

FHP 的投资模型综合了解释投资支出影响因素的托宾 Q 理论、投资加速理论、信息不对称理论以及代理理论的研究成果，主要目的是考察投资是否对现金流的波动敏感，而这里的研究目的是考察亏损企业的投资对现金流的波动是否更敏感。因此，可以在其模型的基础上，结合我国上市公司的制度背景，进行适当修改后作为检验本文假设 1 和假设 2 的模型。模型的基本形式如下：

$$\frac{I}{K} = \alpha_0 + \alpha_1 \frac{CF}{K} + \alpha_2 \frac{Cash}{K} + \alpha_3 Growth + \varepsilon$$

系数 α_1 反映了企业投资对现金流的敏感性，因此反映企业的融资约束程度。FHP 认为，在资本市场不完善、投资机会既定的条件下，内部产生的现金流与投资之间应该存在正相关关系，即 $\alpha_1>0$。Growth 代表投资机会，引入这个变量的目的是为了控制企业潜在投资机会对企业投资需求的影响。一般而言，企业的投资支出随着投资机会的增加而增加，即投资机会对投资的影响为正，$\alpha_2>0$。当企业的现金较多时，其投资依赖于当期现金流量的程度就会有所降低。因此，在模型中要控制公司现金持有量的影响。为验证企业首次亏损后是否较此前遭受更严重的融资约束，在基本模型加入陷入困境前后的虚拟变量 Loss（亏损前取 1，否则取 0）及其与现金流的交乘项。此外，为控制企业规模、行业因素对投资支出的影响，以下将企业规模（总资产的自然对数，Size）和按大类设置的行业虚拟变量（Indus）也作为控制变量，模型的具体形式如下：

$$\frac{I}{K} = \alpha_0 + \alpha_1 \frac{CF}{K} + \alpha_2 Loss + \alpha_3 Loss * \frac{CF}{K} + \alpha_3 \frac{Cash}{K} + \alpha_4 Growth + \alpha_5 Size + \alpha_6 Indus + \varepsilon$$

四、实证结果及分析

（一）全体样本的实证结果及分析

1. 描述性统计

为观察企业在首次亏损前后有关变量发生的变化，对公司发生首次亏损之前的 2 年（即 -2 年和 -1 年）与发生首次亏损后的 2 年（即 1 年和 2 年）的主要指标进行均值和中位数差异检验（见表 2）。与发生首次亏损前相比，公司在出现首次亏损后，资本投资的均值和中位数显著减小，投资机会的均值明显下降，而投资机会的中位数由亏损前的正数转为亏损后的负数，说明投资机会不足；企业内部现金流和现金持有量显著下降，说明企业内源融资不足，只得转向负债融资。

表 2 公司首次亏损前后主要指标均值与中位数差异比较

	变量\年份	-2	-1	0	1	2
均值	I/K	0.512 194	0.470 253	0.432 781	0.415 812	0.418 942
	CF/K	0.058 802	0.026 114	0.017 651	0.050 774	0.057 892
	Cash/K	0.152 326	0.140 502	0.129 97	0.106 385	0.116 504
	Growth	0.307 858	0.164 576	0.106 962	0.010 025	0.085 736
中位数	I/K	0.477 92	0.453 756	0.400 606	0.387 145	0.398 679
	CF/K	0.055 312	0.026 404	0.021 332	0.039 301	0.037 764
	Cash/K	0.123 743	0.123 738	0.105 456	0.096 557	0.098 317
	Growth	0.090 048	0.038 407	0.002 17	-0.030 48	-0.025 74

2. 回归结果及分析

首次亏损企业投资-现金流敏感度的回归结果如表 2 所示

表 3 首次亏损企业投资-现金流敏感度的回归结果

I/K	Coef.	t
CF/K	0.294	3.26***
Loss	0.066 3	4.13***
Loss*（CF/K）	0.337	2.11**
Cash/K	-0.456	-5.33***
Growth	0.034 1	6.41***
Size	0.034 6	5.30***
Indus	控制	控制
_cons	-0.374	-2.48***
R^2		0.584 0
$adj \cdot R^2$		0.565 3
F		31.19
N		535

（注：t statistics in parentheses: * $p < 0.1$, ** $p < 0.05$, *** $p < 0.01$）

从模型 1 的回归结果可知:亏损公司的投资水平对现金流表现出依赖性,回归系数为 0.294,且在 1% 的置信水平下显著,与预期的结果一致。虚拟变量 Loss 与现金流(CF/K)的交乘项系数为 0.337,且在 5% 的置信水平下显著,说明这些公司在亏损前两年(-2 和 -1 年)的投资水平对现金流的依赖程度高于亏损后两年(-1 和 -2 年),推翻了假设 1。与发生首次亏损前相比,公司发生首次亏损后的融资约束并没有更为严重,反而有所减轻。企业的投资机会和公司规模对投资均有较弱的正的影响,且在 1% 的置信水平下显著。而企业的现金持有量对企业的投资有明显负的影响,且在 1% 的置信水平下显著,企业持有的现金越多,则资本投资越少。

(二)国有企业与民营企业的差异实证结果及分析

1. 描述性统计

为比较国有企业与民营企业有关变量的差异,对国有企业和民营企业的主要指标进行均值和中位数差异检验(见表 4)。从表 4 可以看出,国有企业投资的均值和中位数都明显大于民营企业,说明国有企业的整体投资水平高于民营企业。而从投资机会的均值来看,民营企业的成长性要好于国有企业;国有企业的现金流的均值和平均值都要略高于民营企业,但在现金持有量上,民营企业较国有企业则拥有更高的现金持有量。

表 4 国有企业与民营企业主要指标均值与中位数差异比较

		I/K	CF/K	Cash	Growth
国有企业	均 值	0.491 434	0.045 624	0.120 87	0.138 672
	中位数	0.485 496	0.043 002	0.102 792	0.025 84
民营企业	均 值	0.374 754	0.036 114	0.144 149	0.272 729
	中位数	0.346 347	0.026 774	0.120 51	$-0.020\ 63$

为观察国有企业和民营企业在首次亏损前后的投资行为的差异,对公司发生首次亏损之前的 2 年(即 -2 和 -1 年)与发生首次亏损后 2 年(即 1 和 2 年)的主要指标进行均值和中位数差异检验(见表 5、表 6)。

与发生首次亏损前相比,国有企业在出现亏损后,资本投资的均值和中位数显著减小,投资机会的均值显著下降,投资机会的中位数由亏损前的正数转为亏损后的负数,说明投资机会不足;国有企业内部现金流在出现亏损前显著下降,亏损后迅速回升;国有企业的现金存量有所下降。国有企业的整体规模在这期间有所扩大。

与发生首次亏损前相比,民营企业在出现亏损后,资本投资的均值和中位数显著减小,投资机会的均值和中位数均由亏损前的正数转为亏损后的负数,说明投资机会十分匮乏;民营企业内部现金流在出现亏损前显著下降,亏损后迅速回升。民营企业的现金存量有所下降。

表5 国有企业首次亏损前后主要指标均值与中位数差异比较

	变量\年份	-2	-1	0	1	2
均值	I/K	0.559 206	0.510 743	0.467 605	0.454 438	0.459 368
	CF/K	0.063 646	0.036 725	0.019 25	0.055 734	0.051 227
	Cash/K	0.130 537	0.119 827	0.122 369	0.110 804	0.117 155
	Growth	0.332 198	0.172 477	0.084 357	0.033 851	0.069 568
	Size	21.828 39	21.984 27	22.018 98	21.771 27	22.171 16
中位数	I/K	0.524 223	0.521 356	0.476 588	0.467 593	0.452 934
	CF/K	0.065 306	0.046 546	0.029 745	0.052 777	0.039 665
	Cash/K	0.112 609	0.109 031	0.098 493	0.106 588	0.098 317
	Growth	0.081 671	0.038 407	0.036 617	-0.012 22	-0.006 34
	Size	21.608 14	21.838 15	21.763 24	21.712 6	21.836 49

表6 民营企业首次亏损前后主要指标均值与中位数差异比较

	变量\年份	-2	-1	0	1	2
均值	I/K	0.426 83	0.396 732	0.358 998	0.345 675	0.345 536
	CF/K	0.048 576	0.006 847	0.014 748	0.040 401	0.069 996
	Cash/K	0.191 892	0.174 792	0.143 772	0.098 361	0.111 932
	Growth	0.263 663	0.150 23	0.867 897	-0.033 24	0.115 092
	Size	20.986 52	21.107 71	21.046 36	21.041 16	21.240 2
中位数	I/K	0.352 249	0.383 8	0.333 056	0.326 367	0.352 676
	CF/K	0.045 193	0.021 766	0.010 149	0.032 879	0.037 349
	Cash/K	0.155 107	0.153 388	0.121 911	0.075 353	0.092 181
	Growth	0.099 341	0.043 806	-0.025 43	-0.048 24	-0.066 2
	Size	20.949 64	21.079 11	21.019 01	21.067 35	21.166 74

2. 回归结果及分析

首次亏损的国有企业与民营企业的回归结果如表7所示。

表7 首次亏损的国有企业与民营企业的回归结果

	国有企业	民营企业
	I/K	I/K
CF/K	0.031 8	0.289***
	(0.29)	(2.93)
Loss	0.028 2*	0.104***
	(1.65)	(5.06)

续表7

	国有企业	民营企业
Loss*（CF/K）	0.346**	-0.549**
	(1.99)	(-2.28)
Cash/K	-0.486***	-0.436***
	(-4.56)	(-4.28)
Growth	0.176***	0.015 7***
	(12.13)	(3.40)
Size	0.028 5***	-0.027 3**
	(3.99)	(-2.09)
Indus	控制	控制
_cons	-0.115	0.846***
	(-0.70)	(2.92)
R^2	0.741 7	0.638 4
$Adj \cdot R^2$	0.725 7	0.590 8
F	46.51	13.40
N	345	190

注：t statistics in parentheses：* $p<0.1$，** $p<0.05$，*** $p<0.01$。

从模型2的回归结果可知，国有企业的投资水平对现金流表现出很弱的依赖性，回归系数为0.031 8，国有企业的投资水平对现金流不敏感，但该系数不显著。虚拟变量Loss与现金流（CF/K）的交乘项系数为0.346，且在5%的置信水平下显著，说明国有企业在亏损前两年（-4和-3年）的投资水平对现金流的依赖程度高于亏损后两年（-2和-1年），与模型一的回归结果一致。与发生首次亏损前相比，国有企业发生首次亏损后的融资约束的程度并没有变得更为严重。国有企业的投资机会对企业的投资具有正的影响，而公司规模对投资有很弱的正的影响，且二者均在1%的置信水平下显著。国有企业的现金持有量对企业的投资有明显负的影响，且在1%的置信水平下显著，企业持有的现金越多，则资本投资越少，与模型一保持一致。

民营企业的投资水平对现金流表现出一定的依赖性，回归系数为0.289，且在1%的置信水平下显著，与预期的结果一致。虚拟变量Loss与现金流（CF/K）的交乘项系数为-0.549，且在5%的置信水平下显著，说明民营企业在亏损前两年（-4和-3年）的投资水平对现金流的依赖程度明显低于亏损后两年（1和2年），与假设1保持一致。与发生首次亏损前相比，民营企业发生首次亏损后的融资约束更为严重。民营企业的投资机会对企业的投资具有很弱的正的影响，而公司规模对投资有较弱的负的影响，且二者分别在1%和5%的置信水平下显著。民营企业的现金持有量对企业的投资有明显负的影响，且在1%的置信水平下显著，企业持有的现金越多，则资本投资越少，与模型1和国有企业的结果一致。

表7还显示出，民营企业的投资与现金流的相关系数和显著性水平均高于国有企业。表

明民营上市公司的融资约束程度明显低于国有企业,假设2得到证实。这是由于长期以来,国有企业存在严重的"预算软约束":当企业经营较好时,同受国家控制的国有商业银行纷纷主动向其提供贷款;而当企业陷于财务困境时,作为产权所有人的政府往往会通过其特殊地位,要求国有商业银行提供资金帮助国有企业渡过难关。因此,国有企业融资渠道较为通畅。相对而言,融资渠道不畅、资金不足一直是制约民营企业发展的瓶颈问题。民营企业之所以想成为上市公司,其主要动机是想发行股票募集资金,或利用上市公司的信用向银行申请贷款。虽然一部分民营企业通过自身努力最终发行上市,但更多的民营企业是通过买"壳"方式实现间接上市。由于实力不济,所买的"壳"大多是那些经营困难的国有上市公司,这些公司已陷入财务困境,盈利能力较差,短期内不具备发行股票融资的条件,贷款融资能力也较差。

综合以上的实证结果,我们发现,民营企业的回归分析结论证实了假设1,但总体样本和国有企业样本的回归分析结果与假设1相反。可能的原因是,这次实证研究中国有企业的样本容量明显大于民营企业的样本容量,我们推断国有企业投资对现金流的不敏感性影响了整体样本的回归结果。但是在模型2的回归结果中,虽然国有企业的资本投资对现金流不敏感,但该数据并不显著,据此推断还有其他重要的影响因素。我国的国有企业分为中央国有企业和地方国有企业,企业的盈利能力和负债能力均存在明显差异,因此,关于国有企业资本投资对现金流的敏感性仍待进一步的研究与分析。

五、结 论

本文以2010年和2011年发生首次亏损的上市企业为对象,研究分析了其首次亏损前后两年的投融资行为。实证结果表明,对于总体样本而言,企业的投资受到融资约束的影响,但在发生首次亏损后,企业的融资约束程度并没有变得更为严重。进一步的研究发现,国有企业在发生首次亏损前后,投资对现金流的变化并不十分敏感,而民营企业在发生首次亏损后,融资约束程度加深,投资对现金流的变化较为敏感。此外,与发生首次亏损的国有企业相比,首次亏损的民营企业具有更高的投资-现金流敏感度。但是关于国有企业亏损前后融资约束的程度变化,本文没有得出稳健性结果。

关于如何减弱融资约束的影响,上市公司发生亏损后应主动增加自愿披露的数量,提高信息披露质量,改善企业与投资者之间的信息不对称程度,从而缓解融资约束。此外,亏损公司应致力于改善公司治理结构,减少公司所筹集的资金被大股东占用或被经理滥用的可能性。

参考文献

[1] 辛清泉,林斌,王彦超.政府控制、经理薪酬与资本投资[J].经济研究,2007(08).
[2] 辛清泉,郑国坚,杨德明.企业集团、政府控制与投资效率:来自中国上市公司的经验证据[J].金融研究,2007(10).
[3] 江伟,负债的两面性与公司价值[J].中国经济问题,2004(06).
[4] 张功富,宋献中.财务困境企业资本投资行为的实证研究[J].财经理论与实践,2007(147).
[5] 李金,李仕明,熊小舟.我国上市公司投资现金流敏感度实证研究[J].管理学报,2007(06).
[6] 吕长江,赵岩.上市公司财务状况分类研究[J].会计研究,2004(11).

[7] 章之旺. 现金流量在财务困境预测中的信息含量实证研究[J]. 中国管理科学, 2004（06）.

[8] 冯巍. 内部现金流量和企业投资[J]. 经济科学, 1999（01）.

[9] 谷祺, 刘淑莲. 财务危机企业投资行为分析与对策[J]. 会计研究, 1999（10）.

[10] 郑江淮, 何旭强, 王华. 上市公司投资的融资约束：从股权结构角度的实证分析[J]. 金融研究, 2001（11）.

[11] 何金耿, 丁加华. 上市公司投资决策行为的实证分析[N]. 证券市场导报, 2001（09）.

[12] 连玉君, 程建. 投资-现金流敏感性：融资约束还是代理成本[J]. 财经研究, 2007（33）.

[13] 郭丽虹, 马文杰. 融资约束与企业投资-现金流量敏感度的再检验：来自中国上市公司的证据[J]. 世界经济, 2009（02）.

推荐单位：渝中区会计学会

小微科技型企业融资新路径之专利权质押博弈*
——基于2014年重庆市专利事业发展战略推进计划

王秀霞　王睦瑶

重庆理工大学会计学院

一、引　言

小微科技型创新企业是现代企业中的新生力量军，在就业和富民中发挥着不可替代的作用，而担保难和融资贵是制约小微企业生存与发展的关键因素。近年来，小微科技型企业利用其优势资源——专利权，通过质押以取得信贷机构的贷款。2014年4月经国家知识产权局审核同意、局办公会审定，重庆市知识产权局制订了专利事业发展战略推进计划[1]，并于9月召开了全市专利代理机构工作座谈会，提出要加强行业自律与行业监管，维护专利机构的良好声誉，促进小微科技型企业的快速健康发展。如，作为大型国有控股上市银行的一级分行，工商银行重庆市支行也积极探索小微企业融资服务的新思路、新方法，以破解小微企业"贷款难"，着力为小微企业提供高效和专业的融资服务，全方位、多角度地满足小微企业的融资需求，建立较为完善的小微企业金融服务体系，为重庆市小微科技型企业的发展注入强劲动力。

现实中，由于小微科技型企业规模小、会计透明度差等先天不足，融资贷款时没有资金或者实物资产作担保，相当一部分小微科技型企业手里握着有效的专利产权，仍为资金问题愁肠百结，关键原因是信贷机构对小微科技型企业的信用额度产生质疑。一方面，专利权质押融资贷款在我国市场上还处于起步阶段，专利评估制度不健全；另一方面，专利技术在转化为成果的过程中，结果和未来收益是很不确定的，企业的经营具有较高的风险，有的企业为制造良好业绩，恶意虚报企业信息，且还款意愿差等，导致信贷机构最终遭受不良贷款损失。而作为理性人的信贷机构，为避免遭受不良贷款的损失，在决策时候会受这些客观条件的限制，因此在小微科技型企业和信贷机构之间必然存在博弈关系以及决策行为。

二、有关专利权质押融资贷款的简介

（一）专利权质押概念

所谓专利权质押，是指以专利权中的财产权作为质押的标的物，当债务人届期不履行债务时，债权人有权以该专利转让的价款优先受偿，这种质押属于权利质押。所谓专利质押融资贷款即是指企业或个人合法拥有的专利权经评估后作为质押物，而后向银行申请融资贷款的行为[2]。

---

*本文获重庆市会计学会、重庆市总会计师协会2014年优秀会计论文三等奖。

（二）专利质押的特征

专利权质押的特征有：① 专利权质押标的物是权利——专利权中的财产权作为标的物。② 在专利权出质期间，质权人是没有权利许可他人使用或转让该权利的权利的，质权人只有占有和保全该权利的权利。③ 在专利权出质期间，维持专利权本身的一切费用应由出质人承担，比如专利年费等，若质权人认为该出质的权利可能对自己有益也可自费，但这些费用，质权人有权请求出质人补偿。④ 专利权质押登记生效。动产质押要把质押物交付给质权人才生效，但专利权质押只需订立质押合同，办理出质登记，合同自登记之日起即可生效[3]。

（三）专利质押融资贷款现状及风险

知识产权交易网的宣言里有一句话："在我国尚有90%的专利、版权和闲置商标还躺在实验室和办公室里'酣酣睡眠'。我们实在需要一根哈利波特的魔法棒，去唤醒那些沉睡着的知识产权，将它们变成宝贵的财富！"政府在支持，银行在实验，企业在呐喊，但专利权质押融资贷款所面临的诸多问题、所导致的风险也早已不言而喻，因此，众多企业评价专利产权质押融资贷款最多的一句话就是"叫好不叫座"。

尽管专利权质押融资贷款的发展潜力巨大，但一个关键词却将其推到了风口浪尖——风险。面对这样的一个词，融资贷款机构是慎之又慎。当然原因很简单，评估很难、变现也很难、风险更大。并且除了要考虑该专利是否具备核心竞争力、改进性以及相关专利收益期限的长短，当贷款企业未能如期偿还债务时，信贷机构能否顺利找到下家愿承担风险的机构也是其考虑的一个难题。

三、小微科技型企业与信贷机构之间的行为博弈

小微科技型企业为其生存发展的需要，必然会最大限度地利用自身的专利优势申请融资贷款，进而小微科技型企业与信贷机构之间就会产生博弈。本文在此基础上，构建博弈模型，进行分析。

（一）进化博弈论与复制动态简介

进化博弈理论是博弈论和演化思想相结合的产物，它以参与人的有限理性为基础，从而能够更好地描述现实的动态博弈过程。在进化博弈论中，最关键的核心概念就是进化稳定策略（Evolutionary Stable Strategy，简称ESS）和复制动态（Replicator Dynamics）。其中，ESS代表一个种群抵抗变异策略侵袭的一种稳定状态，而复制动态可以描述某一个特定策略在一个群体中被采用的频数或频度的动态微分方程[4]。由进化原理可知，当一种策略适应度较高于平均适应度，或者一个策略收益比群体平均收益好时，则该策略就会在群体中被模仿、学习和发展。

（二）构建博弈模型

在这个专利权质押融资的博弈行为中存在两个参与者：小微科技型企业群体和信贷机构群体，且博弈双方都是有限理性人，也是风险规避者。但由于科技型企业的技术转化为收益是不确定的，具有较高的风险性，因此在整个博弈过程中明显处于劣势。分析结果可能会出

现四种组合:(可质押;发放贷款)、(可质押;拒绝贷款)、(不可质押;发放贷款)、(不可质押;拒绝贷款)

便于研究,我们假设:小微科技型企业能够质押专利权获得贷款的概率为 p,不能质押并获得融资贷款的概率 $1-p(0<p<1)$;信贷机构采取发放贷款策略的概率为 q,采取拒绝贷款策略的概率为 $1-q(0<q<1)$。S_1 表示企业未能获得专利权质押贷款所能取得的收益;S_2 表示信贷机构不采取贷款策略所能获得的收益;m 为企业质押专利权获得贷款融资的成本(包括相关评估和交易成本);n 为企业获得贷款融资后所能得到的收益;c 为企业还款概率,即 $1-c$ 为信贷机构的风险损失概率;h 为信贷机构的贷款金额;i 为企业的贷款利息;o 为信贷机构对质押专利权的处置收益,即当企业不能按时偿还贷款金额时,金融机构处置专利能够得到的收益;$c(h+i)$ 为企业质押专利权期望获得的贷款;$(1-c)(h+i)$ 为信贷机构的风险损失。

表1 小微科技型企业专利权质押融资贷款支付矩阵

小微科技型企业	信贷机构	
	发放贷款	拒绝贷款
能够质押	$S_1+n-m-c(h+i)$; $S_2+i-(1-c)(h+i)+c$	S_1-m; S_2
不能质押	S_1;S_2-h	S_1;S_2

其中:企业专利权质押的期望收益为

$$Z_1 = q[S_1+n-m-c(h+i)+(1-q)(S_1-m)] \tag{1}$$

不质押的期望收益为 $Z_2 S_1$,因此,平均期望收益为

$$Z = pZ_1 + (1-p)Z_2 \tag{2}$$

企业专利权质押融资的复制动态方程为

$$dp/dt = p(z_1-z) = p(1-p)[qn-qc(h+i)-m] \tag{3}$$

同理分析:信贷机构采取发放贷款策略的期望收益为

$$y_1 = p[S_2+i-(1-c)(h+i)+c]+(1-p)(S_2-h) \tag{4}$$

采取拒绝贷款的期望收益为

$$y_2 = s_2 \tag{5}$$

因此,平均期望收益为

$$y = qy_1 + (1-q)y_2 \tag{6}$$

信贷机构策略的复制动态方程为

$$dq/dt = q(y_1-y) = q(1-q)[pi-p(1-c)(h+i)+po+ph-h] \tag{7}$$

当 $dp/dt=0$ 且 $dq/dt=0$ 时,我们能够得到五个均衡点 $(0,0)$,$(0,1)$,$(1,0)$,$(1,1)$,(p^*,q^*)。

这里:$p^* = h/[c(h+i)+o]$;$q^* = m/[n-c(h+i)]$;且 $p^* \in [0,1]$,$q^* \in [0,1]$。

（三）运用雅克比矩阵对双方博弈进行分析

根据 Friedman 的观点，在一个群体动态系统中，其均衡点的稳定性可以由该系统的雅克比矩阵的局部稳定性来得出[5]。

雅克比矩阵的公式为

$$W = \begin{bmatrix} (1-2p)[qn-qc(h+i)-n] & p(1-p[n-c(h+i)]) \\ q(1-q)[i-(1-c)(h+i)+o+h] & (1-2p)[pi-p(1-c)(h+i)+po+ph-h] \end{bmatrix} \quad (8)$$

由稳定性分析该矩阵：

（1）当 $p=0$，$q=0$ 时，$\begin{vmatrix} -m & 0 \\ 0 & -h \end{vmatrix}$，行列式值的符号为正，迹的符号为负；

（2）当 $p=0$，$q=1$ 时，$\begin{vmatrix} n-c(h+i)-m & 0 \\ 0 & -h \end{vmatrix}$，行列式值的符号为负，迹的符号不确定；

（3）当 $p=1$，$q=0$ 时，$\begin{vmatrix} -(-m) & 0 \\ 0 & -[i-(1-c)(h+i)+o] \end{vmatrix}$ 行，列式值的符号为负，迹的符号不确定；

（4）当 $p=1$，$q=1$ 时，$\begin{vmatrix} -[n-c(h+i)-m] & 0 \\ 0 & -[i-(1-c)(h+i)+o] \end{vmatrix}$，行列式值的符号为正，迹的符号为负。

表 2　博弈的局部稳定分析结果

均衡点	行列式的符号	迹的符号	结果
$p=0$，$q=0$	+	−	ESS
$p=0$，$q=1$	−	不确定	鞍点
$p=1$，$q=0$	−	不确定	鞍点
$p=1$，$q=1$	+	−	ESS

（四）相关博弈分析结果的探讨

从如图 1 所示博弈结果中可以看出有两个 ESS 点，分别为点 O（0，0）和点 C（1，1），即（能够质押，发放贷款）和（不能质押，拒绝贷款），其中，A、B 两点均为不稳定的均衡点，点 F 为鞍点（即均衡点的稳定性）。

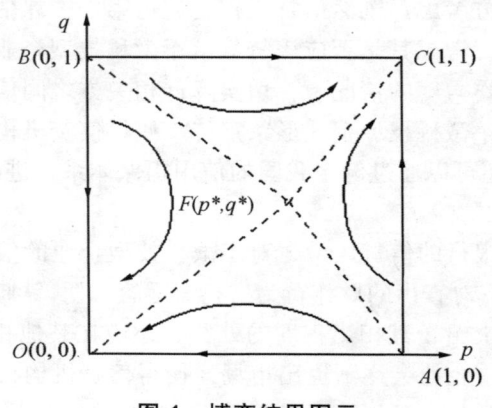

图 1　博弈结果图示

从图1中可知：点 O 和点 C 均为稳定的策略点。在 O 点表示小微科技型企业的专利权不能质押，信贷机构拒绝贷款；在 C 点表示小微科技型企业的专利权能够质押，信贷机构发放贷款。在图中 $AOBF$ 围成的区域，是表示该图形的曲线将收敛于点 O，即该演化博弈将收敛于帕累托劣均衡状态；在图中 $ACBF$ 围成的区域，是表示该图形中的曲线将收敛于点 C，即该演化博弈将收敛于帕累托最优均衡状态。该演化博弈究竟沿着哪条路线？收敛于哪个均衡状态？当然，除了要了解该曲线在初始状态时博弈两方的收益函数的参数值，还要随时注意与其密切相关数据的变化。

由表达式可知：当 h 和 m 值越小时（企业融资金额和质押成本越小），p^* 和 q^* 的值也越来越小，此时四边形 $ACBF$ 的面积越来越大，即该博弈收敛于帕累托最优均衡状态的概率也就越大。

同理分析：当 o 和 n 的值越来越大时（企业对融资后的期望收益和信贷机构对质押专利权处置的期望收益越大），p^* 和 q^* 值越来越小，此时四边形 $ACBF$ 的面积越来越大，即该博弈收敛于帕累托最优均衡状态的概率也就越大。

小微科技型企业对专利质押融资所期待的收益 n 是随着融资金额 h 的变化而变化的。考虑到现实中的企业质押专利能够取得的融资金额 h 只是在有限的范围内发生变化，因此在这个演化的博弈过程中能够主要产生影响的是：企业质押专利权融资贷款的成本 m、信贷机构对质押的专利权处置时的期望收益 o。当小微科技型企业的融资成本 m 越低，信贷机构对企业质押的专利权处置时的期望收益 o 越高时，此时该博弈会逐渐趋近于帕累托最优均衡状态。而实际上，专利在市场上的流通性相对较低，具有一定的时间贬值性，变现风险也会越大，这就导致信贷机构对专利权质押处置收益的期望 o 有较大的不确定性，继而会使该博弈收敛到帕累托最优均衡状态的概率大大减小，也即小微科技型企业能够获得专利质押融资贷款的概率大大减小[6]。

四、建议与结语

通过对小微科技型企业与信贷机构之间有关专利权质押贷款融资的分析，结果表明：该演化博弈既可收敛于帕累托最优均衡状态，也可以收敛于帕累托劣均衡，而这个结果主要与专利权质押融资成本和对专利处置收益的风险有关。

首先，可从评估机构方考虑。既然信贷机构是通过第三方评估的结论，进而确定质押专利权的未来期望收益，最终考虑其是否应该贷款给小微科技型企业的。那么，可以在要求小微科技型企业加大信息披露力度的情况下，切实降低相关方之间信息不对称的概率，并让评估方承担适当风险，强化小微科技型企业形象宣传，使得信贷机构提高对小微科技型企业贷款的信心[7]。除此之外，还可以通过健全我国的信用担保体系，进而推动专利服务能力建设，促进经济社会健康良好发展。

其次，也需考虑降低银行的信贷风险，对小微科技型企业的信用加大关注。专利申请要严格按照流程，不走过场，对查出的欺诈行为实行"零容忍"，铁腕打击非法和违规行为，加大惩罚力度，不仅在经济上给予其相当程度的处罚，还应在其他相关方面给予惩戒[8]。当监管和惩戒力度提高后，劣质企业会逐渐退出市场，使得信贷机构批准小微科技型企业专利权质押融资贷款申请的比例上升，至此形成良性循环，快捷有效地提高各方的效益。

最后，可以从国家财政税收方面着手。政府可以针对小微科技型企业，进一步增加税收优惠政策，降低小微科技型企业的税负，还可以设立专项资金，用来补助和大力发展软件开发的新兴产业，以降低小微科技型企业的运营成本，提高市场占有率并增加其经营利润，进而有效推动小微科技型企业专利质押融资的顺利进行[9]。

总之，小微科技型企业应加强自身的信用等级建设，评估第三方要全面了解专利权质押融资企业的真实情况，信贷机构设计不同的监管方案，政府部门做好相应的奖惩力度等等。多方配合一起使整个流程工作规范化、常态化，实现各方所耗成本最小，促进我国小微科技型企业融资贷款合作的良性发展。

参考文献

[1] 重庆知识产权局. 重庆（渝）知发〔2014〕17号[Z]. 2014（04）.
[2] 钱坤，沈厚才，殷倩波. 基于企业专利质押的信贷风险决策厂[J]. 系统工程，2013（9）：39-41.
[3] 杨蒙莺，陈德棉，杨秩. 创业投资金融工具设计的探讨[J]. 经济经纬，2006（2）.
[4] 张维迎. 博弈论与信息经济学[M]. 上海：上海三联书店，1996.
[5] Friem an, D. E volutionary games in economics[J]. Econometrical，1991（59）.
[6] 欧阳凌，欧阳令南. 中小企业融资瓶颈研究——基于产权理论和信息不对称的分析框架[J]. 数量经济技术经济研究，2004（04）.
[7] 宋磊，王家传. 基于博弈分析的农村信用社产权改革路径[J]. 金融理论与实践，2006（2）：23-26.
[8] 宁克强，吴清萍，李献忠. 谈"打假治假"的政府对策[J]. 经济论坛，2004（21）.
[9] 叶强，李乾贵. 基于进化博弈模型的商标侵权政府治理探究[J]. 中国行政管理，2009（12）：69-72.

推荐单位：重庆理工大学

优化集团企业资产负债结构的方法探讨*
——以 C 集团为例

雷世光

中冶赛迪集团有限公司

随着市场竞争日益激烈、货币政策日趋紧缩，各企业债务风险突现，已严重威胁到企业的生产经营，乃至于生存之根本。对于集团化管理企业，过高的资产负债率意味着较高的债务风险，较低的资产运营效率意味着较大的经营风险。因此，建立科学、合理、有序的资产负债运行体系，严格把控因债务风险而引发的全面风险，已成为当前企业经营管理中迫切需要研究和解决的难题之一。笔者结合工作实际，经过分析研究，建议集团公司在优化资产负债结构、降低债务风险时，应从两个层面考虑，即集团下各子公司应根据其子公司的实际情况，具体分析，有针对性地提出优化资产负债结构、降低资产负债率的解决方案，从而从集团公司基层做好债务风险防范工作。集团公司应站在集团的高度，通过对集团下各子公司所享有的资源进行整合，从而使集团整体资产负债结构得以优化，进而全面控制集团公司整体经营风险。

一、C 集团公司情况简介及现状分析

C 公司成立至今已有 50 余年的历史。作为国家钢铁工业综合性设计研究骨干单位，可称之为中国钢铁工程建设的开拓者。C 公司致力于为国内外各钢铁企业提供咨询、工程设计、工程总承包、设备成套、工程监理以及运营服务等整体解决方案。截至目前，其下属子公司共计 21 家，主要从事三类业务，即冶金工程总承包业务、冶金设备成套制造业务以及房地产开发业务。

冶金工程总承包业务和冶金设备成套制造业务系 C 集团公司传统核心业务，在行业中具有较强竞争力。但近几年来，国家对钢铁行业产能的宏观调控，以及钢铁企业自身盈利能力的下降，钢铁企业对固定资产的投资大面积收缩，市场需求锐减。而参与瓜分市场的竞争对手有增无减，导致市场竞争加剧。为了承接业务，C 集团公司不得不在承接业务时对业主做出让步，如帮助业主融资，甚至垫资；降低盈利空间，甚至为业务免费提供部分服务；降低对业主的资信评审标准，甚至延长信用期限等。通过上述措施，C 集团公司在业务量上保持了一定规模，但其整体盈利能力被削弱了，经营风险增加了。

房地产业务是 C 集团公司新近涉足的业务板块，由于起步晚，土地储备少，房地产开发经验不足，开发周期较长，导致房地产业务资金占用较大，资金使用效率较低。C 集团公司近三年的主要财务指标如表 1 所示。

---

*本文获重庆市会计学会、重庆市总会计师协会 2014 年优秀会计论文三等奖。

表1 C集团公司近三年主要财务指标

指标名称	2012年	2013年	2014年
营业收入（亿元）	94	89	81
营业利润率	4.86%	4.27%	3.97%
资产总额（亿元）	132	138	140
其中：流动资产（亿元）	112	114	115
其中：应收账款（亿元）	14	16	17
存货（亿元）	39	49	60
负债总额（亿元）	98	103	107
其中：带息负债（亿元）		4	10
资产负债率	74.24%	74.64%	76.43%
净资产收益率	12.18%	9.68%	7.63%

从C集团公司近三年的主要财务指标来看，营业收入的规模在逐年减少，收益率亦呈下降趋势。而资产规模却在增加，资产负债率亦呈上升趋势。资产负债规模较大的主要原因：一是由于近几年钢铁企业普遍亏损，资金短缺，各钢铁企业都在收缩投资规模，部分钢铁企业暂停或延缓工程项目；部分钢铁企业通过推迟工程结算延迟工程款的支付，从而导致C集团公司工程项目无法正常结算，应收款项无法及时收回，导致应收账款、预付账款、存货、预收账款、应付账款等与工程项目核算紧密相关的资产负债科目余额较大，从而使得资产负债总额呈上升事态；二是房地产项目因规划问题迟迟未开工，导致资金周转缓慢，资金无法迅速回收，导致C集团公司整体资金使用出现紧张，只有通过增加银行贷款来缓解资金紧张状况。

综上所述，C集团公司目前的资产负债规模与其现实生产经营能力十分不匹配，债务风险凸显，并直接影响到其正常的生产经营。其迫切需要通过优化资产负债结构，客观反映其真实的经营能力，提高资产使用效率，来摆脱目前所面临的困境。

就C集团公司而言，优化资产负债结构，降低债务风险对其意义重大。通过对C集团公司资产负债结构进行优化，真实反映其实际生产经营能力，能有助于集团企业内部管理层及时了解集团企业面临的各项风险与机遇，并准确掌握集团企业的资源配置，充分调动各项资源，最大限度地发挥各项资产的效率。对集团公司外部相关方而言，通过优化资产负债结构，能更加客观公正地反映出C集团公司的整体实力，为集团公司对外投标、对外融资等取得优势提供强有力的保证。

二、集团各子公司资产负债结构优化建议

为了降低过高的资产负债率，优化资产负债结构，提高经济效益，笔者认为C集团公司由于各业务板块的子公司的经营特点迥然不同，因此，不能一概而论，应根据各业务板块特点，具体分析，提出有针对性的改善建议。

（一）冶金工程总承包业务板块

C集团下属冶金工程总承包业务板块类子公司主要从事项目总承包工程，即从业主承接项目后，先进行整体设计，再将建安工程进行分包、所需设备进行对外采购，对项目整体建设进行监督管理。因此，对此类公司而言，其工作场地主要在工程现场，不需要过多的生产设备和生产场所，其主要资产及负债与其所承包的工程项目核算内容有关。根据《企业会计准则》相关规定，工程业务板块类公司在会计核算上应遵循建造合同准则。根据建造合同准则规定的核算办法，当合同成本发生时，应记入"存货"下的"工程施工"科目，当工程结算时，应记入"工程施工"的备抵科目"工程结算"；在结转工程收入成本时，应按完工百分比法进行确认（一般企业均采用累计实际发生的合同成本占合同总成本的比例确定）。如按照建造合同准则规定的核算流程，此类子公司的资产负债规模应与该公司的收入规模相当。但从目前各从事工程业务的子公司的财务状况来看，大多数公司的资产总额远远超过了其收入总额，且资产负债率均在70%以上。在资产负债表中，与工程项目核算相关的科目，如应收账款、预付账款、存货、预收账款、应付账款等，余额较大，成为了资产负债的主要组成部分。究其根源，其形成原因主要为：

（1）建造合同准则核算的最大特点即是建造合同收入的确认按完工进度进行确认，而建造合同中工程结算系按客户的结算单进行确认，因此建造合同收入的确认与工程结算的确认存在时间上的差异。C集团下各子公司承接的工程项目建造周期一般在三年左右，而在实际操作中，客户不会在工程项目建造过程中给承建方出具结算单。按建造合同规定，该工程项目无法进行阶段性结算，只有等到工程项目建造完结后才能结算。这样就可能导致资产与负债同时挂账，虚增资产负债率。

（2）为了随时随地准确掌握各工程项目的进度及收付款情况，C集团下各子公司对工程项目的核算一般按项目按合同分别明细进行核算。该种核算方式便于各公司对工程项目的实时管控。但由于核算系统中只认定在项目合同相同的情况下，收付款才能冲抵，因此，即便是同一客户或供应商，由于项目号或合同号不同，往来款项均不能对冲，导致资产类往来科目与负债类往来科目中对同一客户或供应商均有余额。虽然这种核算方式对公司管理有益，但体现在财务报表中时，无形中就虚增了资产与负债。

因此，为了既能满足各子公司的公司管理需要，又能真实体现公司资产负债情况，笔者建议可不对账务核算系统进行调整，仅在编制会计报表时，采取以下方法对资产负债科目进行重组整合，从而降低资产负债率，真实反映各子公司的实际资产负债状况：

（1）进行阶段性结算。虽然按目前的实际情况，要在建设期间取得客户的结算资料具有一定难度，但为了真实反映项目结算进度，建议在满足以下条件时，可视同客户认可结算：一是按照进度收入已经确认；二是工程款项已经收到。这需要各子公司对尚在建工程项目的累计确认的收入与累计收款情况有清晰的核算，通过比较两者，取两者较低值作为累计结算金额，与已确认的结算金额进行比较，将应结算却未结算的金额进行结转，一方面可降低预收账款与存货余额，另一方面，可真实体现项目的进展情况。

（2）同一客户不同项目所产生的往来款可合并冲抵。在承接工程项目时，往往存在与客户签订合同时，会将一整体建设项目根据建设对象功能的不同，分别签订几个不同的合同的情况。例如，某子公司承接攀钢集团有限公司攀西基地建设总包项目时，根据建设对象功能的不同签订了攀西基地炼铁工程总包项目合同、攀西基地炼钢工程总包项目合同、攀西基地原料场总包项目合同等若干合同。各子公司在建立核算明细账时，均需将客户与合同一一对应建账，就会出现同一客户对应若干不同的合同。因此，就有可能出现对同一客户既有应收账款，又有预收账款，这样就不能真实反映各公司对各客户的整体欠款情况。建议在编制财务报表时，各公司将对同一客户所对应的所有合同涉及的应收款与预收款进行合并冲抵，最后在财务报表中仅体现资产或负债一方，即最终体现为对一个客户要么是欠款，要么是预付款，不能在资产负债两边同时挂账。

（3）同一供应商不同项目产生的往来款可合并冲抵。作为总承包商，C集团下各子公司均存在将项目部分工程进行分包，由于各子公司承接的项目较多，分包行为发生亦频繁，常常存在将不同项目分包给同一供应商。在进行账务核算时，不管供应商是不是同一公司，各子公司仅按所签订的合同进行立项核算，就会存在同一供应商对应若干项目合同。因此，就有可能出现同一供应商既有应付账款，又有预付账款，这样就不能真实反映各公司对各供应商的整体付款情况。建议在编制财务报表时，各公司将对同一供应商所对应的所有合同涉及的应付款与预付款进行合并冲抵，最后在财务报表中仅体现资产或负债一方，即最终体现为对一个供应商要么是欠款，要么是预付款，不能在资产负债两边同时挂账。

（二）冶金设备成套制造业务

制造类公司需要构建自己的生产场地，需要购买一定的机器设备，这样才能具备生产经营的基本条件。因此，从制造类公司经营特点来看，该类公司除经营涉及的原材料及往来款项等资产负债外，应拥有较大的固定资产，而该部分固定资产的资金来源较大地影响着公司的资产负债结构。从目前C集团下各制造类公司来看，资产负债率比较高，其主要原因为：

（1）由于制造类公司需要购置大量的生产用固定资产，因此需要大量的资金投入，资金的投入主要有两个来源：一是股东资本金的投入，二是对外举债。由于C集团下各制造类公司最初的资本金投入金额较小，与其生产规模不相匹配，导致子公司资金紧张，一方面子公司需要资金对固定资产进行投资，另一方面子公司需要资金启动经营，在最初资金本不足的情况下，只能对外大额举债，从而满足公司对资金的需要，因此，导致子公司的负债率较高。

（2）盲目扩张，忽视了市场的需求，从而导致产能过剩，资金周转缓慢。受全球金融危机的持续影响，大部分制造类子公司均未达到满负荷生产。但仍有子公司投入大量资金进行产能的扩建，不但造成自身负债累累，还导致新建的厂房及设备长期闲置，资金使用效率低下。

因此，制造类企业要降低债务风险，不仅仅是对财务报表中各科目进行再组合就可实现，必须从领导决策方面进行引导：

（1）各制造类公司应根据公司的生产规模及以后的发展趋势，对公司的产能进行规划，对资金的需求进行分析，从而测算出合理的资本金规模，并与目前的资本金情况进行比较，提出增资需求，从而减少对外借款。

（2）根据市场需求的变化，以及对未来发展的预测，审慎投资决策，特别是对生产场地的扩建投资项目。由于此类投资额较大，且在目前市场不景气的情况下，容易造成在投资建成后，因无法或较少承接业务而导致厂房设备闲置的情况。其后果将导致企业资金积压，资产周转率下降，从而增加企业的经营风险。

（三）房地产板块

房地产行业是一个对资金需求特别大的行业，因为房地产的开发需要开发商自行垫资，只有满足了国家相关法律法规的有关规定，如已交付全部土地使用权出让金，并取得土地使用权证书，土地使用权未经抵押；开发商投入开发建设的资金应达到工程建设总投资的25%以上等，方可对外销售，回笼资金。因此，对于房地产开发企业而言，缩短开发周期，尽快实现销售，从而通过房地产销售回款满足房地产项目建设成本的投入，减少对外资金的依赖，是降低企业经营风险和债务风险的最好办法。

C集团下有两家房地产公司，其中一家公司虽然成立了6~7年，但发展迟缓，目前，其旗下项目开发已接近尾声，而无新项目承接。如此下去，其极有可能会导致在未来无新项目开发前，资金处于闲置状态，而一旦有新项目开发，资金将出现紧缺，整个公司的财务状况极为不稳定，经营风险极大。而另一家房地产公司在项目动作过程中，开发周期过长，投资购地占用资金十几个亿，导致资金长期占用，资金成本上升。针对房地产开发公司存在的问题，要降低其资产负债率，降低经营风险和债务风险，建议采取如下措施：

（1）加快建设，缩短开发周期，让资金流动起来，从而减少资金的占用，减少资金使用成本。

（2）扩大规模，形成规模效应，使项目开发呈现连续状态，从而促使资金形成良性循环，避免经营中的大起大落。

三、集团整体资产负债结构优化建议

在C集团各业务板块的子公司优化各自的资产负债结构的同时，集团公司作为管理机构，还应对集团的资产负债进行总体规划，从而优化集团整体的资产负债结构。其可能采取的措施包括：

（1）资金的集中管理。集团可将各子公司的资金进行集中管理，对于资金短缺的子公司，可以通过集团向资金富裕的子公司进行资金拆借，从而使集团内资金使用效率提高，而避免了对外资金的拆借，降低了资金使用成本。

（2）债权债务的重组。集团下子公司众多，有可能对同一家外部公司，某个子公司对其存在债权，另外的子公司对其存在债务。在此种情况下，集团可组织下属子公司进行债权债务的重组，从而减少对外挂账，降低资产负债率。

（3）资产的统一调配。集团可对子公司的资产进行调配，一方面，可避免资产的重复购置；另一方面，通过资产调配，可提高资产的使用效率，减少闲置。

四、结　论

综上所述，C集团公司通过在子公司层面和集团层面对资产负债状态进行深入分析，采取适当的措施，优化资产负债结构，能有效地降低资产负债率，从而降低集团整体经营风险与债务风险。目前，全球经济受经济危机影响尚处于缓慢的复苏中，国内经济正处于产业结构调整转型期，经济运行下行压力较大的风险不容忽视。在如此错综复杂的经济环境下，企业更应该重视内部资产负债结构的优化，最大限度发挥公司内部各项资源的效率，从而帮助公司持续健康的发展。

参考文献

[1] 董秀琴. COSO 内部控制框架最新进展及评价[J]. 财会通讯，2013，3：95-96.
[2] 裴建光. 集团公司资产负债结构的优化再造[J]. 冶金财会，2012，06：20-22.

推荐单位：重庆市建设会计学会

浅谈房产税改革对房地产公司财务状况的影响*
——以重庆龙湖地产为例

俞宝水

重庆巨能建设集团路桥工程有限公司

众所周知,房地产业是我国的支柱产业,但目前的房地产市场呈现出市场失灵现象,房价持续攀升,不断刷新历史纪录。与此同时,近年来,买房难已经成为我国政府和社会高度重视的社会问题,已经在一定程度上影响到我国社会的稳定,虽然国家已连续出台政策调控房地产,但并未有实质改善,为了在抑制房价的同时建立和健全我国现行的房产税制,促进房地产业健康、有序的发展,我国逐步推进了房产税改革,房产税改革是一个渐进式的改革,是一个不断变更,不断创新且意义重大的改革,它不仅关系到一个国家的市场体制问题,更涉及一个国家的民生问题。至此我们结合新形势下沪、渝试点房产税的改革新政策,对房产税改革的特点以及房产税改革对地区房地产公司的影响机制进行简要分析。通过对重庆龙湖地产的案例分析,较深刻地反映出房产税改革对楼市、房地产公司以及个人的影响,进而分析出房产税改革对房地产公司的财务状况产生的重大影响,并且试图通过对这些因素的分析,反映出房产税改革的真正意义,并探索出房产税改革的发展方向,让房产税改革真正落到实处,真正做到为社会做贡献、为老百姓谋福祉。

一、我国房产税制及其改革

(一)我国的房产税制现状

房产税,顾名思义是以房屋为征税对象,按照房屋的计税余值或租金收入为计税依据,向产权所有人征收的一种财产税。不可否认房产税可以为筹集地方财政收入做出重要贡献,并有利于加强房产管理。但在当前社会主义市场经济高速运行的大环境中,市场投机现象日趋严重,加之政府宏观调控时有失灵,房产税制不能发挥出其应有的作用,从而导致房产市场不能健康、有序、持续地发展。

(二)房产税改革的内涵

其实我国的房产税由来已久,只是没有得到完善和发展。自2009年1月1日起,房地产税才终于实现了国内与国外的统一,结束分设税种的历史。不久前,政府又出台了新国十条,该政策出台后,对市场产生了很大的影响,楼市成交出现了大幅度下滑,但也只是交易量下跌,房价不跌。虽然时机尚不成熟,但全面开征房产税已是必然,房产税并不是一个新

---

*本文获重庆市会计学会、重庆市总会计协会2014年优秀会计论文三等奖。由于论文部分内容涉及被调研单位的内部资料,本文所描述案例存在的财务问题均以隐名方式表述。谨此,对重庆市有关部门在本文调研中给予的大力支持和提供的相关资料深表谢意。

的税种，只是之前的房产税只针对经营性用房征税，规定对个人居住的非营业用房屋不征房产税。此次扩征将率先在几个试点城市征收，试点地区定在沪、渝两个重点城市。有专家指出，房产税的开征准确来说应该是房产税的扩征，是对原有房产税制度的完善，通过对体制的改革创新，从而促进房地产市场健康稳定地发展。

（三）房产税改革的特点

国务院把这次房产税改革表述为逐步推进的房产税改革，这充分体现了国家对这次房产税改革的重视和推动这项改革的决心，同时也预示了必定会分阶段分步骤地实施此次改革。经分析、归纳、总结，基本可把房产税改革特点列为如下几点：

第一，扩大房产税的征税范围。将个人非经营用住房和事业单位用房纳入房产税征收范围。

第二，计税依据以科学的市场评估为基础。以房地产市场的房地产评估值为计税依据，从而缩小资产价值评估和资产实际价值之间的差距。

第三，根据国家宏观税负水平采取差别税率。中央设置幅度税率，各地区根据自身的经济发展情况、收入水平、物价消费指数和应税房地产的位置、用途等实际情况，因地制宜制定起征点和本地区的适用税率，并随地方市场的变化适时调整，增强税率弹性。

第四，合理设定税收减免。如因婚姻等需要而首次新购住房、符合国家和本市有关规定引进的高层次人才和重点产业紧缺急需人才新购住房、农民在宅基地上建造的自有住房等暂免征收房产税。

（四）房产税改革的意义

有业内人士指出，投资性需求偏大造成的需求结构失衡。地价上涨和城市化进程的加快都推动了房价的上涨，因此社会各界越来越期望房产税的开征。在我国有关房产税的改革由来已久，房产税是地方税体系的重要税种之一，地产调控政策中，房产税的预期逐渐强化，被认为是抑制房价快速上涨的重要手段之一，对国民经济的发展和推进城市化的进程都产生了深远的影响。

（五）房产税改革的方向

从重庆市和上海市房产税改革试点可以看出，房产税的改革逐渐体现出"简税制、低税率、严征管"的税改思想，并以"简税制、低税率、宽税基、严征管"的税改思想作为改革的方向。比如重庆模式中不再以出租收入作为计税依据征收房产税，两市的房产税税率大部分接近0.5%，两市的政府均对房产税的征收提出相应的管理办法等。而"宽税基"的改革仍需要通过进一步的观察和完善才可能实施，一方面是因为现阶段与房产税有关的法律不够健全，相关的配套设施不够完善，各地区的经济发展水平不一，实施"宽税基"具有一定的难度。另一方面，房产税的作用更多地在于调节贫富差距，"富人多缴税，穷人少缴税"的思想促使"宽税基"的改革必然是先从经济发达的地区开始。随着房产税改革试点的不断深入发展和人民生活水平的不断提高，随着税收经验的不断积累，与房地产税有关的法律体系将会变得更加成熟、更加完善，那时房地产税的征收范围必然会扩大，并向全国范围推广。在考虑到各地经济发展水平和房地产发展程度的高低不同的情况下，政府会坚持低税率、宽税基的税收思路，以确保房地产税收入的稳步增长。

重庆模式和上海模式的一大亮点,就是其税收法律法规均由当地政府制定,这打破了利用房产税进行全国统一调控的状况,即"北京上海发烧、全国吃药"的局面。未来的房地产税改革,应该是由各地根据当地房地产市场的实际情况出台相应抉择性的税收政策,由中央负责对地方政府进行指导,或者经中央政府批准或备案,并且将房地产税或有关税收提升到立法层面,这也是美国等房地产税制比较完善的国家的做法。

解决房地产税存在的问题,单独凭借税务部门的努力是远远不够的。多年以来,我国房地产信息平台的不规范,很大程度上造成了我国房地产税收的流失。从房产税改革的试点来看,政府必须负责引导税务部门和房产管理、土地管理等多个部门的联合,建立一套完整的财产登记制度和覆盖全市的数据信息系统,最后统一到全国。再者,为了有效降低逃税、偷税的发生率,增强对房地产税源的控制。各地政府还应建立房地产交易价格和产权的公开查阅制度,特别是对房产产权实行实名制,使得税务部门能够通过利用信息管理技术得到更为全面的房地产交易的全部数据,使房地产交易的透明度达到最大化。

(六)房产税税制改革中采取的措施

第一,调整相应的税收收费问题。收费项目应该被我国有关部门重视,并且采取有效的措施来进行整治。种类繁多的收费使得政府税收调控的影响降低。设置收费项目的目的是补充税收不能涉及的范围,但目前各种名目的收费最终转嫁到房价上,加重了纳税人的税外负担,一旦开征房产税,以房价为计税依据将造成纳税人的二次负担。因而要清理房产行业的收费,对那些不合理的行政事业性收费一律取消或整合,以规范政府的行为,增强政府的公信力;相关实施收费的部门可以适时地合并那些需要保留但又可以合并的收费项目,从而达到节省收费成本、减轻负担的目的。

第二,减少流转环节税收。随着房价上涨,其对居民贫富差距的影响很大。根据税收理论,在流转环节对房地产征税,最终由供求关系决定买方还是卖方承担税收负担,在目前我国房地产市场需求过旺、供给不足的情况下,买方最终将承担全部税负,房价进一步提高,将使得大量财富向少数人转移,这不仅没有起到抑制房价的作用,还扩大了贫富差距。因此要促进房地产市场的健康发展,流转环节的税收减少在此之中起到相当大的作用,对需要抑制的投机行为,可借鉴国外经验,在短期内大幅度提高对转让收益征收的税种,等房地产市场恢复正常,再降回原来水平。

第三,加强保有环节税收的征收。与流转环节税收相反,对保有环节的房地产征税,对调节贫富差距具有积极的作用。设置保有环节的过多保有税,并对过多的房地产保有量实行累进税率,将所得收益用于公共事业的建设,不但有助于打击投机行为,促进房地产市场的健康发展,更能有效分配财富,真正改善人民的生活水平。前提是要有先进的征管系统,确保居民有过多保有房产,并且政府能够接受群众的监督,将收益真正用在需要的地方。

第四,健全房产评估制度,确定房产评估值作为计税依据。现行房产税改革仍然是以房产成交价格作为计税依据基准,房产价格由于受多种因素的限制很难计算清楚,扣除比例没有合理依据,将此作为计税依据,与其他国家相比显然不够科学。因此我国的房产税改革,应当借鉴其他国家的先进经验,把房产的评估价值作为计税的依据,即房产在当前经济背景下的价值,这样既可以反映房产的原值,又考虑到了市场供求关系的变化,是比较合理的。但是,这样又牵扯到一个问题,房产的评估如何来确定,这就需要交由专业的社会中介机构来完成。由评估机构根据一定的行业规则对房产的现值进行评估，评估时要考虑多方面的因素，如级差地租、折旧等。根据国际通行作法，评估一般 3~5 年进行一次，具体的年数由各国根据经济周期状况确定。我国的房产评估系统才刚刚起步，还不够成熟，需要国家出台相关的具体措施予以规范和监督。建立健全符合我国国情的房产评估制度，不仅能为政府有效征管房产税提供法律依据，更能促进房产税制度的发展和完善。

二、房产税改革对房地产公司经营的作用机制分析

（一）房产税改革对房地产公司的直接影响

房地产公司所开发的房产属于商品，在现行房产税暂行条例规定中，并不对此征收房产税，因此没有加重房地产商在流转环节的成本。如果当地住房需求处于较高水平，征收房产税引起的未来税收的贴现值将全部转嫁给买方，此时房地产公司依然处于卖方市场，房产的供给可能保持不变甚至出现减少现象，因而通过这种方法，房地产公司可以提高销售价格来获取巨额利润，进而提升房地产公司的财务状况。而当住房需求处于比较均衡甚至处于买方市场的情况，开征房产税将迫使房地产商大量出售房产以保证资金的正常回笼，此时供给大于需求，房地产商会降低房产出售价格。在需求基本保持不变或者需求减少时，必定会降低房地产公司的收入。在成本基本不变的情况下，房地产公司的利润会有所下滑，总体的财务状况也会走下坡。

（二）房产税改革对房地产公司的间接影响

1. 对房地产公司市场定价和供应的影响

众所周知，影响房地产价格的因素很多，但供给和需求是最基本的因素，各种因素都是通过供求最终影响价格，因此在分析房地产公司的市场定价时，需要分析供给和需求，房产税的开征对房地产公司所定价格的影响在于房产未来需要缴纳的房产税将降低房产的现值，影响额为未来税收的贴现值，即导致房地产销售价格的下降。并且房产税目前以房产价格为计税依据，如果加收房产税，过高的房产价格使得购房者的负担加大，加上国家政策的宏观调控，在这时部分购房者会选择暂时不买房，使得需求下降，房地产公司为了保持资金回笼，会适度降低房价以吸引更多的购房者，这样在一定程度上会影响房地产公司的财务状况。而对于炒房客和投资客，由于增加了持有成本，同时担心房价的进一步下降，也会纷纷挂牌抛售，此时供给增加，需求相对下降，造成房产价格下降，房地产公司承担了部分未来房产税负担，这在影响供求关系、房地产市场定价的同时，也对房产税公司的财务状况产生影响。

2. 对居民的税负影响

房产税的开征对居民的税负影响是目前人们最关注的问题之一。从税收范围来讲，"重庆模式"和"上海模式"需要承担税负的人数比例较小，毕竟高档住房和别墅不是人人都拥有的财产，而对于"上海模式"，在国家颁布的限购令的影响下，增量房会保持不变或越来越少。由于试点房产税开征仅两年，有关数据尚未公布，以下通过假设条件，分析两种模式的税收负担。

在"重庆模式"中，独栋商品住宅和高档住房建筑面积交易单价在上两年主城九区新建

商品住房成交建筑面积均价 3 倍以下的住房，税率为 0.5%。纳税人在本办法施行前拥有的独栋商品住宅，免税面积为 180 平方米；在本办法施行后新购的独栋商品住宅、高档住房，免税面积为 100 平方米。而对于普通高收入户来说，开征房产税所造成的税收负担比较大，可能会导致一部分人放弃持有独栋商品住宅或高档住房，在一定的时间内需求下降，导致该类房价下跌，从而间接影响房地产公司的财务状况。

在"上海模式"中，市居民家庭在新购且属于该居民家庭第二套及以上住房的，合并计算的家庭全部住房面积人均不超过 60 平方米的，其新购的住房暂免征收房产税；人均超过 60 平方米的，对属新购住房超出部分的面积，按规定计算征收房产税。由于房产税的开征最终要把税负转嫁给购买方，这时有一部分购买者会因为房产税的原因暂时放弃购买，这也会间接影响房地产公司的财务状况。

3. 对政府的影响

据有关部门数据统计，自房产税改革以来，重庆市已收取多笔房产税，共有 14 997 800.01 元税收已入库。但房产税的效力如何还有待进一步考证，因为房产税改革是一个渐进的过程，其作用效果也必将是循序渐进的。截至 2013 年 10 月 31 日，上海市已受理个人住房房产税征免认定申请 11 970 件，发放个人住房房产税认定通知书 4 456 份，其中，应征房产税的住房 1 133 套，约占已认定数的 30%，适用 0.4%税率的为 1 129 套。从目前来讲，房产税的主要作用还在于释放政策性的信号，抑制投机性。为此一方面需要政府继续做好房产税有关方面的工作，协调各部门之间的合作；另一方面，由于现行房产税改革还处于试点阶段，房产税的征收对于增加地方财政收入也不会起到明显的作用。但是房产税的改革对政府作出的一些要求，使政府在一定程度上对房地产市场进行宏观调控，像控制房价、控制房产市场需求与房地产公司供应之间的平衡，在此过程中，也会间接对房地产公司的财务状况产生影响。

综上所述，我们可以较清晰地看到，不管是房产税直接作用于房地产公司，还是通过各种途径和方式间接作用于房地产公司，都会在一定程度上对房地产公司的经营运作产生较为深远的影响。与此同时，随着市场经济体制改革的不断创新发展，房产税的改革必将在未来很长一段时间内对房地产公司的财务运作产生作用。

三、房产税改革对房地产公司财务状况影响的案例分析

2011 年 1 月 28 日，上海和重庆正式宣布开始试点房产税，并公布了相应的房产税征收细则。至此，沪、渝房产税改革试点政策终于拉开序幕。政府及社会大众希望通过正确分析沪、渝试点的房产税制的特点和影响，正确把握房地产市场的发展趋势，了解国民经济的运行动向，同时也为进一步推进房产税改革提供经验借鉴，有利于房地产市场的长远健康发展。现以重庆龙湖地产为例，分析房产税改革对房地产公司的一系列影响。

（一）重庆龙湖地产

1. 重庆龙湖地产概述

重庆龙湖地产有限公司，是龙湖地产集团的子公司，重庆房地产公司的龙头，创建于 1994 年，是一家追求卓越、专注品质和细节的专业地产公司。集团总部设在北京，现有员工 4 000

多人,业务领域涉及地产开发、商业运营和物业服务三大板块。公司于 2009 年 11 月 19 日在香港联交所主板挂牌上市。经过十几年的潜心发展,重庆龙湖地产形成了集投资规划、开发建设、商业管理和物业服务为一体的全过程运作能力和系统、高效的多业态综合开发能力,产品覆盖了普通住宅、写字楼、高层公寓、花园洋房、别墅、综合商业及大型城市综合体等多种业态,每一种业态都拥有城市标杆性的代表作品。

2. 龙湖地产的历史发展进程

凭借"志存高远、坚韧踏实"的独特气质,重庆龙湖地产成立 20 年来赢得了客户、合作伙伴、业内同行、政府的信任、尊重和赞誉。2008 年,龙湖地产被建设部和中国房地产业协会评为"中国房地产百强开发企业"。2008、2009、2011、2012 年,龙湖四次荣获"全国住宅用户满意度指数测评"第一名。2009 年,龙湖入选国家税务总局评选的"中国房地产行业纳税百强"。2010 年,"龙湖"被国家工商行政管理总局认定为"中国驰名商标"。2011、2012 年,龙湖被国务院发展研究中心等权威机构评选为"中国房地产公司品牌价值 TOP10"、"中国优秀物业服务企业服务质量 TOP10"。龙湖企业自诞生之日起,就立志要成为一个百年品牌企业。为了这个目标,龙湖从一点一滴做起,积年累月,通过产品、服务、社会责任等方面来形成品牌,累积品牌。

重庆龙湖地产作为重庆地产巨头,是高端大气上档次的代名词。在做产品方面,龙湖明确地提出"专注品质、专业良心",用专业、用良心去做好规划,做好户型,造好园林,包括立面设计、材料选用。在多年的开发过程中,龙湖形成了自己的一套产品标准,而且要求这个标准要高过行业的、国家的以及购买者期许的标准。在服务方面,龙湖坚持一个原则:善待你一生。龙湖的十几万业主,也成为龙湖"善待"理念最直接的受益者。致力于回馈社会是龙湖品牌的核心之一,龙湖一直都在为社会做出自己的贡献。正是二十年如一日的坚持不懈,才有了龙湖今天的品牌。

重庆市政府自 2011 年 1 月 28 日开始向个人房产征收房产税,并对重庆市房产税改革试点采取分步实施,首批纳入征收对象的住房包括:个人拥有的独栋商品住宅;个人新购的高档住房,高档住房是指建筑面积交易单价达到上两年主城九区新建商品住房成交建筑面积均价 2 倍(含 2 倍)以上的住房;在重庆市同时无户籍、无企业、无工作的个人新购的第二套(含第二套)以上的普通住房。未列入征税范围的个人高档住房、多套普通住房,将适时纳入征税范围。至此我们可以简单地罗列出 2010—2012 年重庆龙湖地产的总建筑面积、需征收房产税的销售面积及销售收入的变化,如表 1 所示,以便我们更直观明了地解读房产税改革对重庆龙湖地产的影响。

表 1 2010—2012 年重庆龙湖地产建筑面积及销售收入数据对比分析

报表日期	2010-12-31	2011-12-31	2012-12-31
建筑面积(m^2)	1 207 180.5	1 071 238.5	1 046 098.2
总销售面积(m^2)	1 156 890.8	1 045 678.9	1 015 643.7
纳税销售面积(m^2)	85 647.4	230 789.5	218 054.8
纳税销售收入(万元)	296 543.2	488 345.4	470 934.1
总销售收入(万元)	1 509 312.20	2 409 289.20	2 789 283.00

通过观察上表数据我们可以较为直观地看出重庆龙湖地产纳税销售面积从2010—2012年呈先上升后下降的形态，反映出2010—2011年由于房产税改革导致的纳税范围变化使纳税销售面积增多，2011—2012年又出现下降的情形，间接反映出房产税对征税主体的购房欲望产生了影响。与此同时，我们通过分析2010—2012年重庆龙湖地产的建筑面积的变化，可以看出重庆龙湖地产针对房产税改革采取了市场紧缩的对策，以上两点较为充分地点出了房产税改革对重庆龙湖地产的影响。

（二）改革前后龙湖地产资产负债表数据的差异

我们试着分析2010—2012年重庆龙湖地产资产负债表中重要项的变化情况（见表2），从而得出自2011年1月28日实行的房产税改革对重庆龙湖地产财务状况的影响。现如图1所示用图表形式把近几年重庆龙湖地产资产负债表重要项的增减情况清晰明了地表示出来。

表2 2010—2012年重庆龙湖地产资产负债表关键科目数据分析　　　单位：万元

报表日期	2010-12-31	2011-12-31	2012-12-31
货币资金	143 761.88	236 355.63	213 996.88
预付款项	54 602.00	111 487.50	125 726.25
存　货	214 250.89	508 070.35	717 038.19
预收款项	198 342.50	265 032.50	294 387.50

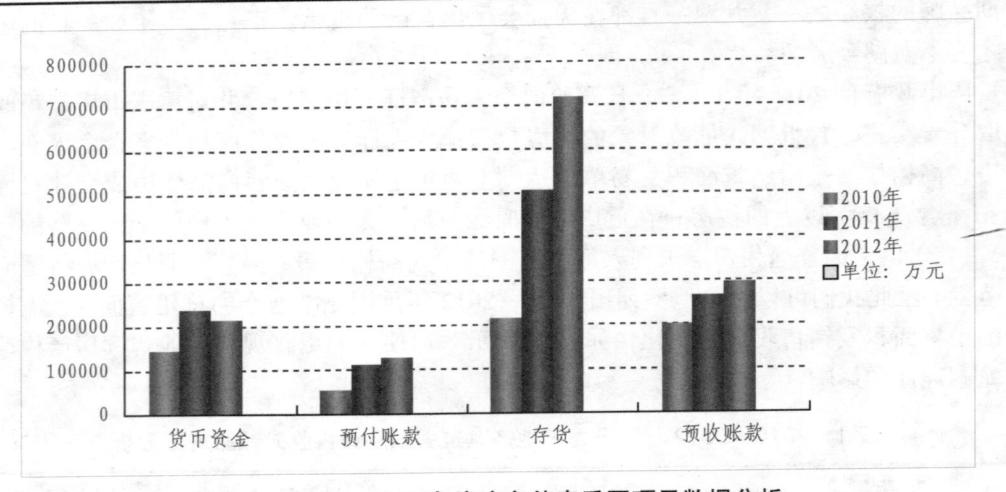

图1 2010—2012年资产负债表重要项目数据分析

我们从上面的图表中可以清晰地看到，2010—2011年重庆龙湖地产在货币资金、预付账款、预收账款都有明显的提高，这点可以充分说明自2011年1月28日实行的房产税改革对房地产公司的财务状况产生了影响，很多有关部门和社会大众在实施房产税改革之前，都普遍预测房产税改革会在一定程度上对企业的财务状况产生不利影响。但通过上表的数据对比，其实在改革的这几年中，重庆龙湖地产的各项重要财务指标都有明显的提升。现我们对预收账款科目做一个简单的分析,从 2010—2011 年预收账款明显增加,这充分说明公司凭借着独特的品牌、到位的服务,在房产税改革期间不仅财务业绩不受影响,反而明显有所上升,在重庆房地产行业中起到了先锋模范作用,这有利于促进其他房地产公司进行改革,从而使重庆房地产产业更有活力地发展前行。

(三)改革前后龙湖地产利润表数据的差异

自 2011 年 1 月 28 日重庆市实行房产税改革以来,作为重庆地产业巨头的龙湖地产对房产税的改革也做出了反映,现我们通过分析改革前后龙湖地产相关财务报表的变化来说明房产税改革对龙湖地产的影响。

分析上述重庆龙湖地产利润表(见表 3),我们可以清楚地看到,2010—2012 年房产税实行改革前后,重庆龙湖地产的营业收入呈平稳上升的趋势,与此同时利润也相应上涨,涨幅情况如图 2 所示。

表 3 2010—2012 年重庆龙湖地产的利润表关键科目数据分析　　单位:万元

报表日期	2010-12-31	2011-12-31	2012-12-31
营业收入	1 509 312.20	2 409 289.20	2 789 283.00
营业成本	820 811.70	1 297 219.10	1 684 542.70
营业利润	688 500.50	1 112 070.10	1 104 740.30

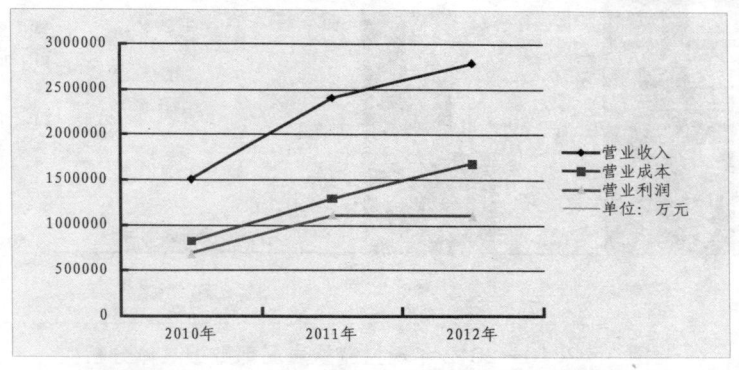

图 2　2010—2012 年利润表关键科目数据分析

(四)改革前后龙湖地产现金流量表数据的差异

通过表 4 可以较清晰地把几个现金流量表中重要的项目提取出来分析,首先我们看销售商品、提供劳务收到的现金,在 2010—1012 年期间,虽然其间实施了房产税改革,但重庆龙湖地产在其间收到的现金流量还是逐年上升。与此同时,我们看购买商品、接受劳务支付的现金,在 2010—2012 年期间流出的现金流量也逐年增加,更主要的是,在此期间公司经营活动产生的现金流量净额也是逐年增加。这充分说明自 2011 年 1 月 28 日试点地区实施的房产税改革对重庆龙湖地产公司并未产生不利的影响,反而在一定程度上促进了公司业绩的发展。现用如图 3 所示的图表来更简单直观地反映具体数值。

表4　2010—2012年重庆龙湖地产现金流量表局部数据的具体分析　　单位：万元

报表日期	2010-12-31	2011-12-31	2012-12-31
销售商品、提供劳务收到的现金	575.95	881.20	1 036.49
收到的其他与经营活动有关的现金	18.90	29.76	68.95
经营活动现金流入小计	594.85	910.96	1 105.44
购买商品、接受劳务支付的现金	345.60	666.46	849.18
支付给职工以及为职工支付的现金	11.98	18.49	24.81
支付的各项税费	65.37	93.82	146.98
支付的其他与经营活动有关的现金	79.37	109.82	50.57
经营活动现金流出小计	502.32	888.59	1 071.54
经营活动产生的现金流量净额	72.53	95.37	103.89

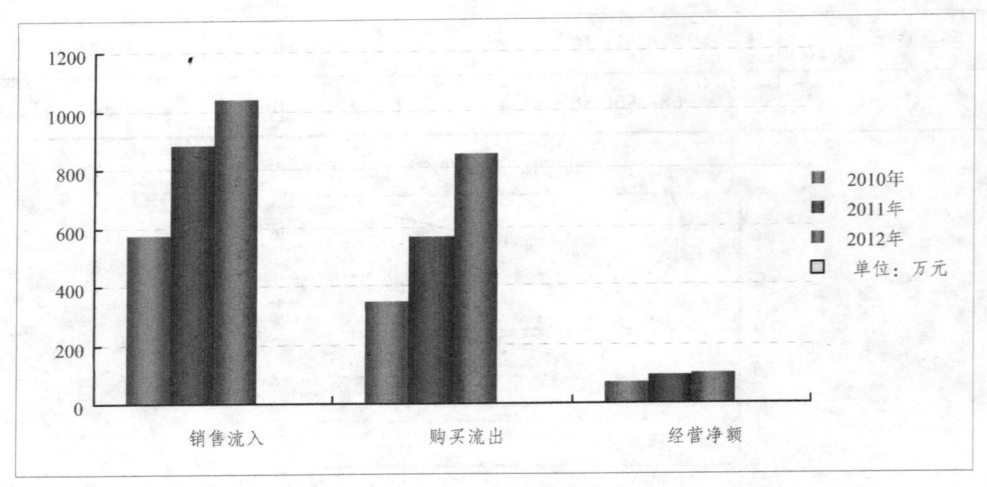

图3　2010—2012年现金流量表局部数据具体分析

（五）改革前后龙湖地产的财务业绩分析

1. 盈利能力分析

作为财务人员，大家都深知盈利能力是指企业获取利润的能力，是公司财务状况中的核心指标。衡量盈利能力的财务指标有：销售毛利率、销售净利率、总资产收益率、净资产收益率、每股收益，现我们把房产税改革前后重庆龙湖地产的这几项财务指标进行列表分析，如表5所示。

从表5我们可以清晰地看到，从2010—2012年重庆龙湖地产关系到盈利能力的几个指标都呈上升的势态，说明房产税的改革不仅没有使重庆龙湖房地产公司的经营财务状况停滞不前或者退步，而且使其按正常的轨迹平稳发展。

表5 2010—2012年重庆龙湖地产盈利能力分析比率表

报表日期	2010-12-31	2011-12-31	2012-12-31
销售毛利率（%）	34.79	36.14	41.99
销售净利率（%）	12.79	12.88	13.64
总资产收益率（%）	7.20	7.39	7.46
净资产收益率（%）	18.43	18.74	19.06
每股收益（元）	0.37	0.78	0.91

2．偿债能力分析

偿债能力是指企业偿还到期债务的能力。偿债能力分析包括短期偿债能力分析和长期偿债能力分析。现我们分别对2010—2012年重庆龙湖地产的短期和长期偿债能力进行分析。

流动比率是流动资产与流动负债的比值，且通常认为，企业流动比率越大，表明短期偿债能力越强，但并不是越大越好，一般认为流动比率维持在2左右较为合适。从如表6所示短期偿债比率表可以看出改革前后虽说公司的流动比率在不断地波动，但总体比率都靠近2。

表6 2010—2012年重庆龙湖地产短期偿债比率表

报表日期	2010-12-31	2011-12-31	2012-12-31
流动比率	1.83	2.19	1.95
速动比率	0.46	0.64	0.59

由表7，我们可以看到近几年重庆龙湖地产三个长期偿债比率的变动，进而分析重庆龙湖地产的长期偿债能力。首先要说明一点，一般来说一个公司的资产负债率在40%以上，表明这个公司在偿还长期债务上会存在较大的风险。而我们现在分析的重庆龙湖地产，从它的资产结构上看，它的资产负债率在近三年来在43%左右波动，但单从40%的资产负债率来判断重庆龙湖，很明显存在一定的片面性，因此我们要从公司的性质入手。我们要明白房地产行业本身所固有的特性，房地产公司的项目在决算之前只有预收账款，前期开发所需的流动资金只能通过贷款融资来解决，扣除其中的预收账款，真正属于负债的并不高，对于房地产行业来说，资产负债率低于60%便属于一个正常值。很显然重庆龙湖地产的资产负债率在这个范围之内，属于正常较合理范围，而且2010—2012年期间重庆龙湖地产产权比率和利息保障倍数都趋于合理范围。

表7 2010—2012年重庆龙湖地产长期偿债比率表

报表日期	2010-12-31	2011-12-31	2012-12-31
资产负债率（%）	53.1	52.5	54.8
产权比率（%）	113	111	1.21
利息保障倍数	1.72	1.77	1.65

综上所述，我们可以看到，2011年初重庆地区实施的房产税改革，在一定程度上会影响重庆的房地产公司，但由于房地产公司自身在行业中的适应性和调节性，与其说房产税改革

在某种程度上阻碍了房地产公司的发展,还不如说房产税改革促进了房地产公司的健康成长,使公司更加明白提升公司竞争力的重要性。

3. 营运能力分析

企业运用经济资源从事经营取得收入的效率和能力通常需要进行专业的营运能力分析。而要考核一个企业利用经济资源的有效性,我们基本上通过对被分析企业进行营运能力分析,得到相应的数据,以作为评估此企业运用各项资源效率能力的依据。而反映企业营运能力强弱的相关指标主要有存货周转天数、经营周期、应收账款周转天数、存货周转率、总资产周转率、流动资产周转率、固定资产周转率以及应收账款周转率等资产管理效率比率。我们通过对几个重要营运指标在房产税改革前后变化的分析,来得出房产税改革对重庆龙湖地产营运能力的影响,如表8所示。

考虑到营运能力反映的是公司的管理效率,我们从表8可以看到在2011年实行房产税改革后的一段时间内,重庆龙湖地产应收账款周转天数和存货周转天数不但没有增加,反而减少了,这充分说明了重庆龙湖地产公司对房产税改革的重视,提升了公司的管理效率,使公司能在竞争如此激烈的市场拥有一席之地。

表8 2010—2012年重庆龙湖地产管理效率比率表

报表日期	2010-12-31	2011-12-31	2012-12-31
应收账款周转天数	39.4	35.2	40.1
存货周转天数	288.7	275.3	308.9

(六)龙湖地产未来发展趋势

由于楼市调控使得很多开发商都转向商业地产开发,又因为重庆城市价值和发展潜力的不断凸显,再加上龙湖本身的先进经营理念和各方面的巨大优势,龙湖地产必定能在未来平稳且较快速地增长。

四、结束语

(一)对房地产公司的建议

随着房产税改革的进一步深入,不可否认,这将对房地产公司带来一种挑战,但更是一种机遇。在机遇和挑战并存的时段内,考验的是各房地产公司自身全方位的能力,这样才能在竞争如此激烈的市场中脱颖而出。现对房地产公司在房产税改革的道路中提几点建议:

第一,对房屋施工指标进行适当的修改,将工作重心切实转移到质量监管与健全准入以及退出机制上去。

第二,时刻关注并较深入地解析国家对房产税改革的政策和建议。

第三,加快推进公司房地产信息平台的建设,给老百姓一个更好的服务平台。

第四,积极推进公司房地产的阶梯形设计,以满足不同层次人群的需求。

第五,时刻要以客户为中心,深入贯彻顾客就是上帝的思想,争取为每位客户都提供优质和满意的服务。

（二）总　结

综上所述，房产税的改革必定会继续下去且不断地发展创新，且势必会在将来很长一段时间内影响到房地产市场的格局和发展趋势。同时根据上文对龙湖地产在房产税改革前后财务状况数据的简单初步分析，我们可以清晰明了地概括出房产税的改革对房地产公司财务状况会产生比较大的影响，各房地产公司要根据自身情况对房产税的改革作出相应的反应，这样才有利于本房地产公司健康、稳健、持续地发展，进而促进房地产市场健康可持续发展。

房产税的改革并非一朝一夕就能定型，也不可能绝对定下来，因为随着时代和社会的发展，它始终也在动态地发展，但我们可以较准确地把握住其发展的方向。房地产公司在房产税改革期间，更要不断地自我提升，紧跟改革的步伐，并对近些年的经营做出对比分析，以适应改革的步伐。

参考文献

[1] 喻景忠，杨蔚. 我国房产税改革的思路[J]. 当代经济，2011（3）：16-19.
[2] 任宇. 浅谈房产税改革[J]. 高教论述，2012（20）：7-10.
[3] 王朝举. 房地产公司发展现状及未来发展趋势[J]. 北方经济，2012（5）：23-25.
[4] 祝林林. 房产税改革研究[J]. 大观周刊，2011（11）：34-35.
[5] 王清川. 我国房产税改革对房地产公司的影响[J]. 税务研究，2012（3）：11-12.
[6] 孙新翔，陈诚. 关于房产税试点改革若干问题的再思考[J]. 中国外资，2012（3）：9-9.
[7] 贾学智. 房产税改革对房地产业的作用机制分析[J]. 北方经济，2011（4）：17-18.
[8] 原岳飞. 房地产税制改革对房地产公司的影响分析[J]. 经济与管理，2012（7）：6-7.
[9] 唐月星. 论重庆龙湖地产发展的机遇与挑战[J]. 南京邮电大学学报，2011（23）：45-46.
[10] 李凤倩. 重庆龙湖地产的历史发展进程[J]. 重庆时代商报，2011（17）：15-17.
[11] 郭文博，彭云飞. 龙湖地产对房产税改革的应对机制[J]. 通讯管理，2011（8）：10-12.
[12] 蒋凤璐，李江虹. 浅议房产税的征收[J]. 财贸研究，2011（7）：56-56.
[13] 伊黎，巴曙松. 房产税试点改革影响评析及建议[J]. 国务院研究发展中心，2012（6）：33-35.
[14] 李穗明. 房产税改革对试点地区房地产公司的影响[N]. 中国财经报，2012（15）：2-5.
[15] 梁竹. 从沪、渝试点分析我国房产税改革对地区房地产公司的影响[M]. 北京：首都经济贸易大学出版社，2011.

推荐单位：重庆巨能建设集团路桥工程有限公司

医疗集团财务管理的实践与探索*

王海涛

重庆三峡中心医院

随着医疗改革的深入,政府在加大对病人医疗保险费用的投入下,进一步加强了对医疗机构的监管,随之制定的例如临床路径、单病种限价和医疗总额预付等手段,都显示出政府对医疗费用的控制力度的加大。一方面,政府通过物价手段控制和监督医疗机构的收费行为,防止医院乱收费;另一方面,通过医疗保险政策引导和指引医疗机构改变管理模式,控制医院过度医疗等不规范行为,防止医疗费用过快增长。这对大型医疗机构的各项管理提出了更高的要求。医院集团作为新兴的一种医疗管理模式,可以较好地发挥集团优势,提高资本的运营效率,获取最大的管理效益。

从当前国内的医疗集团管理模式来看,作为以医疗为主体的公立医院法人机构,存在唯一独立法人管理下的医疗集团和由多家医院法人实体组织构成的医联体等多种形式,财务管理也因组织管理的需要存在不同的管理模式。本文结合某三甲医疗集团财务管理过程的实践经验,对医疗集团财务管理体系的建立和面临的问题及对策进行了探索。

一、集团医院财务管理的发展背景

某三甲医院始建于1929年,在1999年进入快速发展期,2003年整体合并一家二级精神专科医院,2004年新建儿童医院和康复医院,2005年新建传染病医院等,短短十年间,形成一个总院、八个分院的集团医院管理格局,编制床位近3 000张,门诊人次超过200万人次,住院人次超过6万人次。如何从单一医院管理向集团化经营方式转变,这成为医院管理者面临的新课题,而财务管理成为这项课题中最重要的子课题。

二、集团医院财务管理模式的选择

通过合并和新建医院,不断完善和壮大集团医院的发展,需要选择科学的集团医院财务管理模式,才能对集团医院的发展起积极推动作用。由于多数集团医院相关院内及部门间自我约束机制尚未形成,财务管理水平参差不齐,集团医院采用相对集权的财务管理体制,即财务决策权高度集中。这种体制有利于集团合理配置资源,统一制定财务预算,发挥集团整体财力,有利于集团的内部控制和风险管理体系监控集团战略的执行情况。通过财务分析可以横向评价各下属分院的经营情况,并为集团战略决策提供财务信息支持。

三、集团医院财务管理体系的建立

(一)建立集团财务管理机构

根据医疗集团组织模式建立总院的财务管理中心、分院设财务科的机构设置。会计人员

---

*本文获重庆市会计学会、重庆市总会计师协会2014年优秀会计论文三等奖。

由总院财务管理中心统一管理,根据各分院的工作需要统一调配会计人员到各分院财务科工作,并按规定进行轮转。

(二)建立集团财务管理制度

总院财务管理中心负责医疗集团的财务制度设计和内部控制度的制定,统一全院的会计核算口径。医院的运营环节都与财务管理有着紧密的联系,集团化使医院组织架构更趋复杂。实行财务集中管理后,财务部门必须通过财务内部控制制度对各项经济业务进行监督和管理,及时如实反映医院运营的全过程,使集团内各分院保持会计流程与业务流程的一致性,提高会计信息的相关性和可靠性,指导各分院分散的财务活动按预定的目标运行,保证医院财务规范管理,有利于降低财务风险,提高财务管理水平。各分院财务科主要办理日常会计核算和病人结算业务,负责本分院的资产管理工作。

(三)建立医疗集团的预算管理体系

预算是医院管理控制流程的重要组成部分,预算的编制要与医疗集团的组织战略、经营方向、资金来源、人力资源等方向相适应。总院财务管理中心立足集团全局,根据战略规划、年度工作计划,制定全面财务预算,统一资金安排。预算严格按照总院、分院二级预算编制,即总院下达分院总预算,分院制定明细预算报总院审批,总院汇总集团财务预算报上级部门批准。

(四)集中统一管理医疗集团资金

资金是医疗集团正常运行的保证,也是财务管理的核心,通过集团的资金管理,就能掌握医疗集团的决策权。总院财务管理中心负责集团的资金归集,开设银行账户,各分院每日收入必须存入集团银行账户内,严禁各分院开设银行账户。一方面有利于集中力量办事,节约资金占用,提高资金的使用效益;另一方面加强了财务内部控制,有利于防止财务风险的发生。强化收支两条线管理,统一资金调度,实现资金的可控。使用也是由总院财务管理中心通过审核后统一予以支付,加强了财务管理。

(五)建立了集团医院会计核算框架

医疗集团统一采购财务管理软件,服务器设在总院。总院财务管理中心设软件系统管理员,根据工作需要,由各岗位提出授权申请,报财务负责人审批后,系统管理人员进行授权。总院及各分院会计人员根据财务软件权限进行业务处理,严格执行岗位的内部牵制制度、不相容岗位相分离制度。统一集团的会计核算口径,编制会计工作和会计核算工作指南小册,对各项会计业务和账务处理都有比较明确的规范和规定,便于会计人员按照规定进行会计工作,有利于提高会计信息水平。

(六)建立了集团医院绩效管理体系

通过加强医院的成本核算,准确计算医疗业务活动的成本消耗,客观分析医疗业务活动的经济效益。逐步改变以科室为绩效考核单元的成本绩效核算管理模式,建立直接评价医务人员个人或医疗小组的绩效考评体系。动态评估职工的工作效率,明确考核目标和标准,客观合理地实行量化考核体系。统一医疗集团的成本核算和绩效分配方案,建立相对统一的核算口径和分配方案,对重点学科的发展适当给予支助。不断增强职工的成本观念,节支降耗,增强医院竞争力,促进集团可持续健康发展。

(七)建立集团财务的信息化管理平台,促进财务管理水平不断提高

医疗集团统一购置并搭建一个包括财务管理、固定资产管理、物资管理、人力资源管理等与财务相关的系统管理平台,并开发与医院HIS的财务数据接口,做到统一财务基础数据、统一财务管理流程、统一财务核算口径、统一财务分析方法、统一财务管理评价体系等"五统一"体系。将信息技术与先进财务管理思想、管理方法有机结合,通过集团财务管理控制医疗集团的整体运行,将财务决策权高度集中在集团总部,使集团总部能够较好地总揽全局,能随时掌握各分院的运营情况,各分院按照统一的预算管理、绩效考评等实现医疗集团的效益最大化。

四、集团财务管理模式面临的问题及对策

(一)集团财务管理模式面临的问题

1. 集团财务管理审批过长

医疗集团的财务管理集中在财务内部控制、财务核算等工作上,由于集权或集中管理模式下集团总院控制集团的资金、人事、财产物资等各类资源,分院任何事项须报集团总部批准,容易导致集团总部审批事项过多,审批流程和时间过长。而各分院积极性、责任心不强,没有当家做主的责任心,权力太小,工作中当"二传手"。

2. 集团财务管理信息系统单一

医疗集团虽然已建立统一平台下的财务管理等系统,但是仍有部分业务数据与财务软件未能做到直接传递,无法对相关数据进行反映。例如HIS系统虽与财务系统相连,但传递的数据仅为财务会计核算需要,较为单一,无法校验数据的准确性。

3. 集团财务管理人员素质参差不齐

集团医疗财务需要一批高素质的人才队伍,由于人员素质参差不齐,容易造成制度落实不到,工作效率低下,导致医院财务管理水平不高,财务管理效果不好。

(二)对策

1. 优化集团财务管理流程,建立授权审批或预算管理下的授权审批

通过预算管理或授权管理,调动各分院工作的积极性。通过细化预算的执行和考核,评价各分院工作成效,从而实行财务精细化管理,提高管理工作的效果。

2. 不断完善财务管理信息化工作,逐步形成财务管理一体化管理模式

建立高效、统一的集团医疗管理平台,整合医院HIS系统、OA系统、LIS系统、财务管理系统等平台,进行数据交流和共享,实现集团财务信息的网络化管理,最终达到控制集团内部财务管理的目的。可以通过系统监控每台医疗设备每天的检查人次和收费金额,与医院的HIS系统、财务管理系统、绩效评价系统等实现多方自动核对、校验,防止医疗集团财务

管理中无法监控的空白环节。

3. 加强集团化财务管理人才的培养，保证集团化财务管理的执行力度

集团化财务管理需要一个复合性的财务管理团队，这个团队既要懂财务，又要懂管理，还要懂基本的医学知识，这说明需要一批高素质的管理人才。要建立对财务人员定期培训的机制，扩充财务人员知识结构，提高财务人员的整体管理水平。

参考文献

[1] 张香真. 浅谈医院集团财务管理[J]. 当代经济，2009（13）.

[2] 张伟旋. 集团化医院管理战略导向财务管理体系的建立与探索[J]. 中国集体经济，2010（22）.

[3] 赵立. 构建现代医院集团财务控制体系[J]. 中国医院院长，2009（Z1）.

[4] 徐伟锋. 完善医院集团内部控制提高财务管理水平[J]. 现代医院，2008（07）.

推荐单位：万州区会计学会

审计与内部控制

集团财务管控能力提升与价值创造*
——以重庆巨能集团为例

裴周丽

重庆巨能建设（集团）有限公司

财务管控能力的提升能够有效的发挥企业集团的规模效应和协同效应。本文剖析了集团财务管控能力提升和价值创造的内在关系，并分析了我国企业集团面临的主要问题，从资金运行管控能力、财务制度管控能力、财务组织管控能力、财务信息管控能力和财务风险管控能力五个方面系统论述了集团财务管控整体能力评价体系的构建，并结合巨能集团的财务管控实践，分析集团如何提升财务管控能力、进行价值创造，以期对成长中的中国企业集团有所启迪和借鉴。

一、价值创造与财务管控能力

（一）由价值分配到价值创造：现代财务管理转型目标解构

价值创造是指企业生产、供应满足目标客户需要的产品或服务的一系列业务活动及其成本结构。价值分配的基础是已经创造出的价值，价值创造的目标是进行分配。但是近年来更多的人将注意力聚集在如何对创造出来的价值进行分配，而不怎么关注价值创造的过程。价值创造是基础，没有价值创造，也就无须分配；价值分配不公平，也会反过来挫伤管理者的积极性，导致价值创造的效率降低。在企业财务活动中，一方面要合理解决各参与方的利益诉求，也就是价值分配；另一方面需要实现企业健康平稳的发展，增强企业持续创造价值的能力。所以为了适应"十二五"规划中提出的"创新驱动，转型发展"的企业改革主线，集团公司必须建立以价值创造为中心的集团财务管控能力评价体系。以价值创造为目标，可以更好地实现企业的可持续发展，且在公平合理分配的基础上，集团利益相关方也可以得到更大的价值分配。价值的分配又会反作用于价值创造，合理增长的价值分配有利于价值的进一步创造，形成一条循环作用的闭合链，从而实现企业的可持续发展。

（二）价值创造与集团财务管控能力的内生性关系

价值创造是提升集团财务管控能力的直接目标。集团公司主要是由母公司和众多下属子公司组成的，组织结构的多层次性导致集团内部财务活动和管理内容的复杂性，母公司必须通过提高集团财务管控能力来控制子公司。为了适应"十二五"规划中提出的"创新驱动，转型发展"的企业改革主线，同时为了使子公司的经营管理能够符合集团公司整体的战略目标，集团公司必须建立与之相适应的管控框架。在集团管控框架中，财务管控发挥着不可替代的重要作用，可以通过评价集团财务管控能力判断企业集团是否能够以及如何创造价值。

---

* 本文获重庆市会计学会、重庆市总会计师协会 2014 年优秀会计论文二等奖。

财务管控能力的提升体现价值创造的具体形式与实现途径。要成功实现以价值创造为目标的集团财务转型,需要对财务管控能力进行合理的评价并对财务管控能力的提升如何创造价值的路径进行分析。财务管控能力的提升可以通过其影响路径创造大量的价值,比如集团总部订立统一的会计制度保证会计核算的一致性,订立基本的业绩目标保证业绩的相对稳定性,批准重大资本支出保证资金利用的有效性等。

二、我国企业集团财务管控能力提升面临的主要问题

我国企业集团的财务管控能力提升面临着很多问题,不仅包括外部因素的影响,还包括集团内部因素的影响。我国的企业集团都不同程度上受到了计划经济和政府干预的影响,从而导致企业集团的财务管控制度和能力体系都没有得到建立和完善,而且财务管控的方法也较为单一。由于这类外部因素的束缚,在一定程度上阻碍了企业集团的价值创造,影响了其财务管控能力的提升。在集团内部管理上,一方面由于企业集团存在多家下属公司,它们的组织理念各不相同,会引起集团上下战略不一致;另一方面,集团下属公司的财务管理也不尽相同,从而导致子公司财务信息的口径不一致,集团上下配合机制不健全,最终导致企业集团整体的投资、筹资、利润分配等财务活动的混乱,影响企业持续创造价值的能力。另外,企业集团在提升财务管控能力的途径选择上也是非常的不完整:第一,与战略相匹配的财务管控制度在大部分企业集团里尚未建立。我国企业集团主要还是沿袭了传统的财务管控模式,财务权力分割组合不是很明确。第二,尚未建立完备的内部整体资金管理体系:一方面企业集团的大规模运营模式要求集团必须对资金进行集中管理;另一方面由于集团内部财务机构多层次性的存在制约着资金集中管理的进行。这种矛盾的存在使得我国企业集团对资金缺乏统一有效的管控,致使资金整体利用效率低下。第三,内部管理制度不健全。比如某些企业集团片面强调给予子公司自主经营权,放松了集团财务管理制度,造成集团内部账务混乱,甚至导致财务信息失真。第四,财务风险管控机制不完备。一些企业集团对财务风险估计不足,还有一些企业集团缺乏专业的财务风险管控部门,这些情况都会导致风险发生时,集团不能有效地应对风险,造成集团财务危机。

上述因素的存在在不同程度上阻碍了财务管控能力的提升,从而影响企业价值创造目标的实现,所以必须构建集团财务管控能力体系,合理评价企业财务管控如何创造企业价值。

三、基于价值创造的集团财务管控能力构建

(一)理论与实践相融合的构建思路

集团公司可以通过提升财务管控能力为企业创造价值。在集团公司中存在多家子公司,子公司的组织文化不同以及业务跨度和区域跨度大,使得其产权结构和组织结构存在异质性,母公司可以通过提升对子公司组织结构的管控能力使子公司从战略上与母公司保持高度一致。母公司通过对子公司筹资、投资及利润分配活动中的资金进行管控,使有限的资金流有效地进行运作,提升了资金运行管控能力,最终为集团创造了价值。而且集团公司具有财务主体多元化、内部财务关系复杂、经营领域广的特征,集团公司面临的财务风险也各种各

样,母公司必须提升应对各种风险的能力,只有提升风险管控能力,才能保证财务活动的顺利进行,保证战略目标的最终实现。

(二)基于价值创造的集团财务管控能力构架设计

为提升集团的价值创造能力,实现财务转型,必须构建以价值创造为中心的财务管控能力体系,具体包括六个方面:资金运行管控能力、财务信息管控能力、综合风险管控能力、财务组织管控能力、财务制度管控能力和财务人员管控能力。这六个管控能力可以保障价值创造的实现,价值创造目标的实现又会反过来促进六个管控能力的提升。集团财务管控能力构成如图1所示。

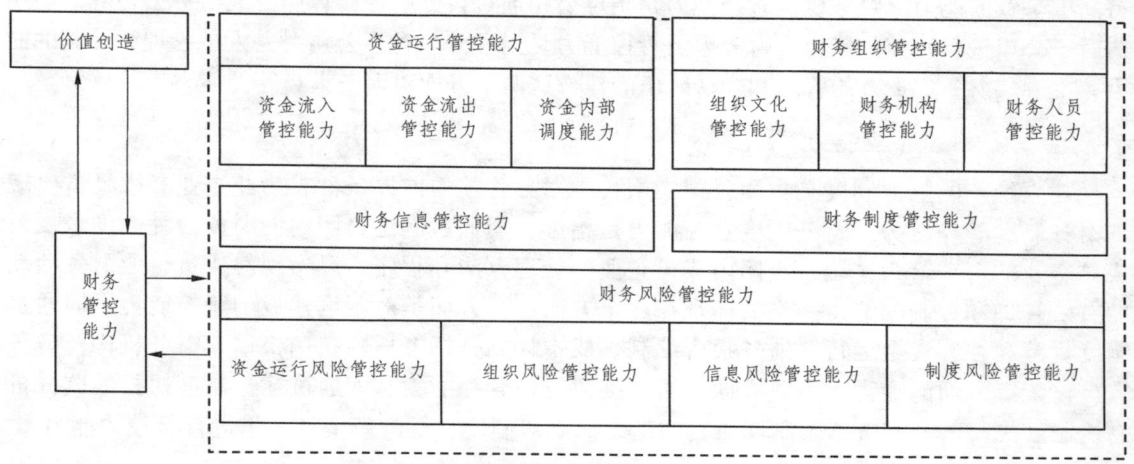

图1 企业集团财务管控能力构架图

1. 资金运行管控能力

资金运行管控是集团公司进行其他一切管控的基础,合理评价资金运行管控能力可以帮助集团公司了解公司的资金流状况,另外也可以控制资金风险,保证资金安全,发挥资金的规模效益。资金运行管控能力是指集团公司对资金运行的管理和控制能力,主要包括资金流入管控能力、资金流出管控能力和资金内部调度能力。资金流入管控能力是指集团公司对资金流入的方向、方式及力度进行管理和控制的能力,主要表现在以下方面:由母公司研究集团资金来源的构成方式并选择最佳的筹资方式的,子公司不能擅自对外筹资,必须通过向母公司借款筹资。资金流出管控能力是指集团公司对资金流出的方向、方式及力度进行管理和控制的能力,主要表现为对成员企业投资等重大事项上进行决策约束的管控能力。资金内部调度能力是指集团总部下设的结算中心等中间部门对资金进行统一调度的能力,主要表现在对成员企业经营活动的动态管理和控制的一种能力。

2. 财务信息管控能力

企业集团内部财务信息是否畅通,关系到集团管控的运行效率。要确保实现集团的价值创造的目标,必须及时掌握各成员公司的财务信息,并加以管控。财务信息管控能力是集团公司对成员公司的财务信息进行管控,使之能及时有效传递到集团的能力。可以从子公司财务报告和财务数据这两个方面对财务信息管控能力进行评价,其中财务报告包括对内和对外两类报告。这种能力主要表现在集团公司对子公司的财务信息进行把握和控制，明晰子公司的战略执行效果及执行结果，对偏离集团战略目标的做法予以及时指导和纠偏。

3. 财务组织管控能力

财务组织管控能力是指集团母公司对全集团财务组织机构及人员的统一管理和控制能力，主要包括组织文化管控能力、财务机构管控能力和财务人员管控能力。集团内部企业可能会存在企业文化上的差异，导致子公司员工没有归属感，更甚者会直接导致子公司经营发展战略的不统一，所以需要对组织文化进行管控。集团是否具备有效管控组织的能力可以选择组织文化管控能力来评价。组织文化管控能力是指母公司对子公司组织文化进行管控，使之与母公司保持高度一致的能力。财务机构管控能力是指母公司通过设立财务结算中心或财务公司等职能结构对子公司进行管控的能力。财务人员管控能力是指母公司对子公司财务人员管理和控制的能力，主要从财务负责人的管理和会计队伍的建设这两个方面对财务人员管控能力进行评价。

4. 财务制度管控能力

建立统一的财务制度是集团公司实施科学财务管控的前提条件，为此企业必须具备一定的财务制度管控能力。财务制度管控能力是指母公司通过制定集团内的财务会计制度来规范成员企业的财务行为，统一集团内成员企业的处理方法和程序，以实现对成员企业财务活动的有效管理和控制的能力。主要体现在两个方面：一方面是对制度建设的管控能力，即通过制度规范和控制资金运行、财务报告编制、成本计划分析考核、费用报销、财务机构及财务人员设置等方面的能力；另一方面是对制度执行的管控能力，即通过建立制度执行的监督机制、制度执行的考核机制及制度执行的追究机制对制度执行的效率及结果进行管控的能力。

5. 财务风险管控能力

集团财务风险管控能力是指，母公司为识别和应对各种财务风险时，在事前采取的一系列管理和控制措施的能力。具体包括资金运行风险管控能力、组织风险管控能力、信息风险管控能力和制度风险管控能力。资金运行风险管控能力是指母公司管理和控制集团内部运行资金过程中因各种不确定因素影响而导致资金受损情况的能力，通常可以从资金流入、资金流出和资金内部调度三个方面来体现。其中：在资金流入方面表现为对资金到账的准确程度及完整性进行管控的能力，在资金内部调度方面表现为对集团内部各公司存量资金管控的能力，在资金流出方面表现为对外支付结算风险管控的能力。组织风险管控能力是指母公司管理和控制因组织机构设置和人员安排方面不妥所导致的组织运行风险的能力，通常可以通过设置内部审核部门或监管部门、内部风险控制部门以及加强财务人才的培养和队伍建设来提高组织运行风险管控能力。信息风险管控能力是指由于母子公司信息不对称，导致母公司获取信息渠道受阻或获取的是不真实信息，母公司对此进行管理和控制的能力。制度风险管控能力是指由于制度制定不到位、制度执行力不强等原因导致制度缺乏约束力和监督力，母公司对此进行管控的能力。

四、基于价值创造提升集团财务管控能力的实践路径

重庆巨能建设（集团）有限公司隶属于重庆市能源投资集团，是一家在原煤炭部属五大工程处的基础上组建的国有独资有限公司，拥有6家全资子公司、1家控股子公司、1家参股

子公司和 8 家分公司。参考上述构建的集团财务管控能力体系,以巨能集团自身的具体情况出发,探索增加企业价值创造能力的有效且可行的途径,如图 2 所示。

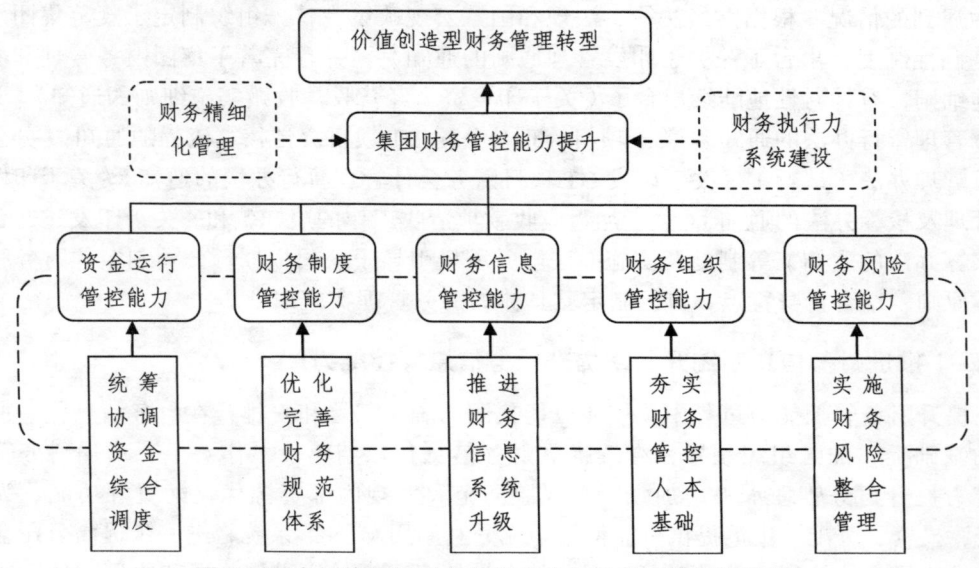

图 2　重庆巨能集团财务管控能力提升的实施路径模型

(一) 紧扣集团战略发展目标,创新财务管理转型思路

巨能集团公司以科学发展观为指导,进一步抢抓市场机遇,促进企业转型发展。根据集团公司"十二五"战略发展规划的目标任务,按照能源集团财务工作会议的部署和要求,以及集团公司经济工作会议的精神和安排,巨能集团公司财务管控能力构建以"进一步完善财务功能,提升财务管控能力,实现财务管理向价值创造转型"为总体思路,以财务精细化管理和财务执行力系统建设为两翼,从集团财务管控能力的五个子能力入手探索实施路径。以进一步提升公司财务管控能力,促进财务工作质量和水平稳步提升,实现集团财务管理向价值创造转型,为集团公司实现生产经营战略目标提供有效的财务能力支撑。

(二) 统筹协调资金综合调度,提升资金运行管控能力

集团公司两级财务部门密切配合,搭建"1+6"(集团公司+六个子公司)融资平台,与工商银行、中国银行、兴业银行、中信银行等金融机构合作,除传统授信业务外,积极尝试新兴融资产品,以确保两级公司市场开发的资金及资信需求。集团公司资产财务部组织协调抓好重大投资类项目的融资工作,采取流动资金中长期贷款、项目贷款、发行私募债等多种方式融资,构建融资新路径。同时,还加大了集团内部的资金集中运行调控力度,提高各大子分公司在资金结算中心的现金流量规模。各公司资金回笼时,必须先回到集团大资金池。为确保融资平台的平衡稳定,特殊情况下,集团公司有权平衡调度各子分公司的银行授信额度及资金,以保证将有限的授信额度及资金使用效率充分发挥。此外,集团还建立了各单位现金红线和融资红线,以确保集团资产负债率控制在 85% 的红线标准内,所属各二级单位根据签订的责任状控制资产负债率水平。

（三）优化完善财务规范体系，提升财务制度管控能力

为了加强对日常财务活动和资金运作的管控，巨能集团总部结合当前集团财务实际操作过程中遇到的情况，根据财经法律、法规和国家宏观政策，首先组织制定了规范集团总体管理的基础性制度，出台了《关于印发管理通则的通知》，并且完善了集团财务管理和会计核算实施细则，有针对性地陆续出台了《关于印发资本经营收益收缴实施细则的通知》《关于印发资金管理暂行办法的通知》《关于项目管理分公司BT项目会计核算流程的通知》《分公司财务人员管理办法（试行）》《关于印发BT项目财务会计管理暂行办法的通知》《关于印发内部交易管理及核算办法的通知》《关于加强应收款项清收工作的通知》和《关于印发建造合同管理及核算办法的通知》等制度及实施办法。并积极引导子公司根据母公司制定的财务管理制度及其原则，结合自身特点，自行制定其具体的财务管理实施细则。

（四）推进财务信息系统升级，提升财务信息管控能力

在提升财务管控能力过程中，按照巨能集团的统一部署和安排，在财务信息化一期建设工作的基础上，加强组织领导，继续推进财务信息化二期建设工作。主要增加财务管理模块，着力提升财务管理水平，加强财务风险防范，实现内部资源优化配置等功能，为公司"筹资、投资、分配"决策提供可靠依据。充分利用用友 NC 系统，进一步提高公司会计核算工作的质量，让管理人员及时了解企业的各种情况，通过实时的沟通和协调，使问题得以迅速及时的解决。

（五）夯实财务管控人本基础，提升财务组织管控能力

集团在《子公司财务负责人委派管理办法（试行）》的基础上，为加强财务人员管理，切实履行会计监督职能，促进财务人员客观、规范、廉洁、高效地开展工作，出台了《重庆巨能建设（集团）有限公司分公司财务人员管理办法（试行）》。高度重视会计人才引进工作，尤其是上市、涉外、涉税方面的会计人才引进，不断综合调整会计人才梯队。大力支持在岗会计人员参加在职学历教育和会计职称考试，不断提高在职财会人员的学历层次和职称结构。有计划地组织业务骨干参加工程造价、内部控制、法律法规、税收筹划、上市知识、外汇结算等各种类型的专题培训，拓宽业务骨干的知识和工作视野，建立健全财务人员职务晋升通道，逐步推行财务关键岗位竞争上岗机制和财务人员任职资格管理，激发广大财务人员的积极性。此外，集团还积极引导和鼓励一线财务人员立足工作实际，开展理论研讨，将集团及其所属各单位在财经管理领域开展精细化管理的经验予以总结和推广，以便于有效推动财经管理执行力系统建设，为实现集团经济指标向匀速发展转变、发展速度向质量效益型转变、经营模式向精细化转变、企业发展向可持续发展转变、资本运作向多元化转变的五个转变建言献策。

（六）实施财务风险整合管理，提升财务风险管控能力

（1）充分利用用友 NC 系统，动态监控企业各项风险监测指标。实时关注公司生产经营和财务状况的变化，按照债务风险、现金流量风险和盈利能力风险等设定财务风险预警指标，实施财务风险动态监控，加强企业财务风险防范。

（2）加强重点项目的财务风险防范。通过财务监督和内部审计等方式，加强对BT项目

和内部借款项目的施工进度、结算签证、资金使用和回收情况的监督,做好效益分析和经营风险、财务风险评估,提高财务风险防范的针对性。

(3)结合集团"23316"经济工作总体思路,巨能集团要求各子公司按《企业内部控制基本规范》及《企业内部配套指引》的相关规定重新完善公司的财务内控流程。两级公司财务部门在此过程中,特别是要补充完善一些财务关键业务和重点环节的风险防范措施、制度及办法,系统地提高财务风险管控能力的水平。

五、总结与展望

为了实现"创新驱动,转型发展"的企业改革主线,本文从资金运行管控能力、财务制度管控能力、财务组织管控能力、财务信息管控能力和财务风险管控能力五个方面构建财务管控能力评价体系,结合目前巨能集团在财务管控能力提升方面的实际做法,具有很强的现实性、指导性和可操作性。长期来说,财务管控能力的提升可以对整个集团的价值创造产生正面影响。

尽管巨能集团的财务管控能力提升已初见成效,但企业集团的财务管控能力不是一朝一夕就能提升的。当今信息技术突飞猛进,企业市场环境和竞争格局变化莫测,经营管理理念日新月异,对财务管控能力提出了更高的要求。只有结合企业集团的工作实际,通过不断的学习和实践,才能做好企业集团的财务管控能力提升工作,为企业创造持续的价值提供有力的保障。

参考文献

[1] 干胜道. 价值创造与价值分配的有机结合——对企业财务本质新认识[J]. 会计之友, 2013, 01: 14-15.

[2] 蓝粟山, 张玲艳. 企业集团化初期阶段建立财务管控体系的探讨[J]. 企业研究, 2013, 18: 74-75.

[3] 高玫. 浅谈集团企业财务控制[J]. 企业经济, 2004, 07: 128-129.

[4] 官武, 赵世广, 孟祥云. 中国石化一流财务能力建设思路[J]. 石油化工管理干部学院学报, 2012, 02: 46-49.

[5] 祁广亚. 企业集团财务人员管理与控制[J]. 中国乡镇企业会计, 2008, 12: 375-377.

[6] 朱永红. 基于价值最大化的集团财务管控模式探索[J]. 财政监督, 2008, 24: 16-18.

[7] 郭敏, 张凤莲. 基于价值创造的财务管理体系建构[J]. 管理世界, 2005, 05: 156-157.

[8] 韩俊娜. 企业集团财务管控的问题与对策研究[J]. 财经界:学术版, 2013, 23: 166.

[9] 黄庆龙. 浅议民营集团公司财务风险管控的构建[J]. 当代经济, 2013, 24: 22-23.

[10] 何瑛. 中国移动财务转型实施路径与实践[J]. 管理现代化, 2009, 06: 43-45.

[11] 程松林. 企业集团母子公司财务控制体系的构建[J]. 现代商业, 2010, 03: 129-130.

推荐单位:重庆巨能建设(集团)有限公司

行政事业单位内控能"落地"吗：
基于内生性视角的博弈解析*

酒莉莉　何　敏

重庆大学经济与工商管理学院　重庆理工大学会计学院

2012年11月29日财政部以财会〔2012〕21号印发《行政事业单位内部控制规范（试行）》（以下简称《规范》），并于2014年1月1日起施行，标志着我国正式建立起行政事业单位内部控制建设与实施的行为规范和法律依据。目的是为了防范行政权力舞弊和预防权力腐败，对权力运行进行监督和制约。然而，行政事业单位内控即将起飞，但能否真正"落地"呢？难道真会造成"理想很丰满、现实很骨感"的巨大落差？行政事业单位内部控制起飞与落地应是一个完整闭环，然而目前对内控的关注更多集中在以内容体系设计为导向的静态分析层面上，而对如何"落地"等动态行为关注较少。行政事业单位内控行为亦不例外，能否"知行合一"亦无从深入。

内控既是理念建构，也是行为规则，行政事业单位内部控制能否成功"落地"取决于特定状态下各单位的内生需求。就目前判断，行政事业单位的内控建设更多表现为外部强制推动，而非源自单位本身的主动承担，单位内生性需求和认识仍不到位。因此，忽视内控的内生性是导致行政事业单位内部控制不能落地的根源所在。

一、行政事业单位内控落地：制度成本约束

内控落地泛指基于内在需求的内控主体自发执行内控的能力及力度。任何制度安排都需要耗费成本，制度变迁的成本约束对能否落地起决定性作用[1]。构建适合我国行政事业单位运作的内部控制体系并使之成功落地，增加成本是必然，因为行政事业单位内控的创设，如内控制度和流程的设计、聘请专业机构提供咨询服务等都须耗费人力、物力和财力，这对不以盈利为目的的行政事业单位来说颇有顾虑。正是基于这些疑虑，多数行政事业单位就出现"上有政策，下有对策"的现象：虽有完善的内控文本规范，但处于"休眠"状态；或根据上级领导的态度或外部监管来决定执行否；或按"风向"来执行。这些都造成管理制度设计不完善、实际执行不到位、监督走过场等内控问题在我国行政事业单位肆意滋生。

因此，行政事业单位内控的关键在落地而不在设计。落地成本是指行政事业单位内控执行过程开始之后一切由"信息不对称""知识不完全"和"制度预期不稳定"等所造成的损失。一般而言，包括以下内容。

（一）嵌入成本

只有成为与行政事业单位现有管理体系如业务、管理信息系统密切衔接的嵌入式内控，

---

*本文获重庆市会计学会、重庆市总会计师协会2014年优秀会计论文三等奖。

才是低成本且有效的内控体系,包括研究、设计、选择新规范,以及安排和建立融入内控要求的信息系统费用等成本。

(二)脱序成本

内控落地过程同时也是改变或部分改变原有行政事业单位的管理制度,出现暂时无序状态,形成脱序成本。还有在熟悉新内控之前,也可能会出现一定的杂乱。

(三)机会收益损失

机会成本是选择新制度而放弃旧制度所必须放弃的收益,是决定"落地"取舍的重要依据[2]。行政事业单位内控的实施会使得员工失去在原有管理制度下稳定获得的某些净收益,并使得内控规范建立以后的净实施收益低于改变以前的净收益。而这种情况常发生在制度的非帕累托改进中[2]。

(四)适应、时滞成本

在落地准备阶段的接受、传递有关规范非均衡和创新预期收益信息的费用,以及理解、学习、培训、适应内控规范所花费的成本和时间。

(五)摩擦成本

与反对内控落地的某些部门及个人进行博弈所需的费用。制度变迁中存在"路径依赖"[2]。旧制度形成了既得利益集用,一般会出现较强的继续维持、自我强化的锁定效应[2]。新制度变迁(内控)的非帕累托性质造成利益重新分配而带来的某些部门与个人的抵触和反对,形成新旧制度摩擦成本。

(六)监督成本

对于非帕累托性质的内控来说,还要防止有人败德或逆向选择。监督也需要动用一定的资源。一般来说,外部强制实行的正式规则往往比指导性规则有更高的防止成本,因为前者需要有专门机构实施并对逆向选择行为进行监督、惩处。如《规范》中明确要求建立审核措施、沟通协调机制、定期会议机制等,从而形成一种环环相扣的监督模式。当然,如果内控具有内生性,是主体自发选择落实,"要我设内控"变成"我要搞内控",则不需外部监督或监督成本极低。

以上对行政事业单位内控落地的"成本"分析绝不是咬文嚼字,而是具有现实意义的。内控必须坚持"成本最低"的原则,通过科学设计使落地成本降到最低。需要说明的是,分析中所说的成本包括了实际花费或是预期要付出的代价和损失,大多在性质上属于行政事业单位的交易成本。

二、行政事业单位的内生性内控机制分析

(一)影响行政事业单位内生性内控落地的因素

1. 对"内控创造价值"的认知问题

多数行政事业单位没站在战略角度和整体利益角度考虑,对"内控创造价值"认知存在

"盲区"。事实上，内控与创造价值之于行政事业单位，就像源与流的辩证统一关系，前者是基础，后者是目的。据有关部门专家和实务工作者反映，制定统一的行政事业单位内部控制规范不仅能够提高各部门、各单位对内控工作的重视，增强领导班子的风险管控意识，同时将预算、收支、资产管理、内外监督等纳入统一管控体系中，形成联动机制，提高资金使用绩效，遏制腐败现象。且良好的内控制度可产生较高的信誉溢价，应融入行政事业单位的血肉之中。否则只将其当作外部影响因素，看不到创造价值的一面，必然导致形式主义或"被内控"。

2. 制度供给的有效性问题

理论上内控体系的环节越多，控制措施和方法越严密，则其控制效果越好，但成本也会越大。

如果不符合认知规律，过于细化、量化，标准太高太严；或过于笼统，标准不明；或朝令夕改，无所适从；或对组织惯性考虑不足，执行与变革脱节等也会加大落地成本。

3. 落地的初始条件

内控的落地水平是其控制环境的函数。同企业管理一样，行政事业单位的各项专业管理制度是行政事业单位内控的载体[3]。如经济管理混乱，"小金库"现象严重，国家财政收入以及国有资产流失严重等，被代替的旧管理制度的基础度越差，那么嵌入难度越大，嵌入成本、脱序成本、适应成本就越高。

4. 落地方式问题

行政事业单位的内控落地是突变还是渐进。如果渐渐转变，那么适应成本较低。以先试点后推广的方式，那么试点阶段会有较高的搜寻费用，推广阶段会有较高的宣传费用[2]。

5. 潜规则问题

一个难题是，行政事业单位内控规范在遭遇潜规则时如何能够得到有效执行？潜规则以其内含的价值标准和行为规则会严重阻碍人们对正式制度的认同。在现实的行政事业单位中，人们为遵守潜规则可能放弃正式的内控规范。究其根源，一方面是潜规则力量过于强大，另一方面，行政事业单位内部控制规范的硬约束力量不足。因此制度的执行成本必然上升。

6. 内控规范的帕累托性质对机会收益损失的影响

非帕累托性质越强（受影响人数和受影响程度，人数越多，程度越深非帕累托性质越强），落地成本越高。若内控规范是利益中性的，创立过程属帕累托改进过程，将不会有人反对。若内控规范是利益非中性的，除搜寻费用、推广组织成本外，还必然包括对抗费用[2]。

7. 非制度因素的影响

很多内控变革之所以像"带着镣铐跳舞"，主要还是因为没有从人文逻辑的角度去考虑变革。非正式制度是影响内控落地成本的又一因素。落地必然要受到行政事业单位的文化、道德伦理、习惯等非正式制度的影响。如与非制度互斥程度越高，那么适应成本越高。

（二）行政事业单位内生性内控的内在动力机制

内生性内控是主体自发选择过程。为使行政事业单位自发选择落实内控，将"要我设内控"变成"我要搞内控",那么从内生性角度研究动力机制则更符合行政事业单位的行为逻辑和事物发展的内在规律。

1. 内控源于组织内生需求

自从组织产生之后,伴随着组织追求其目标的努力,内控得以产生。早期的分工、牵制、授权、汇报、稽查等都是内控活动。事实上,内控自应运而生那天起,唯一使命就是保护组织的利益。因而可以肯定地说,内控最初是在组织中内生的,而不是外力催生的[4]。对行政事业单位来说亦如此,它成为我国行政事业单位存在的必然约束机制。

2. 内控就其性质来看,是一种资产所有者管理权的延伸

内控本身也是一种间接创造价值、实现保值增值的活动。如民营企业既是管理者,又是出资人,则非常关心资产的保值增值,内控也就成了其自身的需求。同理,行政事业单位能否切实站在资产所有者也就是国家的角度,也将直接影响着其对内控的重视程度。对权力和风险等级较高的行政事业单位,管理难度和管理幅度巨大,客观上也发出了"我要设立内控"的呼声。

3. 行政事业价值创造的动力源于内在的自发秩序力量

自生自发秩序可以被视为经济学的第一原则,而布坎南晚年更是认为自生自发秩序是经济学的唯一原则。趋利避害,加强内控,是行政事业单位发展内控的原动力。内控作为行政事业单位的一项重要的制度安排,通过自发秩序管理,可以在行政事业单位管理的多个环节发挥作用,加强各类业务管理规定之间的衔接,强调现行规定中的应当"做什么",又通过增加具体控制措施说明应当"怎么做",体系完整,操作性强,有利于促进各类规定实施到位。

4. 外在动力与内生动力的转化

我国内控规范基本上由政府颁布,通过"逆向生成"演绎完成,时间短、见效快,具有强制性,可以克服"讨价还价"带来的交易费用[5]。行政事业单位内部控制亦是如此。这种逆向运行对行政事业单位内控落地来说,最大的问题就是有可能忽视内控制度的内生性。内生是基本途径,外赋须基于内生才起作用;若缺乏甚至没有内生,任何外赋都无效。

忽视外在动力与内生动力在行政事业单位中的转化,不注重内控的内生性是导致内控不能落地的根源所在。如《行政事业单位内部控制规范(试行)》中内控建设中的逆制度选择,会异化实施机制;内控机制设计存在缺陷,将导致让路潜规则;实施配套改革滞后,会忽视内生适应性等[6]。因此,如何将外部推动转化为内生需求,让行政事业单位自觉自主实施内控,是值得单位领导以及社会学者深思的问题。

三、行政事业单位内生性内控制度的博弈分析

(一)行政事业单位内生性内控生成的条件

在主流经济学中,净收益最大化被作为"一般的""统一的"原则应用于对各种经济问题的考察[7]。诺斯认为,新制度只有在创新的预期收益大于预期成本时才会出现。行政事业单位内生性内控落地的收益指在实施中带来的各种利益和效用。而内控落地"内生动力"主要

来自于行政事业单位对自身预期净收益最大化的追求,即主要来自于其对内控变革后所能带来的预期净收益。

因此,对行政事业单位而言,内生性内控能否真正落地主要取决于下列条件能否成立:

$$Y_n/(y_0+TC)>1 \tag{1}$$

式中,Y_0为被替代或部分替代的旧管理制度净收益(总收益减去运营成本),即行政事业单位在《规范》执行之前的当期净收益;Y_n为作为内控创新中获取的预期净收益,即《规范》执行后行政事业单位所获得的当期预期净收益,包括各种显性和隐性收益;TC为内控规范落地的预期负担成本,即行政事业单位落实内控所付出的各项成本,包括各种显性和隐性成本。

显然,行政事业单位的内控建设也需量入为出。只有当Y_n超过Y_0和TC时,才会自发"我要搞内控",内生性内控才会产生。内控应该权衡实施成本与预期效益,只有处理好"得"与"失"的关系才能够将内控发挥出最大的效率。

然而,难点在于,在某种情况下,行政事业单位内控的成本可以是现实的,是可以准确估量的,但内控实施获取的净现值收益却不是现实的。因为行政事业单位内控产生的效益是实施内控所达到的目标,即避免或减少风险和损失的可能性,如提高行政事业单位的内部管理水平和风险防范能力,这些都带有预期性、不确定性,难以准确估量。况且在现实中,由于不具有完全或充分的信息,行政事业单位难以判断建立内控的结果与自身的预期收益是否相符。

(二)行政事业单位预算管理制度的测度成本和收益

2006年李三喜提出"中国式全面控制框架"(Chinese Complete Control,简称3C框架)。3C框架强调在中国实施全面风险管理的必要性和迫切性,认为全面控制的核心在于对各级管理人员的控制。这同样适用于对我国行政事业单位领导干部的控制。有效的内部控制能够帮助行政事业单位为经济行为提供制度性保障,减少国有资产流失,遏制腐败,提高绩效。然而,理想很丰满,现实很骨感。不论是上级政府或主管部门对行政事业单位的外部监管还是行政事业单位自身的内部控制,事无巨细的内控制度俯拾即是,但真正得到执行的却是九牛一毛。究其根本,是缺乏对行政事业单位领导干部的控制和各级领导干部自我控制的缺失,内控内生性需求和认识不到位。只有领导层从思想上重视内控,带头执行各项控制制度,内控才可以实现真正地落地。

《规范》重点强调了行政事业单位以预算为主线的流程控制。科学有效的预算管理制度能够促进各单位实现资源整合,提高资金使用效率,降低国有资产流失及贪污腐败的概率,从而实现行政事业单位资产的最大化收益。同时,《规范》也特别明确相关主管部门对行政事业单位内部控制建设的外部监督和业务指导作用。因此,本文以行政事业单位领导干部对预算管理制度的行为选择为基点,通过经典博弈理论研究法分析在外部监管存在与否的条件下,行政事业单位领导干部对预算管理制度的选择的理性行为,从而预测《规范》的颁布与执行对行政事业单位加强内部控制的震慑效果。

诺斯曾在《制度,制度变迁和经济绩效》一书中提出:设计一项规则时必须设法确定该规则是否能够被违背,一旦被违反还需测定其违反程度、造成的损失并设法抓住违规者。如果测度成本超过收益，则不值得设计该项规则，这说明制度设计应当遵循成本和收益平衡的原理。如果行政事业单位领导干部对预算管理制度的测度成本高于集体收益，那么该项制度就没有了其存在的基础，预算管理制度对领导层自发执行内控的约束或激励功能也就成了隔靴搔痒。

（三）行政事业单位领导层对预算管理制度行为选择的博弈分析

诺斯认为制度就是博弈规则，是人类设计的制约人们相互行为的约束条件。青木昌彦的内生博弈制度观也认为制度是博弈的内生规则[8]。

为简化博弈模型，假定行政事业单位里有两名领导干部 M_1 和 M_2，他们都为争取更多的自身利益（如职务晋升、薪金、灰色收入等）而相互博弈。同时假设领导干部的利益取决于其工作绩效，且利益是工作绩效的单调递增函数。工作绩效 π 有两个决定因素：内控落地成本 c 和工作效率 f，其中 c 即为上述分析中的 Y_0+TC，f 代表内控创新，即《规范》的颁布与执行中获取的预期净收益 Y_n。同时在博弈开始之前假定 M_1、M_2 的内控落地成本和工作效率是相同的，且制度规定绩效靠前者得到晋升和加薪（文中灰色收入可理解为与领导职位挂钩）。经分析得到公式：

$$\pi = f(c, f) = cf，且 f'c(c, f) > 0，f'f(c, f) > 0 \qquad (2)$$

1. 缺乏外部监管，领导层将忽视预算管理制度，行政事业单位内部控制流于形式

行政事业单位领导干部对预算管理制度的态度分为预算控制以及预算松弛。如果领导层承认预算管理制度，那么就选择预算控制，积极建设行政事业单位的内控文化，使内控安全落地。选择预算控制的领导干部 M_1 必须付出更大的落地成本 c_1，若同样选择预算控制的领导干部 M_2 必须付出的代价为 c_2，假定 $c_1=c_2$。那么双方就是否选择预算控制的策略选择博弈支付矩阵，如表1所示。

表1　缺乏外部监管时 M_1 和 M_2 预算控制策略选择博弈支付矩阵

		领导干部 M_2	
		预算控制	预算松弛
领导干部 M_1	预算控制	$[(c-c_1)f, (c-c_2)f]$	$[(c-c_1)f, cf]$
	预算松弛	$(cf, (c-c_2)f)$	(cf, cf)

通过静态博弈分析知，（预算松弛，预算松弛）构成纳什均衡。对 M_1、M_2 而言，在缺乏任何外在监管的情况下，作为有限理性人，选择预算松弛是最有利于自身利益最大化的。如果博弈长期下去，那么（预算松弛，预算松弛）策略一直都是最佳策略，行政事业单位领导层预算松弛，弱化内部控制行为的局面将不会改变，那么行政事业单位内部控制也永远不会真正落地，内控设计依然流于形式。

2. 存在外部监管，领导层行为取决于落地成本

当存在外部监管，无论是来自更高级领导层，还是来自外部审计、上级政府机构等相关主管部门，领导干部都要考虑违反预算管理制度、涉及凌驾于内控之上等行为所带来的风险，且一旦被发现还要付出巨大的代价 t。此时双方博弈结果如表2所示。

表 2　存在外部监管时 M_1 和 M_2 预算控制策略选择博弈支付矩阵

		领导干部 M_2	
		预算控制	预算松弛
领导干部 M_1	预算控制	$[(c-c_1)f, (c-c_2)f]$	$[(c-c_1)f, cf-t]$
	预算松弛	$[cf-t, (c-c_2)f]$	$(cf-t, cf-t)$

分析过程如下：

$t>c_if$（$i=1,2$），双方均采取预算控制策略。

$t<c_if$（$i=1,2$），双方均采取预算松弛策略。说明外部监管力度不大，处罚较低，双方均不在乎付出的小额成本，不愿意为遵守预算管理制度而丧失更大的自身利益。

$t=c_if$（$i=1,2$），出现两个均衡（预算控制，预算控制）和（预算松弛，预算松弛）。意味着双方无论选择何种策略，对自身利益都没有太大影响，双方就是否遵守预算管理制度没有特别偏好。这说明行政事业单位就领导层是否遵守预算控制制度、建设良好内部控制流程并没有一个标准的评判基准。

结果表明，由于外部监管力度的不同，双方采取预算控制策略的取向不同。特别是在领导层选择预算松弛而获取的自身利益大于选择预算松弛付出的代价时，理性的领导层都不会选择严格控制预算的决策。

由于前面分析是基于 $c_1=c_2$ 前提下，现假定 $c_1<c_2$，那么当 $c_1f<t<c_2f$ 时，领导干部 M_1 遵守预算控制制度，M_2 背弃预算控制制度，此时双方得益情况为 $[(c-c_1)f, cf-t]$。由于只有当处理好"得"与"失"的关系时，领导干部才能自发"我要搞内控"，内生性内控才会产生，这就说明了处于 $c_1f<t<c_2f$ 区间的不同领导干部自身策略选择的不同，落地成本与处罚成本大于预期收益的领导干部更倾向于忽视预算控制制度对他们的约束而难以遵守行政事业单位的内部控制规章制度。同理，基层人员亦然。这种情况下，行政事业单位内部控制将难以落地。因此，《规范》明确相关主管部门对行政事业单位内部控制建设的外部监督和业务指导作用具有现实意义，从而也说明《规范》的颁布与执行对行政事业单位加强内部控制的震慑效果显著。

四、行政事业单位内生性内控的"落地"路径优化探讨

将行政事业单位领导层对预算管理制度遭遇尴尬的博弈分析推广到整个内部控制层面，得到行政事业单位内部控制能否得到有效的执行，结果不仅取决于确保内部控制执行时行政事业单位需要花费的测度成本和能够获得的预期收益之间的比较，同时也取决于在这一制度下不同领导干部的偏好以及执行制度时的行为取向。缺乏外部监管时，行政事业单位内部控制执行不力是必然的；当存在外部监管时，领导层对行政事业单位内部控制落地所付出的代价决定其行为偏好。这将给行政事业单位内部控制的相关监管部门一个启示：可通过调整"代价"来改变领导层行为，进而促进内控执行落地的实现。

为保证制度得到严格执行，就需要设置严格的处罚制度，对行政事业单位的领导层要更

加严厉。以制度执行力见长的行政事业单位通常是在尽量减少测度成本的前提下适当提高违反代价。无论领导层在组织中居于何种地位，在违反制度时都必须付出巨大代价，只有这样才能保证制度的有效执行[9]。

同时，还可以通过其他各种手段优化行政事业单位内控落地的内生性路径。

（一）通过"内控创造价值"理念，激发内生动力

首先需转化行政事业单位领导层的内控意识，因为内控落实的关键在于领导干部。不要将内控当作沉重的负担，从意识上认识到内控落地虽有代价付出，但拥有良好的内控形象就是拥有一种价值创造力，是一种信号显示机制。需要行政事业单位通过各种媒体，运用各种教育手段和方式帮助单位上下认识和体会，从而为内控落地奠定文化氛围和价值理念的基础。因为，如视之成本开支，就会穷于应付监管而虚化；如视之投资，就会用心呵护，会追求价值回报。

（二）良性的内控文化有助于从他律走向自律

内控最关键的是落地，而对落地起决定作用的就是文化。只有变为内心信念并转化为一种行为习惯时，才能在日常活动中更自觉地执行。内控落地的基础是道德等非正式的制度[10]。内控文化作为一种无形的力量，对行为的规范远胜于有形的约束。因此，行政事业单位加强内部控制文化建设，有助于克服机会主义行为倾向，增强员工的风险管理意识，在一定程度上保证落地功效，同时提高员工遵循内控规范的自觉性，从而大大地减少正式实施时的摩擦、冲突及监管成本，弥补内控制度的不足。

（三）内控回归行政事业单位母体，内置于日常管理，强化有效安排

内控作为规约性制度安排，其建构依赖于一种内在理性的逻辑。内控要与行政事业单位管理性质和管理控制的需要相适应，以利用信息技术固化业务流程，尽可能减少内控与行政事业单位其他管理体系的冲突。同时，结合"二八原理"，实施关键点、关键链、关键面的控制，关注重要业务事项和高风险领域，抓住关键风险控制点。

（四）在明确主管部门对行政事业单位内部控制建设的外部监督和业务指导作用的同时，要更加强调内部监督

与企业内部控制规范相比，《规范》更加强调内部监督。行政事业单位内部控制收支、采购、资产、建设项目、债务等具体业务的控制都需要严格的内部监督检查，明确内部监督的重点和检查方式，同时建立审核措施、沟通协调机制、定期会议机制等检查程序，形成一种环环相扣的监督模式。

（五）"知行"同步，螺旋式落地

内控落地是一个开放式的、系统性的、持续改进的"过程"，而非某种静态的制度文件。行政事业单位建设内部控制制度要基于我国强调和谐、含蓄、悟性和灵活性的文化背景和思维习惯，强调"知行"同步，要求设计与实施统一，根据具体情况、个性特点，多步螺旋式推进。切忌强制粗暴，变革规律不熟悉，操作节奏不恰当；或方案过于理性，忽略人与文化的因素。

参考文献

[1] 张旭昆. 制度变迁的成本——收益分析[J]. 经济理论与经济管理，2002（5）：41-44.
[2] 张旭昆. 制度的实施收益、实施成本和维持成本[J]. 浙江大学学报：社科版，2002（4）：101-109.
[3] 王继中，李爱花. 企业内控：借鉴、探索与推进[J]. 会计研究，2011（2）：93-95.
[4] 方红星. 内部控制审计与组织效率[J]. 会计研究，2002（7）：41-44.
[5] 夏云峰，金治中. 企业内部控制模式的选择[J]. 财经科学，2006（10）：31-39.
[6] 刘明辉，张宜霞. 内部控制的经济学思考[J]. 会计研究，2002（8）：54-156.
[7] 袁庆明. 论制度的效率及其决定[J]. 江苏社会科学，2002（4）：34-38.
[8] [日]青木昌彦. 比较制度分析[M]. 周黎安，译. 上海：上海远东出版社，2001.4.
[9] 吴海宁，孟宪忠，帅萍. 企业管理制度执行的博弈分析——基于S集团公司打卡制度的案例研究[J]. 生产力研究，2008（9）：126-128.
[10] 李心合. 会计制度的信誉基础[J]. 会计研究，2002（4）：17-23.

推荐单位：重庆大学　重庆理工大学

信息化环境下的企业内部控制审计风险与应对*

王海兵　何建国　杨娱

重庆理工大学财会研究与开发中心　重庆美心（集团）有限公司

一、引　言

自进入21世纪以来，我国社会经济发展迅猛，信息技术的研发和应用日新月异，信息化时代已然来临。信息化技术在减少人工工作量、提升工作效率的同时，也蕴含了诸多风险。企业内部审计作为公司治理的四大基石之一，在内部控制审计领能将发挥巨大作用。企业如何迎接这一信息化浪潮所带来的机遇和挑战，将对社会经济、公司治理和企业竞争力等方方面面产生广泛而深远的影响，对企业内部审计信息化问题展开研究，具有重大的现实意义。曹燕、常京萍（2010）对企业内部审计信息化战略进行了研究，提出应制定内部审计信息化发展规划、提升内部审计信息化在企业信息化管理框架中的层次，构建个性化的内部审计网络系统，培养满足审计信息化要求的复合型人才[1]，为我国推进内部审计信息化提供了实践参考。随着我国企业内部控制规范体系的实施，自2012年开始，上司公司必须对内部控制进行评价披露，并聘请注册会计师对内部控制进行审计，企业内部控制审计信息化成为难点和热点问题。

审计信息化建设是审计系统一场深刻的革命，是现代审计的发展方向。企业实施内部控制审计信息化，重点在于对企业信息系统进行审计。这里的信息系统，是指企业利用计算机技术和通讯技术，对内部控制进行集成、转化和提升所形成的信息化管理平台[2]。审计人员对企业特定基准日信息化环境下的内部控制设计与运行的有效性进行审计，并对其有效性发表意见。内部控制审计信息化是审计信息化的一个重要组成部分，所谓审计信息化就是在运用以电子计算机为代表的现代化数据处理工具时，被审计对象进行财务工作和经营时，审计人员为了实现其审计目的，收集必要的审计证据，采取必要的审计程序，对企业运营的合规性以及利用计算机及网络生成的财务信息进行审计的工作[3]。广义的信息化环境下的内部控制审计业务包括计算机内部审计所涉及的所有内容，即计算机系统内部控制制度审计、计算机系统程序审计、计算机系统数据文件审计、计算机系统开发审计、计算机辅助内部审计、网络系统审计、计算机舞弊的控制和审计。狭义的信息化环境下的内部控制审计业务主要包括计算机系统内部控制制度审计、计算机舞弊的控制与审计。

本文基于信息化视角，分析企业实施内部控制审计信息化所面临的风险，并从内部控制制度、系统建设、人员素质和风险评估体系等多维度对风险因子进行思考，并提出相应的风险应对策略。

---

*本文是国家社会科学研究基金"企业社会责任内部控制的实现机理与路径研究"（13CGL052）、教育部人文社科基金"社会责任嵌入的企业人本内部控制体系构建研究"（12YJC790183）和重庆理工大学博士科研启动基金"企业人本财务管理研究"（2012ZD03）的阶段性成果。本文获重庆市会计学会、重庆市总会计师协会2014年优秀会计论文三等奖。

二、我国企业实施内部控制审计信息化的意义

纵观全球，美国、西欧、日本等发达国家的企业信息化发展程度都比较高。自从我国 2001 年加入 WTO 后，企业更加直接地面对国际化竞争，与国际经济接轨。企业实行全面信息化有利于迎接加入 WTO 后带来的挑战，更好地适应国际化竞争。我国企业实施内部控制审计信息化是经济全球化和国际化的发展趋势，在知识经济和信息化高速发展的今天，信息化是决定企业成败的关键因素，也是企业实现跨行业、跨所有制、跨地区乃至跨国拓展业务的重要基础，构建科学、运转优良的信息系统，能够突破时空限制，整合信息资源，为管理经营活动提供强大的制度保障和信息支持。

（一）内部控制审计信息化是完善审计体系的内在要求

随着安然申请破产保护、安达信退出审计业的人们不得不把关注的焦点从企业的外部环境转向企业的内部控制监督机制上，把内部控制审计看作是维护企业利益的最后一道防线。无论是政府审计、注册会计师审计还是企业内部审计，均把内部控制作为重要的审计对象。实践证明，实施有效的内部控制审计有助于企业规范管理，降低企业风险，提高企业管理效益。大力发展信息化内部控制审计，可以极大推动企业内部审计的发展，同时为基于信息化环境下的政府审计、注册会计师审计提供参照，有助于完善现有的审计体系。

一方面，内部控制审计信息化能加强企业的内部管理服务，助力企业舞弊审计，并参与企业价值创造过程。实施内部控制审计信息化，能够打破部门隔阂和信息孤岛，突破审计的时空限制，积极利用联网审计、在线审计、离线审计、远程审计等多种手段，节约审计资源，提高审计效率和效果。利用大数据挖掘和建模，还可以分析偏差、预测发展趋势，极大地提高内部控制审计效率。另一方面，配备高素质、胜任信息化审计工作的内审人员，努力开发和拓展内部审计领域。针对现阶段我国内部审计人员的现状，要想发挥内部审计的功能作用，就必须下大力气进行人才建设，要求懂 IT、网络、审计及其他相关知识。综合以上两个方面，实施内部控制审计信息化不仅能提高系统的运行效率，节约运营成本，还能提高人员的综合素质。

（二）内部控制审计信息化是企业适应新形势下外部竞争的必然选择

信息化是信息技术对人类生产生活中信息资源渗透率提升的过程，代表着现代社会从工业社会过渡到信息社会的总趋势[3]。企业参与外部竞争的效率，一方面取决于外部市场环境对企业经营活动的支持程度；另一方面更取决于企业内部治理水平，内部审计信息化则体现了企业适应新形势下外部竞争的必然要求。

就我国现阶段来看，信息化发展得到政府的大力支持，国家审计率先走出了一条信息化之路。金审工程的推出，标志着我国审计信息化系统建设取得重大进展。金审工程的二期建设，标志着我国将初步建成国家审计信息系统，为培养适应信息化的审计队伍、有效提升审计监督能力提供了保障。随着信息技术的发展和渗透率的提升，信息化的地位和所涉及的政策广度都在提升。十六大报告指出，以工业化促进信息化，以信息化带动工业化。在十七大的报告中，政策表述除"大力推进信息化与工业化的融合"外，还拓展到通过信息化促进工业由大变强。在十八大报告中，信息化被提升到战略的高度，成为未来"新四化"之一。

内部控制审计信息化与我们的日常生活息息相关，推进内部控制审计信息化已然迫在眉睫。以大众熟知的网络金融产品——余额宝为例，集储蓄、消费、基金投资三大功能于一身，其云端建设综合运用了计算机、网络、移动通讯和微金融等多种现代化元素，从用户端到企业云，每个流程和环节对信息和资金的安全性要求都非常高，是财务业务一体化、财务金融化、财务信息化的典范。毋庸置疑，余额宝的内部控制审计信息化对于控制风险、提升客户满意度起到了重要作用。新形势，新挑战，在我国企业全面参与国际竞争的情形下，企业更应该实施内部控制审计信息化，适应国际竞争发展趋势。可见，内部控制审计信息化是企业适应新形势下竞争的必然选择。

三、企业实施内部控制审计信息化存在的风险

企业实现内部控制审计信息化后，不仅提升了企业信息系统的运行效率，减少了运营成本，而且提高了企业人员的综合素质，顺应了时代发展的趋势。然而，事物都有两面性。内审信息化的实施也给企业带来了更多更大的新问题，只有充分认识和解决这些问题，企业的信息化才能健康，快速带动企业的全面发展。

（一）企业战略目标在信息系统的传达过程中可能产生偏移风险

企业战略目标已经成为决定企业竞争成败的关键与核心问题之一，是企业在竞争激烈的市场经济环境中，在总结历史经验、调查现状、预测未来的基础上，为谋求生存和发展而做出的长远性、全局性的谋划或方案。面对复杂多变的经营环境和风险价值网络，以及信息技术自身的安全性问题，企业战略目标在信息系统中的传达过程中可能产生偏移风险。会计信息系统、人力资源信息系统、社会责任信息系统、采购信息系统、生产加工信息系统、销售及售后信息系统、客户关系管理系统、投融资信息系统、内部审计信息系统等各子系统错综复杂，相互牵涉。一旦某个环节出现重大缺陷或舞弊，其影响面会波及其他相关系统，信息化条件下的内部控制风险被放大。因此，企业内部控制及其审计由以前的"内部控制导向"向"风险导向"转变与发展[4]。因此，风险成为企业实施内部控制审计必须考虑的问题。内部控制信息化水平越高，人对系统的依赖性就越大，一旦系统与企业战略不匹配，或者企业战略发生调整，而系统没有及时更新，那么，企业战略目标在信息系统的传达过程中就容易产生偏移风险。

（二）审计人员在信息化条件下的能力表现不足

内部控制审计信息化对审计人员的独立性和专业能力要求很高，但实际情况是，对于注册会计师审计而言，由于审计委托关系的错位，审计独立性受到严重影响，审计结果不客观不公允的情况时有发生。对于内部审计而言，许多单位的内部控制和审计隶属于财务部门，独立性差，审计人员也是兼职的，职业胜任能力欠缺。无论是注册会计师还是内部审计师，大部分都是财会专业背景出身，也就是比较擅长于财务报表审计和与财务报表相关的内部控制审计，对于非财务内部控制审计和信息系统审计，缺乏从事信息化内部控制审计所需的知识、技能和经验。审计人员在信息化条件下的能力表现不足，审计风险巨大。

(三)企业内部控制系统的信息化增加了内部控制审计难度

企业为了实现经营目标,通过制定一系列内部控制制度、程序和方法,对企业的经营风险进行事前防范、事中控制、事后监督和纠正。目前我国绝大部分企业都建立了内部控制,实现对企业资源的统一调度与管理。但是,在实践中,却表现出了执行力不强、效果不理想、控制不系统等现象,与国外一流企业的内部控制水平还有差距。以受到广泛认可的COSO内部控制框架来看,我国企业内部控制存在的问题主要体现为以下五个方面。

1. 控制环境的突变

虽然信息技术使企业内部控制管理层级明显减少,岗位更加精简,不仅改变了传统手工数据处理方式,而且触发了企业管理模式、生产方式、交易方式、作业流程的重大变革,但是信息化对企业管理者的素质提出了更高的要求。从实际操作来看,从内部控制审计人员到管理者,短期内员工必然对信息化的应用不太适应,有些老一辈领导甚至不太重视企业内部控制信息化。信息化推动企业组织架构的扁平化变革,人与人之间的当面交流减少,大量的业务处理都在系统里面完成,因而在信息化的控制环境下,道德风险和逆向选择行为发生的概率增大。

2. 风险评估过程的系统危害

在企业的信息化环境下,企业各项事务对计算机系统的依赖性与日俱增,一旦某个环节出现问题,该类错误将会被无限次复制和传播,从而带来很大的危害。信息系统越复杂,发生系统性风险的可能性越大。业务流程的自动化虽然降低了业务处理过程中源于人员疏漏或舞弊带来的风险,但是如果信息化系统失灵或崩溃,重要信息被窃取,都将给企业带来不可估量的损失。因此,信息技术环境下,风险变得更加复杂,相应的危害性也更为严重。

3. 控制活动的难度加大

控制活动是企业为了保证各项指令得到实施而制定并执行的控制政策和程序,是针对实现组织目标所涉及的风险而采取的必要防范或减少损失的措施。随着计算机使用范围的扩大,利用计算机越权参与企业生产经营活动,从而导致贪污、舞弊、诈骗等犯罪活动有所增加,各种人造的木马程序、病毒都对信息化内部控制审计构成挑战。控制活动涉及面更宽,包括计算机系统、人机交互系统、手工操作系统,控制活动难度加大。

4. 信息与沟通的多向性

一个良好的信息沟通系统不仅要有向下的沟通管道,还应有向上的、横向的以及与外界的信息沟通管道。企业应建立多方向信息沟通机制,利用多方的工作成果,减少重复性的工作,节约资源。同时,沟通的过程也是不断交流学习的过程,可以提高工作效率。因此,要让企业全体人员尽快从手工状态下的单一沟通机制转到信息化条件下的多向沟通机制中来。信息化手段在提高沟通效率的同时,也带来沟通风险。其一,信息化所生成的海量数据易造成信息冗余,从而可能掩盖重要信息,不利于决策参考。其二,如果信息与沟通环节控制不当,或者控制被突破,重要信息泄密后立即大范围扩散,可能对企业造成重大影响和损失。

5. 内部控制监督机构形同虚设

我国内部控制起步较晚,发展较为缓慢。内部控制形式重于实质,公司治理不良,风险意识薄弱，导致弊端丛生。于是，很多设计精良的控制系统往往会流于形式。信息化在减少人为操作风险、提高效率的同时，对流程进行固化，对权力进行了制约。企业领导层一旦绕过信息化系统进行审批执行，信息系统内嵌的监督功能将会被搁浅，监督机构由于权限和独立性不高，也难以对管理层权力进行有效约束。为了企业的发展，企业应当具有明晰的组织结构，并合理设置职能部门，考虑信息化技术优势，精简治理层级，提升监督效能。通过信息化手段，充分发挥内部控制的监督机制，这样才有利于科学决策和规范运行[5]。

（四）内部控制审计信息化下面临的风险存在行业差异

不同行业对信息资源的应用层次是不一样的。第一层次是最基本的数据数字化，这一层渗透率比较高。这一层次基本囊括了所有的行业，从微企、小企业到大中型企业，无不享受着信息化带到的方便，但是，这一层次基本停留在用机器替代手工，以此来提高效率。第二个层次是数据联网化，这一层次主要是一些金融企业、商务网络平台以及社交网站等，他们有能力去应用和维护。第三个层次是智能化，处于这一层的一般都是走在科技前沿的行业，如通信、软件、手机行业等，他们拥有人、财、物等资源，有绝对的实力去开发和推广，并引领时代潮流[6]。在不同行业的不同生产环节、不同的生活领域，信息化渗透的程度都是不一样的。因此，不同行业在实施内部控制审计信息化时应充分考虑行业整体应用层次，以此来匹配和适应行业信息化的大发展。可见，在信息化条件下，不同行业面临的内部控制审计风险也存在差异。

四、内部控制审计信息化风险的应对策略

企业内部控制审计信息化降低了一些传统风险，例如信息口径不统一、信息手工处理错误及效率低下等，但同时也增加了许多新的风险，例如安全性风险、信息系统依赖性风险等。换言之，信息化导致内部控制审计风险从一种形态演化为另一种形态。本文拟从法规制度建设、设计研发、信息系统改进、人员胜任能力提升和夯实审计防线等方面进行论述如何应对信息化风险。

（一）相关法律规范及企业制度体系的完善

国家层面，组织力量进一步完善《企业内部控制基本规范》，以及应用指引、评价指引和审计指引，出台分行业操作指南，积极推动企业开展内部控制信息化和内部控制审计信息化。基于信息化的中长期规划，支持大型企业开展内部控制审计的软件研发及网络平台构建。财政部2013年12月印发了我国第一部分行业的内部控制操作指南——《石油石化行业内部控制操作指南》（财会〔2013〕31号）（以下简称《指南》），要求加强信息沟通与信息化建设，建立与经营管理相适应的信息系统，逐步运用于内部控制活动的各业务流程中[6]。《指南》第五章"信息系统内部控制的应用与保障"涉及信息系统的开发与应用、安全与保障，对信息系统的"监督检查"进行了规定，并附有案例分析，为推进我国石油石化行业内部控制信息化及内部控制审计信息化工作提供了依据和参考。除了石油石化行业外，其他行业的内部控制操作指南尚未出台，建议选取一批典型行业加以研发，例如电力行业、医疗行业、食品行业、汽车行业等，推出分行业内部控制操作指南试行版，为社会提供一个讨论、参考的范本，

通过政策引导、理论研究和实践应用等方式，加快我国企业的内部控制审计信息化进程。

企业层面，密切配合国家政策及法制导向，结合行业特点、企业实际情况和未来发展战略，建立信息化内部控制及其审计制度，完善风险管理机制，为应对内部控制审计信息化风险提供制度支持。我国大多数企业还没有形成统一高效的信息系统，业务上线水平低，存在大量信息孤岛，不能发挥信息化在管理上的支持作用。世界一流企业基本实现了信息化，因此，我国企业要多向世界一流企业"取经"，汲取成功经验，总结失败教训，发挥内部控制审计信息化建设的后发优势，努力提高我国企业管理经营的信息化水平。从事跨国经营的企业，更应着眼世界，尽早实现全球一体联网运行，运用信息化手段提升内部控制质量和内部控制审计效率，降低营运成本。吕敏康等（2012）初步设计出一个基于知识库的内部控制专家系统模型，建立了一套基于工作分解结构、XML／XBRL 和知识库技术的系统构建方法[7]，为内部控制信息化落地提供了一个可行的方案。

（二）特别强调在信息系统的研发阶段对内部控制的健全性进行审计

计算机系统的内部控制大部分都和系统程序密切结合，内部控制功能被植入到计算机程序之中，构成数据处理的有机组成部分，一旦系统程序被投入使用，其内部控制功能随即被确定，而且不容易得到纠正[8]。因此，计算机内部审计对内部控制的审计，特别强调在系统的设计和开发阶段就对内部控制的健全性进行检查和评估。内部控制一旦被固化到信息化流程，就会被锁死，除非有授权可以对其进行修改。但增加控制环节，无疑就增加了控制风险。因此，在信息系统的设计和开发阶段，就要对重要控制节点是否需要固化以及修改非固化控制所需的授权策略等给予充分考虑，如果某些控制节点风险过大，或使用信息化控制成本很高，或控制修改情况变化过于频繁，可以考虑手工控制形式，而不必使用信息化控制手段。

此外，必须明确企业不可能完全依靠信息化来解决一切问题。单一的信息化内部控制系统本身就是不健全的，内部控制自身有诸多局限性，也可能失效，因为总有些例外情况游离在信息系统之外，而系统缺乏回应，需要启动应急预案或例外控制机制。信息化必须融合人本战略、人本文化和人本控制，方能起到事半功倍、如虎添翼的作用。德国国家发展银行按照原先同雷曼银行签的外汇掉期协议，通过计算机自动付款系统，在周一上午上班后的十分钟内向雷曼兄弟公司即将冻结的银行账户转入了 3.5 亿欧元。相关管理人员在明知雷曼兄弟公司在资产折现方面出现问题的情况下，即没有阻止资金转入活动。该银行的内部控制不可谓不严密，内部控制的信息化水平也很高，但如果员工对信息化内部控制系统依赖程度太深而又缺乏责任心的话，风险极大。计算机不能代替人对这样的突发事件进行判断，因此，企业如果仅仅实施单一的信息化策略是不可取的，必然会为企业日后遭遇重大风险埋下伏笔。如果德国发展银行在设计和开发自动付款程序之前，考虑到重大支付如果短时间内不能走流程（周末两天该银行没有上班，但风险因素却在临近），就必须设置付款期临近特别提醒，并启动重大支付事项的应急控制，例如员工可以在此期间越级向高层汇报所有可疑情况，提示可能存在的重大风险，高层应召集紧急会议或开展紧急调查，商议对策。企业内部控制框架由风险治理向人本治理演进是必然趋势[9]，企业需要利用信息化，但不能完全依赖信息化，信息化只是控制的手段和形式，围绕人的利益和诉求才是控制的实质内容。要在信息系统中嵌入人本控制，把最终的控制重心落实到人，而不是完全交给冷冰冰的机器。

（三）提升内部控制审计信息系统的风险防范能力

当今，企业所面临的环境十分严峻，传统的只考虑企业内部经营环境的时代已不复存在，企业要想在竞争的浪潮中胜出，就要充分识别企业的诸多外部因素，如社会整体经济的繁荣性、行业涉及领域的宽泛性、市场的供求关系均衡性、自然灾害的不期而至等，迫使企业实行全面质量风险管理，给内部控制审计信息化的实施创造良好的环境[10]。

1. 实施基于环境风险评估的企业战略内部控制审计

传统内部控制审计对环境的分析是基于风险评估的需要，体现风险导向，而不能体现价值导向，不够全面。全面内控审计的未来发展方向应该是包含防范和化解风险的价值导向的全面内控审计[11]。战略是为了应对环境变化所带来的机会（价值）或威胁（风险），战略内部控制是内部控制窗口往战略层次延伸所形成的内部控制体系，能够体现内部控制的战略意图。因此，实施基于环境风险评估的企业战略内部控制审计，包含了内部控制风险审计和内部控制价值审计。企业面临的内外部环境风险很多，对内部控制系统造成重大影响的风险包括战略风险、财务风险、市场风险、运营风险、法律风险，以及信息化本身所蕴含的安全风险。战略风险对信息化内部控制审计会产生重大影响，内部审计需要对内部控制及其信息化和企业战略的耦合性进行评价，即在实施信息化审计时，必须考虑战略管理审计。在充分识别企业所面临的内外部环境后，便需对环境进行客观的评价。首先，要深刻解读企业战略目标（如PESTEL、SWOT和BSC分析法等）。然后，将目标细分和具体化，再对其进行深入分析，从而确定环境风险程度以及企业在竞争中所处的优劣势，进而指导企业下一步的工作部署。仍然以余额宝为例，现阶段金融利率市场化进程的加快以及证券市场IPO重启都将吸引相当数量的民间资本涌入银行和股市，余额宝的发展迎来挑战，如果其风险管控只停留于财务风险（大量赎回可能导致的流动性风险）、营运风险和法律风险（客户资金被转移或盗用），而对战略风险和市场风险缺乏考虑，就难以获得可持续的发展和必要的生存空间。

信息化不只是单纯的技术，而是融入了战略思维的平台，是战略推进的利器。战略问题确定了，才能明确内部控制审计信息化当中的"主要矛盾"和"矛盾的主要方面"，风险管控才可能有的放矢。对于关键的能够体现战略意图的控制节点，需要在信息化的内部控制系统中加以考虑，以参数和授权等形式来设置"战略阀门"。例如实施差异化战略的企业，需要强化其研发内部控制审计模块，这是"主要矛盾"和核心问题，其他环节甚至可以通过外包、战略联盟等形式去实现。研发投入占收入比、研发人员数量和质量、研发成功率、研发成果转化率等都是关键的参数，这是"矛盾的主要方面"和关键因素，对这些参数进行密切监控，能够有效控制重大研发风险，从而为差异化战略提供支持。同理，实施成本领先战略的企业，更重视采购和生产成本的降低，信息化内部控制审计的重心和差异化战略显著不同。因此，战略的微小调整都应该导入到信息系统，通过修改或调节"战略阀门"来实现。企业实施内部控制审计信息化必须先行制定科学合理的战略，以战略来引领和推动内部控制审计信息化。

2. 加强内部控制系统的安全性监视

内部控制信息化在提高信息生成和传播速度、扩大信息共享面、提高信息利用效能方面表现优异，但如果安全防护措施不当，也可能带来被删除、篡改和非法利用的风险。内部控制信息化带来的安全风险源于信息产生、加工、分析、整合、传播和应用的快捷性、多元性和无形性,因此,要求信息系统在设计过程中必须合理设置数据防火墙和功能安全密匙,并提供数据的应急管理方案和自动备份策略,保留数据修改和下载的痕迹[12]。这样可以减少内部控制舞弊,同时为信息化内部控制审计取证提供支持。因此,加强信息化内部控制系统的安全性监视能够提升内部控制审计系统的风险防范能力。

内部控制系统(即 ICS)是以 COSO 风险管理框架和相关内部控制基本规范与配套指引为理论基础的内部控制信息化管理系统。企业建立了内部控制体系,设计了规范的内部控制流程,如果在实际工作中得不到执行,那么设计的内部控制制度也将是一纸空文。作为内部控制审计管理者,更应该熟知内部控制系统的整个流程,识别系统中的安全隐患,实现内部控制体系的规范化与精益化监督和管理。

在信息化环境下,加强内部控制系统安全性监测的具体措施,一是内部控制测试,将测试程序及方法转换为监控规则,通过系统实现自动取证,使内部控制测试工作日常化,自动生成统一格式的测试工作底稿,规范测试工作过程。二是内部控制评价,基于评价指标,以项目的形式制定评价工作方案,利用多种测评方法开展评价工作,自动生成统一格式的评价工作底稿与评价报告,规范内部控制评价流程。三是缺陷管理,通过对内部控制设计缺陷和运行缺陷的识别、分析、报告,建立闭环的内部控制改进机制,持续跟踪优化内部控制管理体系。四是流程监控,通过 CIS 与相关业务系统的高度集成,以内部控制流程为标准,对业务流程进行实时监控,自动报告问题,触发异常问题处理机制,大大减少手工测试工作量。五是内部控制地图,提供多角度、多形式的内部控制地图,根据需要快速、直观地显示内部控制运行实况,帮助管理者全面及时掌握企业内部控制动态。

具体案例中,审计人员需根据实际情况选择一种或多种测试方法,对内部控制系统中的安全性进行全程监视,为企业内部控制审计信息化的有序实施提供保障。企业实施内部控制审计信息化的风险存在于整个流程中,不仅要对其进行事前、事中、事后的全程审计监督,更要加强其风险防范意识。

(四)采取预防性的总体应对措施

在信息化高度发达的时代,人才已经成为生产力的绝对主力。同样,在面对审计信息化风险时,内审人员的专业胜任能力和知识体系的革新能力显得尤为重要。具体预防性总体应对策略如下。

1. 建立与信息化环境相适应的组织架构

组织架构是内部控制的重要环境因素之一,而且对风险评估、控制活动、信息与沟通、内部监督等具有重要影响。建立与信息化环境相适应的组织架构,要求企业基于信息化需求,对治理结构、岗位设置、业务流程等进行革新或优化。企业应当具有明晰的组织结构,并合理设置职能部门,考虑信息化技术优势,精简治理层级,提升监督效能。通过信息化手段,充分发挥内部控制的监督机制,这样才有利于科学决策和规范运行[13]。

2. 相关人员执行能力的有效评价

优秀的员工素质是良好内部控制环境的重要构成要素,评价内部审计人员、内部控制评价人员和其他相关人员的专业胜任能力和客观性，可以有效地降低内部控制审计风险。在评价他人的专业胜任能力时，外部审计人员应当考虑其专业资格、职业经验与技能等相关因素。在评价他人的客观性时，外部审计人员应当考虑是否存在削弱或者增强其客观性的因素[14]。

实施信息化内部控制审计过程中，强化人机整合可以加强对企业业务流程、管理和决策的控制[15]。需要对相关执行人员人机整合情况进行评价，明确职责权限及资源分配。对审计人员自身而言，由于其面对的是相互关联的一系列复杂程序和海量数据，穿行测试和分析程序将是诊断风险、发现控制缺陷的有效审计方法，能否增强自身执行能力、能否熟练运用这些方法是影响审计效率和效果的重要因素。

3. 相关人员专业技能的再深造

加强对在职审计人员信息化应用水平的培训，提高内部控制人员的专业胜任能力，同时加快与财经类高校的合作与交流，培养社会所需的复合型知识结构的审计系统开发人员，使他们成为信息化条件下内部控制审计的专业技术人员。对企业所面临的内外部环境，如行业、经营状况以及市场等，进行全面风险评估。不断提高执业人员信息化内部控制审计的知识、技能和经验，重点掌握战略与风险管理、信息化技术、内部控制、云审计、COBIT审计标准等。

还可以考虑引入激励与约束机制对相关人员的执业风险进行控制，从而倒逼相关人员不断改进自身职业水准，将其所提供服务的质量维持在一定水平之上，将风险控制在一定水平下。由于对EDI及ERP等信息系统的依赖性加重，全球都积极建立了更多有关信息系统审计的规定。以国际性银行为例，员工的激励性薪酬是很高的，但若因不良备份及复原程序而无法提供适当的服务水准，公司及员工将受到严重的处罚[16]。对于审计人员而言，内部控制审计的价值和风险就是两条无形的标准，它能有效地保护审计人员及相关各方的利益，监督企业管理层和员工积极有效地开展内部控制活动。

（五）构筑并夯实信息化环境下风险防控的三道防线

企业风险防控有三道防线：业务层面的风险防控为第一道防线，风险管理层面的风险防控为第二道防线，内部审计是第三道防线。著名的巴林银行倒闭案，既有用人不当（人力资源控制失效）的原因，也与信息系统审计成果未得到重视和利用有关。操作员里森违规操盘掩盖失误，没有从业务层面降低风险，此为第一道风险防线失控。总部分配给里森的记录错误的账号"88888"只有授权，在通知里森启用总部账号"99905"之际，并没有冻结"88888"，而且里森一人身兼交易与清算二职，这就给了里森利用这个不受监控的账户进行舞弊的可乘之机，总部的决策授权存在很大问题，里森这一执行层面也严重违背内部控制的制衡性原则，风险管理存在重大漏洞，此为第二道风险防线失控。撇开里森个人的职业道德和职业胜任能力不说，更可悲的是，内部审计报告中记录了里森前台交易和后台清算两职合一的情形，但未得到总部重视，由此，巴林银行一路畅通无阻地走向了破产的深渊。内部审计成果的有效利用可以改进内部控制。对内部控制审计成果的不重视、不利用，能够形成内部控制审计信息化的重大风险，甚至摧毁一个企业。惨痛的教训警示我们，构筑并夯实信息化环境下风险防控的三道防线，是维系企业正常运转的基石。

五、结束语

企业实行内部控制审计信息化是企业顺应时代发展的需要,也是企业内部控制审计走向规范化、信息化的需要。审计信息化会导致对审计组织方式的触动和对审计机构调整的需求,应在需要和可能之间寻求适度妥协,以足够的耐心,等待酝酿中的突破和外部环境的演变[17]。目前,我国企业内部控制审计信息化虽正处在初级阶段,财政部等五部委颁布并在上市公司实施的《企业内部控制基本规范》和包括审计指引在内的配套指引,以及目前正在积极开发和征求意见的分行业操作指南,为企业内部控制建设注入了强大的推动力,使企业内部控制及其审计从幕后走向前台。随着社会经济的快速发展以及企业参与国际国内市场竞争的加剧,许多大型跨国企业和上市集团公司开始实施ERP和SAP工程,这将为企业实施内部控制审计信息化提供环境支持。在政府的政策引导和积极推动下,在社会各界的关注和支持下,以及在企业自身的战略目标驱动和风险管理协进下,企业内部控制审计信息化建设一定会迎来春天。

参考文献

[1] 曹燕,常京萍. 企业内部审计信息化战略研究[J]. 会计之友(上),2010(10):52-53.

[2] 财政部等. 企业内部控制规范[M]. 北京:中国财政经济出版社,2010.

[3] 中国注册会计师协会. 独立审计具体准则第9号——内部控制与审计风险[S]. 1997.

[4] 李晋蓉. 试论企业内部控制制度[C]. 四川省通信学会2002年学术年会论文集,2002.

[5] 肖敏. 审计信息化的审计软件过程度量的研究[J]. 审计月刊,2008(2):30-32.

[6] 财政部. 石油石化行业内部控制操作指南[S]. 2013.

[7] 吕敏康,许家林. 企业内部控制专家系统研究[J]. 会计研究,2012(12):61-67.

[8] 贺志东. 中国内部审计操作实务[M]. 北京:电子工业出版社,2014.

[9] 王海兵,伍中信,等. 企业内部控制的人本解读与框架重构[J]. 会计研究,2011(7):59-65.

[10] 吴寿元. 企业内部控制审计研究[D]. 北京:财政部财政科学研究所,2012.

[11] 李明辉. 对完善上市公司监事财务监督制度的思考[J]. 审计研究,2004(4):72-76.

[12] 杨蓉. 会计信息化下内部控制审计研究[J]. 财政监督,2012(7):5-6.

[13] 郑洁,贺正楚. 信息技术对企业内部控制要素的五大影响[J]. 广州大学学报:社会科学版,2005(10):23-25.

[14] 吴水澎. 企业内部控制理论的发展与启示[J]. 会计研究,2000(5):2-8.

[15] 王智玉. 审计信息化与审计组织方式[J]. 审计研究,2011(4):39-42.

[16] 陈朝. 我国信息化建设中信息系统审计问题研究[D]. 长春:东北师范大学,2006.

[17] 骆良彬,张白. 企业信息化过程中内部控制问题研究[J]. 会计研究,2008(5):69-75.

推荐单位:重庆理工大学

政府购买审计服务参与财政科技项目审计的博弈分析*

何雪锋 何敏

重庆市重点人文社科基地财会研究与开发中心 重庆理工大学会计学院

一、引 言

根据财政部网站公布的报告全文,全国财政科技支出从 2006 年的 1 688.5 亿元提高到 2012 年的约 5 600.1 亿元,年均增长 22.73%,7 年累计投入 24 200 亿元,占同期全国财政支出的 4.37%。随着我国逐年加大财政科技资金投入,科技经费被挪用、滥用等问题的报道时有所闻,虚假报销、挤占挪用、违规转拨等是造成我国财政科技经费使用效率低下的主要问题。这些腐败违规行为给国家造成了巨大的经济损失,同时也在一定程度上影响了我国科技创新能力的提升,进而影响我国经济的持续健康发展。因此,加强对财政科技项目的审计监督,并提出相应的对策建议已经成为全社会高度关注的问题。与此相适应,一方面国务院于 2014 年 3 月 3 日下发了《关于改进加强中央财政科研项目和资金管理的若干意见》(简称《意见》)。该《意见》对改进加强科研项目和资金管理提出了若干要求,总体上为财政科技经费的监管指明了方向。另一方面,随着政府购买成为两会的热议话题,全国各地陆续展开政府购买服务的试行,由此政府向社会组织购买公共服务已形成广泛的共识,这为财政科技项目审计提供了新的思路[1]。

有关政府购买服务,已有不少学者进行了研究。廖建媚和戴俭慧等分别从政府购买体育服务如何有效开展以及政府购买体育公共服务的行为要素的角度进行了相关研究[2][3]。章晓懿从民间组织合作的视角,阐述了养老服务领域中政府与民间组织建立合作模式的条件、判断标准等,并提出政府购买养老服务合作模式的未来发展方向[5]。王达梅从政府、社会组织和社会三方面分析了政府购买社会服务的影响因素,并在此基础上研究了如何进行相应的机制创新[5]。黄春蕾等借鉴济南市的经验,从公共服务绩效的视角构建了政府购买模式对社会工作服务绩效的影响机制分析框架[6]。以上学者从不同角度对政府购买服务进行研究,其中涉及政府购买 CPA 服务的很少,但这些研究为政府购买 CPA 服务参与财政科技项目审计的可行性提供了有力支撑。另外,有部分学者对科技项目经费审计、监管等内容进行了研究。目前,我国财政科技项目经费被挪用、侵占、浪费或无效、低效投入的情况时有发生,科技经费的管理风险普遍存在[7]。为解决这些问题,一方面要深入研究科技经费审计的执业环境、风险导向以及其审计的特点和审计要点等方面的内容[8],重视和加强科技经费的审计[9]。另一方面,应深入分析科技经费监管背后的不端行为,分析我国财政科技经费管理中的问题及其委托代理问题产生的原因,并寻求科技经费监管的最优模式,建立一套科学合理的科技经费监管机

---

*本文获重庆市会计学会、重庆市总会计师协会 2014 年优秀会计论文三等奖。

制[10][11]。目前,大部分学者提到了科技项目经费审计和监管的重要性,但在已有的研究中大多数仍停留在理论层面,研究不够深入,急需建立一套科学的财政科技项目经费监管机制。

显然,将财政科技项目审计纳入政府购买的行列有诸多优点,不仅可以解决社会经济发展对审计的需要与审计自身力量严重不足的突出矛盾,提高审计的质量,而且有利于促进注册会计师行业的发展[12]。但依然无法解决由于社会审计机构和科技项目承担单位可能产生的道德问题,以及双方之间的利益博弈对财政科技项目审计质量的影响。鉴于此,本文建立了科技项目承担单位与社会审计机构之间的完全信息静态博弈模型,对博弈双方的收益函数进行合理设计,并对博弈双方之间的关系进行详细分析。最后,以泽尔滕(1995)的"小偷与守卫"模型为基础,对财政科技项目审计的激励悖论问题进行详细分析,从而提出提高我国财政科技项目审计监督质量的有效对策。

二、博弈模型的构建及分析

(一)博弈模型要素描述

参与人:本文研究的博弈参与方为"项目方"(即科技项目承担单位)与"审计方"(即社会审计机构),且博弈双方都是理性"经济人",即在给定条件下有最大化自身利益的偏好。

策略:项目方对科技经费的使用有"违规"和"不违规"两种策略,审计方对项目方的审计有"尽职"审计和"不尽职"审计两种策略。

博弈顺序:从逻辑顺序看,科技项目承担单位决策在先,社会审计机构决策在后,但社会审计机构在进行审计前并不知道科技项目承担单位是否违规使用财政科技经费,即博弈是静态的。

信息:假设博弈双方对自己和对方的特征、战略空间及支付函数等情况完全清楚,即博弈是完全信息的。

(二)"理想状态"下审计方与项目方的博弈模型

"理想状态"是指当审计方尽职审计时一定能查出项目方违规使用科技经费的行为,但会受到审计成本(如审计时需要耗费的人力、物力、时间、其他费用等)的制约。根据博弈方之间的策略选择,得如表1所示的支付矩阵。

表1 审计方与项目方的博弈支付矩阵

审计方 \ 项目方	违规(f_1)	不违规($1-f_1$)
尽职(f_2)	S_1-E, $-P_1$	$-E$, 0
不尽职($1-f_2$)	$-S_2$, P_2	0, 0

其中,S_1为审计方尽职审计而查出项目方违规使用科技经费获得的正效益,该效益表现为审计机构社会声誉的提高、审计人员获得的奖励和职位的提升等;E为审计方进行审计时需要支付的成本(如耗费的人力、物力、时间、其他费用等)。因此,当审计方选择尽职审计查出项目方的违规行为时,审计方的收益为(S_1-E),项目方将受到金额为P_1的惩罚,其收益即为$-P_1$。

当审计方选择尽职审计,而项目方选择不违规时,审计方付出的审计成本为 E,即审计方的收益为 $-E$,此时,项目方的收益为 0。当审计方不尽职审计,而项目方选择违规时,审计方将受到金额为 S_2 的惩罚,及审计方的收益为 $-S_2$。此时,项目方由于违规未被发现,将获得 P_2 的收益。当审计方选择不尽职审计,而项目方选择不违规时,审计方付出的成本很小,接近于零,为方便研究,此时将审计方的成本看成是 0,而项目方获得的收益也是 0。此外,还假设 $S_1 - E > 0 > -S_2$,即审计方选择尽职审计发现项目方违规行为后得到的正效益足以抵消其付出的审计成本。

显然,在表 1 中,由箭头法可知此博弈不存在纯策略纳什均衡,即在审计方和项目方的博弈中,任何一方都可以通过单独改变其策略来改变收益。此时,博弈只存在混合策略纳什均衡,即审计方和项目方的策略会满足一定的概率分布[13]。假设项目方违规使用科技经费的概率为 f_1,则其不违规的概率为 $(1-f_1)$;审计方尽职审计的概率为 f_2,则其不尽职审计的概率为 $(1-f_2)$。根据混合策略纳什均衡求解原则,博弈方选择每种策略的概率一定要恰好使对方无机可乘,即让对方无法通过有针对性的倾向于某一策略而在博弈中占上风[14]。

则该博弈的求解过程如下:

对审计方而言:

$$(S_1 - E)f_1 + (-E)(1-f_1) = -S_2 f_1 + 0(1-f_1)$$

$$f_1 = E/(S_1 + S_2) \tag{1}$$

对项目方而言:

$$-P_1 f_2 + P_2(1-f_2) = 0 f_2 + 0(1-f_2)$$

$$f_2 = P_2/(P_1 + P_2) \tag{2}$$

则混合策略的纳什均衡:

$$f_1 = E/(S_1 + S_2), \quad f_2 = P_2/(P_1 + P_2)$$

其中,f_1 的值为审计方选择尽职审计还是不尽职审计的临界点,当 $f_1 > E/(S_1 + S_2)$ 时,审计方选择尽职审计的收益大于成本,审计方倾向选择尽职审计;当 $f_1 < E/(S_1 + S_2)$ 时,审计方选择尽职审计的收益小于成本,审计方倾向选择不尽职审计。f_2 的值为项目方选择违规还是不违规使用科技经费的临界点,当 $f_2 > P_2/(P_1 + P_2)$ 时,项目方违规的成本大于收益,项目方倾向选择不违规;当 $f_2 < P_2/(P_1 + P_2)$ 时,项目方违规的成本小于收益,项目方倾向选择违规。

(三)现实条件约束下审计方与项目方的博弈模型

审计方对项目方科技经费的审计会受到现实条件的约束,即审计会由于各种因素的限制,即使尽职审计也不一定能查出项目方的违规行为,当然不尽职审计则不能查出项目方的违规行为。此时,根据博弈双方的策略选择可得如表 2 所示的支付矩阵。

表 2　审计方与项目方的博弈支付矩阵

审计方 \ 项目方		违规（f_1）	不违规（$1-f_1$）
尽职（f_2）	能查出（f_3）	$S_1-E,\ -P_1$	$-E,\ 0$
	不能查出（$1-f_3$）	$-S_2-E,\ P_2$	$-E,\ 0$
不尽职（$1-f_2$）		$-S_2,\ P_2$	$0,\ 0$

该模型与前一个模型收益函数的区别是审计方尽职审计但未能检查出项目方的违规行为时，审计方仍付出审计成本 E，且仍会受到惩罚 $-S_2$，因此其收益为 $-S_2-E$，项目方由于违规使用科技经费未被发现将会得到收益 P_2。其余情况下，博弈双方的收益函数与前一个模型相同。

同理，在表 2 中，由箭头法可知，此时审计方和项目方的博弈不存在唯一的纯策略纳什均衡，只能求出其混合策略纳什均衡。假设审计方尽职审计时，能查出项目方违规的概率为 f_3，则不能查出的概率为 $(1-f_3)$。根据混合策略的纳什均衡求解原则计算得出审计方受能力约束这一特殊情形下两者的概率，即审计方选择尽职审计与不尽职审计的期望收益相同，而项目方选择违规与不违规的期望收益也相同时的概率，其计算过程如下：

对审计方而言：

$$(S_1-E)f_1f_3+(-E)(1-f_1)f_3+(-S_2-E)f_1(1-f_3)+(-E)(1-f_1)(1-f_3)$$
$$=(-S_2)f_1+0(1-f_1)$$
$$f_1=E/(S_1+S_2)f_3 \qquad (3)$$

对项目方而言：

$$(-P_1)f_2f_3+P_2f_2(1-f_3)+P_2(1-f_2)=0$$
$$f_2=P_2/(P_1+P_2)f_3 \qquad (4)$$

则混合策略的纳什均衡为

$$f_1=E/(S_1+S_2)f_3,\quad f_2=P_2/(P_1+P_2)f_3$$

同理，f_1 的值为审计方选择尽职审计还是不尽职审计的临界点，当 $f_1>E/(S_1+S_2)f_3$ 时，审计方倾向选择尽职审计；当 $f_1<E/(S_1+S_2)f_3$ 时，审计方倾向选择不尽职审计。f_2 的值为项目方选择违规还是不违规使用科技经费的临界点，当 $f_2>P_2/(P_1+P_2)f_3$ 时，项目方倾向选择不违规；当 $f_2<P_2/(P_1+P_2)f_3$ 时，项目方倾向选择违规。

三、财政科技项目审计中的激励悖论问题分析

公式（1）说明项目违规使用科技经费的概率 f_1 与审计方的审计成本 E 成正比，同时与审计方尽职审计查出项目方违规行为获得的收益 S_1 以及审计方不尽职审计收到的惩罚 S_2 成反比。公式（2）说明审计方尽职审计的概率 f_2 与项目方违规收益 P_2 以及项目方违规被查出受到的惩罚 P_1 有关，将公式（2）进一步变形成 $f_2=1/(P_1/P_2+1)$，可知审计方尽职审计的概率 f_2 与项目方违规收益 P_2 成正比，与项目方违规被查出受到的惩罚 P_1 成反比。公式（3）和公式

(4) 同理，只是考虑了审计方尽职审计时能查出项目方违规行为的概率 f_3，当 f_3 越大时，项目方违规的概率 f_1 越小。

以上分析表明，加重对审计方不尽职的惩罚有利于降低项目方违规使用科技经费的概率 f_1。另外，提高项目方的违规惩罚有利于降低需要审计部门尽职的概率 f_2，节约审计部门的劳动力。按一般的认知理解，项目方违规与否的概率应该和对项目方违规的惩罚直接相关，而审计方审计工作尽职与否的概率则应该与审计方所获得的奖惩相关。而计算结果和我们的直观认知差异较大，这可能正是激励悖论产生的一个原因。

在实务工作中，我们知道可以尝试通过对审计方进行奖惩来遏制项目方的违规行为，从理论上来说这似乎是一种有效的方法，因为奖励和惩罚都应该会促使审计方尽职审计，进而遏制项目方的违规行为，但事实并非如此。相关部门目前制定的政策往往是强调提高项目方违规使用科技经费的成本，对违规行为严厉惩罚，短期内科技经费违规使用的行为确实得到较大程度的改善，但长期来看，违规行为却呈现出愈演愈烈的趋势，这些都是财政科技项目经费审计监管中激励悖论的具体表现[13]。下文中将对此进行详细分析。

（一）项目方收益函数分析

如图 1 所示为项目方收益函数图，其中横轴表示审计方选择不尽职的概率 $(1-f_2)$，其取值在 0 到 1 之间，则审计方尽职的概率为 f_2。纵轴表示对应审计方不尽职的概率，项目方选择违规的收益。图中 P_2 到 $-P_1$ 和 $-P'_1$ 连线的纵坐标就是在横坐标对应的审计方不尽职的概率下，项目方选择违规的期望收益。

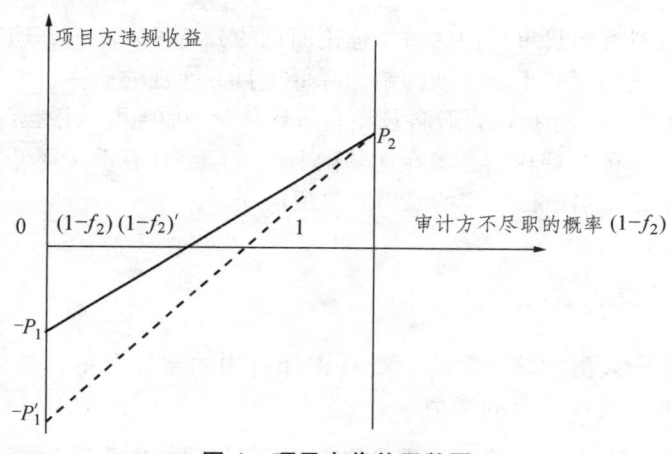

图 1　项目方收益函数图

假设审计方尽职审计一定能查出项目方的违规行为，则项目方违规的期望收益为：$E(1-f_2) = -P_1 f_2 + P_2(1-f_2)$。当 $E(1-f_2) = 0$ 时，$(1-f_2)^*$ 为审计方选择不尽职的最优概率。由图可知，加大对项目方违规使用科技经费的惩罚力度即是使其违规收益由 $-P_1$ 下降到 $-P'_1$，这使得项目方违规使用科技经费的期望收益 $f_2 + P_2(1-f_2)$ 变为负值，项目方将选择不违规，在短期内可以有效抑制项目方违规使用科技经费的行为。但此时，审计方不尽职的概率由 $(1-f_2)$ 增加到 $(1-f_2)'$，即加大了审计方不尽职审计的概率，这样项目方违规的期望收益 $f_2 + P_2(1-f_2)$ 又会增加。长期以来，审计方不尽职的概率增加促进了项目方选择违规行为。因此，片面的加大对项目方违规使用科技经费的惩罚力度长远看来是无效的。

(二)审计方收益函数分析

如图 2 所示为审计方收益函数图,横轴表示项目方选择违规使用科技经费的概率 f_1,纵轴表示审计方对应于项目方选择违规的不同概率,审计方选择不付出审计成本 E 的期望收益,即是审计方选择不尽职,则不会付出相应的审计劳动 E,相当于获得了 E 的收益。图中 E 到 $-S_2$ 和 $-S'_2$ 连线的纵坐标就是在横坐标对应的项目方违规概率下,审计方选择不尽职的期望收益。将尽职审计的审计成本 E 看作是项目方不违规而审计方不付出审计劳动时的收益,则可求得审计方的期望收益为

$$E(f_1) = E(1-f_1) + (-S_2)f_1$$

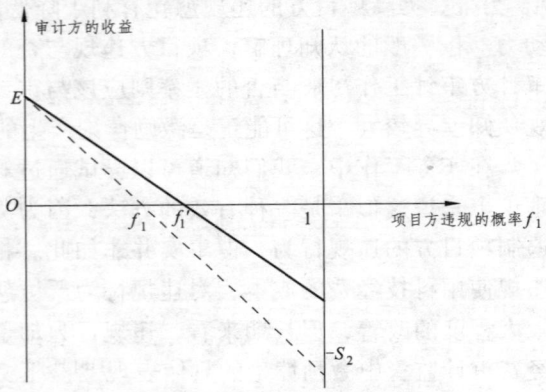

图 2 审计方收益函数图

如图 2 所示,当加重对审计部门不尽职审计的处罚时,即直线由 E 到 $-S_2$ 变为 E 到 $-S'_2$,此时审计方不尽职审计的期望收益变为负数,审计方会倾向选择尽职审计,同时也使项目方违规的概率 f_1 降低。由于项目方违规的概率 f_1 与 P_1 无关,与 S_2 有关,因此,加重对项目方违规的惩罚只能在短期内影响其选择违规的概率,而加重对审计方不尽职审计的惩罚 S_2 却可以在长期内降低或抑制项目方违规的概率。这正是对财政科技项目进行有效审计监督、对科技经费进行有效监管的关键。

根据上述对财政科技项目审计中的激励悖论问题的分析可以看出,加重对项目方违规使用科技经费行为的惩罚力度并不能长期抑制和降低项目方违规的概率,也不能替代加重对审计方失职行为处罚的效果[15]。提高财政科技项目审计质量,加强财政科技经费监管的有效性,应将对项目方和审计方的奖惩相结合,在此基础上应考虑结合有助于降低审计成本、提高审计质量来提高查出项目承担单位违规的能力的各项措施。

四、模型结论及建议

(一)加强对审计人员的培训学习,提高审计机构的审计水平,进而提高查出科技项目承担单位违规行为的能力

上述博弈模型分析表明,科技项目承担单位选择违规使用科技经费的概率 f_1 与审计机构查出其违规行为的概率 f_3 成反比。提高审计机构发现违规行为的能力,有助于降低科技项目承担单位选择违规的概率。因此,因加强对审计人员的培训学习,提高审计机构整体的审计水平。首先,作为审计人员,应树立重视每一项审计工作,尽职敬业的观念。其次,应积极参加各类职业培训,加强对先进审计理念、审计方法、审计技术等的学习,不断丰富自身的知识技能,从而提高查出违规行为的能力,有效遏制科技项目承担单位违规使用科技项目经费的行为。

(二)加大对审计机构审计工作失职的惩罚力度,建立合理的审计奖惩机制

上述对财政科技项目审计中激励悖论问题的分析表明,片面地加大对科技项目承担单位违规行为的惩罚力度,只能在短期内起到以儆效尤的作用,从而在短期内遏制科技经费违规

使用现象的发生，只有加大对审计机构的奖惩力度才是长期内遏制科技经费违规使用行为的有效办法[13]。因此，有必要加强对审计机构的奖惩力度。首先，应对审计机构建立有效的奖惩机制。制定严格的审计规章制度，细化各类审计工作开展的程序，对不尽职的审计人员进行严厉的惩罚。同时对认真执行审计程序、尽职尽责开展审计工作的审计人员进行适当的表彰奖励，以激励其他审计人员尽职工作。

（三）尽可能降低审计机构的审计成本，提高审计机构尽职审计的积极性

根据上述两个博弈模型的分析，审计机构的审计成本 E 也是影响科技项目承担单位违规概率 f_1 的重要因素，且随着审计机构审计成本的降低，审计机构倾向于选择尽职审计，从而降低了科技项目承担单位违规使用科技经费的概率。因此，应该采取各种措施尽可能地降低审计机构的审计成本，如建立典型的违规行为案例库，应用信息技术建立违规行为检查决策支持系统等，可以从很大程度上降低审计机构的审计成本。

参考文献

[1] 王生交，黄胜华，王洁. 政府购买CPA服务的模式选择及操作流程[J]. 河南工程学院学报：社会科学版，2013（2）：15-18.

[2] 廖建媚. 我国政府购买非营利组织体育服务研究[J]. 成都体育学院学报，2013（10）：17-21.

[3] 戴俭慧，高斌. 政府购买体育公共服务的行为分析[J]. 体育学刊，2013（2）：35-38.

[4] 章晓懿. 政府购买养老服务模式研究：基于与民间组织合作的视角[J]. 中国行政管理，2012（12）：48-51.

[5] 王达梅. 政府购买社会组织服务的影响因素与机制创新——一个三维分析框架[J]. 兰州大学学报：社会科学版，2012（6）：103-108.

[6] 黄春蕾，刘君. 绩效视角下政府购买社会工作服务模式的优化：济南市的经验[J]. 中国行政管理，2013（8）：31-35.

[7] 卜卫忠. 科技经费管理使用风险控制机制与责任机制研究[J]. 海峡科学，2010，09：72-75.

[8] 陆基康. 浅谈科技经费审计[J]. 中国内部审计，2014（1）：86-88.

[9] 马少霞. 重视并加强科技经费审计[J]. 科学与管理，1997（5）：61-62.

[10] 钟荣丙. 科技经费的监管模式研究[J]. 科技进步与对策，2009（2）：94-97.

[11] 刘和东. 财政科技经费管理中的问题及其治理[J]. 科学学与科学技术管理，2009（2）：14-17.

[12] 陈力. 政府购买审计服务参与国家投资审计探析[J]. 绵阳师范学院学报，2010（12）：6-9.

[13] 曹军，沈红波，饶艳超. 银行舞弊监管的博弈模型分析[J]. 会计研究，2010（2）：35-39.

[14] 朱顺泉. 经济博弈论及其应用[M]. 北京：清华大学出版社，2013（1）：29.

[15] 曹军，艾康，任延艳. 政府审计监管中的激励悖论分析及其启示[J]. 商业时代，2012（9）：81-82.

推荐单位：重庆理工大学

企业社会责任、公司治理对内部控制审计需求的交互影响研究
——基于A股主板上市公司的实证分析

韩彬 刘莎

重庆理工大学会计学院

一、问题的提出与文献回顾

内部控制审计在强制性制度变迁与诱导性制度变迁共同的作用下形成的，是提升内部控制有效性的重要制度安排，是一项自上而下的制度创新。审计需求的信号传递观认为，企业上市融资面临着激烈的竞争，它们为了能够在竞争中脱颖而出，就必须向市场传递信号表明自身具有的高素质，而审计被认为是可以将高素质企业与低素质企业区分开来的一种信号显示机制。审计需求的代理理论认为，审计的产生不是外部力量强制的结果，而是社会力量的选择所致，是委托人与代理人的共同需求，是为了降低委托代理关系中的代理成本。由于存在代理人的"道德风险"和"逆向选择"，代理人为了尽可能地降低代理成本，就会自愿性地向委托方提供信息，因此内部控制审计在我国上市公司中存在自愿性需求。由于我国上市公司内部控制信息披露很大程度上流于形式，无实质性内容，同时拥有内部控制信息的优势者对信息的劣势者有欺骗的机会，内部控制审计制度的产生能从根本上确保内部控制有效性方面的信息能真实、可信、公正地向外界传递。我国上市公司内部控制信息披露开始逐步由自愿阶段转入强制阶段，2013年强制披露范围扩展到了截至2011年12月31日公司总市值（证监会算法）在50亿元以上、同时2009年至2011年平均净利润在3 000万元以上的非国有控股上市公司，这就为探索过渡阶段内部控制审计需求提供了制度背景。鉴于美国萨班斯法案出台后，突出的矛盾表现为政策与制度实施的交易成本递增而其制度收益却递减，外部监管的强势推动没有能够带来企业内在需求的同步提高，因此在新的制度背景下为平滑我国实施内部控制审计过程中政府监管与企业需求之间的冲突与摩擦，本文结合企业社会责任和公司治理来探究内部控制审计的内在需求，具有重要的理论意义与现实价值。

目前国内尚未有学者就企业社会责任和公司治理对内部控制审计需求的交互影响进行研究，我们试图对企业社会责任、公司治理和内部控制审计三者间两两关系的文献进行回顾和梳理，从而尽可能从整合性的视角展现三者彼此之间的相互关系。首先，从企业社会责任与公司治理的相关关系来看，企业承担社会责任可以改善公司内部的代理关系，推动公司治理的有效改善和良性发展，同时健全、有效的内外部公司治理有助于企业社会责任的履行。进一步而言企业社会责任是一个扩展的公司治理模型，是公司治理机制均衡过程中的重要策略选择，是内生嵌于利益相关者社会契约的社会规范。Ho（2005）的研究证明了企业社会责任

*本文获重庆市会计学会、重庆市总会计师协会2014年优秀会计论文三等奖。

与董事会的质量与任期,董事会是否扮演强势的管家和战略领导角色等各种构成良好公司治理的特征因素呈显著的正相关关系。Jamli、Safieddine、Rabbath(2008)以问卷调查和访谈的形式对公司治理与企业社会责任之间的相关关系进行了实证研究,发现公司治理与企业社会责任之间存在显著的双向关系,并发现二者呈现日渐融合的趋势。其次,从内部控制审计分别与企业社会责任和公司治理之间的相关关系来看,一方面内部控制审计与公司治理存在相关关系,内部控制审计作为外部独立审计的一种新的形式能够在一定程度上发挥公司治理的作用,同时好的公司治理好可以降低内部控制审计报告中披露内部控制缺陷的概率,公司治理越好的企业内部控制越佳。Fan 和 Wang(2005)以东亚八个经济体为样本选取的对象,检验了外部独立审计是扮演着监督者的角色还是发挥着约束机制的作用,抑或兼具二者功效,研究结论显示在新兴市场中外部独立审计确实扮演公司治理的角色。阴崇娜(2012)通过对国内外关于内部控制审计信息披露与公司治理相关关系的文献进行梳理,发现内部控制与公司治理之间存在着关联性,内部控制的缺陷会促使企业改善公司治理结构与效率,公司治理与上市公司自愿性信息披露之间存在相关关系。另一方面内部控制审计与企业社会责任存在相关关系,审计师会对被审计单位的企业社会责任信息做出反应,同时企业社会责任可以改善企业内部控制环境,提升企业内部控制质量。翟华云等(2014)对社会责任表现、报告鉴证与审计之间的相关关系进行研究发现,社会责任表现较好的公司,注册会计师要求的审计费用较低,同时报告鉴证并没有增加社会责任表现和审计定价之间的反向关系。Anderson et al.(2013)以 2002 为时间节点,通过对萨班斯法案实施前后共 18 年的企业社会责任、盈余管理、公司业绩和公司治理的数据进行动态面板协整分析,发现了一些非常有趣的现象。萨班斯法案实施前企业社会责任履行与公司业绩没有相关关系,萨班斯法案实施后企业社会责任与上市公司业绩存在双向互动关系。同时萨班斯法案实施前,企业社会责任与上市公司盈余管理之间存在显著正相关关系,而这一关系在萨班斯法案实施后就消失了,其中可能是由于萨班斯法案的执行使得企业社会责任方面的投资行为从单纯机会主义向迎合公司战略目标转变。

  基于以上对相关文献的回顾和梳理,本文首先尝试在新的制度背景下以利益相关者理论为逻辑起点,通过将其内嵌于审计需求理论来逐步接近真实的内部控制审计需求,进而实现对内部控制审计需求、企业社会责任和公司治理之间关系的整合性理论分析。其次,通过实证研究分别检验企业社会责任与内部控制审计需求、公司治理与内部控制审计需求的相关关系,并进一步整合考察企业社会责任、公司治理和内部控制审计需求之间的相关关系,力求更清晰地探究企业社会责任、公司治理与内部控制审计需求之间的相互关系及交互作用。

二、理论分析与假设提出

  在以利益相关者理论作为逻辑起点进行分析之前,首先必须明确利益相关者的概念,因为清晰的概念界定有助于减少理论分析中的分离谬误,能够更好地理解事物的本质。利益相关者的概念原本是想将"股东是管理需要应对的唯一群体"思想一般化,因此概念被定义为"如果没有该团体的持续参与,公司就无法实现持续发展",具体而言包括股东、员工、客户、供应商、债权人和社团。作为理解利益相关者理论的核心,利益相关意味着群体的利益冲突和利益妥协交织在一起,利益相关者理论强调的是利益相关者之间的利益相容,这一点可以用博弈论中的"谢林点"加以证实。Schelling(1965)通过构建合作博弈模型证实了博弈主体之间存在着共同利益,在现实世界中不存在绝对的零和博弈,博弈主体间一定存在能够达成妥协、实现共赢的"中心点"。在此基础上就不难理解企业社会责任和公司治理的本质,公司是利益相关者之间"各种契约的连接点",企业社会责任和组织的利益相关方之间存在一个天然的契合,企业承担社会责任本质上是为满足利益相关者的契约诉求,是利益相关方实现利益均衡的一个过程。而治理最终的目标具有单一性和一致性,即保证治理结构和治理机制的有效性,并实现利益相关者之间的利益均衡,因此可以将企业社会责任和公司治理看作是企业利益相关者在价值创造活动中按契约规定实现利益均衡的一个过程。

我们再进一步分析在这一过程中对内部控制审计的需求,首先,证明代理人是否按照契约规定通过承担企业社会责任和完善公司治理机制进而实现利益相关者之间的利益均衡,需要引入监督机制。同时在履行社会责任良好以及公司治理完善的公司中其代理人向利益相关方传递该信息以降低监督成本的需求更大,这就契合了内部控制审计需求的委托代理理论。其次,企业社会责任和公司治理作为内部控制重要的环境要素,内部控制审计可以证实代理人向利益相关者提供的内部控制自我评价及控制环境的相关信息是否真实,并能在信息传递的过程中改善信息质量、降低信息风险,因此企业社会责任履行良好以及公司治理完善的公司借助内部控制审计来降低利益相关者之间信息传递偏误的需求越大,这一点又契合了内部控制审计需求的信息理论。最后,从审计需求的保险理论来看,内部控制审计还是一种信息风险的转移机制,在因企业社会责任缺失和公司治理缺陷造成内控失效的情况下,一旦因审计师不适当地履行其职责造成信息使用者经济利益受损时,审计师需要进行赔偿就体现了内部控制审计的保险价值。

(一)企业社会责任与内部控制审计需求

企业社会责任可以提高企业内部控制的实施效果,在客观上促进了内部控制制度的良好运行,正如"内部控制越好的公司越愿意说自己好",企业社会责任承担情况越好的公司通过内部控制审计向外传递内部控制环境良好的意愿越强烈,进而获得利益相关者的青睐,在激烈的市场竞争中脱颖而出。其次,企业社会责任是内部控制体系的重要组成部分和重要的控制环境要素。张兆国等(2013)认为企业承担社会责任是一种信号传递机制,为解决信息不对称问题,企业就必须向各利益相关者传递某种信号,表明自己是值得信赖的。上市公司聘请会计师事务所进行内部控制审计涵盖了对作为内部控制环境要素的企业社会责任信息的鉴证,所以通过披露内部控制审计报告可以向外界传递社会责任承担的意愿,减少利益相关者之间的信息不对称,降低利益相关者之间的多重代理成本。因此,我们提出:

假设1:企业社会责任承担情况越好的上市公司,内部控制审计需求越大。

(二)公司治理与内部控制审计需求

公司治理的最初需求源自于公众公司所有权和控制权相分离,而审计是在因"两权"分离所形成的受托经济责任关系下,基于经济监督的客观需要而产生的。由此可以看出公司治理和内部控制审计可以追溯到共同的理论源头,即由两权分离而产生的代理问题,同时内部控制审计发挥着有效的外部治理作用。上市公司可以利用内部控制审计作为公司治理的补充机制,完善公司治理机制的运行,同时可以通过向外界披露内部控制审计报告来传递公司治理的信息,吸引潜在的投资者,增加企业价值。因此,我们提出:

假设 2：公司治理与内部控制审计需求存在相关关系。

1. 代理成本

现代企业通常存在着双层代理问题：一层是股东与管理当局之间的代理问题，另一层是控股股东和外部中小投资者之间的代理问题。曾颖等（2005）通过实证研究发现代理成本较高的上市公司更有可能聘请高质量的外部审计师，以降低代理成本，提高公司市场价值。王鹏等（2006）实证研究发现股权集中导致我国上市公司存在较高的代理成本，而信誉好的会计师事务所提供的审计业务能降低代理成本，提高企业绩效，发挥着外部治理效应。所以，代理成本高的上市公司更愿意通过聘请会计师事务所进行内部控制审计，对外披露内部控制审计报告，进而改善利益相关者之间的信息不对称情况，缓解代理冲突，降低代理成本。因此，我们提出：

假设 2a：代理成本越高，内部控制审计需求越大。

2. 监事会结构

监事会在我国作为治理层重要的监督力量与董事会并立，独立地行使对董事会、总经理、高级职员及整个公司管理的监督权，监事会的建设不仅完善了公司治理的三角制衡关系，而且会督促董事与及经理人员对内部控制的遵循和执行。Ho&Wong（2001）对公司治理与上市公司自愿性信息披露之间的相关关系进行实证研究发现，公司监事会的设立与公司自愿性信息披露之间呈显著正相关关系。监事会的规模反映着监事履行监督职能的能力和质量，监事会规模越大在一定程度上意味着监事会拥有更多的资源对内部控制制度的设计和运行实施监督，相比监督薄弱的上市公司其内部控制质量可能会越高，进而进行内部控制审计的需求越大，内部控制审计报告披露意愿越强。因此，我们提出：

假设 2b：监事会规模越大，内部控制审计需求越大。

3. 董事会结构与运行

（1）董事会规模。

董事会人数较多会使得董事会内部的专业知识、管理知识得以较好地达到互补的效果，同时有利于吸引各种不同的意见，减少公司的经营风险。从"看门人机制"的观点来看，董事会是"看门人"的"囚徒"，只有在专业机构妥当地提供相关信息和建议时其才可以有效运行做出正确决策。董事会规模越大，董事会中具有审计专业知识的董事参与的可能性越高，出于利益协调和减少信息不对称的目的，进行内部控制审计的需求越大。因此，我们提出：

假设 2c：董事会规模越大，内部控制审计需求越大。

（2）独立董事。

引入独立董事的初衷也并非为了提高公司业绩，而是为了解决股东与经理层的代理问题以及大股东利益侵占问题，所以监督才是独立董事最主要的职能。方红星（2009）研究发现独立董事比例高的上市公司更倾向于自愿披露内部控制信息。独立董事比例在一定程度上反映董事会的监督力度，因此在独立董事"有所作为"的前提下，上市公司独立董事比例越高，职能发挥越充分，则越愿意聘请会计师事务所进行内部控制审计并对外披露内部控制审计报告，因此，我们提出：

假设 2d：独立董事比例越高，内部控制审计需求越大。

（3）董事长和总经理两职合一。

两职合一会可能导致个别董事的权利过大，影响董事会内部的权利制衡，存在内部控制失效的风险。Jensen（1993）发现当董事长和CEO两职合一时，因为董事长的控制权力过大，董事会不能有效地履行核心职能，并且会导致内部控制系统失效。按照委托代理理论，经理作为受托人需要接受董事的监督。当董事兼任经理时，就会出现经理监督自身行为，必将使监督弱化，可能使经理层损害其他利益主体的行为得不到有效的控制。因此，我们提出：

假设2e：董事长与总经理两职合一，内部控制审计需求越小。

（4）董事会会议次数。

董事会会议是董事会在职责范围内研究决策公司重大事项和紧急事项而召开的会议，董事按规定参加董事会会议是履行董事职责的基本方式。董事会会议的次数越多，表明董事会在日常经营管理中施加的影响和发挥的作用越大，参与管理企业的运行和发展的积极性越高。内部控制审计作为提升企业内部控制运行有效性的重要手段，有助于提升企业的经营管理水平和风险防范能力，因此董事会会议次数越多，表明董事履行职责更为尽职，借助内部控制审计提升公司管理水平、规避经营风险的需求越大。因此，我们提出：

假设2f：董事会会议次数越多，内部控制审计需求越大。

（三）企业社会责任、公司治理与内部控制审计需求

公司治理与企业社会责任以责任为共同的理论核心，二者有共同的理论源头，正在从分流逐步走向融合。Schwartz、Carroll（2008）在对企业社会责任、企业伦理、利益相关方管理、可持续发展与企业公民等五个概念的共同核心进行分析探讨时，首次提出了"价值-平衡-担责"（VBA）模型，并提出了规范性的方程式：价值+平衡+担责=企业在社会中应有的作用。利用这一模型我们可以更好地理解公司治理和企业社会责任的相互关系。

首先，在价值创造环节，公司治理以提高决策效率、创造价值为目标，良好的公司治理发挥着增值作用，进而为企业社会责任的承担提供资源基础。企业社会责任的承担有助于增强企业信誉，发挥着增信作用，降低利益相关者之间的多重代理成本，进而增加企业的社会价值和经济价值，促进公司治理目标的实现。其次，在利益均衡环节，公司治理发挥协调作用，通过构建有效的治理结构和治理机制促进企业承担社会责任，并最终实现利益相关者之间的利益均衡。承担企业社会责任的公司治理满足利益相关者之间的利益需求，发挥着平滑利益摩擦的作用，增加利益相关者利益诉求的向心性。在责任承担环节，公司治理通过制定责任承担的规则与机制并发挥引导作用，促进企业社会责任的履行。企业社会责任的履行情况是对公司治理在责任承担层面上运行情况的一种反馈，发挥着反馈作用，有助于受托人对公司治理机制与运行进行改善。因此，公司治理和企业社会责任实际上是在企业价值创造、利益平衡和责任承担中双向互动，而内部控制审计能够对公司治理与企业社会责任的双向互动过程进行调节，在价值创造、利益均衡和责任承担环节中分别发挥着提高透明度、防范信息风险和经营风险、促进内控环境完善以及监督与约束的作用。所以从企业社会责任和公司治理的角度来看，上市公司存在进行内部控制审计的需求，同时在两者都对内部控制审计需求产生影响的情况下，两者之间的相关关系很可能会对内部控制审计需求产生交互影响。因此，我们提出：

假设3：企业社会责任与公司治理对内部控制审计需求存在交互影响。

三、研究设计

(一) 样本与数据

为检验上述假设,本文选取 2011—2013 年我国 A 股主板上市公司为研究对象,为保证数据的有效性,尽量消除异常样本的影响,研究剔除以下几类公司:

(1) 金融保险类上市公司(行业特殊性以及内部控制审计制度另有规定);

(2) ST 类(包括 ST、*ST、STT)上市公司;

(3) 强制披露内部控制审计报告的上市公司(按照《关于 2012 年主板上市公司分类分批实施企业内部控制规范体系的通知》中对强制披露的上市公司的要求)。

最后得到 2 253 个研究样本,其中 2011 年 1 227 家样本公司,2012 年 514 家样本公司,2013 年 512 家样本公司。数据来源于 CSMAR 数据库,上市公司内部控制审计报告的相关信息根据巨潮资讯网公布的公司报告手工收集整理,在进行交互影响分析前对相关变量进行了标准化处理。统计分析软件为 Stata12.0。

(二) 变量定义

1. 被解释变量

本文以自愿披露内部控制审计报告(ICA)作为内部控制审计需求的替代变量,将其设定为被解释变量,如果在 2011—2013 年间该上市公司自愿执行内部控制审计并披露内部控制审计报告,则表明内部控制审计需求大,ICA=1,否则 ICA=0。

2. 解释变量

(1) 企业社会责任。

衡量企业社会责任的方法有许多,如污染控制绩效评价法、声誉指数法、内容分析法等,这些方法各有千秋和适用范围。最近也有学者采用因子分析法对企业社会责任进行衡量,但是考虑到指标选取的主观性以及上市公司披露环境因子相关指标的信息有限,本文基于对衡量指标的普适性与成熟度的考虑,借鉴沈洪涛等的研究,以上交所 2008 年发布的《关于加强上市公司社会责任承担工作的通知》中定义的每股社会贡献值作为企业社会责任履行情况的替代变量,数值越大,则企业社会责任承担情况越好。具体定义公式:每股社会贡献值=(净利润 + 所得税费用 + 营业税金及附加 + 支付给职工以及为职工支付的现金 + 本期应付职工薪酬 – 上期应付职工薪酬 + 财务费用 + 捐赠 – 排污费及清理费)/ 期初和期末总股数的平均值。

(2) 代理成本。

本文将代理成本分为两类,第一类代理成本为控股股东和外部中小股东之间的代理成本,借鉴王艳艳等(2006)对该类代理成本的度量,选取股权集中度——第一大股东持股比。第二类代理成本为股东与管理者之间的代理成本,借鉴王福胜等(2013)对该类代理成本的度量,选取前三名高管薪酬。

(3) 监事会规模:监事会中的监事人数。

(4) 董事会规模:董事会中的董事人数。

(5) 独立董事比例:董事会中独立董事人数占董事总人数的比重。

(6) 董事会会议次数:董事会年度召开会议次数。

（7）董事长与总经理两职合一：董事长职务与总经理职务是否由同一人担任。

3. 控制变量

根据相关研究文献，本文选取了资产负债率、公司成长性、净资产收益率、公司风险、年度财务报表审计意见和年度虚拟变量等作为控制变量。

各变量的定义如表1所示。

表1 变量定义

变量类型	变量符号	变量名称	变量定义	预期符号
被解释变量	ICA	内部控制审计需求	自愿披露内部控制审计报告，则取1，否则取0	
解释变量	CON	股权集中度	公司第一大股东持股比	+
	MS	前三名高管薪酬	高管前三名薪酬总额的自然对数	+
	JP	监事会规模	监事会监事人数	+
	DP	董事会规模	董事会董事人数	+
	DD	独立董事比例	董事会独立董事人数与董事总人数之比	+
	DM	董事会会议次数	年度内董事会召开次数	+
	DUAL	两职合一	董事长与总经理是否由一人担任，是则取1，否则取0	−
	CSR	企业社会责任	每股社会贡献值	+
控制变量	LV	资产负债率	负债总额/资产总额	+
	Growth	公司成长性	营业收入增长率	+
	ROE	净资产收益率	净利润/股东权益平均余额	+
	Risk	公司风险	综合杠杆	
	OP	年度财报审计意见	年度财报审计意见类型，标准无保留审计意见取1，否则取0	+
	Year	年份	每年所属年份，2011年为1，否则为0，以此依年类推	

（三）模型设计

本文借鉴朱乃平等（2014）的研究方法，根据前文的分析和提出的假设，结合变量设计情况，设计模型以检验企业社会责任和公司治理与内部控制审计需求的相关关系与交互影响。其中模型1、2是检验企业社会责任和公司治理分别对内部控制审计需求的影响，模型3、4是为了与前两个模型进行对比，分析同时考虑企业社会责任和公司治理两个因素时，对内部控制审计需求影响如何以及是否存在交互影响。建立如下模型：

模型1：

$$Logit\frac{p(ICA)}{1-P(ICA)} = \alpha_0 + \alpha_1 CSR + \alpha_2 LV + \alpha_3 Growth + \alpha_4 ROE + \alpha_5 Risk + \alpha_6 OP + \sum Year + \varepsilon \quad (1)$$

模型 2：

$$Logit \frac{P(ICA)}{1-P(ICA)} = \beta_0 + \beta_1 CON + \beta_2 MS + \beta_3 JP + \beta_4 DP + \beta_5 DD + \beta_6 DM + \\ \beta_7 DUAL + \beta_8 LV + \beta_9 Growth + \beta_{10} ROE + \beta_{11} Risk + \\ \beta_{12} OP + \sum Year + \varepsilon \quad (2)$$

模型 3：

$$Logit \frac{P(ICA)}{1-P(ICA)} = \delta_0 + \delta_1 CSR + \delta_2 CON + \delta_3 MS + \delta_4 JP + \delta_5 DP + \delta_6 DD + \\ \delta_7 DM + \delta_8 DUAL + \delta_9 LV + \delta_{10} Growth + \delta_{11} ROE + \\ \delta_{12} Risk + \delta_{13} OP + \sum Year + \varepsilon \quad (3)$$

模型 4：

$$Logit \frac{P(ICA)}{1-P(ICA)} = \gamma_0 + \gamma_1 CSR + \gamma_2 CON + \gamma_3 MS + \gamma_4 JP + \gamma_5 DP + \gamma_6 DD + \\ \gamma_7 DM + \gamma_8 DUAL + \gamma_9 CSR \times CON + \gamma_{10} CSR \times MS + \\ \gamma_{11} CSR \times JP + \gamma_{12} CSR \times DP + \gamma_{13} CSR \times DD + \gamma_{14} CSR \times DM + \\ \gamma_{15} CSR \times DUAL + \gamma_{16} LV + \gamma_{17} Growth + \gamma_{18} ROE + \gamma_{19} Risk + \\ \gamma_{20} OP + \sum Year + \varepsilon \quad (4)$$

四、实证分析

（一）描述性统计

如表 2 所示列出了主要变量的描述性统计特征，其中在 2011—2013 年共 2 253 家样本上市公司中，自愿披露内部控制审计报告平均值为 0.217，说明我国 A 股主板上市公司进行内部控制审计的整体需求不高。每股社会责任贡献最小值为 -1.872，最大值 24.593，说明我国上市公司企业社会责任承担情况差异跨度较大；平均值为 1.188，表明我国企业社会责任履行情况仍处在较低的水平上，有待进一步提高。公司治理各变量中，股权集中度均值为 33.825，高管前三名薪酬总额取自然对数后均值为 14.014，监事会规模均值为 3.573，董事会规模均值为 8.784，独立董事比例均值为 0.370，董事会会议次数均值为 9.534，两职合一均值为 0.173。值得注意的是，董事会比例的最小值为 0.222，说明主板上市公司中仍存在未达到证监会关于独立董事比例相关规定要求的情况。

表 2 主要变量描述性统计特征

变量	样本数	平均值	标准差	最小值	最大值
ICA	2 253	0.217	0.413	0	1
CSR	2 253	1.188	1.386	-1.872	24.593
CON	2 253	33.825	16.358	2.197	89.409

续表2

变量	样本数	平均值	标准差	最小值	最大值
MS	2 253	14.014	0.777	10.308	16.964
JP	2 253	3.573	1.069	1	12
DP	2 253	8.784	1.700	4	18
DD	2 253	0.370	0.054	0.222	0.714
DM	2 253	9.534	3.928	2	49
DUAL	2 253	0.173	0.378	0	1
LV	2 253	0.557	0.545	−0.195	13.397
Growth	2 253	0.227	0.767	−1	8.476
ROE	2 253	0.065	0.506	−18.719	4.137
Risk	2 253	3.647	7.105	−52.745	87.980
OP	2 253	0.941	0.235	0	1

（二）相关性分析

如表3所示报告了主要变量之间的相关系数，从表3可以看出各自变量之间的相关系数未超过0.5，表明模型不存在严重的多重共线性问题，其中CSR与ICA之间的相关性十分显著，这可能暗示假设1很可能会通过检验。公司治理各解释变量中股权集中度、高管薪酬、监事会规模、董事会规模、董事会会议次数与ICA之间的相关性显著，这可能暗示假设2、2a、2b、2c、2f很可能通过检验。独立董事比例和两职合一与ICA之间的相关性不显著，这可能暗示着假设2d、2e不能得到支持。

表3 主要变量之间的相关系数

	ICA	CSR	CON	MS	JP	DP	DD	DM	DUAL	OP
ICA		0.182***	0.075**	0.196***	0.082***	0.066	0.003	0.078**	−0.008	0.081**
CSR	0.124***		0.274***	0.209***	0.080**	0.036	−0.033	0.080*	−0.092***	0.266***
CON	0.083***	0.159***		0.088***	0.012	0.021	−0.018	0.018	−0.110***	0.160***
MS	0.199***	0.178***	0.097***		0.050	0.140***	−0.047	0.088***	−0.024	0.070***
JP	0.068*	0.046	0.007	0.074*		0.188***	−0.079**	0.026	−0.065	0.029
DP	0.073**	0.037	−0.004	0.155***	0.220***		−0.378***	0.023	−0.050	0.013
DD	0.002	−0.004	−0.019	−0.031	−0.077**	−0.328**		0.016	0.034	0.002
DM	0.100***	0.083**	0.027	0.129***	0.036	0.032	0.016		−0.016	0.039*
DUAL	−0.008	−0.049	−0.103***	−0.021	−0.072*	−0.058	0.037	−0.019		−0.026
OP	0.081**	0.154***	0.149***	0.074**	0.037	0.025	0.001	0.030	−0.026	

注：表格上三角为spearman相关系数，下三角为Pearson相关系数；***、**、*分别表示显著性水平为1%、5%、10%。

（三）回归分析

如表4所示为各解释变量与内部控制审计需求的回归系数。模型1测量的是企业社会责任承担与内部控制审计需求的直接关系，在该模型中，企业社会责任承担与内部控制审计需求之间存在显著正相关关系，所以企业社会责任承担情况越好的上市公司，内部控制审计的需求越大，假设1得到充分验证。模型2测量的是公司治理各解释变量与内部控制审计需求的直接关系，在该模型中，代表控股股东与中小股东之间代理成本的股权集中度和代表管理者与股东之间代理成本的高管薪酬与内部控制审计需求之间存在显著的正相关关系，假设2a得到验证，即上市公司代理成本越大，内部控制审计的需求越大。监事会人数与内部控制审计需求之间存在显著正相关关系，假设2b得到验证，即监事会规模越大，内部控制审计需求越大。董事会结构与特征中，董事会规模、董事会会议次数与内部控制审计需求之间存在显著正相关关系，假设2c、2f得到验证，即董事会规模越大，董事会会议次数越多，则内部控制审计需求越大。独立董事比例与内部控制审计需求之间的系数为正，与预期符号相符，但是不显著，结合描述性统计中存在上市公司独立董事比例未达到监事会要求的规定，独立董事可能存在虚置现象，独立董事没有发挥其应有的监督作用，所以假设2d没能获得支持。两职合一与内部控制审计需求之间的系数为负，与预期符号相符，但是不显著，说明两职合一与内部控制审计需求之间没有显著的因果关系，所以假设2e没能获得支持。综上所述，作为公司治理重要内容的代理成本、监事会规模、董事会规模和会议次数都与内部控制审计需求之间存在显著的正相关关系，因此假设2得到支持，即公司治理与内部控制审计需求之间存在相关关系。模型3是在模型1和模型2基础上的扩展模型，在该模型中将企业社会责任承担和公司治理各解释变量加入模型，通过控制其中一个变量来考察另一个变量与内部控制审计需求之间的关系。研究发现，在控制企业社会责任承担的情况下，公司治理各个解释变量与内部控制审计需求的相关关系与模型2一致，同时在控制公司治理各个解释变量的情况下，企业社会责任承担与内部控制审计需求之间的相关关系同模型1一致，上述研究结论得到进一步支持。模型4在模型3的基础上加入企业社会责任与公司治理各个变量的交互项，研究发现，监事会规模与企业社会责任的交互项系数显著相关，并且与模型3相比，企业社会责任承担与内部控制审计意愿之间的相关关系在原有显著性水平上系数进一步变大，这表明企业社会责任承担和监事会规模交互影响内部控制审计需求，监事会规模对企业社会责任承担和内部控制审计需求的正向关系有调节作用。所以，假设3通过检验。

表4 模型的logistic回归结果

	ICA			
	Model 1	Model 2	Model 3	Model 4
CSR	0.223***		0.141***	0.163***
	（5.33）		（3.28）	（3.61）
CON		0.016***	0.015***	0.014***
		（4.58）	（4.23）	（4.03）
MS		0.457***	0.417***	0.430***
		（6.01）	（5.38）	（5.50）

续表4

	ICA			
	Model 1	Model 2	Model 3	Model 4
JP		0.118**	0.115**	0.099*
		(2.34)	(2.28)	(1.93)
DP		0.088***	0.085**	0.089**
		(2.54)	(2.46)	(2.54)
DD		0.912	0.873	0.959
		(0.84)	(0.80)	(0.87)
DM		0.045***	0.043***	0.041***
		(3.26)	(3.12)	(2.77)
DUAL		-0.145	-0.133	-0.161
		(-0.96)	(-0.87)	(-1.04)
CSR*CON				0.048
				(0.99)
CSR*MS				-0.046
				(-0.90)
CSR*JP				0.126**
				(2.04)
CSR*DP				-0.028
				(-0.54)
CSR*DD				-0.016
				(-0.26)
CSR*DM				0.017
				(0.31)
CSR*DUAL				0.036
				(0.61)
LV	0.130	0.101	0.082	0.071
	(1.16)	(0.80)	(0.61)	(0.52)
Growth	-0.100	-0.103	-0.108	-0.111
	(-1.22)	(-1.19)	(-1.23)	(-1.27)
ROE	0.509	0.585**	0.343	0.358
	(1.64)	(1.96)	(1.11)	(1.17)

续表4

	ICA			
	Model 1	Model 2	Model 3	Model 4
Risk	-0.012	-0.009	-0.009	-0.009
	(-1.35)	(-1.04)	(-0.11)	(-1.00)
OP	0.943***	0.718**	0.638*	0.633*
	(2.65)	(2.04)	(1.81)	(1.79)
常数项	-1.39***	-9.81***	-9.205***	-9.341***
	(-3.69)	(-8.10)	(-8.11)	(-7.55)
Year	控制	控制	控制	控制
Model Chi^2	273.37***	352.18***	363.03***	371.73***
Pseudo R^2	0.116	0.149	0.154	0.158

注：括号内为Z统计量，*$P<0.1$，**$P<0.05$，***$P<0.01$。

（四）稳健性检验

为了验证本文研究结论的可靠性，本文主要从以下两个方面进行稳健性检验：首先考虑到每股社会贡献值是通过公式计算得出的情况，因此将本文衡量企业社会责任承担情况所采用的每股社会贡献值与润灵公司发布的2011—2013年企业社会责任报告评级指数进行相关性检验，两者呈显著正相关关系（T值为0.0000，相关系数为0.3153）。其次考虑到内部控制审计报告披露数据是由手工搜集的，因此为了检验其准确性，将其与迪博内部控制与风险管理数据库中的内部控制审计报告披露数据进行比照，两者完全一致，综上说明研究结论有较好的客观性和普遍性。

五、研究结论

通过理论分析与实证检验，本文得出以下研究结论：①上市公司企业社会责任承担情况越好，内部控制审计需求越大。一方面是因为履行企业社会责任改善了企业内部控制环境，促进了企业内部控制良好运行，企业有信心聘请第三方进行内部控制审计。另一方面是因为企业社会责任承担情况好的上市公司利用内部控制审计报告的披露可以向外界传递企业价值大、素质高的信号，从而在日益激烈的市场竞争中脱颖而出，获得先行优势。②公司治理与内部控制审计需求之间存在相关关系，主要体现在代理成本、监事会规模、董事会结构和运行三个方面。内部控制审计具有缓解信息不对称、降低代理成本的作用，因此代理成本高的上市公司进行内部控制审计的需求更大。监事会规模越大，监督力度越强，其内部控制设计和运行情况越好，进而对内部控制审计的需求越大。董事会结构中，董事会规模越大，需要考虑和协调的利益相关方越多，而内部控制审计是实现利益均衡的有效机制，因此为实现各方利益均衡，董事会规模越大，对内部控制审计的需求越大。我国独立董事制度尚存在虚置的现象，除了存在上市公司未达到证监会对独立董事比例的强制性需求外，上市公司存在"花瓶"董事，独立董事"不作为"现象也较为严重，而且在我国上市公司中独立董事普遍由控股大股东任命，在代表和保护中小股东利益方面动机较弱，因此独立董事比例与内部控制审计需求的相关性不显著。董事会会议次数反映了董事履行职责的积极性和管理公司运行和发展的意愿，因此董事有意愿利用内部控制审计这一重要制度安排来提升内部控制有效性和公司管理水平、规避经营风险。最后，两职合一与否对内部控制审计需求的影响不大。③ 企业社会责任与公司治理对内部控制审计需求的交互影响主要体现在监事会层面上，企业社会责任和监事会交互影响内部控制审计需求。监事会作为公司治理的重要组成部分，肩负着对公司内部控制制度的建设和运行进行监督检查的职责，企业履行社会责任可以增强企业的企业社会责任意识，进而更有利于形成利益相关者导向的监事会，在该导向下，监事会通过内部控制审计向利益相关者传递内部控制相关信息以降低利益相关者间的多重代理成本的需求就越大。同时随着我国监事会的发展，监事会的作用日益凸显，监事会规模越大，其对企业社会责任履行情况和公司在运营中出现的治理问题进行监督的可用资源就越多，在促进内部控制环境完善的基础上进行内部控制审计以向市场传递高素质企业信号的意愿就越大，因此企业社会责任和公司治理要素中的监事会规模对内部控制审计需求存在交互影响。

参考文献

[1] 谢晓燕，张韬，熊艳. 内部控制审计制度安排动因的理论研究[J]. 内蒙古大学学报，2009(6)：85-89.

[2] 刘玉廷，王宏. 提升企业内部控制有效性的重要制度安排[J]. 会计研究，2010 (7)：3-10.

[3] 陈小林，陈祚习. 论内部控制审计动因、成本与收益[J]. 财会月刊，2010 (7)：77-79.

[4] 陈汉文，韩洪灵. 实证审计理论[M]. 北京：中国人民大学出版社，2012.

[5] 陈汉文，韩洪灵. 审计理论[M]. 北京：机械工业出版社，2009.

[6] 方红星，孙嚣，金韵韵. 公司特征、外部审计与内部控制信息的自愿披露[J]. 会计研究，2009 (10)：44-52.

[7] 李明辉，张艳. 上市公司内部控制审计若干问题之探讨[J]. 审计与经济研究，2010 (2)：38-47.

[8] 谢晓燕，张韬，熊艳. 内部控制审计制度安排动因的理论研究[J]. 内蒙古大学学报，2009 (6)：85-89.

[9] 王艺霖，王爱群. 内部缺陷披露、内部控制审计与债务资本成本[J]. 中国软科学，2014 (2)：150-160.

[10] 杨天泓. 内部控制环境自组织形成基础研究[J]. 财经问题研究，2013 (11)：86-91.

[11] Riyanto, Toolseman. Corporate social responsibility in a corporate governance framework[J]. 2012, http: //ssrn. com/abstract=987 962.

[12] 陈智，徐广成. 中国企业社会责任影响因素研究——基于公司治理视角的实证分析[J]. 软科学，2011 (4)：106-116.

[13] Lorenzo Sacconi. Corporate social responsibility and corporate governance[N]. Econometica Working Papers，2012.

[14] 伍丽娜，戚务军. 高级审计学[M]. 北京：北京大学出版社，2013.

[15] 韩文才，汤琦瑾. 公司社会责任对审计收费与审计意见影响的实证研究[J]. 新疆财经，2013 (5)：30-39.

[16] 王加灿，沈小裕. 企业社会责任与内部控制：互动关系与优化路径研究[J]. 财会通讯，2012（3）：13-15.
[17] Wicks, A. Overcoming the separation thesis: the need for a reconsideration of SIM research[J]. Business and society, 35（1）：89-118.
[18] 爱德华·弗里曼，等著. 利益相关者理论现状与展望[M]. 盛亚，等译. 北京：知识产权出版社，2012.
[19] Max B. E. Clarkson. A stakeholder framework for analyzing and evaluating corporate social performance[J]. Academy of Management Review. 1995, 20（1）：92-117.
[20] Michael C. Jensen, William H. Meckling. Theory of the firm: managerial behavior, agency costs and ownership structure[J]. Journal of Financial Economics, 1976, 10（4）：305-360.
[21] Archie B. Carroll. Corporate social responsibility evolution of a definition construct[J]. Business and Society 38,（3）：269-295.
[22] 维安. 现代治理突围传统管理：避免陷入误区[J]. 南开管理评论，2014（1）：1.
[23] 刘芳芳. 企业社会责任与内部控制相关性分析[J]. 财会通讯，2012（4）：62-63.
[24] 鲁桐. 公司治理改革：国际经验与中国实践[M]. 北京：中国发展出版社，2004.
[25] 秦荣生. 论审计与受托经济责任的"血缘"关系[J]. 当代财经，1994（6）：52-54.
[26] Lorenzo Sacconi. Corporate social responsibility and corporate governance [N]. Econometica Working Papers, 2012.
[27] 王艳艳，陈汉文，于胜李. 代理冲突与高质量审计需求[J]. 经济科学，2006（2）：72-82.
[28] 企业内部控制编审委员会. 企业内部控制配套指引解读与案例分析[M]. 上海：立信会计出版社，2010.
[29] 程晓陵，王怀明. 公司治理结构对内部控制有效性的影响[J]. 审计研究，2008（4）：53-61.
[30] 周国林. 上市公司董事会与经营绩效的相关实证研究[J]. 经济管理，2008（8）：18-22.
[31] 约翰·C. 科菲. 看门人机制：市场中介与公司治理[M]. 北京：北京大学出版社，2011.
[32] 赵德武，曾力，谭莉川. 独立董事监督力与盈余稳健性[J]. 会计研究，2008（9）：55-63.
[33] 周曙光，陈丽蓉. 内部控制审计：企业风险管理与政府监管[J]. 财会月刊，2011（4）：75-76.
[34] 高汉祥，郑济孝. 公司治理与企业社会责任：同源、分流与融合[J]. 会计研究，2010（6）：32-36.
[35] 张兆国等. 企业社会责任与财务绩效之间交互跨期影响实证研究[J]. 会计研究，2013（8）：32-39.
[36] 沈洪涛等. 社会责任报告及鉴证能否传递有效信号？[J]. 审计研究，2011（4）：87-93.
[37] 王福胜等. 上市公司治理溢价研究[M]. 北京：科学出版社，2013.
[38] 朱乃平等. 技术创新投入、社会责任承担对财务绩效的协同影响研究[J]. 会计研究，2014（2）：57-63.
[39] 曹凤岐，杨军. 上市公司董事会治理研究——九论社会主义条件下的股份制度[J]. 北京大学学报，2004（3）：5-20.

推荐单位：重庆理工大学

会计师事务所从事证券业务的伦理冲突及其化解[*]

刘光英　马玉林

重庆机电职业技术学院　上海财经大学人文学院

近年来,金融市场披露出来的一系列财务造假案件,不断引起社会对会计师事务所法律和伦理责任的拷问。这种现象说明会计师事务所在从事证券业务的过程中面临着巨大的伦理冲突,这种伦理冲突不仅影响资本市场的健康发展,也危及注册会计师行业的生存。而只有挖掘到这种伦理冲突的深层根源,才能提出化解这种伦理冲突的根本对策。本文拟从会计师事务所的治理缺陷和执业特征角度,分析研究其如何引发会计师事务所从事证券业务过程的伦理冲突,并提出如何化解这些伦理冲突的对策。

一、会计师事务所从事证券业务的伦理基础与伦理冲突

为了维护证券市场秩序,保护投资者和社会公众的合法权益,会计师事务所从事证券业务必须根据财政部、证监会的规定,符合相应的条件,才能取得证券业务资格。从性质上来看,会计师事务所是以提供专业服务为特征、以营利为目的的独立自主的市场主体。作为市场主体,其执业活动首先要遵循市场经济的基本规则,而市场经济的基本规则又必然建立在一定的伦理基础之上。会计师事务所从事证券业务,参与证券市场信息的加工和传递过程,与较大范围的信息预期使用者之间建立伦理和法律的联系。因此,会计师事务所从事证券业务就基于三个层次的伦理基础:一是市场经济一般伦理;二是证券市场伦理;三是会计师事务所行业伦理。

市场经济一般伦理是所有市场主体进行市场交易的一个基本共识,没有这个共识,可能就没有大范围的市场经济。汪丁丁认为,市场经济最重要的道德基础就是"责任感"[1],这个责任感实际上就是指讲信誉。市场经济使交易范围不断扩展,从熟人社会扩展到陌生人社会,就是靠信誉来维系的。会计师事务所从事鉴证类业务,其所提供服务的本身的信息难以为客户和公众的知悉和判断,要想扩展自己的交易范围,只能服从市场经济的这个基本伦理。证券市场是高度发展了的市场经济的一部分,信息本身就具有极高的价值,因此,证券市场除了坚守市场经济一般伦理外,应该说有更高的伦理诉求。其最重要的,大概就是通常所讲的"三公"原则,其中公平公正体现为对他人产权的普遍尊重,公开更是直接对证券市场的信息流转提出了要求。"公开"意味着要求会计师事务所在证券业务活动中完整客观地进行信息披露,以满足信息预期使用者的需要。会计师事务所的执业活动是基于行业准则的,准则体系中也包含道德规范,核心就是独立性,这是行业或职业伦理。行业伦理和其他两个层次的伦理之间可能有一定空隙,毕竟行业伦理某些方面会反映行业这个小团体的道德观念,导致忽视行业以外的利益主体的利益,从而容易引发伦理冲突。

---

[*]本文获重庆市会计学会、重庆市总会计师协会2014年优秀会计论文三等奖,已发表于《财会通讯》2013年第5期。

二、会计师事务所治理缺陷引发的伦理冲突

（一）股东（合伙人）利益最大化目标引发的伦理冲突

根据《中华人民共和国注册会计师法》等法律法规的规定，我国会计师事务所主要采用合伙企业和有限责任公司两种企业组织形式。作为营利性组织，会计师事务所的目标必然也是股东（合伙人）利益最大化，会计师事务所的价值观、发展战略也会围绕这个目标而制定。但是，会计师事务所不同于一般企业，它的主要工作方式是对某种信息在取证的基础上发表鉴证意见，这种鉴证意见构成某种程度的保证，更重要的是这种保证是对证券市场上的不特定主体作出的。因而一旦会计师事务所作出保证的信息被证实为虚假或者有遗漏的，就会对市场的诚信体系构成威胁。因此，《中华人民共和国证券法》第一百七十三条规定："证券服务机构……制作、出具的文件有虚假记载、误导性陈述或者重大遗漏，给他人造成损失的，应当与发行人、上市公司承担连带赔偿责任，但是能够证明自己没有过错的除外。"显然，对会计师事务所来说，存在组织自身目标与社会外在要求的矛盾。从会计师事务所自身来看，法律规范施加的潜在赔偿责任与其通过执业获取的收益之间在数量上几乎不成比例，尽管有行业风险基金制度，但这种无形的压力仍然会产生相反的效果：一些会计师事务所不仅没有更加关注执业质量，反而产生机会主义倾向，增加了执业中的道德风险。

（二）业绩导向的激励机制引发的伦理冲突

首先，会计师事务所内部普遍建立了以业绩为导向的晋升机制；其次，我国会计师事务所行业内扩张文化凸显，在财政部和中国注册会计师协会的推动下，掀起了一个合并浪潮，做大做强成为很多事务所的发展战略。从中国注册会计师协会每年公布的全国百强所的数据可以看到，注册会计师人数、业务收入、人均收入等指标占据了很大的权重。在普遍缺乏特色内涵的情况下，"大"就是"强"的最接近意义。同时，增收是以效率为导向的。业务扩张、审计高峰、监管部门的时间限制，都导致注册会计师面临巨大的时间压力。有学者的实证研究表明，时间压力会阻碍审计程序的实施，而当实施适当的审计程序是形成正确的审计意见的基础的时候，时间压力可能会对审计质量造成不利的影响[2]。在这样的工作氛围中，从业者就有通过减少某些非关键的审计程序来减轻时间压力的倾向，如果这种行为普遍化，就导致会计师事务所面临重大的伦理冲突。

（三）金融监管与行业自律双重监督下的伦理冲突

金融监管与行业自律双重监督这种制度设置原本意在强化多渠道的行业监督，然而却未能顾及这种设置对会计师事务所产生的伦理冲突问题。这种伦理冲突表现如下：第一，金融监管部门监管手段比较单一，对会计师事务所的不端行为，主要采用罚款这样的经济惩戒方式，会计师事务所可能将罚款视为购买许可，产生监管无效的伦理冲突。有学者研究了1993年至2011年中国证监会公布的74例针对会计师事务所的处罚公告，其中处以罚款的39例，占52.70%，而暂停执业资格、撤销执业资格和取消上市公司审计资格这些涉及执业资格的处罚方式只有计7例，仅占处罚总数的9.46%[3]。罚款或没收违法收入这样的经济惩戒方式对于涉及道德的不端行为往往缺乏效率，被处罚者往往将缴纳罚款视为一项购买，对于会计师事务所的伦理建设缺乏足够的刺激。第二，行业协会和会计师事务所缺乏自律管理动机，立足

于降低风险,忽视利益相关者的利益。行业协会对会计师事务所的管理主要是通过执业质量检查进行,以及对检查中发现的问题予以纠正和惩戒。管理过程重书面资料而轻实质事项,导致会计师事务所把相当多的时间和资源用于完善工作底稿以应付行业协会的检查上来,而且这种检查强化了会计师事务所对表面功夫的重视,反过来更加不利于会计师事务所对执业过程的伦理监控,这显然偏离了自律管理的目标。

三、会计师事务所执业特征引发的伦理冲突

(一)会计师事务所证券业务受益对象不特定导致伦理冲突

由于会计师事务所执行证券相关业务的受益对象不特定,这使得会计师事务所倾向于视广大投资者为非利益相关者。如前所述,根据有关的法律和伦理责任要求,会计师事务所需要在执业过程中关注投资者的利益,但投资者未处于会计师事务所的直接利益链条中,跟会计师事务所签订委托合同、保持业务关系的是被审计单位的董事会或管理层。会计师事务所的收费直接受控于被审计单位管理当局,按照传统伦理观念,"拿人钱财,替人消灾"、"受人之托,忠人之事",会计师事务所很可能会更多地考虑利益直接来源方面的利益诉求。此外,在上市公司为大股东、内部人控制的情况下,出现"壕沟防御效应",引发利益失衡,这种利益失衡在会计师事务所身上就产生极大的伦理冲突。另外,投资者缺乏明确、可识别的人格属性,一方面,投资者如果是作为个体存在,人人都有权从会计师事务所的过错中获得赔偿,由于个别投资者参加诉讼的成本可能远大于自己的收益,从而没有人愿意付出这种成本,于是对会计师事务所的伦理约束就失去了意义。另一方面,如果投资者作为一个集体人格,那么谁又是这个集体人格的适当代表呢?这种困境导致会计师事务所没有动力关注投资者的利益,而只能在其执业过程中以执业准则的规定为准,消极地确保将自身风险降低到可接受水平。

(二)信息不对称引致会计师事务所执业伦理冲突

会计师事务所的执业过程是一个具有专业性和封闭性的过程,会计师事务所掌控所有与工作成果有关的信息,这容易使会计师事务所产生自我中心主义和自我行为合理化倾向。众所周知,会计师事务所的执业过程记录主要通过工作底稿这一书面形式得以体现和固定。会计师事务所对工作底稿享有法定所有权,如《会计师事务所质量控制准则第5101号——业务质量控制》第七十二条规定:"业务工作底稿的所有权属于会计师事务所。会计师事务所可自主决定允许客户获取业务工作底稿部分内容,或摘录部分工作底稿,但披露这些信息不得损害会计师事务所执行业务的有效性。对鉴证业务,披露这些信息不得损害会计师事务所及其人员的独立性"。同时会计师事务所可以基于保密理由拒绝任何利害关系人查阅工作底稿的要求,前述业务质量控制准则第六十八条规定:"除下列情况外,会计师事务所应当对业务工作底稿包含的信息予以保密:① 取得客户的授权;② 根据法律法规的规定,会计师事务所为法律诉讼准备文件或提供证据,以及向监管机构报告发现的违反法规行为;③ 接受注册会计师协会和监管机构依法进行的质量检查"。这都排除了其他主体接触和利用其工作底稿的可能性,即使是在会计师事务所涉入民事诉讼案件,也仅仅是在不得不举证证明自己没有过错的时候,才可能将与该案件相关的审计工作底稿作为证据提交给法院。可以预见,原告方在法庭调查质证阶段将会由于缺乏能力或者信息不足而无法证明被告会计师事务所的执业是否尽

到谨慎勤勉义务。且不说"不实报告"一词本身的问题，单从审计理论看，由于审计固有的局限性，出现所谓"不实报告"是无法避免的，而会计师事务所只要把工作底稿做到位，就可以利用举证优势化解对方的指控。会计师事务所执业过程还存在着形式和实质的分离，独立性确保了会计师事务所执业不受干预，同时也导致会计师事务所执业过程的高度自主性，引发道德风险。确保执业质量的关键是执业人员的判断，该种判断的依据又是技术和经验，而不是伦理道德，而且不同的执业人员判断力的差异又无法从外部加以甄别和判断。会计师事务所对某一个审计项目是否派出了具有适当技术和经验的人员？这些人员的职业判断是否受到了某些外在因素的影响？这些都无法从其工作成果上直接反映出来，因为工作成果是书面资料，而工作本身是一个动态的、感性的、不断修正、不断消逝的过程。总之，从书面记录无法判断会计师事务所是否尽到了谨慎勤勉义务，而且是否尽到了这种义务本身与会计师事务所是否关注投资者利益无关。

（三）保持业务关系的倾向引发伦理冲突

会计师事务所出于自身经济利益，总是采取各种措施与被审计单位之间保持长期业务关系，被审计单位基于信息沟通、收费等原因对更换会计师事务所保持谨慎态度。一方面，业务关系的长期保持很可能产生对大客户的依赖，必然导致会计师事务所审计独立性减弱，致使其难以独立、客观、公正地发表审计意见[4]。另一方面，受我国传统伦理文化（特别体现在重视人情关系上）的持久影响，在会计师事务所接受和保持业务关系的时候，经常不是靠事务所本身的能力和信誉，而是依靠各种关系[5]，双方都保持"有人好办事"的信念。我国审计市场还有一个特点，即业务关系的地域性。由于会计师事务所跟地方政府之间有着难以割裂的联系，导致我国上市公司由本地会计师事务所审计的比例高达 85%[3]，这显然将损害会计师事务所的审计独立性，产生伦理冲突。

四、化解会计师事务所伦理冲突的思考

（一）建立超越会计师事务所自身狭隘经济利益的治理机制

首先，在组织形式上，应探讨更加合理的会计师事务所组织形式。目前我国有限责任公司制会计师事务所的存在是一个极具争议性的话题。笔者认为，下一步的会计师事务所组织体制改革以及《注册会计师法》的修改应取消这种会计师事务所组织形式。有限责任和无限责任的并存必然导致各种形式的机会主义。其次，在事务所激励机制上，应当探索建立一种以内在伦理激励为主的激励制度。业绩导向的激励机制企图通过满足从业者物质方面的欲望来对其行为加以约束，这是一种外在激励机制，反而容易引导从业者欲望的进一步膨胀。现代实证经济学的研究结果表明，外在激励的效果在很多场合可能与激励的强度并不相关。因此，内在激励制度的适当设计和引入就是一个替代性选择。也就是说要完善会计师事务所的伦理激励机制，满足会计师事务所从业者的价值需求，特别是引导他们对执业活动的伦理意义的认知，使他们认识到，除了对组织利益最大化目标的追求外，执业活动还可以传达他们的价值观和信仰。这种对价值观和信仰的强调反过来可以激励从业者的自律行为，强化从业者对预期使用者的责任感。再者，当所有从业者都认同执业活动的伦理意义时，在会计师事务所这个组织内便形成了伦理文化，个体道德的完善最终促进组织道德表现的提升，组织文

化中有了伦理的血液,就能真正对公共诚信水平的提升起到激励作用。

(二)重新塑造审计三方关系,确保会计师事务所的审计独立性

审计是满足两权分离的现代企业制度下减轻和消除投资人和经理人之间的信息不对称从而降低委托代理成本的需要产生的,因此其本来目的是投资人委托会计师事务所对经理人进行监督。然而由于投资人远离了企业经营中心,并且权力过于分散,最终不得不把这种选择监督者的权力也委托给经理人行使,最终结果是经理人自行选择审计组织来对自己进行监督。这种监督的实效,就只能取决于公司治理结构是否健全。在治理结构不健全的公司,投资人不能有效地通过股东大会或董事会对这个选任审计组织的过程实施监督,审计组织的独立性本身就得不到保证。传统的审计三方关系框架下,审计委托人地位虚置,本应处于审计客体的管理层与会计师事务所签订业务约定书,成为实际上的委托人。三方关系变成了两方关系,自然无从关注投资者的利益,这显然是导致会计师事务所产生伦理冲突的一个重要根源。《中国注册会计师鉴证业务基本准则》提出了新的审计三方关系框架,由注册会计师、责任方(企业管理层)和预期使用者构成。在新的审计关系框架中,审计委托人可能是责任方,也可能是预期使用者或其代表,注册会计师对于预期使用者负有的责任并不以预期使用者对其的委托为前提条件。但这只是从法理层面重申了注册会计师对预期使用者所负有的责任,仍然不能从制度安排上确保注册会计师和会计师事务所对预期使用者的利益的充分关注,因此,就需要赋予审计三方关系以新的内涵。要根本化解会计师事务所的伦理冲突,就需要在制度设计上创造一种会计师事务所与预期使用者之间能够互动的机制。一种稍具可行的选择是监管机构作为所有预期使用者的代表,审查会计师事务所在审计执业中对预期使用者利益的关注程度。

(三)建立更关注社会价值的会计师事务所道德规范体系

目前对会计师事务所和注册会计师适用的伦理规范主要是中国注册会计师协会颁布的《中国注册会计师职业道德基本准则》和《中国注册会计师职业道德规范指导意见》,其中《中国注册会计师职业道德基本准则》第二条规定:"本准则所称职业道德,是指注册会计师职业品德、职业纪律、专业胜任能力及职业责任等的总称。"总体上要求注册会计师恪守独立、客观、公正的原则,保持专业胜任能力,履行对客户以及同行的责任。虽然其中也涉及维护社会公共利益的要求,但主要是立足于行业和职业良性发展的需要加以规定的。由于是以注册会计师职业道德的名义作出的规定,承担这种道德责任的主体一般意义上就被认为仅限于作为个体的注册会计师,而作为团体的会计师事务所被隐藏在幕后,似乎仅仅需要担当一个对注册会计师的职业道德行为进行教育和督导的角色(而会计师事务所能够胜任这样的角色,就隐含地表明它自身在道德上是不需要怀疑的),这无疑将导致会计师事务所忽视自身的伦理建设。正如有学者所指出的,"团体最多只会在能够使本团体受益时才会考虑社会利益。它可能会容忍不道德行为,直到因引起公愤或违反政府规定而威胁到团体本身的生存时,它才会制止不道德行为"[6]。因此,关于个体的道德规范不能替代对个体所归属的团体的道德规范,当务之急是进一步加强以会计师事务所为道德主体的道德规范的建设。

(四)从会计师事务所的金融市场准入和监管机制上设计伦理标准

由于金融市场与广大投资者的利益密切相关,所以现行国家有关法律法规都对会计师事

务所进入金融业务（市场）规定了较为严格的准入条件。然而不争的事实是，现行的金融市场准入条件主要关注的是会计师事务所规模、技术等方面的实质性资质，而对于会计师事务所业务伦理方面的规定一般缺乏可操作标准。如中国人民银行、财政部共同颁布的《会计师事务所从事金融相关审计业务暂行办法》，对规定的准入条件中涉及伦理考虑的仅有"具有良好的职业道德记录和信誉，最近3年未发生过严重工作失误和违反职业道德的行为，没有发生过重大违法违规行为"这样较为原则的规定。前面提到的监管方面的问题也表明，单靠惩戒措施的监管是不完整的，有效的监管应该把会计师事务所的价值观、信念和伦理准则、社会责任、从业者特别是管理层的品行都纳入监管范围，监管手段上应设计出一套适当的伦理测试、评估的标准和程序，把会计师事务所置于伦理监管之下。进一步增强会计师事务所及从业者的道德认知、判断及选择的能力，实现真正意义上的行为自律。

参考文献

[1] 汪丁丁. 市场经济与道德基础[M]. 上海：上海人民出版社，2007：63.
[2] 刘成立. 时间压力下的注册会计师行为——来自一个全国性事务所的调查证据[J]. 审计研究，2008，02：79-85.
[3] 赵丽娟. 从中国证监会处罚公告看注册会计师审计失败[J]. 行政事业资产与财务，2012，12：64-65.
[4] 薛云奎，李连军. 独立性——注册会计师执业的灵魂[J]. 中国注册会计师，2002，05：28-3.
[5] 包强. 论审计独立性中的伦理关系的独立[J]. 山西财经大学学报，1999，04：92-94.
[6] [英]安德里斯·R·普林多，比莫·普罗德安，著. 金融领域的伦理冲突[M]. 韦正翔，译. 北京：中国社会科学出版社，2002：16.

推荐单位：九龙坡区财政局

异地审计与低价竞争*

石恒贵　黎明

重庆理工大学会计学院

一、引　言

异地审计（Non-local Audit）指上市公司办公或注册所在行政地域与会计师事务所办公或注册所在行政地域并非同一地区，而同地审计（Local Audit）是上市公司所在地与会计师事务所所在地相同。2000 年以前，我国证监会限制会计师事务所跨省市设立分所，因此审计市场地区分割情况严重，上市公司往往只能选择本地事务所。2000 年后，随着会计师事务所允许跨省市设立分所，部分事务所才能够主动寻找异地客户。据中国证监会的统计，在 2003 年的 1 312 家上市公司中，事务所本地客户 983 家，异地客户 329 家，异地审计客户率平均为 25.08%。但在 2005 年的 1 361 家上市公司中，事务所本地客户 695 家，异地客户 666 家，异地客户率平均为 48.93%。从数据看，事务所的异地客户比例从 2003 年至今逐年呈上升趋势，异地审计正迅猛发展，已接近半壁江山。这似乎表明事务所在全国范围内执业的流动性有所增强，同时也意味着审计市场的竞争加剧，这也就为低价竞争的存在提供了可能。

因此，本文将从异地审计的角度研究地域特征对审计收费乃至低价竞争的影响。与其他研究不同的是，本文认为会计师事务所采取低价竞争是存在风险和成本的，由此可能遭受注协的处罚。因此在从静态方面研究异地审计对低价竞争的影响时，还进一步从动态角度进行研究，更加清晰地判断异地审计在审计收费中存在低价竞争的动态关系。

二、文献回顾与研究假设

我国审计市场并没有统一的审计收费标准，最早可追溯到 1989 年 2 月 5 日财政部颁布的《注册会计师执业业务收费管理办法》，规定无论是查账收费还是咨询收费，均按照基本收费和劳务收费两个项目分别计算；并规定在同一个地区内，对同一委托业务前后任注册会计师的收费应当一致；如果审计收费低于规定标准或明显低于前任的，可以进行处罚。但是国家计委在 1999 年 12 月 22 日颁布了《中介服务收费管理方法》，规定审计定价是执行政府指导下双方协商定价，随后福建、安徽、天津、上海等地出台了审计收费的市场调节价，由于各地市场价格差异很大，容易引起事务所的低价竞争。为避免这种情况，2010 年 1 月 27 日国家发展改革委员会和财政部联合发布《会计师事务所服务收费管理办法》，明确以下审计服务的收费实行政府指导价：① 审查企业会计报表，出具审计报告；② 验证企业资本，出具验资报告；③ 办理企业合并、分立、清算事宜中的审计服务，出具有关的报告；④ 法律、行政

---

*本文是 2013 年重庆市教委人文社科基金项目"低价竞争、政府管制与管制效果"（13SKL08）的阶段性成果。本文获重庆市会计学会、重庆市总会计师协会 2014 年优秀会计论文三等奖。

法规规定的其他审计业务。并且实行政府指导价的具体收费项目、基准价及其上下浮动幅度，由各省、自治区、直辖市财政部门提出意见，报同级价格主管部门制定。由于各个行政地区独自制定本地区审计收费的基准价，因而审计收费具有明显的地域特征，当然这也与我国各行政区域的经济发展程度、上市公司和会计师事务所的数量以及相关物价政策存在差异有关。

对中国上市公司审计收费的实证研究源于2001年证监会要求上市公司披露支付会计师事务所报酬信息之后，众多学者在Simunic（1980）研究的基础上，主要从上市公司特征和会计师事务所特征方面发现影响审计收费的因素多达80多项。其中，部分学者在研究中注意到了中国上市公司的审计收费具有地域特征，但仅仅考虑了上市公司所在地对审计收费的影响，认为上市公司所在地会影响公司审计收费，却忽视了会计师事务所所在地的影响，仅有冯均科和李清丽（2007）、吕兆德等（2007）、林川等（2011）将会计师事务所所在地因素纳入研究范畴，但是得到的结论却不尽相同。

理论上讲，异地审计对审计收费的影响是综合的。通常认为，异地审计会增加事务所的审计成本，使得事务所提高审计收费。具体原因包括：① 由于审计收费中包含事务所的异地差旅费，而同地审计的差旅费会相对较少，且上市公司与本地所之间的信息沟通也较方便，所以异地审计时上市公司承担的费用相对较高，审计的直接成本更高。② 由于中国审计市场被地方保护主义严重分割，会计师事务所与本地政府和上市公司间存在千丝万缕的利害关系，会受到地方政府的干预和上市公司的压力。所以，与本地所相比，异地所没有地缘优势，他们的进入壁垒较高，付出的成本也较高，否则异地所被变更的几率就会更大，这使得审计的无形成本上升。③ 由于本地所占据天时、地利、人和，使得优质客户首先被本地所占有，而留给异地所的大多是质量相对不高的客户，因此客户审计复杂度、个体风险也更高，在保证审计利润的情况下，理性的会计师事务所会通过调高审计收费以弥补预期损失。但是，也有文献认为异地客户的审计收费反而会低于本地客户，具体原因包括：① 由于存在进入壁垒等难度，异地所必然会以"低价"策略先争取客户，以后再提高价格的方式获得利润。② 通常一些大型会计师事务所会更主动寻找异地客户，由于这些会计师事务所具有较大的规模优势、较强的审计能力以及专业优势，因此他们在审计过程中会耗用较少的审计资源，进而可以节省审计成本。③ 我国审计责任的相关法律还不完善，导致部分异地所在收费时往往会忽略掉审计赔偿风险，以节省审计成本。

基于上述分析，本文认为：异地所的审计收费策略可能会与本地所有所不同，但是为了成功地从本地所手中赢得客户，异地所往往可能会采取低价竞争的手段先赢得客户，以图以后再提高价格来获取利润。因此本文提出以下研究假设：

假设1：异地所与本地所对审计收费会产生显著影响，但影响方向不确定；

假设2：同等条件下，异地所比本地所更容易采取低价竞争来赢得客户。

三、研究设计

（一）变量定义

1. 被解释变量

选择上市公司年报公布的会计师事务所年度审计报酬（*AudFee*）衡量审计收费，并对其取自然对数 ln（*AudFee*）。对于低价竞争的标准，采用段特奇等（2013）的确认方法，即实际审计费用连续三年下降且某一年下降幅度超过20%的公司被视为存在低价竞争行为。

2. 解释变量

如果客户及其事务所位于同一行政区域（省或直辖市），对其客户来说，事务所就是本地所。如果客户及其事务所位于不同的行政区域，则事务所为异地所，虚拟变量 UL 为 1；若为本地所，UL 为 0。由于许多会计事务所在注册地以外设立分所，本文假定，如果事务所当年在当地有分所，则认为是本地所。

3. 控制变量

Simunic（1980）等研究美国上市公司的审计收费时，认为资产规模是决定审计收费的最重要因素。刘斌等（2003）研究中国上市公司的审计收费时，发现公司规模、应收款项与资产总额之比以及反映区域因素的虚拟变量与审计收费显著相关。张晨宇等（2007）则得出了事务所规模和审计任期会显著影响审计收费的结论。借鉴已有文献并根据研究目的，本文加入公司规模（Size）、应收账款占总资产之比（Reratio）、盈亏状况（Loss）、审计任期（Tenu）及会计师事务所规模（Big）的变量，具体变量解释如表1所示。

表1 变量定义表

变量名称	变量类型	变量符号	预期方向	定义
审计收费	被解释变量	ln（AudFee）		上市公司审计费用的自然对数
低价竞争	被解释变量	Lower		审计费用连降三年且一年降幅超20%
异地审计	解释变量	UL	?	公司所在地与事务所或分所所在地不同为1，否则为0
公司规模	控制变量	ln（SIZE）	+	公司年末总资产自然对数
应收款比	控制变量	Reration	+	年末应收账款/年末总资产
盈亏状况	控制变量	Loss	+	公司审计年度亏损为1，否则为0
审计任期	控制变量	Tenu	−	审计年度事务所续聘为1，否则为0
事务所规模	控制变量	Big	+	国际四大或国内十大为1，否则为0

（二）检验模型与研究方法

结合前人的文献及研究假设，本文提出审计收费的经验模型为

$$\ln(AudFee)_{i,t} = \alpha_1 UL_{i,t} + \alpha_2 \ln(SIZE)_{i,t} + \alpha_3 Reratio_{i,t} + \alpha_4 Loss_{i,t} + \alpha_5 Tenu_{i,t} + \alpha_6 Big_{i,t} + \delta Industry + C + \varepsilon_{i,t} \quad (1)$$

如果异地所为了能够成功地从本地所手中夺走客户，可能会采取调整审计收费的策略。特别是当期审计收费低于其他本地收费时，异地所可能会在下一期提高收费，因而这种调整也是影响审计收费的因素，使期望的审计收费与实际审计收费出现偏差。因此本文假定以 β 作为系数调整当期审计收费以获得期望的审计收费，即

$$\ln(AudFee)_{i,t} - \ln(AudFee)_{i,t-1} = \beta(\ln(AudFee)^{\hat{}}_{i,t} - \ln(AudFee)_{i,t-1}) \quad (2)$$

其中，$\ln(AudFee)$ 和 $\ln(AudFee)^{\hat{}}_{i,t}$ 由（1）式分别所得，将（1）式代入（2）式并展开得到：

$$\ln(AudFee)_{i,t} = (1-\beta)\ln(AudFee)_{i,t-1} + \beta\alpha_1 UL_{i,t} + \beta\alpha_2 \ln(SIZE)_{i,t} + \\ \alpha_3 \text{Re}ratio_{i,t} + \alpha_4 Loss_{i,t} + \beta\alpha_5 Tenu_{i,t} + \beta\alpha_6 Big_{i,t} + \\ \delta Industry + C + \varepsilon_{i,t} \quad (3)$$

基于此,本文还提出低价竞争的经验研究模型:

$$Lower_{i,t} = \alpha_1 UL_{i,t} + \alpha_2 \ln(SIZE)_{i,t} + \alpha_3 Reratio_{i,t} + \alpha_4 Loss_{i,t} + \\ \alpha_5 Tenu_{i,t} + \alpha_6 Big_{i,t} + \delta Industry + C + \varepsilon_{i,t} \quad (4)$$

(三)样本筛选与数据收集

由于涉及公司前两年度的相关数据,因此本文选取 2002 年以前已经上市且并未退市的上市公司,将研究窗口确定为 2004—2012 年,样本选取的其他原则为:① 剔除金融行业上市公司样本;② 剔除所公布审计报酬含上年度审计费用、含半年度审计费用、含验资等特殊服务费用和差旅费补助另算的上市公司;③ 剔除样本期间缺失数据较多且无法补充的上市公司。最终构建一个 2004—2012 年由 382 家非金融行业上市公司组成的平衡面板样本。本文上市公司财务数据的来源为国泰安数据库。本文采用 GMM 技术,使用被解释变量的滞后一期和滞后两期变量分别作为工具变量,采用 Eviews6.0 进行分析。

四、实证分析

(一)描述性统计

如表 2 所示,ln(AudFee)的均值为 13.57,中位数为 13.48,说明上市公司给予事务所的年度审计费用平均为 60 万左右。低价竞争的均值为 0.125,说明样本中大约 12.5%的公司审计收费存在一定的低价竞争行为。异地客户率均值为 0.317,说明样本中 31.7%的上市公司所在地与事务所的所在地不同,大约七成公司还是选择本地所。控制变量中,公司规模的均值为 21.983,应收款之比的均值为 0.091,即应收款占总资产的比例为 9.1%;亏损的均值为 0.098,那大约 10%的公司当年发生亏损;任期的均值为 0.785,即 78.5%的公司没有变更事务所;事务所规模的均值为 0.393,说明国际四大或国内十大事务所审计的上市公司仅占不到 40%。

表 2 描述性统计结果

变量	均值	中位数	标准差	最大值	最小值
ln(AudFee)	13.57	13.48	0.795	19.684	10.573
Lower	0.125	0.000	0.259	1	0
UL	0.317	0.000	0.302	1	0
ln(SIZE)	21.983	21.873	0.916	27.798	17.934
Reration	0.091	0.085	0.103	0.462	0.001
Loss	0.098	0.00	0.279	1	0
Tenu	0.785	1.000	0.252	1	0
Big	0.393	0.000	0.376	1	0

(二)相关性检验

由表3可知,审计收费与异地审计之间存在显著的负相关关系,说明异地审计的收费更低,特别是低价竞争与异地审计之间又存在显著的正相关关系,极有可能说明异地审计存在"低价揽客"的现象。而其余变量的相关系数均较小,不存在严重的多重共线性问题。

表3 相关性分析结果

	ln(AudFee)	Lower	UL	ln(SIZE)	Reration	Loss	Tenu	Big
ln(AudFee)	1							
Lower	0.021	1						
UL	−0.087**	0.133***	1					
ln(SIZE)	0.532***	0.362***	−0.042*	1				
Reration	−0.120***	−0.027	0.108**	−0.12***	1			
Loss	−0.013	−0.013	−0.003	0.030	0.023	1		
Tenu	−0.002	0.123***	−0.062*	0.021	−0.032	−0.023	1	
Big	0.213***	0.019	0.012	0.157***	0.018	−0.006	−0.09**	1

注:***、**和*分别表示在1%、5%和10%置信水平下通过显著性检验(下同)。

(三)实证结果与分析

1. 异地审计与审计收费的实证分析

为了进一步分析异地审计的收费策略,本文进行了模型(1)和模型(3)的多元回归分析,其结果如表4所示。

表4 审计收费的检验结果

ln(AudFee)	OLS	固定效应	随机效应	GMM(1)	GMM(2)
ln(AudFee)(−1)				0.121*	0.073
UL	−0.067**	−0.031*	−0.021	−0.326**	0.25
ln(SIZE)	0.280***	0.214***	0.293***	0.312***	0.263***
Reration	0.114*	0.035	0.024	−0.582*	−0.183
Loss	0.056*	0.135**	0.067*	−0.124	−0.017
Tenu	0.046*	0.023*	0.013	−0.022	0.029
Big	0.145**	0.094**	0.063*	0.028	0.231**
Industry	已控制	已控制	已控制	已控制	已控制
C	6.139***	7.371***	6.639***	—	—
Adj-R2	0.496	0.583	0.458		
F值	267.3	218.6	196.2		
J值	—	—	—	8.462	7.796

表 4 分别列出了异地审计对审计收费的静态和动态影响结果。在静态识别下，F 值在所有回归模型中的拟合效果都较好，结果可信。调整 R2 在 OLS、固定效应和随机效应下分别为 0.496、0.583、0.458，说明模型的解释能力均可以接受。而在动态识别下，J 统计量表现出的 Sargan 检验值表明在 GMM 估计中选择滞后一期和滞后二期变量作为工具变量均是正确的。滞后一期的调整系数 β 为 0.862，且通过了显著性检验，表明异地审计对审计收费的调整较为敏感；但滞后二期的调整系数虽然为 0.937，但没有通过显著性检验，表明事务所很少采用二期调整，更多选择滞后一期调整。

对解释变量而言，在静态下的 OLS、固定效应下异地审计与审计收费在 10%的水平显著负相关，说明异地审计的审计收费更低，这与林川等（2011）、冯均科等（2007）的结论相同，即异地所与本地所采用了不同的收费策略，这里支持了假设 1。而从动态结果看，滞后一期时的审计收费与异地审计显著负相关，而滞后二期不相关，说明事务所在滞后一期调整时仍然保留低价策略，并未直接调整至期望审计费用，滞后二期的调整能力非常弱了。控制变量只在基本 OLS 回归中有显著影响。

2. 异地审计与低价竞争的实证分析

虽然异地审计的审计收费比本地审计更低，但是否存在低价竞争行为呢？这需要进行统计学检验，为此，本文最后进行低价竞争与异地审计的实证分析，结果如表 5 所示。

表 5 低价竞争的检验结果

Lower	OLS	固定效应	随机效应
UL	0.085**	0.697*	-0.002 9
$\ln(SIZE)$	0.067 01	1.015 21**	-0.070 43
Reration	0.015	-0.637 17	0.943 01
Loss	0.081 4**	0.375 70**	0.635 18***
Tenu	-0.008**	-0.198 36	-0.002 31
Big	0.230 5***	-0.001 74	-0.014 05
Industry	已控制	已控制	已控制
C	1.221 4***	1.106 2***	-2.162 5***
Adj-R2	0.217	0.185	0.235
F 值	144.37	137.129	170.289

由表 5 可知，低价竞争的回归结果中 F 值均较大，模型拟合效果较好。在基本 OLS、固定效应回归中，低价竞争与异地审计都通过了 10%的显著性检验，而随机效应没有通过检验。低价竞争与异地审计正相关，表明异地审计确实更多地采用了低价竞争的策略来获得客户，支持了假设 2。控制变量中，所有回归中的公司亏损都与低价竞争显著正相关，说明事务所趋向于选择异地的亏损客户，这可能是优质客户都被本地所牢牢地抓在手中。同时在基本 OLS 回归中，任期与低价竞争负相关，而事务所规模与低价竞争正相关，这也说明新聘的事务所

更容易采取低价策略,规模更大的事务所更容易采取低价竞争策略。这一结论说明,异地审计更容易发生低价竞争行为,应特别注意规模大的事务所被亏损的公司新聘时更可能发生低价竞争,危及审计市场的健康发展。

五、研究结论

本文使用 2004—2012 年的 382 家非金融上市公司组成的平衡面板数据,从静态和动态角度,对异地审计与审计收费、低价竞争的关系进行检验。结果发现,异地审计与审计收费显著负相关,同时异地客户率为 31.7%。大约 12.5% 的公司审计收费存在低价竞争行为,且异地审计与低价竞争显著正相关。这说明低价竞争在我国审计市场较为严重,存在"低价揽客"现象。虽然事务所会在滞后一期进行调整,但仍未达到期望的收费水平,滞后二期的调整作用很弱。

因此,应该高度关注我国审计市场中出现的异地审计与低价竞争现象,特别关注规模较大的事务所以及亏损公司的审计收费情况,以及发生新聘异地所的情况,加强注协对会计师事务所竞争的管理,促进审计市场的健康发展。

参考文献

[1] Simunic. The pricing of audit services: theory and evidence[J]. Journal of Accounting Research, 1980, 18: 161-190.

[2] 耿建新,郑聪,赵玮,冯惠江. 注册会计师审计收费地区差异研究[J]. 中国注册会计师,2009,4: 39-42.

[3] 冯均科,李清丽. 基于审计风险区域化审计收费的研究[J]. 当代经济科学,2007,1: 114-118.

[4] 叶建芳,李丹蒙,李娜娜. 新会计准则对审计收费的影响研究[C]. 中国会计学会高等工科院校分会 2009 年学术会议论文集,2009.

[5] 吕兆德,朱星文,宗文龙. 民间审计地域特征研究——来自中国 A 股市场的证据[J]. 统计研究,2007,1: 40-46.

[6] 林川,曹国华,丘邦翰,毕家豫. 异地审计与审计收费——基于静态与动态视角的检验[J]. 财经理论与实践,2011,5: 57-62.

[7] 段特奇,刘斌,石恒贵. 审计市场低价管制能提高审计质量吗[J]. 中南财经政法大学学报,2013,1: 89-96.

[8] 刘斌,叶建中,廖莹毅. 我国上市公司审计收费影响因素的实证研究[J]. 审计研究,2003,1: 44-47.

[9] 张晨宇,赵晶,肖淑芳. 我国上市公司审计收费影响因素的实证研究[J]. 数理统计与管理,2007,11: 1085-1090.

推荐单位:重庆理工大学

浅议江南新区政府投资项目工程审计问题及建议*

邢小龙

重庆市万州江南新区审计局

一、概　述

重庆市万州江南新区位于万州长江以东、五桥河以北的沿江地带，是万州城建规划的八大组团之一。万州江南新区从 2002 年 10 月 18 日起开始筹建，2003 年 1 月 1 日正式运行。10 余年来，江南新区坚持"生态江南、宜居新城"的科学定位，统筹开发建设与生态涵养发展格局，着力把江南新区打造成万州城市开放发展的重要平台和生态文明的滨水宜居新城区。随着近年来开发建设的日益加快，江南新区投资服务水平稳步提升，配套设施建设逐年加大，政府投资工程项目建设快速增加。

江南新区政府投资项目工程的审计工作的主要依据除了国家相关的审计规定外，还有重庆市万州区人民政府《关于进一步加强审计整改工作的通知》（万州府发〔2013〕6 号）、重庆市万州区人民政府《重庆市万州区政府投资项目审计实施办法》（万州府发〔2013〕26 号）、重庆市万州区审计局《关于明确<万州区政府投资项目审计实施办法>几个具体问题的通知》（万州审〔2013〕18 号）、重庆市万州江南新区管理委员会《关于进一步加强政府投资项目审计监督的通知》（江南管委〔2013〕45 号）、重庆市万州江南新区管理委员会《关于进一步加强新区政府投资项目审计监督工作的补充通知》（江南管委〔2014〕26 号）等文件。

根据上述文件，江南新区的政府投资项目工程审计工作的主要对象为：江南新区辖区内施工单位申报结算金额在 500 万元以下的政府投资工程项目结算审核，施工单位申报结算金额在 500 万元以上的政府投资工程项目结算初审以及报经新区管理委员会同意的政府投资工程项目全过程造价控制。

作为新区的内设机构，做好政府投资项目审计工作是万州江南新区审计局的重要工作和职责，对深化新区提升人气、加快新区经济发展、维护经济秩序、提高投资效益、促进新区社会稳定有着重要的意义，对深化新区体制改革，促进建立和健全政府投资项目的各项管理制度，帮助有关管理、建设部门及参建单位改善和加强内部管理，提高资金使用效益以及反腐建设等都有着积极的促进作用。

二、审计存在的主要问题

随着新区人气快速提升，城市功能不断完善，江南新区各项开发建设进入快车道，政府

---

*本文获重庆市会计学会、重庆市总会计师协会 2014 年优秀会计论文三等奖。

投资项目增多，且主要集中在基础设施建设方面。2012年江南新区审计局对80个政府投资项目下达了工程结算审计通知书，下发工程结算审计结论80个；2013年江南新区审计局下达审计通知书112个，审计结论95个；2014年新区审计局下达审计通知书133个，审计结论76个。开发建设的加快使政府投入资金额度大幅增加，2013年江南新区辖区内各政府投资项目累计送审金额5 287万元，累计审减金额386万元，2014年这一数据增长为14 161万元和1 324万元，是2013年的近3倍。

开发建设速度和审计工作需求难以同步增长，新区政府投资项目的工程审计工作亟待提升。从近几年的政府投资审计工作来看，其主要问题表现在以下几个方面：

（一）制度不完善，直接影响审计工作质量

江南新区政府投资项目的审计依据，除了宏观的审计法律和万州区人民政府、万州区审计局下发的各项审计文件规定，主要遵循由江南新区管委会根据上级文件结合新区实际情况下发的补充规定。这些规定主要集中在造价审计，对其他方面没有涉及，加上审计专业人员和审计经验的不足，这些补充规定难以完全涵盖审计过程中的各个方面。

基于上述原因，江南新区的审计工作不可避免地出现制度上的不完善。审计制度建设是审计工作开展的根本保障，而新区审计工作制度的不完善可能直接影响审计工作的合理合法性以及审计工作的信息质量和监管效力。

（二）控评机制缺失，实际投资效益难以保障

政府投资建设项目具有周期长、投资额大、控制环节多等特点，建设过程中的决策、规划、设计、采购、招标、施工、监理等任一管理环节出现漏洞，都可能导致无法挽回的损失浪费。但是目前江南新区的投资审计多还局限于完工后工程决算审计，缺少必要的事前预防和事中监控。由于投资领域的建设管理尚不规范，审计人员审查重点在工程造价方面，缺乏合理全面的绩效评价机制，对工程的投资是否合理及经济效益、社会效益、环境效益如何，则不予评价。

一方面，有效的控评机制的缺失使政府审计在工程建设过程中的监督职能难以实行，不能掌握工程建设的进度，对工程建设的质量、工程款项拨付等环节的控制不到位；另一方面，控评机制的缺失使政府投资建设前瞻性差，直接影响政府投资项目的实际效益，影响新区的城市规划和长远布局，难以充分发挥政府投资工程的经济效益和社会效益。

（三）约束力有限，合同溢价现象严重

由于政府投资项目的主体是政府，建设合同由政府单位直接与施工单位签订，审计工作被隔离在合同与工程的实际建设情况之外，丧失了对合同管理和工程建设的监管。根据2014年的审计情况来看，政府投资工程项目的合同溢价情况十分严重。表1是2014年以施工单位申报金额溢价情况排序的15个工程备案（审计）情况，与施工合同金额相比，最终施工单位申报溢价128%，建设单位送审溢价127%，工程审定金额溢价114%。

表1 江南新区2014年部分政府投资工程项目溢价情况表

统计期间：2014年　　　　　　　　　　　　　　　　　　　　　　　　　　　　　　　　　　　　单位：万元

序列	施工合同金额	施工单位申报金额	溢价比例	建设单位送审金额	溢价比例	审定金额	溢价比例
1	8.25	17.25	209%	13.27	161%	11.21	136%
2	373.51	750.21	201%	750.21	201%	642.24	172%
3	30.00	51.18	171%	51.15	170%	40.22	134%
4	28.87	48.47	168%	41.51	144%	37.37	129%
5	26.35	41.50	157%	37.91	144%	37.11	141%
6	28.80	45.14	157%	30.24	105%	30.20	105%
7	28.50	43.95	154%	43.95	154%	43.44	152%
8	74.48	104.27	140%	104.27	140%	83.79	113%
9	10.00	13.35	133%	10.29	103%	9.01	90%
10	88.00	115.92	132%	115.92	132%	90.24	103%
11	29.89	38.87	130%	38.87	130%	37.68	126%
12	50.00	60.76	122%	55.26	111%	49.64	99%
13	16.70	19.49	117%	19.49	117%	17.66	106%
14	2 124.49	2 404.14	113%	2 399.31	113%	2 206.96	104%
15	29.00	30.48	105%	28.79	99%	28.19	97%
合计	2 946.84	3 784.98	128%	3 740.45	127%	3 364.94	114%

合同溢价现象体现出政府投资项目建设的预算职能缺失、合同管理和工程控制不足。审计工作与合同管理和工程建设相隔离，审计工作难以介入其中，直接导致合同签订与实际工程建设之间的严重分离，合同的约束力严重下降。

（四）监管不到位，随意变更工程设计

江南新区目前的工程审计集中在结算审计，对施工单位、监理单位的情况没有建立有效的监管监控体系，对建设工程的质量、监理履行情况没有科学合理的监管机制。这导致在工程建设过程中，部分工程存在随意变更工程设计的情况，难以保证变更的必要性、科学性和合理性，影响政府投资资金的安全和合理使用，甚至因设计变更和现场签证的随意性引起工程造价纠纷。

（五）政策难落实，工程款项拨付不规范

根据重庆市万州江南新区管理委员会《关于进一步加强政府投资项目审计监督的通知》（江南管委〔2013〕45号）的规定，江南新区辖区内的政府投资项目工程未经江南新区审计局下达审计结论通知书的，业主单位不得办理工程款项结算。但从实际情况来看，部分大额项

目存在施工单位与建设业主在获得中介机构出具的定案表或者审核报告书时就进行了相关结算的情况，政府投资资金没有得到有效的监管，影响政府资金的安全性。

（六）其他问题

江南新区辖区内的部分政府投资项目没有做好充分的前期规划，前期规划没有得到很好的论证，政府投资项目没有很好的跟踪审计和评价机制，都使得政府投资项目存在一定的风险隐患。

三、意见及建议

由于江南新区比较"年轻"，配套设施不到位，城市功能不完善。随着人气的提升，开发建设力度逐年增加，进一步规范政府投资项目的审计工作越发重要。现阶段新区的审计工作尚处于积极探索和逐步完善的阶段，审计工作难以满足新区快速发展的需要，审计工作亟待提升。一方面，政府审计部门要立足长远，加强制度指导，积极探索出台更为有力的审计管理办法，完善制度上的不足；另一方面，建设单位要加强政策的贯彻落实，同时及时同审计部门进行沟通，积极反馈意见建议。建管双方充分发挥互补效应，逐步规范新区政府投资项目审计工作。

（一）加强审计制度建设

由于江南新区审计工作尚处于探索阶段，各项审计工作的主要依据是万州区的审计工作办法和根据新区实际情况出台的审计补充通知。工作制度的缺位和审计人员的不足，是新区审计制度建设的重要突破点。第一，进一步完善审计工作的制度，使各项审计工作有理可依，确保审计工作顺利开展，审计结论准确可信，审计内容完整、无漏网之鱼。第二，强化审计队伍建设，提高工作人员的技能水平，积极沟通交流，学习经验方法，提升审计工作的深度广度和工作效率。

（二）建立绩效评价机制

江南新区辖区内的政府投资工程项目数量繁多，且多集中在基础设施建设方面，施工期限和使用期限都比较长，维护也较为繁琐。加强对各项工程的绩效评价，对规范工程建设、探索工程跟踪审计都有着重要意义。评价机制的建设，不仅要将政府投资工程的各方都纳入评价系统中来，包括投招标各方、建设单位、施工单位、监理单位以及相关的社会服务机构等，同时对工程资金使用效益、建设质量、后期维护等方面也应有科学合理的评管机制，形成立体多维的评价系统，这对城市建设的长远规划和审计工作的改进提升都有着重要的指导和促进意义。

（三）完善跟踪审计设计

全程跟踪审计可以防患于未然，可以在审计过程中提出切实可行的意见和建议，边审计、边整改，确保工程质量，避免损失浪费，节约财政资金，发挥审计的"免疫系统"功能。在政府投资决策前，审计部门应联合相关部门，对项目的综合效益进行充分评估；施工过程中，要让监督贯穿于施工的全过程，对建设用料、设计变更、工程进度等方面做好跟踪监管。目前，江南新区除部分重点工程实行跟踪审计外，大部分的建设工程未涉及跟踪审计，政府投资项目审计工作有很大提升空间。因此新区审计部门要逐步加大大额项目的工程跟踪审计，扩大监管范围，加强对建设相关方的监督，监控建设资金的流动，促进建设项目造价管理和投资效益的全面提高。

（四）强化工程流程监管

政府投资审计涉及的环节较为广泛，从招标到合同签订，从施工建设到竣工结算，审计工作应介入每一个环节中去。招标方面，加大投招标双方的审查力度，加强过程介入；合同方面，强化合同约束，加强合同管理，针对超过合同金额较大的工程，要严格审查其合理性；施工建设过程中，要加强对施工单位、建设单位和监理单位的监督，保障工程进度，确保工程质量，同时加强对工程变更的管理，严格现场签证管理，对工程变更要有科学的评价和完善的监控程序；竣工结算方面，要提升审计质量，确保资金使用安全，同时要加强工程质量监督和工程效益评价，提升资金使用效益；工程资金结算方面，加强资金的拨付管理，除要严格执行合同对价款拨付的相关条款外，还要严格执行先审计后结算、有付有留。

（五）保障制度贯彻落实

政府投资审计工作制度落实不到位，难以发挥政府投资审计的监督职能，难以保障政府投资资金的安全性，难以充分发挥资金的经济效益。审计工作中，一方面，要求建设单位切实落实审计制度，严格执行制度要求，规范制度操作程序，不得进行打折和变通；另一方面，要加强部门协作，联合审计和监督部门，加强制度落实的检查和考评，对制度落实不到位的现象及时处理，确保制度落地落实。

由于政府投资项目的投资主体是政府，工程项目的全方位审计和科学有效的评审机制对确保政府资金安全、提升资金效益有着不可替代的作用。随着江南新区开发建设加快，积极探索和完善政府投资工程项目的审计愈显重要。如何完善和创新审计制度、强化项目建设管控、促进完善投资管理体制、确保政府投资资金安全、提高项目效益需要江南新区长期的研究和探索。

推荐单位：万州区会计学会

慈善机构内部控制信息披露新探讨*
——来自行政事业单位内部控制规范的启发

孟 蕾

重庆工商大学研究生院

为了进一步提高行政事业单位的内部管理水平，规范内部控制，加强廉政风险防控机制建设，财政部于 2012 年底制定了《行政事业单位内部控制规范（试行）》，并自 2014 年 1 月 1 日起施行。大大推进了以防范风险和控制舞弊为中心、以控制标准和评价标准为主体，结构合理、层次分明、衔接有序、方法科学、体系完备的行政事业单位内部控制规范体系的建成。

自"郭美美"事件引发红十字会信任危机后，慈善机构的管理和运营受到了各界广泛关注。结合行政事业单位的内部控制规范，笔者认为有必要对慈善机构的内部控制信息披露做进一步探讨。

一、慈善机构信息披露现状与行政事业单位内控的新要求

（一）慈善机构信息披露现状

财政部 2004 年发布了《民间非营利组织会计制度》，要求适用的民间非营利组织自 2005 年起施行该制度。这一制度填补了我国会计规范的一项空白，对规范民间非营利组织的会计行为，提高其会计信息质量和透明度，实现相关法律法规的协调，促进民间非营利组织的健康发展，起到了积极作用。

按其规定，慈善机构的财务报告由会计报表、会计报表附注及财务情况说明书组成，分为年度会计财务报告和中期财务会计报告，以权责发生制为会计确认基础，如实反映民间非营利组织的财务状况、业务活动和现金流量等信息，所披露的信息应当能够满足会计信息使用者的需要。

1. 会计报表

慈善机构会计报表是向外界传递最相关和最重要的会计信息的载体，是财务报告的核心部分，包括三张基本会计报表：资产负债表、业务活动表、现金流量表。资产负债表反映慈善机构在某一特定日期所拥有或控制的经济资源、所承担的现时义务和净资产的构成情况；业务活动表是反映慈善机构在一定会计期间运营业绩的报表，它反映民间非营利组织在某一会计期间内收入、费用以及净资产变动情况；现金流量表反映慈善机构在某一会计期间内现金和现金等价物流入和流出的情况。

2. 会计报表附注

慈善机构会计报表附注是对财务报表中难以用数字披露或披露成本过高，但不加以说明

---

*本文获重庆市会计学会、重庆市总会计师协会 2014 优秀会计论文三等奖。

又会影响财务报表使用者对财务报表事项的理解的一些事项的说明和解释。慈善机构会计报表附注至少应当包括下列内容：重要会计政策及其变更情况的说明；董事会（或者理事会或者类似权力机构）成员和员工的数量、变动情况以及获得的薪金等报酬情况的说明；会计报表重要项目及其增减变动情况的说明；资产提供者设置了时间或用途限制的相关资产情况的说明；受托代理交易情况的说明，包括受托代理资产的构成、计价基础和依据、用途等；重大资产减值情况的说明；公允价值无法可靠取得的受赠资产和其他资产的名称、数量、来源和用途等情况的说明；对外承诺或有事项情况的说明；接受劳务捐赠情况的说明；资产负债表日后非调整事项的说明；有助于理解和分析会计报表的需要说明的其他事项。

3. 财务情况说明书

财务情况说明书是对慈善机构一定期间的经济活动进行分析总结的文字报告。它至少应当对下列情况作出说明：慈善机构的宗旨、组织结构以及人员配备等情况；慈善机构业务活动的基本情况；年度计划和预算完成情况，产生差异的原因分析；下一会计期间的业务活动计划和预算等；对慈善机构业务活动有重大影响的其他事项。

（二）行政事业单位内控的新要求

1. 加强单位层面内部控制

应当充分发挥财会、内部审计、纪检监察、政府采购、基建、资产管理等部门或岗位在内部控制中的作用，要求建立健全各职能部门的内部信息披露。

2. 建立经济活动风险定期评估机制

对经济活动存在的风险进行全面、系统和客观评估。经济活动风险评估结果应当形成书面报告并及时提交风险评估工作小组，作为完善内部控制的依据。

3. 加强信息内部公开及系统管理

建立健全经济活动相关信息内部公开制度，根据国家有关规定和单位的实际情况，确定信息内部公开的内容、范围、方式和程序。对信息系统建设实施归口管理，将经济活动及其内部控制流程嵌入单位信息系统中，减少或消除人为操纵因素，保护信息安全。

4. 加强投诉答复的管理

要求指定牵头部门负责、相关部门参加，按照国家有关规定做好质疑投诉答复工作。

5. 建立健全内部监督制度

明确各相关部门或岗位在内部监督中的职责权限，规定内部监督的程序和要求，对内部控制建立与实施情况进行内部监督检查和自我评价。

二、慈善机构内部控制信息披露缺陷

尽管《民间非营利组织会计制度》规定了慈善机构报表附注信息披露应该包括的内容，但在实际工作中，慈善机构会计报告附注对内部控制的信息的披露现状不容乐观，参照行政事业单位内部控制规范的新要求，慈善机构内部控制信息披露主要存在以下问题。

（一）财务报告对内部控制信息的披露不完整

慈善机构资金主要来源于各种形式的捐赠收入，有义务将资金的使用情况尽可能详细地向捐赠者公布，帮助捐赠者了解所捐资金的用途和去向，让捐赠者知道自己委托给慈善机构的资产是否得到了恰当的使用，并尽可能帮助捐赠者做出追加捐赠等决策。目前，我国慈善机构还没有一张报表能够反映整个机构各种费用的详细开支情况。相关报表使用者只能从组织的业务活动表中了解到业务活动的成本、管理费用、筹资费用和其他费用的总体情况，无法了解慈善机构为了实现其业务活动目标或者提供服务所发生的各项职能费用的详细开支、内部控制等情况，比如说组织用于员工工资及税金的比例，员工的福利及退休金的开支比例，差旅费、会议费用及办公费用的开支比例等。

（二）会计报表附注对内部控制信息披露得不充分

部分慈善机构财务人员虽然编制了会计报表附注，但所披露的内部控制信息较少且具有局限性，甚至根本没有会计报表附注。慈善机构通常选择披露一些对机构有利的信息，对不利事项披露较少或根本不披露，或是披露一些使用者并不感兴趣的数字，如折旧是多少、借款的比例、现金的净增加额等。事实上，作为慈善机构财务报告信息的使用者或捐赠方，他们感兴趣的内容应该是能够体现慈善机构的公益或互益宗旨的相关内容，如慈善机构提供的服务是否与使命相关，提供的数量和质量如何，高级职员的报酬是多少，享受税收减免的数量等。

（三）内部控制信息披露不公开、透明

慈善机构常常躲在"黑匣子"里，甚至不愿透露最基本的财务和项目信息，捐款人无从了解所捐助资金的用途和去向。信息分布的不对称使得少数不法分子有机可乘，用公共捐款谋取个人私利。个别慈善机构中的高工资、高津贴现象和侵占公款的丑闻，反映了其财务上的混乱。这类事例引发的不信任感制约了非营利组织通过公众自愿捐款获取资金的能力。相反，良好的内部控制信息披露可以起到使"黑匣子"透明的作用，使每一个对组织关心或有疑问的人都可以对其进行检查和监督，并为决策提供依据。

（四）完善内部信息披露的措施不全面

目前，慈善机构内部控制信息的披露极少，公众获取其内部控制信息基本上是来源于其财务报告中的少部分说明。随着资金流的增大，公众对其内部控制信息的需求度也随之增加，其披露信息的渠道已经无法满足现有的需求，需配套其他一些披露渠道来加强信息的披露，弥补信息披露所带来的问题和质疑。

三、慈善机构内部控制信息披露对策

结合行政事业单位内部控制规范的新要求，以及慈善机构内部信息披露的缺陷，现提出相应对策如下。

（一）增加职能费用表

慈善机构资金的来源具有特殊性及广泛性，因此应该向社会公众公开整个机构运营费用

的详细情况。我国应该要求慈善机构在现有的资产负债表、业务活动表和现金流量表三张会计报表基础上增加一张会计报表，即职能费用表，进一步完善我国民间非营利组织的会计报表体系。职能费用表的编制原理是通过将业务活动表中的费用发生额进行二次分类，从而得到费用开支按功能分类的详细数据，提供给组织管理层、监管机构及社会公众关于整个机构费用开支的用途及金额等相关信息。

（二）引入"管理层讨论与分析"

"管理层讨论与分析"是上市公司年报第八节——董事会报告的重要组成部分，要求管理层进一步解释和分析公司当期财务报表及附注中的重要历史信息，并从公司管理层的角度对下一年度的经营计划以及公司未来发展所面临的机遇、挑战和各种风险进行说明。慈善机构的财务报告引入"管理层讨论与分析"是有益的、必要的、不可或缺的补充，为捐赠者把握机构未来发展方向，满足其对信息相关性和前瞻性的要求。

（三）改进财务报告信息的发布渠道，促进信息的公开化和透明化

建立一个慈善机构网络化信息平台，由国家民间组织管理部门建立和管理，各个民间非营利组织以会员形式注册加入。慈善机构各会员可以通过这个平台发布财务报告信息，各会员组织应对信息的真实性、合法性负责。在这个网络平台上，还可以进一步开发财务报告信息整理、分析、评估等高级功能。信息使用者通过这个平台可以了解某个慈善机构的整体财务状况，可以对非营利组织的资金使用情况进行考核，有效地监督资金的使用效果，还可以对不同民间非营利组织进行比较。

（四）加强投诉答复管理

慈善机构应当加强对机构运营各项业务质疑投诉答复的管理。指定牵头部门负责、相关部门参加，按照国家有关规定做好慈善机构运营各项业务质疑投诉答复工作。

（五）完善内部控制审计制度

审计机关对慈善机构进行审计时，应当调查了解机构内部控制建立和实施的有效性，揭示相关内部控制的缺陷，有针对性地提出审计处理意见和建议，并督促单位进行整改。

四、结　论

慈善机构内部控制是解决其信任危机的主要渠道，而关键点是公开地、透明地、科学地披露其各项内部控制信息，给大众一个合理的解释。慈善机构的基金使用是信息披露的重中之重，其资金大部分来源于捐赠者，而资金的流向必然应该是用在与宗旨相适应的慈善事业，而不是高工资、高津贴甚至是被挪用或贪污。做好慈善机构的内部控制，将有利于我国慈善事业长期、健康地运营和发展。

参考文献

[1] John B. Duncan, Dale L. Flesher, Morris H. Stocks. Internal control systems in US churches——an examination of the effects of church size and denomination on systems of internal control[J].

Accounting, Auditing &Accountability Journal, 1999: 142-164.
[2] Christine Petrovits, Catherine Shakespeare, Aimee Shih. The causes and consequences of internal control problems in nonprofit organizations[J]. New York University Stern School of Business, 2010: 1-38.
[3] 朱宇. 非营利组织内部控制机制浅析[J]. 会计之友（上旬刊），2009，10：73-74.
[4] 杨颖，官玥. 对提高我国慈善机构内部控制有效性的探究[J]. 会计之友，2011，18：108-109.
[5] 许晓芳，朱国荣. 我国慈善机构内部控制构建思考[J]. 财会月刊，2012，03：35-37.
[6] 邓启兵，郑璐. 论慈善机构内部控制制度建设[J]. 中国外资，2013，06：151-153.
[7] 钟赞辉. 中国民间慈善机构资金管理浅析[J]. 青年文学家，2013，05：198.
[8] 刘慧凤. 公益慈善组织社会信任危机根源与对策——基于会计学视角的分析[J]. 财会通讯，2013，07：29-31.
[9] 中华人民共和国财政部. 民间非营利组织会计制度[S]. 2004.
[10] 中华人民共和国财政部. 行政事业单位内部控制规范（试行）[S]. 2012.

推荐单位：重庆工商大学

财税管理与金融

货币政策波动、区域金融发展及盈余管理*
——基于中国上市公司数据

陈 耿 包燕萍

重庆大学经济与工商管理学院 重庆工商大学融智学院

一、引 言

近年来，随着经济增长水平的不断波动，我国面临着促增长与降通胀两方面的环境压力，货币政策作为一种重要的调节工具经常被使用。特别是 2003—2012 年间，货币政策波动较大，货币宽松与货币紧缩不断交替使用。不同政策形势下，货币资源变化较大。市场是银行主导的资源配置模式，"被动方"公司只能是在众多竞争中争取更多资源，而从银行出发，资源应尽量放在低风险甚至零风险的地方，这就要求公司向银行传递自己的低风险的信号。公司实施盈余管理也就是为了向外部传递自己的低风险。所谓的盈余管理就是指经营者运用会计方法或安排真实交易来改变财务报告以误导利益相关者对公司业绩的理解或者影响以报告盈余为基础的合约（Healy and Wahlen，1999）。当然公司使用盈余管理的目的不仅如此，对于上市公司来说，为了取得上市资格以及向投资者展示良好的一面，或者是说明自己的低风险，都有可能促使公司进行盈余管理。从国内证券市场出发，上市公司细分为国有公司与民营公司。在国内的大环境下，具有国资背景的公司与民营公司所受"待遇"是不一样的，从风险角度出发这一点是可以理解的。相比民营公司，国资背景能够有效地降低一定程度的风险，国有公司具有较高的信用，给予银行与投资者更多的保证，因此，国有公司进行盈余管理的需求也与民营公司存在差别。企业所处区域的经济发展程度在一定上也会影响企业的融资途径、成本以及难易程度，因此，宏观货币政策在传导时也会在一定程度上受到区域金融发展程度的影响。

然而，以往对宏观经济政策的研究更多地关注宏观政策对经济发展的影响，往往忽略宏观经济政策作用的发挥需要通过微观企业行为来实现。因此，本文通过研究宏观政策对微观企业行为的影响，将能更好地明确宏观货币政策的传导途径，以及在传导过程中会遇到的一些问题（比如企业通过盈余管理来应对，从而将影响预期的经济效果）。

在盈余管理研究方面，以往的研究大多集中于公司层面，而对盈余管理动机方面的研究也仅仅是对债务契约动机、资本市场动机、管理层业绩考核与股利政策动机等微观方面给予了较多的关注，很少有文献将之与宏观政策的影响联系起来，另外，宏观经济政策的变动是否是企业进行盈余管理的推动因素之一？其又是如何推动的？这是非常值得探讨的问题。

此外，我国自改革开放以来，金融发展水平获得了极大的提高，但同时也呈现出明显的非均衡发展态势。区域金融发展的不平衡必然对货币政策效果产生影响，本文将区域金融发展程度纳入货币政策对盈余管理影响的研究中来，将使研究更加全面，更有针对性。

---

*本文获重庆市会计学会、重庆市总会计师协会 2014 年优秀会计论文一等奖。

总的来说，在以上三个方面，虽有学者在各自领域进行相应研究，但各领域之间存在一定的脱节，鲜有研究将其融会贯通，但经分析发现，这三个领域中存在着千丝万缕的联系。综合考虑，本文通过宏观、微观和区域金融三个视角，研究货币政策与企业盈余管理程度之间的关系，从而更好地理解宏观货币政策对微观企业行为的影响及相关因素在其中所起的作用。

本文的结构安排如下：第二部分是文献回顾与假设提出，第三部分是研究设计，第四部分是研究样本及描述性统计，第五部分是实证结果与分析，最后是研究结论与研究局限。

二、文献回顾与假设提出

早期的学者关于货币政策的研究更多的是从宏观层面上的，很少涉及与微观层面的联系。后来学者通过银行信贷"嫁接"了宏观与微观，饶品贵与姜国华（2011）年在货币政策波动与银行信贷以及微观公司之间进行了研究，发现货币政策波动会对企业会计的稳健性产生影响。

货币政策对于公司的影响是相当显著的，回顾以前学者所做的研究，国外学者主要是研究了货币政策对于公司融资的影响。结果显示，货币政策对于公司自身融资的影响是比较显著的，Kashyap et al（1993）、Ghosh& Sensarma（2004）分别利用本国的数据证明了这一点。而国内学者更多的是关注货币政策对于公司经济行为影响，祝继高等（2009）研究了货币政策对公司现金持有水平的影响，陈艳（2012）研究了货币政策对于公司投资行为的影响，以及王铭利（2012）研究了货币政策与公司治理等之间的影响。从公司自身融资的角度出发，公司融资渠道较多，如银行、发债、信托等等各种手段，但作为各融资渠道的债权人来说，必定会考虑公司各方面的表现以控制风险，保证到期能收回资金，这就要考察公司表现在报表上的盈利能力指标。饶艳超、胡奕明（2005）指出，银行在对公司进行贷款的时候，对盈利能力等会计信息比较重视，同时也非常看重公司的资产负债率以及利息保障系数等等指标，这些就促使了盈余管理策略的出现。特别在货币紧缩的时候，资金供给量减小，银行等资金方在有限的货币资源下，将选择业绩更好、财务数据更好的公司进行配对，公司为了争取货币资源，将产生更大的盈余管理的动机。除此以外，从上市公司的角度出发，为了吸引更多投资者，财务指标也是重要的参考依据。据于此本文作出以下假设：

假设1：从总体上看，当货币政策越是紧缩时，公司越可能的盈余管理。

在中国这种大环境下，公司产权的不同所享受的"待遇"是不同的，相对于民营公司，国有公司所能得到的"待遇"更有利。这是因为，政府实际上为国有公司贷款提供了一种隐性担保（孙铮、李增泉、王景斌，2007），在信息不对称的情形下，银行等资金提供者更愿意"相信"国家，更倾向于贷款给国有公司。饶品贵（2010）就研究指出货币政策紧缩时期，与国有公司相比，非国有公司获得银行信贷将受到更大的影响。再结合前文所提到的盈余管理策略，本文作出以下假设：

假设2：在货币政策紧缩阶段，相比国有企业，非国有企业进行盈余管理的动机更小。

企业所处地理位置的不同，在一定程度上将会对其融资难易程度产生巨大的影响，除了地方政策的原因，这和企业所处区域金融市场的发展程度相关。Bernanke 和 Gerster（1995）认为金融市场是货币政策的重要传导渠道之一，它是货币政策向企业投资传导的"黑箱"。Carlino 和 DeFina（1998）、曹永琴（2007）以及申俊喜、曹源芳和封思贤（2011）发现，货币政策对经济增长具有调控效应，该效应有明显的区域差异性，区域金融市场发展程度的不同,将影响货币政策的传导机制。在金融发展程度较高的地区,信贷市场将能更好地进行资本配置,企业融资成本对货币政策的依赖性将会弱化。反之,在金融发展程度较低的地区,其信贷市场资本配置功能偏弱,则其企业融资成本对货币政策的依赖性将增加。黄志忠、谢军(2013)认为,区域金融市场的发展将使宏观货币政策对企业融资的约束有缓解作用,从而优化宏观货币政策的传导机制。在货币政策处于紧缩阶段时,处于金融发展程度较高区域的企业,由于所在区域信贷市场较为完善,融资渠道更多,其进行盈余管理的动机就会相应减小一些;而处于金融发展程度较低区域的企业,由于区域内信贷市场的不完备,融资渠道相应较少,对资源的争夺更加激烈,因此有更强烈的动机进行盈余管理。基于以上,我们提出以下假设:

假设3:货币紧缩阶段,处于金融发展程度较高区域的企业相对于处于金融发展程度较低区域的企业,进行盈余管理的动机更小。

三、研究设计

盈余管理的手段较多,研究分析我国上市公司盈余管理的相关情况,采取的手段主要包括变更会计政策与会计估计、利用收入与费用的确认以及调节非经常性损益。关注点不同导致对于盈余管理的测量也就不同,王铭利等(2012)在研究中利用了非经常性损益,吴联生、王亚平(2007),黄梅、夏新平(2009)则从修正琼斯演变而来的可操控性应计利润出发对盈余管理进行了研究,此研究模型在国外已近成熟。本文研究借鉴后者,以可操控应计利润与上期总资产比值来考量盈余管理的程度,具体模型如下:

$$TAC_{i,t}/A_{i,t-1} = a_1(1/A_{i,t-1}) + a_2(\Delta REV_{i,t}/A_{i,t-1}) + a_3(PPE_{i,t}/A_{i,t-1}) + \varepsilon_{i,t} \quad (1)$$

$$NDA_{i,t}/A_{i,t-1} = a_1(1/A_{i,t-1}) + a_2[(\Delta REV_{i,t} - \Delta REC_{i,t})/A_{i,t-1}] + a_3(PPE_{i,t}/A_{i,t-1}) \quad (2)$$

$$DA_{i,t}/A_{i,t-1} = TAC_{i,t}/A_{i,t-1} - NDA_{i,t}/A_{i,t-1} \quad (3)$$

式(1)中,TAC 为总应计,等于净利润与经营活动现金流量差值;A 为资产总额;ΔREV 为主营业务收入变动额;PPE 为财产、厂房和设备,即固定资产原值;ε 表示残差;下标 i 表示样本公司;下标 t 表示年份。式(2)中,ΔREC 为应收账款变动额。

由方程(1),估计出回归系数 $a_{1,2,3}$,将 $a_{1,2,3}$ 代入方程(2),计算每个公司各个年度的非可操控性应计利润($NDA_{i,t}/A_{i,t-1}$),由方程(3)计算出可操控性应计利润($DA_{i,t}/A_{i,t-1}$),代表盈余管理的程度。

对于研究假设1,我们建立如下模型:

$$DA_{i,t}/A_{i,t-1} = \alpha_0 + \alpha_1 LEV_{i,t} + \alpha_2 GRW_{i,t} + \alpha_3 CURRT_{i,t} + \alpha_4 SIZE_{i,t} + \alpha_5 MP_t + \varepsilon \quad (4)$$

式中,LEV 代表公司账面上的资产负债率;GRW 表示公司的可持续增长率;$CURRT$ 是流动比率;$SIZE$ 是对数化的总资产;MP 为货币政策代理变量。

我们借鉴的是陆正飞等(2011)的研究。我国央行主要通过控制货币发行、控制存款准备金率、调节基准利率、调节再贴现率等方式,来执行相关货币政策。但是,仅结合某一项指标,实际上难以判断货币政策到底是紧缩还是宽松。吴晓灵(2009)认为,可用 GDP 的增长率代表商品的实物量,用 CPI 的增长率代表价格,那么根据该原理,我们一般在预计货币供应量增长时,会采用货币供应量 M2 增长率等于 GDP 增长率加 CPI 预计调整率加一个包含各种不可预测变量的 2~3 个百分点的方法来匡算。故本文借鉴陆正飞等（2011）的做法，采用 MP（MP = M2 增长率 – GDP 增长率 – CPI 增长率）这个指标来估算货币政策[17]。若该指标偏大，则表示货币政策偏于宽松；反之，则偏于紧缩。

我们预期，总体上，MP 的系数显著为负，即货币政策偏于宽松时（MP 越大），则盈余管理程度越小（$DA_{i,t}/A_{i,t-1}$ 越小）。由于盈余管理的动机不同，有正向盈余管理与负向盈余管理之分，我们将进一步细分，通过对 $DA_{i,t}/A_{i,t-1}$ 正负分组回归，进一步探讨货币政策与正向盈余管理和负向盈余管理之间存在的联系。在货币紧缩时期，上市公司进行盈余管理主要是为了粉饰财务报表而获取融资，因此我们预期当 $DA_{i,t}/A_{i,t-1}$ 为正时，MP 的系数将显著为负，当 $DA_{i,t}/A_{i,t-1}$ 为负时，该相关性可能不明显。

对于研究假设 2 和 3，我们建立如下模型：

$$DA_{i,t}/A_{i,t-1} = \alpha_0 + \alpha_1 LEV_{i,t} + \alpha_2 GRW_{i,t} + \alpha_3 CURRT_{i,t} + \alpha_4 SIZE_{i,t} + \alpha_5 MP_t + \alpha_6 X + \alpha_7 MPD_t * X + \varepsilon \quad (5)$$

其中，MPD 是我们设立的货币政策哑变量。在 2003—2012 年十年的数据中（见表1），MP 的均值为 5.27，我们选择 MP 大于该均值的年份（即 2003、2005、2009、2010 年）为货币政策宽松期，此时 MPD=0；选择 MP 小于该均值的年份（即 2004、2006、2007、2008、2011、2012 年）为货币政策紧缩期，此时 MPD=1。

表1 宏观经济指标数据

指标名称	2003	2004	2005	2006	2007	2008	2009	2010	2011	2012
M2 增长率（%）	19.6	14.6	17.6	16.9	16.7	17.8	27.7	19.7	13.6	13.8
GDP 增长率（%）	9.1	9.5	9.9	10.7	11.4	9	8.7	10.3	9.2	7.8
CPI 增长率（%）	1.2	3.9	1.8	1.5	4.8	5.9	-0.7	3.3	5.4	2.6
MP 值	9.3	1.2	5.9	4.7	0.5	2.9	19.7	6.1	-1	3.4

注：相关数据参考中国人民银行公布的《中国货币政策执行报告》计算整理所得。

为了验证假设 2 和 3，该模型中，NSTATE 是非国有企业的虚拟变量；FD 是区域金融发展指标。

对于假设 2，我们预期 MPD 与 NSTATE 的交互变量系数显著为正，表明在货币政策紧缩阶段，非国有企业进行盈余管理的程度更大；对于假设 3，我们预期 MPD 与 FD 的交互变量系数显著为负，表明在区域金融发展程度较高的地区，货币紧缩对盈余管理的影响会减弱。

另外，我们在以上所有回归方程中均对行业虚拟变量进行了控制。

四、研究样本及描述性统计

在总结前人研究的基础上，本文选取了 2003—2012 年 A 股上市公司作为研究对象，并按以下条件进行剔除：① 金融类上市公司；② 相关数据缺失的公司；③ 上市时间不足 2 年的公司；④ ST 类公司。王铭利（2012）在研究中指出，ST 类公司更有可能进行盈余管理，为了避免其对于结果的影响，故本文剔除了 ST 类公司。

研究所有财务及市场数据来源于 CSMAR 数据库和 SINOFIN 数据库，货币政策数据来源中国人民银行公布的《中国货币政策执行报告》，区域金融发展程度数据来源于樊纲、王小鲁和朱恒鹏（2010）的区域发展指标。行业的分类采用中国证监会的行业分类标准。本文选用 STATA 软件进行相关数据处理，变量说明见表2。

表2 变量说明表

变量名称	变量符号	变量类型	变量含义
盈余管理程度	DA_{it}/A_{it-1}	因变量	可操控应计利润与上期总资产比值
货币政策代理变量	MP	解释变量	MP=M2 增长率 － GDP 增长率 － CPI 增长率 指标越大，则表示货币政策偏于宽松；反之，则偏于紧缩。
货币政策哑变量	MPD	解释变量	2003—2012 十年中，大于十年 MP 均值的年份定义为货币政策宽松年，MPD=0；小于则为货币政策紧缩年，MPD=1
企业产权性质	NSTATE	解释变量	若为非国有企业，则 NSTATE=1；国有企业，则 NSTATE=0
区域金融发展	FD	解释变量	反映地区的外部融资市场化程度，选用樊纲和王小鲁（2010）的区域发展指标
资本结构	LEV	控制变量	资产负债率
权益增长速度	GRW	控制变量	上市公司当年权益增长率
资产流动性	CURRT	控制变量	上市公司流动比率
公司规模	SIZE	控制变量	上市公司总资产的自然对数

我们对样本进行描述性统计，结果如表3所示。$DA_{i,t}/A_{i,t-1}$ 的均值为 －0.034，说明总体而言，我国上市公司进行盈余管理的幅度并不算大。NSTATE 均值为 0.346，说明在研究的公司中，有大约三分之一的公司为非国有公司。LEV 均值为 0.54，表明研究样本平均资产负债率比较适中。GRW 均值为 0.095，表明样本可持续增长率水平普遍不高，成长性有待提高。CURRT 均值为 1.619，表明样本公司的流动性比较适中，短期偿债能力有一定的保证。

表3 描述性统计

	N	Mean	Std	Min	25%	Median	75%	Max
$DAit/Ait-1$	9187	－0.034	0.116	－0.885	－0.085	－0.031	0.018	0.510
NSTATE	9187	0.346	0.476	0	0	0	1	1
LEV	9187	0.540	0.205	0.026	0.418	0.544	0.661	6.280
GRW	5555	0.095	0.104	－0.806	0.032	0.070	0.127	2.038
CURRT	9187	1.619	0.015	0.263	0.864	1.812	10.265	55.741
SIZE	9187	21.981	1.217	18.671	21.127	21.815	22.639	28.405

五、实证结果与分析

(一) 回归结果与分析

我们首先对假设1所建立的模型,即方程(4)进行回归,回归结果如表4所示。

表4 假设1模型回归结果

	DA_{it}/A_{it-1}	$DA_{it}/A_{it-1}>0$	$DA_{it}/A_{it-1}<0$
MP	−0.001***	−0.001**	−0.000 4
	(−4.26)	(−2.47)	(−1.37)
LEV	0.025**	0.094***	−0.027**
	(2.24)	(7.62)	(−2.46)
GRW	−0.010	0.097***	−0.168***
	(−0.63)	(6.43)	(−10.27)
CURRT	0.775***	0.722***	−0.075
	(7.35)	(6.31)	(−0.70)
SIZE	0.005***	−0.007***	0.006***
	(3.87)	(−4.27)	(4.23)
Industry	Controlled	Controlled	Controlled
Constant	−0.162***	0.168***	−0.174***
	(−5.53)	(4.70)	(−6.22)
Observations	5 555	2 042	3 513
Adjusted R2	0.15	0.54	0.32

从表4可以看出,对盈余管理替代变量 $DA_{i,t}/A_{i,t-1}$ 作为整体进行回归分析,它与货币政策代理变量 MP 的相关系数在1%的水平上显著为负,相关系数为 −0.001,说明在总体上,货币政策越紧缩,企业进行盈余管理的程度越大,反之则越小。当我们将盈余管理分为正向与负向进行考虑时(即分别为 $DA_{i,t}/A_{i,t-1}>0$ 和 $DA_{i,t}/A_{i,t-1}<0$)时,我们看到,企业进行正向盈余管理的程度是与货币政策宽松程度在5%的水平上显著负相关的,然而企业进行负向的盈余管理程度却与货币政策宽松程度不存在显著的相关关系。这与我们的看法基本一致,我们认为,在货币政策紧缩时,由于企业获取融资贷款的难度增加,企业将更倾向于进行正向的盈余管理,以期在财务报表上有更好的反应。

绝大多数学者实证分析显示,银行贷款是我国货币政策传导的主要渠道。当央行实行紧缩的货币政策时,商业银行的准备金规模将相应减少,从而在客观上限制了银行提供贷款的能力。银行收缩贷款规模的同时会使得其在贷款对象的选择上更加苛刻,而企业的各项盈利指标及还贷能力将成为考核的重要指标。企业为成功获得贷款资源,将有强烈的盈余管理动机,做高利润,即进行正向的盈余管理,这与实证结果一致。

对于假设2、3,我们分别代入非国有企业的虚拟变量 NSTATE 和区域金融发展指标 FD,并分别进行回归分析,结果如表5所示。

表5 假设2、3回归结果

	Model1 X=NSTATE	Model2 X=FD
LEV	0.023** (2.04)	0.098*** (6.91)
GRW	−0.018 (−1.18)	0.093*** (6.15)
CURRT	0.717*** (6.76)	0.681*** (5.93)
SIZE	0.007*** (4.81)	−0.006*** (−3.39)
MP	−0.002*** (−4.89)	−0.001** (−2.04)
X	0.028*** (4.76)	0.004*** (3.87)
MPD*X	−0.019*** (−2.89)	−0.121*** (−12.65)
Industry	Controlled	Controlled
Constant	−0.194*** (−6.44)	0.136*** (3.65)
Observations	5 555	5 555
Adjusted R2	0.19	0.58

在 Model1 中,我们加入 NSTATE 考察不同产权性质的企业在货币政策紧缩阶段,其盈余管理程度是否存在差异。结果发现, MPD*NSTATE 在 1% 水平上显著为负,这与我们的预期相反,说明实际上,在货币政策紧缩阶段,非国有企业进行盈余管理的程度反而会更少。究其原因,我们考虑到,在货币紧缩阶段,非国有企业虽然在融资方面受到的冲击更大,其融资压力也更大,银行在给非国有企业贷款时,将会对其会计稳健性提出更高的要求。尽管非国有企业有更大的融资要求,有更强的盈余管理动机,但迫于银行的压力,其不得不在会计处理上做得更加稳健,其进行盈余管理的程度也就会变小。

如何区分稳健性和盈余管理也是一直困扰会计学术界的一个难题。会计盈余的稳健性特征究竟是代表着高质量盈余的真正的盈余稳健性,还是仅仅只是下行盈余管理行为(大洗澡)带来的盈余稳健性假象,对此很难区分。但在本文讨论的情况中,非国有企业在货币政策紧缩阶段,并不存在进行下行盈余管理行为(大洗澡)的动机,反而存在强烈的上行盈余管理动机,因此不存在通过"大洗澡"而达到盈余稳健性假象的必要。但企业在权衡选择更稳健的会计处理还是更高的会计盈余时,还决定于当地银行对于会计稳健型和企业盈利能力的偏向,以及识别能力。

在 Model2 中,我们加入 FD 考察处于不同金融发展区域的企业在货币政策紧缩阶段,其盈余管理程度是否存在差异。结果发现,MPD*FD 在 1%水平上显著为负,这与我们的预期相符。说明在货币政策紧缩阶段,企业处于金融发展程度越高的地区,其盈余管理程度会越低,反之则越高。

在金融发展程度较高的地区,金融资源配置将更加优化。当央行实施货币紧缩政策时,在这些地区出现信贷错配的可能性较金融发展程度低的地区更小,商业银行放贷总量远高于金融发展程度低的地区。处于这些地区的企业争取贷款的竞争相对更少,获取外部资本的成本相对更低,因此进行盈余管理的动机更小,盈余管理程度更低。反之,在金融发展程度较低的地区,企业获取外部资本的成本相对较高,且渠道更少,商业银行贷款具有更大的不可替代性,企业获取贷款的竞争将更加激烈,因此进行盈余管理的动机更大,盈余管理程度更高。

(二)稳健性测试

为了测试实证研究结果的稳健性,我们以制造业企业为样本,运用以上模型(方程(4)、(5))分别进行检验,回归结果与表4和表5的回归结果极为相似,该结果进一步强化了上述研究结果的稳健性和可靠性。

六、研究结论与局限

本文以 2003—2012 年期间 A 股上市公司的年度数据为基础,从宏观、微观和区域金融这三个视角研究了货币政策与企业盈余管理程度之间的关系。文章的实证研究结果显示,从总体上看,当货币政策越是紧缩时,公司越可能进行盈余管理,且为正向的盈余管理。在此基础上,本文引入企业的产权性质以及所处区域金融发展程度来做进一步讨论,发现处于货币政策紧缩阶段时,相比国有企业,非国有企业进行盈余管理的程度更小,且处于金融发展程度较高区域的企业相对于处于金融发展程度较低区域的企业进行盈余管理的程度更小。

本文将宏观政策与微观企业行为结合起来,将货币政策波动与企业进行盈余管理的动机相联系,并开创性地将区域金融发展水平引入对盈余管理影响的研究,打开了盈余管理研究的一个新思路。在研究企业行为时,应当不仅从企业本身找原因,更要从所处区域,乃至所处的政治环境、经济环境等大的宏观背景下手,方能更加全面地解释和研究企业行为。本文希望能给银行,乃至更多的债权人一点启发:在货币政策趋于紧缩时,是否该更加谨慎地对待财务报表的数据?是否要联系更多财务报表以外的指标来审查企业的经营状况以及偿债能力等。同时,这也将为国家宏观经济政策的制定提供一点思路,既然区域金融发展水平的高低对宏观经济政策的发挥有着重大影响,那么国家在颁布一系列宏观经济政策时,更应注意配套金融发展措施的出台,地方政府也应当有针对性地作出相应回应,以保证宏观经济政策能够达到预期的效果。

本文研究的局限主要在于两个方面。首先,本文所采用的盈余管理程度衡量变量"可操控应计利润",虽然是衡量盈余管理程度的一贯做法,但其是否能够准确地反应企业的真实盈余管理水平,这在学术界尚存在一定的争议。其次,如何区分稳健性和盈余管理也是一直困扰会计学术界的一个问题,这个模糊的界线也对我们的研究有一定的影响。我们希望今后的研究在这些方面有更多的探索,以期取得更加完善的答案。

参考文献

[1] Healy, Wahlen. A review of the earnings management literature and its implications for standard setting [J]. Accounting Horizons, 1999 (13): 365-383.

[2] 饶品贵, 姜国华. 货币政策波动、银行信贷与会计稳健性[J]. 金融研究, 2011 (3): 51-71.

[3] Kashyap, A. K., Stein J. c, Wilcox D. w. Monetary policy and credit conditions: evidence from the composition of external finance [J]. American Economic Review, 1993 (83): 78-98.

[4] 祝继高, 陆正飞. 货币政策、企业成长与现金持有水平变化[J]. 管理世界, 2009 (3): 152-158.

[5] 陈艳. 经济危机、货币政策与企业投资行为——基于中国上市公司数据[J]. 经济与管理研究, 2012 (11): 88-94.

[6] 王铭利. 货币政策、公司治理与盈余管理[J]. 商业研究, 2012 (2): 55-64.

[7] 饶艳超, 胡奕明. 银行信贷中会计信息的使用情况调查与分析[J]. 会计研究, 2005 (5): 36-41.

[8] 孙铮, 李增泉, 王景斌. 所有权性质、会计信息与债务契约——来自我国上市公司的经验证据[J]. 管理世界, 2006 (10): 100-114

[9] 饶品贵, 姜国华. 货币政策信贷传导机制——基于商业信用与企业产权性质的证据[D]. 厦门: 西南大学, 2010.

[10] Bernanke, B., M. Gerster. Inside the black box: the credit channel of monetary policy transmission[J]. Journal of Economic Perspectives, 1995, 9 (4): 27-48.

[11] Carlino, G., R. DeFina. The difference regional effect of monetary policy[J]. Review of Economics and Statistics, 1998, 80 (4): 687-723

[12] 曹永琴. 中国货币政策效应的区域差异研究[J]. 数量经济技术经济研究, 2007 (8): 37-47.

[13] 申俊喜, 曹源芳, 封思贤. 货币政策的区域异质性效应: 基于中国31个省域的实证分析[J]. 中国工业经济, 2011 (6): 36-46.

[14] 黄志忠, 谢军. 宏观货币政策、区域金融发展和企业融资约束——货币政策传导机制的微观证据[J]. 会计研究, 2013 (1): 63-69.

[15] 吴联生, 王亚平. 盈余管理程度的估计模型与经验证据: 一个综述[J]. 经济研究, 2007 (8): 143-152.

[16] 黄梅, 夏新平. 操纵性应计利润模型检测盈余管理能力的实证分析[J]. 南开管理评论, 2009 (5): 136-143.

[17] 陆正飞, 杨德明. 商业信用: 替代性融资, 还是买方市场[J]. 管理世界, 2011 (4): 6-14.

[18] 樊纲, 王小鲁, 朱恒鹏. 中国市场化指数[M]. 北京: 经济科学出版社, 2010.

推荐单位: 重庆大学

基于 AHP 和熵权的地方政府债务风险评估*

何 敏　王秀霞
重庆理工大学会计学院

地方政府债务是指地方政府作为债务人，按照合同或协议的约定，依法向债权人承担的资金偿还义务。地方政府债务是近几年的重点话题之一。2013年12月30日，国家审计署公布了全国政府性债务的审计结果，截止到2013年6月底，我国地方政府负有偿还责任的债务有108 859.17亿元，占中央和地方债务总额的52.59%，地方政府承担的或有债务共70 049.49亿元，占中央和地方或有债务总额的73.15%。面对如此庞大的债务规模，其蕴含的债务风险是不容忽视的。另外，2014年5月21日，中国财政部印发了《2014年地方政府债券自发自还试点办法》，这标志着试点地区的地方政府债务由此前的"代发代还"转变成如今的"自发自还"，这一改革一方面给予地方政府充分的自主权，另一方面也意味着没有了中央的直接担保，地方政府要自己面对市场承担风险。近年来，地方政府性债务已经成为和房地产泡沫一样引人担忧的风险，亟待建立一套科学有效的评估体系对地方政府债务风险进行评价，这不仅有利于地方政府的持续稳定运行，也可为其他相关利益集团提供指导。

一、文献回顾

20世纪90年代中期，世界著名银行专家 Hanna Polackova Brixi（1998）首次将政府债务风险按来源分为直接负债、或有负债、显性负债和隐性负债，并据此创造性地提出"财政风险矩阵"，奠定了研究政府债务风险的基本框架。由此，掀起了国外政府债务风险研究的热潮，Easterly William（1999）提出了财政机会主义行为理论，将地方政府官员在任期内不断扩大地方政府债务规模而导致政府债务风险增加的行为动机归结于其具有的财政机会主义特征。显然，财政机会主义是机会主义的典型表现。机会主义产生的根本原因是人们追求利益的本性，以及信息不对称和"有限理性人"假设提供了滋生机会主义行为的土壤。后来，普林斯顿大学的经济学者 Harvey S. Rosen 提出了政府的隐性债务问题，他认为政府对未来的支出承诺，以及名义上虽然不是债务人但仍需政府清偿的债务也需要纳入债务管理中。Bommer Julian 和 Spence Robin（2002）为化解政府债务危机提供了对策建议。Amaud Mehl 和 Mien Reynaud（2010）研究了政府债务的影响因素，并对政府债务和其风险构成进行实证分析。总的来说，国外学者对政府债务风险的研究集中在国家层面，极少涉及对地方政府债务风险的研究。

我国有关地方政府债务风险预警评价的研究起步较晚，相关的文献较少，其评价方法、指标体系等尚未成熟，在评价我国地方政府债务风险的大小时，各学者得出的结论也不尽相同。一是在地方政府债务风险评价指标的选取方面，各学者选取的指标繁简不一。赵迎春

---

*本文获重庆市会计学会、重庆市总会计师协会2014年优秀会计论文二等奖。

(2006)选取了6个定量指标分别来衡量地方政府债务的利息风险、金融风险、由财政风险转化的经济风险、债务总量对经济的影响、转嫁风险及偿债能力等,得出某市地方政府的债务风险并不在于财务风险、挤出风险、金融风险、经济风险等,而在于由于制度和组织设计造成的管理风险。谢虹(2007)基于汉娜的"财政风险矩阵",将地方政府债务风险分为显性直接债务风险、显性或有债务风险、隐性直接债务风险及隐性或有债务风险四类,并选取12个定量指标来评价地方政府的债务风险。伏润民等(2008)选取了债务依存度、偿债率、偿息率等12个指标来构建地方政府债务风险预警体系。牛富荣等(2008)在简要分析地方政府债务风险的影响因素的基础上,较为系统地构建了3层共17个指标对地方政府债务风险进行全面监控。考燕鸣等(2009)从借债环节、用债环节、偿债环节三个方面选取了12个指标构建政府债务风险预警系统并进行相应的实证分析。上述学者对评价地方政府债务风险的指标选取和设计为本文建立了研究的基础,并提供了良好的思路。但仍然存在指标设计不全面或过于繁琐等问题。二是在指标权重的确定和评价方法的选取方面,不同的学者选择的方法不同。谢虹(2007)建议指标权重的确定可以采用集体经验判别法、专家咨询法、层次分析法等,具体可根据情况不同选用不同的方法,并结合模糊评价法对地方政府债务风险的评价提出构想。裴育等(2007)采用德尔菲法和层次分析法确定指标权重。卿固等(2011)采用层次分析法确定各指标权重,并利用逐级多次模糊综合评价法对地方政府债务风险进行系统评价。赵树宽等(2014)应用AHP模糊评价方法构建地方政府债务评价模型,得出影响地方政府债务风险的指标,其影响程度的大小依次为债务违约风险、债务规模风险、债务偿债风险、债务结构风险,并通过实证分析证实该模型具有较好的评价功能和可信度。总体来看学者们确定指标权重的方法主要有集体经验判别法、专家咨询法、层次分析法等,并结合模糊评价法对地方政府债务风险进行评价,但在指标权重的确定方面,以上一些方法都是主观赋权法,与赋权人的知识水平、能力、主观判断直接相关,完全没有考虑客观因素的影响,难免使确定出来的权重有一定偏差,最终对评价结果产生影响。

基于此,本文在已有研究的基础上,在指标体系构建方面归纳总结前人选取的指标,并改进其不足,构建了全面系统的地方政府债务风险评估层次结构模型。在指标权重的确定方面,首先利用层次分析法确定各指标的主观权重,再提出利用熵权法对主观权重进行修正的思路,建议用二者的综合权重对地方债务风险进行科学评估,为地方政府风险管理提供指导。

二、地方政府债务风险评估层次分析

层次分析法(AHP)是美国著名的运筹学家T. L. Saaty等人于20世纪70年代提出的一种简便、灵活而又实用的多准则决策方法,是一种定性和定量分析相结合的系统分析方法,属于主观赋权法的一种,由于其使用方便、数据容易获得,因而应用广泛。

(一)地方政府债务风险评估层次结构模型构建

地方政府债务风险评估层次结构模型如图1所示。

1. 规模风险

(1)债务负担率=地方政府当年债务余额/地方当年GDP,该指标反映地方所承担的债务占当年地方经济总产出规模的比例,国际上公认政府债务负担率不超过0.6。

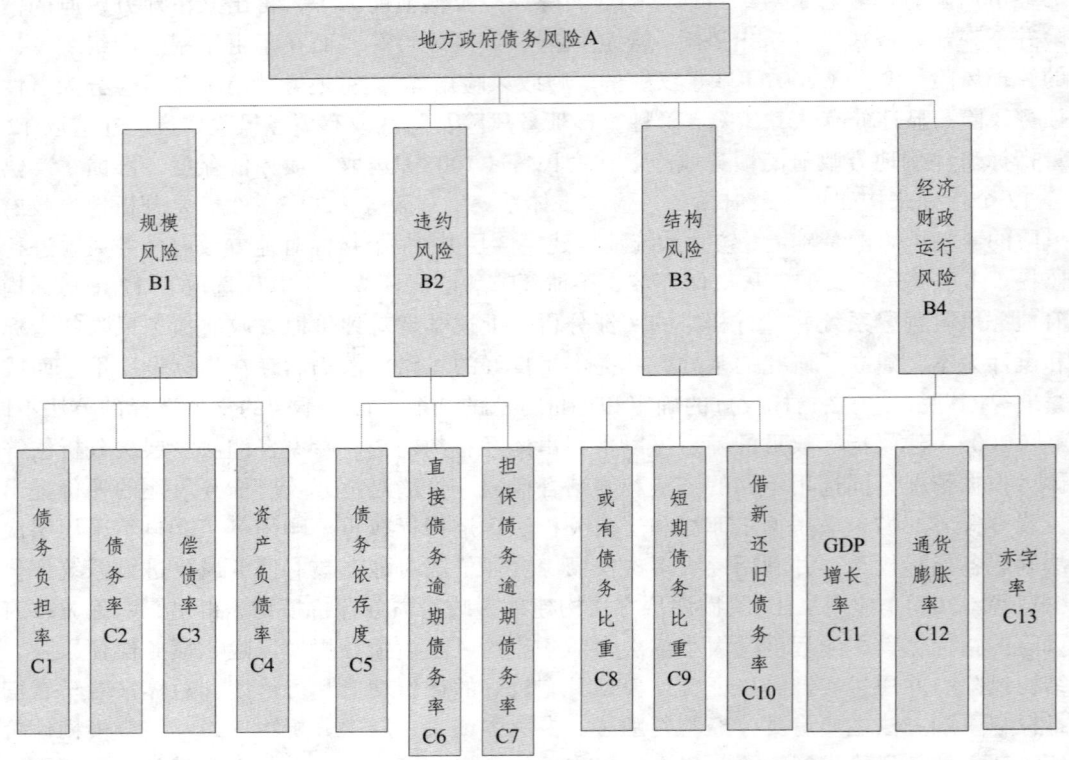

图1 地方政府债务风险评估层次结构模型

(2)债务率=地方政府当年债务余额/地方政府当年财政收入,该指标反映地方政府所承担的债务占当年财政收入的比例。衡量地方政府的偿债能力,该指标越小风险越小。公认该指标小于1时较为安全。

(3)偿债率=地方政府当年还本付息额/地方政府当年财政收入,该指标反映政府"借新还旧"的程度。根据国际惯例,债务偿还率一般小于0.2。

(4)资产负债率=地方政府年末债务余额/地方政府年末资产总额,该指标反映政府债务占总资产的比例,该指标越小,风险越小。

2. 违约风险

(1)债务依存度=地方政府当年净增债务/地方政府当年财政支出与还本付息支出额,该指标衡量地方政府财政支出对债务收入的依赖程度。该指标越小,风险越小。

(2)直接债务逾期债务率=地方政府直接债务当年逾期额/地方政府当年债务总额,该指标反映了债务潜在风险正在转化为债务危机的一种状况。该指标越小,风险越小。

(3)担保债务逾期债务率=地方政府担保债务当年逾期额/地方政府当年债务总额,该指标反映了地方政府债务或有风险的大小。该指标越小,风险越小。

3. 结构风险

(1)或有债务比重=地方政府当年或有债务总额/地方政府当年债务总额,该指标反映地方政府债务潜在风险的大小。该指标越小，面临的潜在风险越小。

（2）短期债务比重=地方政府当年短期债务总额/地方政府当年债务总额，该指标越小，风险越小。

（3）借新还旧债务率=地方政府当年新增债务总额/地方政府当年债务还本付息额，该指标越小，说明政府债务运行越好，风险越小。

4. 经济财政运行风险

（1）GDP 增长率=当年新增 GDP/上年 GDP，一般来说 GDP 增长率在 6%～10%比较合适，小于 6%或大于 10%，都会使地方政府面临较大的风险。

（2）通货膨胀率，一般通货膨胀率在 4%以下时，说明经济环境比较稳定，地方政府面临的经济财政运行风险比较小。

（3）赤字风险=当年赤字额/当年 GDP，该指标越小风险越小。

（二）构造判断矩阵确定各指标权重

运用 AHP 法解决问题的核心步骤就是构造判断矩阵，把对于拟解决问题具有逻辑关系的影响因素进行一对一的比较，确定影响因素的相对重要性。AHP 的信息基础是对每一层次的各个影响因素的相互重要性给出的判断，这些判断用数值表示出来，写成矩阵形式即所谓判断矩阵。

要比较某一层 n 个因素 $x_1, x_2, \cdots, x_n$ 对上一层一个因素 Z 的影响，可从 $x_1, x_2, \cdots, x_n$ 中任取 x_i 与 x_j，比较它们对于 Z 的贡献（或重要性）大小。按如表 1 所示给 x_i/x_j 赋值。

表 1 标度定义表

尺度 x_i/x_j	含 义
1	x_i 与 x_j 同等重要
3	x_i 比 x_j 稍微重要
5	x_i 比 x_j 明显重要
7	x_i 比 x_j 强烈重要
9	x_i 比 x_j 极端重要
2,4,6,8	x_i 与 x_j 相比在上述两个相邻等级之间
1,1/2,$\cdots$,1/9	x_j 比 x_i 的重要性标度

请专家就所有指标两两比较进行 Saaty 的 1～9 标度判断，评价因素相对重要性，进而算出每个指标的权重值。每个因素的判断矩阵、权重计算及一致性检验如表 2～表 6 所示。

其中 W_i 为归一化后的最终权重，n 表示要素的个数，i 和 j 分别表示行和列，λ_{max} 表示最大特征根。

表2 首层指标对地方政府债务风险评价的影响

	B1	B2	B3	B4	W_i	λ_{max}	一致性检验
B1	1	1/2	2	3	0.264 3	4.021 2	$CI=(\lambda_{max}-n)/(n-1)=0.007\ 1$ $CR=CI/RI=0.007\ 9<0.1$ 通过一致性检验
B2	2	1	4	5	0.505 5		
B3	1/2	1/4	1	2	0.143 5		
B4	1/3	1/5	1/2	1	0.086 7		

表3 规模风险指标下各指标的影响

	C1	C2	C3	C4	W_i	λ_{max}	一致性检验
C1	1	1/6	1/4	1/2	0.074 3	4.058 1	$CI=(\lambda_{max}-n)/(n-1)=0.019\ 4$ $CR=CI/RI=0.021\ 6<0.1$ 通过一致性检验
C2	6	1	2	4	0.512 5		
C3	4	1/2	1	2	0.275 5		
C4	2	1/4	1/2	1	0.137 7		

表4 违约风险指标下各指标的影响

	C5	C6	C7	W_i	λ_{max}	一致性检验
C5	1	1/2	2	0.276 6	3.005 5	$CI=(\lambda_{max}-n)/(n-1)=0.002\ 8$ $CR=CI/RI=0.003\ 1<0.1$ 通过一致性检验
C6	2	1	5	0.594 9		
C7	1/2	1/5	1	0.128 5		

表5 结构风险指标下各指标的影响

	C8	C9	C10	W_i	λ_{max}	一致性检验
C8	1	1/2	3	0.309 2	3.003 7	$CI=(\lambda_{max}-n)/(n-1)=0.001\ 9$ $CR=CI/RI=0.002\ 1<0.1$ 通过一致性检验
C9	2	1	5	0.581 2		
C10	1/3	1/5	1	0.109 6		

表6 经济财政运行风险指标下各指标的影响

	C11	C12	C13	W_i	λ_{max}	一致性检验
C11	1	3	1/4	0.221 3	3.058 2	$CI=(\lambda_{max}-n)/(n-1)=0.029\ 1$ $CR=CI/RI=0.032\ 3$ <0.1 通过一致性检验
C12	1/3	1	1/6	0.093 4		
C13	4	6	1	0.685 3		

表7 随机一致性指标 RI

n	1	2	3	4	5	6	7	8	9	10	11
RI	0	0	0.58	0.90	1.12	1.24	1.32	1.41	1.45	1.49	1.51

指标层对地方政府债务风险评价的组合权重为相应项的两两乘积，由此得出指标层对地方政府债务风险评价的重要程度如表8所示。

表8 评价指标权重集

指标	C1	C2	C3	C4	C5	C6	C7
权重	0.019 6	0.135 5	0.072 8	0.036 4	0.139 8	0.300 7	0.065 0
指标	C8	C9	C10	C11	C12	C13	
权重	0.044 4	0.083 4	0.015 7	0.019 2	0.008 1	0.059 4	

由计算结果得，从指标的重要性程度看，对地方政府债务风险评价影响程度最重要的指标为是直接债务逾期债务率，重要指标有债务依存度、债务率，较重要的指标有短期债务比重、偿债率、担保债务逾期债务率、赤字率，一般重要的指标有或有债务比重、资产负债率，不重要的指标有 GDP 增长率、借新还旧债务率、债务负担率、通货膨胀率，其中最不重要的是通货膨胀率。这样的结果与其他学者的研究结果不太一致，这正是层次分析法的局限性。层次分析法确定的权重完全是主观权重，没有结合客观数据，不同的人由于其知识面和理解角度等的不同，会得出不同的结果，不利于对地方政府债务风险进行科学合理的评估。

三、基于熵权法对层次分析法主观权重的修正

熵权法是一种客观赋权方法。在具体使用过程中，熵权法根据各指标的变异程度，利用信息熵计算出各指标的熵权，再通过熵权对各指标的权重进行修正，从而得出较为客观的指标权重。相对那些主观赋值法，熵权法精度较高，客观性更强，能够更好地解释所得到的结果。按照信息熵的思想，在评价指标系统的指标权重时，熵是一个很理想的尺度。在利用熵

权法对地方政府债务风险进行评价时,首先要考虑其指标体系,设有 n 个指标,m 个被评价对象,被评价对象的相应指标的原始数据构成矩阵:

$$X = \begin{bmatrix} X_{11} & \cdots & X_{1n} \\ \vdots & & \vdots \\ X_{m1} & \cdots & X_{mn} \end{bmatrix} \tag{1}$$

式中,X_{ij} 是第 j 个指标下第 i 个被评价对象的值。

利用熵权确定地方政府债务风险评价指标的过程为

(1) 应对原始数据进行无量纲化处理,设矩阵 X 中每列的最优值为 X_j^*,且

$$X_j^* = \begin{cases} \max X_{ij}, & j\text{指标为收益性指标} \\ \min X_{ij}, & j\text{指标为成本性指标} \end{cases} \quad i=1,2,\cdots,m; \; j=1,2,\cdots,n \tag{2}$$

原始数据无量纲化后记矩阵为

$$R = (r_{ij})_{m \times n} \tag{3}$$

$$r_{ij} = \begin{cases} r_{ij}/X_j^*, & j\text{指标为收益性指标} \\ X_j^*/r_{ij}, & j\text{指标为成本性指标} \end{cases} \quad i=1,2,\cdots,m; \; j=1,2,\cdots,n \tag{4}$$

(2) 计算第 j 个指标下第 i 个被评价对象的指标值的比重 p_{ij}:

$$p_{ij} = r_{ij} / \sum_{i=1}^{m} r_{ij} \tag{5}$$

(3) 计算第 j 个指标的熵值 e_j:

$$e_j = -k \sum_{i=1}^{m} p_{ij} \ln p_{ij}, \quad \text{其中 } k = \frac{1}{\ln m} \tag{6}$$

(4) 计算第 j 个指标的熵权 ω_j:

$$\omega_j = (1-e_j) / \sum_{j=1}^{n} (1-e_j) \tag{7}$$

这样得到的熵权即可用于确定地方政府债务风险评价指标的权重,又可以剔除指标体系中对评价结果贡献不大的指标。当所有对象在指标 j 上的值完全相同时,熵值达到最大;熵权为零,意味着该指标不能向决策者提供有用信息,可以考虑剔除;当各个被评价对象在指标 j 上的值相差较大时,熵值较小,熵权较大,这意味着该指标向决策者提供了有用的信息,应该重点考虑。由于层次分析法是根据专家的知识经验判断的,虽然指标权重的排序往往具有较高的合理性,但主观随意性太强,而熵权法充分考虑了客观的原始数据,结果可观性强,但忽略了主观因素,有时得到的权重可能与实际重要程度不一致,甚至相悖。综合考虑二者的优缺点,本文提出将层次分析法和熵权法得到的指标权重进行综合,利用综合权重 $\bar{\omega}$ 对地方政府债务风险进行科学合理评价。

$$\bar{\omega} = \theta \omega_i + (1-\theta) \omega_j \tag{8}$$

其中,ω_i 是利用层次分析法得到的指标权重,ω_j 是利用熵权法得到的权重。综合权重 $\bar{\omega}$ 随着

θ 的变化而变化,当 $\theta=1$ 时,对应为层次分析法的权重;当 $\theta=0$ 时,对应为熵权法的权重。对于 θ 如何合理地取值,可采用专家赋值法,并结合实际问题考虑。

四、结 语

本文以我国地方政府债务风险为研究对象,综合选取了十三项定量指标,分别从规模风险、违约风险、结构风险和经济财政运行风险四个维度,对地方政府债务风险进行描述,构建了地方政府债务风险评估模型。全面考虑了地方政府债务风险评价指标中各指标的重要性,首先利用主观层次分析法对地方政府债务风险评价指标进行赋权,结果发现与其他学者得出的研究结论不一致,从中分析层次分析法确定权重的局限性,并结合客观的熵权法对层次分析法得到的权重进行修正,提出将层次分析法和熵权法相结合对地方政府债务风险进行评价的思路,使评价结果更加符合经济运行的实际,从而为科学合理地评价地方政府债务风险提供指导。

参考文献

[1] Hana Polackova Brixi. Contingent government liabilities: a hidden risk for fiscal stability[R]. The World Bank,1998.

[2] Easterly William. When is fiscal adjustment an illusion[J]. Economi Policy,1999(4).

[3] Bommer Julian,Spence Robin: Development of an earthquake loss model for Turkish catastrophe insurance [J]. Journal of Seismology,2002.

[4] 赵迎春. 地方政府债务风险防范研究——基于发达地区政府债务的样本分析[J]. 中央财经大学学报,2006(10):6-9.

[5] 谢虹. 地方政府债务风险构成及预警评价模型构建初探[J]. 现代财经(天津财经大学学报),2007(7):63-65.

[6] 伏润民,王卫昆,缪小林. 我国地方政府债务风险与可持续性规模探讨[J]. 财贸经济,2008(10):82-87.

[7] 牛富荣,宁振华. 构建地方政府债务风险监控体系的设想[J]. 生产力研究,2008(12):34-36.

[8] 考燕鸣,王淑梅,王磊. 地方政府债务风险预警系统的建立及实证分析[J]. 生产力研究,2009(16):182-184.

[9] 裴育,欧阳华生. 我国地方政府债务风险预警理论分析[J]. 中国软科学,2007(3):110-114.

[10] 卿固,赵淑惠,曹枥元. 基于逐级多次模糊综合评价法构建地方政府债务预警模型——以D地方政府为例[J]. 农业技术经济,2011(2):117-126.

[11] 赵树宽,李婷婷. 应用AHP模糊评价法对地方政府债务风险的评价研究[J]. 社会科学辑刊,2014(1):122-125.

[12] 李鹏雁,王雅林. 基于层次分析法的住房抵押贷款风险评价[J]. 哈尔滨工业大学学报,2006(11).

[13] 费智聪. 熵权-层次分析法与灰色-层次分析法研究[D]. 天津:天津大学,2009.

[14] 邵磊,陈郁,张树深. 基于AHP和熵权的跨界突发性大气环境风险源模糊综合评价[J]. 中国人口·资源与环境,2010(S1):135-138.

推荐单位:九龙坡区财政局

重庆地方政府性债务管理：
一个比较制度分析的视角*

张 王　李玮链　黄仕恒　陶 琴

重庆理工大学会计学院

一、重庆市地方债务现状

根据重庆市审计局下发的审计结果公告（2014年1号），截止到2013年6月底，全市各级政府负有偿还责任的债务3 575.09亿元，负有担保责任的债务2 299.88亿元。拥有如此大规模债务的原因是重庆市地方政府性债务具有复杂性和多样性。概括起来，主要有：① 重庆经济发展和社会稳定层面：一方面，经济发展的历史欠账太多；另一方面，重庆在转轨过程中，社会矛盾日益突出。因此，重庆政府不得不举借债务来化解"三农"、金融混乱行为等社会矛盾问题。② 经济体制层面：较高的体制转轨成本是重庆现阶段政府债务包袱沉重的重要原因之一。各级政府之间财权事权划分不清，地方政府收入少、任务重。③ 重庆地方政府缺乏统一、规范的管理。④ 重庆市在财政困难的情况下，为了响应上级政府政策，只得借债应付[1]。但是地方政府性债务对地方经济发展发挥着重要作用。从债务资金投向看，主要用于市政建设、交通运输、土地收储、保障性住房、生态建设和环境保护、科教文卫、农林水利等基础性、公益性项目。地方政府性债务加快了重庆市基础设施的建设、经济的发展。

以上表明，重庆地方政府性债务已存在并且债务规模庞大。所以，笔者通过与其他省市的债务管理办法进行比较分析，旨在达到完善重庆市地方政府性债务管理办法，有效管理重庆地方政府性债务，促进重庆市经济进一步发展的目的。

二、重庆市地方债务研究现状

就目前而言，重庆市地方债务研究主要集中在对投融资平台风险的研究和经济发展模式的研究。周沅帆（2012）通过对重庆地方政府投融资平台风险的实证研究，指出重庆地方投融资平台存在由于设立与运作不规范、决策管理机制混乱和缺乏约束机制引起的规模过大等风险。同时建议把平台纳入监控观察范围，加快完善相关法律法规，并建立健全平台债务的偿还保障机制和强化投融资平台风险内控机制。孙杰、贺晨（2012）认为政府性债务增长是城市化进程对基础设施融资的有效需求不断增长的必然阶段，重庆政府债务并没有出现"无法承担之重"情景，并提出应加强对地方政府债务的规模控制和风险预警，做到制度化的"阳光财政、阳光平台、阳光债务"。李火林（2012）针对重庆市有没有财政赤字，提出隐性负债

---

*本文获重庆市会计学会、重庆市总会计师协会2014年优秀会计论文二等奖。

风险不可小视。他认为由"八大投"主导的重庆发展模式将随着房地产市场的降温、土地收入的下降而受到影响。

不难看出,对于重庆负债的研究已经从简单的负债数额向负债对经济发展的影响方面转变,并分析得出重庆市的经济发展是处于怎样一个阶段,存在哪些危险,有哪些需要注意和值得警惕的地方等。所以,对于负债由浅入深的研究,能够为经济建设提供有价值、有意义的理论数据和相关意见。但是,在笔者看来,无论是对投融资平台风险的研究,还是对经济发展模式的研究,这些都是重庆市地方债务存在的外在原因,而对于地方债务存在的内在原因,如相应制度的建立、政策制度的约束和政府部门的监控等方面的研究则较少。所以,本文主要致力于重庆市地方债务的管理和内部控制的研究。

三、研究重庆市地方债务管理的理论基础

地方治理理论是当代治理理论基本理念具体化的产物,是将治理思想与地方行政改革和公共事务管理模式创新相结合的理论发展和升华过程[2]。制度建设是一个制定制度、执行制度并在实践中检验和完善制度的理论上没有终点的动态过程,从这个意义上讲,制度没有"最好",只有"更好"。但科学积极的制度的建立,能降低风险、坚持勤政、促进发展。[3]有效的制度能够提高资源配置效率,降低交易成本,产生正向的社会影响力[4]。因此有效的地方债务管理制度对于经济发展也是十分有利的。

由于中央政府事权下放,使得地方政府举措债务的自治权力加大,政府债务规模迅速扩大,导致我国地方债务的形势越趋严峻。而目前我国正处于经济转型的关键时刻,地方债务管理制度还不够完善,因此对于地方债务管理制度的建设刻不容缓。

四、重庆市地方政府性债务管理:多省份的比较研究

目前,重庆市在债务管理办法方面的研究还不够,因此在重庆市已有管理办法的前提下,通过自身分析并与其他省市的管理办法进行比较,找出自身存在的漏洞以及其他省市可借鉴之处。

(一)样本总体概况

1. 样本说明

在前期样本收集准备的过程中,通过在有关区县的官方网站上搜索地方债务管理办法,整理得到24个样本(见表1、表2),其中包括:湖南省市级3个、浙江省市级3个、天津市2个、重庆市主城区2个、重庆市区5个、重庆市县9个。将中部湖南省、东部浙江省以及直辖市天津的债务管理办法与重庆市的管理办法进行比较分析,更能全面准确地研究出重庆市地方政府性债务管理。这些样本名称、内容详略和侧重点都不尽相同。其中,其他省市级的样本均颁布了地方政府性债务管理办法相关条例,而重庆市的样本中只有重庆市、北部新区和綦江区颁布了较为完善的地方政府性债务管理办法,其他样本都只是在某个方面制定相关制度或较为笼统地总体规划。例如:九龙坡区和潼南着重管理和防范债务风险,而大足和合川强调加强监管力度;以及城口的"五原则"消化管控债务、奉节的监管财政资金六措并举、丰都的"四强化四构建"打造新型财政。

表1 重庆市地方债务管理办法样本概况

市　　级	重庆市
重庆市主城区	九龙坡区
	北部新区
区县级（区）	綦江区
	万州区
	黔江区
	合川区
	江津区
区县级（县）	奉节县
	丰都县
	石柱县
	垫江县
	秀山县
	忠县
	大足县
	潼南县
	城口县

表2 其他省市地方债务管理办法样本概况

省　　级	市　　级
湖南省	衡阳市
	岳阳市
浙江省	绍兴市
	温州市
天津市	

2. 地方政府债务管理制度的颁布时间

如图1所示显示了重庆市样本地区关于地方政府债务管理规定的颁布时间。其中颁布时间在2013—2014年的样本数量占总样本的64.7%，而大部分样本的具体颁布时间是在2013年末。如图2所示是湖南省、浙江省和天津市管理办法颁布时间。湖南省和岳阳市在2014年5月才出台了地方债务管理条例，而衡阳市在2007年就已经出台了管理条例；浙江省的三个样本的地方政府债务管理规定颁布时间均在2006—2008年；天津则在2008年颁布地方债务管理办法。由此可以看出各个地方出台地方债务管理条例的时间不尽相同，浙江省更早地出台了地方债务管理条例，也说明了地方债务管理更早地受到了浙江省的重视。由图1可知，相关地方政府债务管理规定在近两年才受到重庆市各区县的重视，而值得肯定的是九龙坡区和大足均在2013年两次提出了相关管理制度,且每次的侧重点不同。

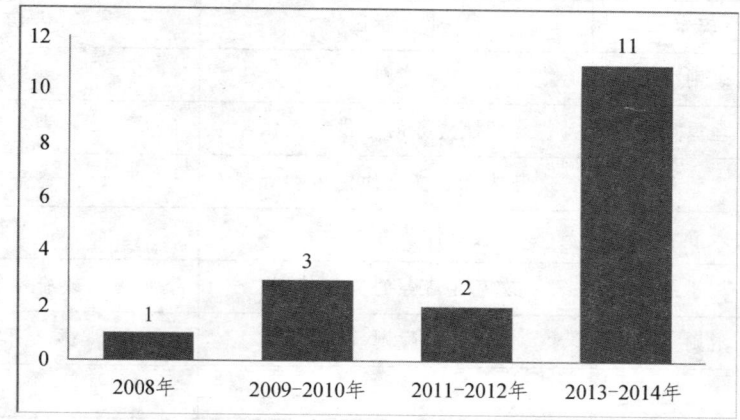

图1 重庆市地方债务管理办法颁布时间

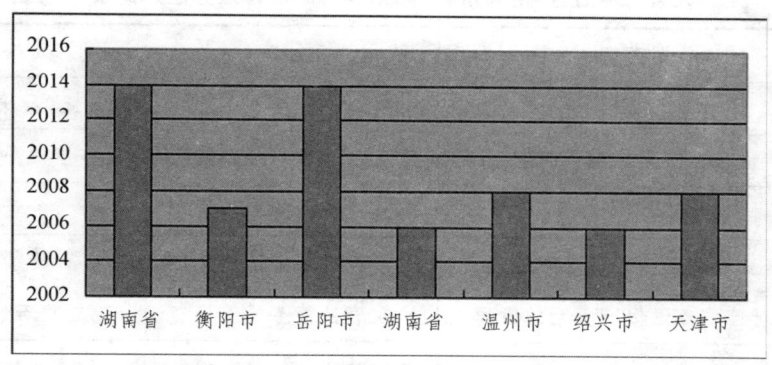

图2 湖南省、浙江省和天津市管理办法颁布时间

3. 对出台了相关条例的样本进行对比分析

出台了相关债务管理条例的样本共10个,其中重庆市、湖南省、浙江省分别3个,天津市1个,如表3~表6所示。将这10个样本进行横向和纵向的对比分析,具有横向关联的样本情况见表3、4、5,具有纵向关联的样本情况见表5。

在收集的重庆市的17个样本中,只有3个样本出台了相关管理条例,而其他样本均不够全面。各省市上下级出台的条例名称均有差异,如:重庆市、北部新区和綦江区出台的条例名称分别是《重庆市债务风险管理暂行办法》(以下简称管理办法)、《重庆北部新区政府性债务管理暂行办法》《重庆市綦江区政府性债务管理暂行办法》,可以看出北部新区和綦江区的样本名称完全相同,而与重庆市的名称不同。由表3、表4、表5的对比可知,北部新区和綦江区的债务管理制度框架基本相同,都没有按照重庆市政府的框架,而湖南省和浙江省的管理制度框架基本相同。这样的上下级之间制度的遵从性和非遵从性差异也体现了不同级政府对制度制定的目标和应用理解差异,也就必然导致制定和执行方面的不同结果[5]。由表6可知,全国各省市的管理方向大致相同,但管理细则不尽一致,重庆市、天津市和浙江省的管理条例均分为六章,而湖南省的管理条例分为八章,且制度制定得更加细致。

表3 重庆市-北部新区-綦江区地方政府管理办法对比表

	重庆市	北部新区	綦江区
第一章	总则	总则	总则
第二章	管理原则	政府性债务的举借和担保	债务举借
第三章	管理程序	政府性债务资金的使用和管理	资金使用
第四章	收入管理	政府性债务的偿还	债务偿还
第五章	监控措施	政府性债务的监督管理	镇（街）政府性管控的特别规定
第六章	附则	附则	风险防范和责任追究
第七章			附则

表4 湖南省-岳阳市-衡阳市地方政府管理办法对比表

	湖南省	岳阳市	衡阳市
第一章	总则	总则	总则
第二章	政府性债务的规模控制	政府性债务的规模控制	举借债务和对外担保
第三章	政府性债务的举借使用偿还管理	政府性债务的举借	政府债务资金的使用管理
第四章	政府性债务的预警管理	政府性债务资金的使用	政府债务的偿还
第五章	政府性债务偿债准备金的管理	政府性债务的偿还	政府债务监管
第六章	政府融资平台公司的名录管理	政府性债务的监督管理	附则
第七章	政府性债务的监督管理	法律责任	
第八章	附则	附则	

表5 浙江省-绍兴市-温州市地方政府管理办法对比表

	浙江省	绍兴市	温州市
第一章	总则	总则	总则
第二章	政府性债务计划的编制、审批、执行和统计	政府性债务计划的编制和审批	政府性债务计划的编制和审批
第三章	政府性债务的责任主体及其职责	政府性债务责任主体的职责	政府性债务的预警管理
第四章	政府性债务的预警和监督管理	政府性债务的预警和监督管理	政府性债务责任主体的职责
第五章	行政责任	责任追究	政府性债务的监督管理
第六章	附则	附则	附则

表6 重庆市–天津市–湖南省–浙江省地方政府管理办法对比表

	重庆市	天津市	湖南省	浙江省
第一章	总则	总则	总则	总则
第二章	管理原则	政府债务的举借和担保	政府性债务的规模控制	政府性债务计划的编制、审批、执行和统计
第三章	管理程序	政府债务资金的使用	政府性债务的举借使用偿还管理	政府性债务的责任主体及其职责
第四章	收入管理	政府债务的偿还	政府性债务的预警管理	政府性债务的预警和监督管理
第五章	监控措施	政府债务的监督管理	政府性债务偿债准备金的管理	行政责任
第六章	附则	附则	政府融资平台公司的名录管理	附则
第七章			政府性债务的监督管理	
第八章			附则	

（二）重庆市地方债务管理办法样本分析：比较研究的视角

1. 就目前样本来看，重庆市地方债务管理办法初步建立

（1）初步建立了债务管理整体框架。如表3所示，重庆市、北部新区还有綦江区的地方债务管理办法都对债务管理有一个整体的框架。基本形成了从债务定义、债务管理、债务举债到债务问责的制度框架。

（2）初步建立了债务偿还问责制度。加强对债务偿还的问责，可以对债务举借起到明确的规范作用，因此，不能忽略债务问责这一程序。重庆市的三个样本中，只有管理办法未列出债务问责相关条例。具体而言：北部新区在债务管理暂行办法中，于监督管理的条例部分提及了债务问责，但并未强调。而綦江债务管理办法中则明确指出：按照《财政违法行为处罚处分条例》和相关文件规定，对相关单位的主要领导和直接责任人给予行政处罚、处分，或采取组织处理措施；构成犯罪的依法追究刑事责任。

2. 现有样本中未能解决的问题

（1）债务管理口径不统一。在其他省份样本中，浙江省、绍兴市和温州市对于地方债务的定义相同，湖南省与岳阳市对于政府债务的定义相同。相比其他省市，重庆市的三个样本地区对政府性债务的定义均不相同。债务定义的不同，会造成制定债务管理办法和制度的依据不同，使得制定的债务管理办法和制度存在相应的差异，最终在年度分析、汇总相关债务数据时，无统一、完善的依据。因此，重庆市应借鉴浙江省和湖南省对债务定义进行统一，才能制定统一的债务管理口径。

（2）缺少统一的债务管理机构。在债务管理机构方面，重庆市的三个样本主要是多个部门管理债务，且每个样本的管理机构都不尽相同。如綦江区的债务管理主体包括区国资委、

区政府、区审计局、区监察局、区财政局;北部新区有管委会和财政局。浙江省的管理机构是各级财政部门、各级投资审批主管部门、审计部门,与温州市和绍兴市的管理机构基本统一,但管理机构复杂缺少统一的管理机构。而湖南省的三个样本中的管理机构均是财政部门,不仅管理机构权力集中,而且省级和市级的管理也统一。以上分析来看,多个部门管理债务容易造成债务管理工作在不同部门之间的协调障碍和不同债务管理部门职能分工混乱的现象,同时,管理机构的分散和缺乏统一的管理,也会导致事权划分不清、效率低下、权责不对等等问题。而省级和市级的管理机构不相统一,会使上下级的管理缺乏统一的管理路径,在管理过程中容易出现漏洞和信息不流通等问题[4]。因此,重庆市的债务管理机构需要在集权管理和上下级管理一致两方面做出改进。

(3)未能制定详细的举借程序。债务监管是依托于举借程序进行的,举借程序不明确,会导致债务监管力不从心以及举债过程混乱,使得办公效率降低,耗费不必要的人工和资源,以至于增加举债成本。在重庆市的样本中,只有北部新区对于举借程序有明文规定:从提交申请书,向财政局提供资料,财政局收到申请后举借单位办理举债手续,到财政局办理登记手续,《管理办法》与綦江区则无相关方面的细则,而湖南省、浙江省和天津市都在管理办法中对举借程序有明确的规定。因此,重庆市需要在债务管理暂行办法中制定详细的举借程序。

(4)未能形成有效的债务监督系统。《管理办法》与綦江区都未列出债务管控详细监督控制办法,北部新区债务资金监督管理的主体在资金监控过程中的详细规定:财政局、审计部以及举借单位在资金运用和管理存在不当时,对违规行为给予一定惩罚。湖南省的第七章、衡阳市的第五章、岳阳市的第六章都对政府性债务的监督管理有明确规定;天津市则在第五章提出对于债务的监督;浙江省、温州市对于债务监督管理方面提及较少,绍兴市在第五章对政府性债务的监督管理也作出相关规定。重庆市应该借鉴其他省市,形成有效的债务监督系统。

(5)未能制定债务资金偿还制度。重庆市三个样本并未提出或完善债务资金偿还的相关办法,虽然北部新区和綦江对此设有相应的偿债准备金,但是未能建立规范完善的债务偿还准备金制度。如:偿还准备金的来源,适用范围,以及债务准备金的管理方面等还缺少详细的规定。而浙江省三个样本中,浙江省与温州市对偿债准备金来源有详细的规定,绍兴与温州对偿债准备金的主要用途有规定,三个样本均未在资金偿还方面有明确规定。湖南省与岳阳市对偿债准备金的来源、使用情况都做了详细的说明,衡阳市则提出建立债务资金偿还制度,但对资金来源、使用情况并未作出详细说明。

(6)未能建立政府性债务的规模控制。政府性债务规模控制在重庆市是一个空白,而湖南省与岳阳市以负有偿还责任的债务按100%计入政府债务规模,政府负有担保责任的债务和政府可能承担一定救助责任的债务按20%计入政府债务规模。天津市根据政府债务情况和经济社会发展水平,以负债率的大小作为警戒线对债务规模进行控制。天津市根据政府债务情况和经济社会发展水平,原则上各级人民政府和三区管委会负债率不得超过10%,债务率不得超过100%,偿债率不得超过15%。其中浙江省、衡阳市没有对此有明确规定。政府性债务规模的有效控制,有利于降低政府偿债风险,防止债务规模恶性增长。

(7)未能建立政府性债务的预警管理体制。在所找样本中,重庆市的三个样本并没有债务预警管理的详细规定。浙江省、绍兴市都对预警管理提出了相应管理办法,通过对负债率、债务率、偿债率指标的监督,进行对债务的预警管理。湖南省、岳阳市的政府性债务以综合债务率为预警指标，以 100%为警戒线，对综合债务率超出 100%（含 100%），但在 150%以内（含 150%）的地区，给予黄色预警；对综合债务率超出 150%的地区，给予红色警告。天津市是以各级财政部门对政府债务规模、结构和安全性进行动态监测和评估，然后再制定有效的应急预案。

（8）未能明确政府性债务的责任主体及其职责。举借政府性债务的部门、单位为政府性债务的责任主体（以下简称债务责任主体）。在所找样本中，只有浙江省、温州市和绍兴市对政府性债务的责任主体及其职责的有详细的规定。以浙江省为例，从债务主体对债务的提出，举借到偿还，都作出了明确的规定。近年来，政府性债务主体及其职责的管理混乱，使得债务监控混乱。因此，加强对政府性债务的责任主任及其职责的管理有利于加强对政府债务的监控。

（9）其他有待完善的问题。一是未能建立完善的债务偿还激励机制，样本中只有綦江暂行管理办法中将镇（街）分为三个档次，对以自身财力净偿还当年政府性债务部分的给予奖补。二是缺少债务资金投资收入管理，债务资金投资所获得的收益，应将该部分收益进行单独管理，以确保其不被挪作他用，并且使用应依法合规，但样本中只有重庆市管理办法中对此作出规定。

五、研究建议

通过对所有样本的分析，笔者发现重庆市地方政府性债务管理主要有以下两个问题：一是债务内部管理缺失。债务的管理口径不统一和管理部门的事权划分不明，使得债务管理流程不明确。因此，加强内部管理是十分必要的。二是债务监控缺失。不管是内部监控还是外部监控，重庆市目前都十分欠缺，对于债务资金的来源、运用，以及偿还都未建立完善的监控机制。不难想象，债务流程若得不到有效监控，则很容易造成债务资金滥用的现象，不但加大了举借债务的规模，更降低了债务资金的使用效率。

因此，笔者对于重庆地方债务管理办法提出建议：

（1）明确归口管理。应明确财政部门在政府债务管理中的牵头作用，实行由财政部门主导下的各职能部门共同参与的政府债务管理体制。

（2）逐步建立和完善偿债准备金制度。政府各借款主体应合理制定债务还本付息计划，并进行科学的统筹规划，在此基础上按照政府债务余额的一定比例建立政府偿债资金。

（3）建立健全债务资金管理与监控机制。该机制应为从举借债务到使用债务资金，到债务偿还和对债务资金收益部分的管理服务，这将有助于对债务的管理控制。

（4）建立风险评估和预警机制。对项目确立和资金筹措计划进行风险评估和评审论证，并制定相应的应急预案和预警指标，为项目和计划的实施保驾护航。

（5）加强债务问责制度建设。对于债务使用不当造成债务资金浪费的，责任人应该受到相应的惩罚。一方面约束了债务人的权力，另一方面有效地控制了债务举借规模。

因此，通过对重庆市债务管理办法的研究分析，一方面能有效地规范举借债务的行为，减少债务资金浪费；另一方面有利于债务的管控，缩小债务规模。

参考文献

[1] 龙新. 重庆市政府性债务审计结果答记者问[EB/OL]. 2014-01-25.

[2] 贾博. 地方治理理论的启示[J]. 行政与法, 2007, 09: 8-11.

[3] 杨锡森. 论加强制度建设的重要性[EB/OL]. 国家知识产权局网, 2009-04-09.

[4] 姜宏青, 王硕. 我国地方政府债务管理制度实证研究[J]. 华东经济管理, 2012, 10: 94-98.

[5] 周沅帆. 地方政府投融资平台的风险研究——基于重庆市的分析[J]. 中国经贸导刊, 2012, 04: 56-59.

[6] 孙杰, 贺晨. 地方政府债务: 国际比较、重庆模式与银行融资[J]. 中国投资, 2012, 09: 82-84.

[7] 李火林. 重庆经济发展模式的隐忧[J]. 中国房地产金融, 2012, 04: 28-30.

推荐单位: 重庆理工大学

"大会计"与地方政府性债务治理：
作用机理与分析框架*

杨兴龙　刘　冰
重庆理工大学财会研究与开发中心

一、"大会计"的提出与延伸

对于会计的核算和监督两大职能，没有人否认。但无论是理论界还是实务界，提及"会计"，总是不约而同地想到"会计核算"或"财务报表"，似乎会计工作的全部就是"记账、算账和报账"——财务会计独步天下，会计管理和管理会计被打入冷宫，逐渐丧失话语权。事与愿违，我们不断强化"会计标准"建设的结果是，会计信息质量始终没有得到根本性的提升。由于与生俱来的局限性和广泛存在的经济后果，会计终将因无法完全满足各界日益膨胀的信息需求而陷入备受指责的尴尬境地，此次的金融危机便是很好的例子。从根本上说，会计造假的根源在于对业绩或利益的追求，只有不断强化会计"控制"职能，提升企业价值创造的能力，才能根除企业通过"数字管理"逐利的动机。

事实上，即使是近乎原始的会计，也是作为一种管理活动而存在的（王世定，1993）。5000年前苏美尔人文化中的存货记录便是"管理控制实践的证明"：由于所积聚的财务数量大而品种多，而这些祭司是会死的，所以要求他们向祭司长提供他们所保管财务的账目（克劳德·小乔治，1985）。古代世界所遇到的记账、控制和检查之类的问题，在许多方面与现代社会有共同之处：私人财富的积累导致了受托责任会计的产生，调查受托者的诚实性和可靠性的需要，使内部控制成为所有古代簿记制度的主要特征（查特菲尔德，1989）。在我国奴隶社会和封建社会，会计与国家财政的收支活动紧密联系在一起，客观上，簿记工作起着监督国家财政收支实现的作用（郭道扬，1997）。例如，唐代"国计簿"和宋朝"会计录"实际上是财政与会计相结合的一种管理记录，那时的会计正是以"宏观会计"为代表的（杨纪琬和阎达五，1984）。

一般认为，会计（学科）包括财务会计和管理（成本）会计，与之并驾齐驱的学科有财务管理、审计，乃至内部控制[①]。也有学者提出构建"大会计学科"的设想（于玉林，2003；吴水澎，2006），但响应者不多。事实上，无论学科门类如何设置，上述范畴之间的内在联系已经不可分割。"审计→内部控制→财务会计→管理会计/财务管理（包括预算和绩效考核）"之间相辅相成，已经形成一条紧密相连、不可分割的工作流程和逻辑链条，无论哪个都无法从这个链条中分割出来，否则必然被肢解，失去了本来应有的价值。进行学科设置时，或许

---

*本文是国家社会科学基金规划项目（09BJY012）、教育部人文社会科学研究规划基金项目（09XJA790022）、重庆市教育委员会人文社会科学研究重点项目（14SKK02）的阶段性成果。本文获重庆市会计学会、重庆市总会计师协会2014年优秀会计论文三等奖。

① 李心合（2012）指出，随着现代社会对企业"控制"的不断提高，"原本是作为会计体系的附属性职能的'控制'，就有从会计体系中独立出来单独成科的必要性"，会计与内部控制演化成为两个平行独立的学科。

考虑教学的客观规律将之分解，但实践中的紧密联系却促使理论研究以"系统观"进行整体把握，否则必然因难以理解"会计管理"的真正内涵而陷入"盲人摸象"的困局。

少量的文献论及"大会计"，主要有：① 基于教学和人才培养的视角，提出建立涵盖财务会计、管理会计、财务管理和内外部审计在内"大会计"学科（吴明礼，1997；肖成民，2011）；② 基于中国人民银行"对全行会计工作实行统一管理"实践的"大会计"管理（敖卫红，2007）。目前尚未发现"大会计"观在国家治理领域的引入。我们认为，国家治理视角下的"大会计观"强调预算改革、绩效评估、政府会计、内部控制和国家审计之间的良性互动、有序推进，从中可以更直观、更明显地揭示"大会计"在国家治理中的地位和作用，提高会计服务宏观经济管理和社会改革的能力与水平。

二、"大会计"服务国家治理的内在逻辑

考察会计发展史，在五千年的华夏文明中，作为国家治理手段的官厅会计，为实现中央集权统治做出了贡献。当前，我国正处于全面深化改革的关键时期。为进一步转变政府职能，提高政府管理水平，党中央和国务院实时提出了"实现国家治理体系和治理能力现代化"的目标，意味着未来的国家治理将更多注重"技术性治理"和"科层制体系"。这就为"大会计"的功能发挥提供了更大的空间。《中国会计报》第269期（2014年3月24）头版写道："会计行业在深度参与国家治理体系建设中正扮演着愈来愈重要的角色：在编制政府综合财务报告、国家资产负债表、自然资源资产负债表方面，会计将彰显其地位；在服务工作、规范市场方面，政府加大购买审计、咨询、代理记账、资产评估服务力度即是明证；在环境保护方面，处在发展中的环境会计也将大有所为……"

而从更大的视角看，以会计工作为基础的国家审计、政府统计、会计监督早已成为国家治理体系不可或缺的一环，且重要性也在日益凸显。

我们有理由相信，在中国，会计行业正在开启一个新的时代。在推进国家治理体系现代化的进程中，它不仅不能缺席，而且应该成为主角。

国家治理是对公共权力配置和运用的制度安排，国家治理的过程是不同的机构分别承担决策、执行和监督控制的职责，并形成相互联系、相互作用和相互依赖的决策系统、执行系统和监督控制系统的过程（戚艳霞和王鑫，2013）。其中，作为国家权力集中体现的政府预算分配是国家治理过程的重要环节，绩效考核、政府会计、内部控制和国家审计等机制相辅相成，是反映预算分配和结果的重要制度安排，也是保持国家可持续发展的善治状态的内在需求。这些机制的充分整合和协调发展，不但有助于改善政府会计信息质量和预算资金使用效率、提高财政管理的科学化和精细化水平，同时也能优化社会资源配置，成为实现国家治理体系和治理能力现代化的重要推动力。

基于系统论的考虑，将组织资金运动信息生产和传递的全过程视为一个系统，那么，所有对这个系统实施干预的人为因素就可以视为一个独立的子系统，姑且称之为"干预系统"或"扰动系统"，治理、会计核算、内部控制、审计和绩效考核都可以纳入到这个系统，且这些系统分工明确，并行不悖：治理属于制度和组织架构的顶层设计，旨在厘清组织内部的权责关系；内部控制关注对风险的识别与分析，旨在通过流程和制度设计，为组织运作提供标准和依据；会计系统凭借专业技术和手段，对资金运动的全过程进行如实反映；审计关注会

计核算的结果,旨在对会计核算过程的法规遵从性做出评判;绩效考核通过评价落实奖惩,发挥导向作用(见图1)。

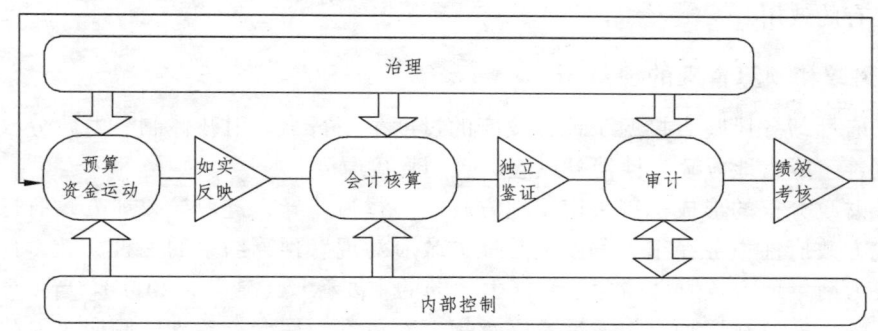

图1 "大会计"与国家治理的关系

进一步考察政府的情况。如前所述,国家治理被认为是涵盖了国家行政管理体系在内的,包括政治、经济、社会、文化、法律等诸多要素在内的复杂大系统,财政(资金运动)是其中很重要的一个子系统。财政系统对国家治理的过程和结果进行连续、全面和系统的反映:一方面,财政系统综合反映国家治理的运行状况和体系运行的潜在风险,同时,财政领域的制度设计将会直接影响国家层面的资源配置和利益分配,很大程度上成为国家治理的有益工具;另一方面,治理层面的顶层设计对这个系统的运行状况发挥基础性作用,并从根本上决定了其运行结果的质量和运行的有效性。因此,任何财政问题都可以从治理层面找到症结,同样,也只有解决了治理层面的桎梏,才能真正解决财政运行中所存在的根本性问题。而一旦将研究的视角回归到资金运动系统,绩效考核、会计、内部控制和审计的关系就如同企业一样清晰可见了。正是从这个层面上,我们将绩效考核、会计、内部控制和审计同样视为国家治理的重要技术工具,是实现国家治理体系和治理能力现代化的内在要求。以下选取地方政府性债务治理的典型视角,描绘"大会计"服务国家治理的机理和路径。

三、地方政府性债务治理:基于"大会计"的分析框架

地方政府性债务是特定时期经济发展的产物,制度缺陷所导致的财政风险最终都将以显性或隐性方式形成各种政府性债务,对政府性债务的关注恰是对政治经济体制的反思(郭玉清,2011)。其影响因素主要有:财政分权与预算软约束(朱军,2012),政绩考核和问责机制(Akai, T. et al., 2009;郁建兴和高翔,2012),经济增长预期(郭剑鸣,2011),地方政府间的竞争(Plekhanov & Singh, 2006)。治理手段也是多样化:① 启动财政体制改革(何杨和满燕云,2012),完善预算流程(韩增华,2012),强化预算约束(郭剑鸣,2011);② 加强地方财政能力(张平,2013);③ 改革政绩考核标准(马骏和刘亚平,2005);④ 强化地方人大对行政权力的制衡(历咏,2012)。刘尚希等(2012)提出,有必要多管齐下、疏堵结合,从制度建设、体制机制和政策管理等方面入手,缓解地方政府性债务风险压力。

综观已有文献,有必要将地方政府性债务问题置于国家治理的体系和框架内进行系统考量。本文基于"大会计"观建立分析框架寻求地方政府性债务风险的综合治理方案,并非"标

新立异"或是"哗众取宠",而是在对地方政府性债务问题进行长期研究后发现,无论单纯的政府会计,或者预算改革,或是审计监督,都是嵌入整个国家治理体系之中的,割裂开则均无法发挥应有的效用。

(一)财政和预算管理的视角

地方政府性债务风险直接源于地方政府的过度举债行为。财政体制、财政分权以及预算管理的不完善,成为地方政府性债务风险产生的直接原因。

中国式财政分权的形成机制决定了地方政府的行为差异,进而导致地方政府行为异化,当前中国地方政府性债务在很大程度上是地方政府对现有预算约束的一种突破,预算约束的强弱已经成为衡量地方政府性债务承受能力强弱的重要标尺(曾芸,2011)。当预算约束是软性的时候,一个实体在增加支出之后不需承担全部成本,便会有超支的倾向(财政部预算司课题组,2009),还有可能会导致地方政府采取过度负债的行为来争取中央的财政支持,通过大幅度的财政赤字迫使中央政府出手援助(Persson & Tabellini, 2002)。张宏安(2011)指出,作为一种普遍现象甚至"潜规则",预算软约束有其存在的必然性。

针对预算软约束,应推动地方政府"阳光"举债,逐步将地方政府所有债务纳入预算管理,硬化预算约束;并以规范债务资金运行程序为重点,建立债务余额管理、偿债准备金等制度,不断健全完善地方政府债务管理制度;进一步地,还需推动财政体制改革,完善预算流程,提高地方财政能力。

(二)政府绩效考核的视角

地方政府行为是理解地方政府性债务风险成因的一个重要视角。总体来讲,目前的地方政府在其辖区内可被看作是一个仅受不完全外部制约的利维坦政府(冯兴元,2010)。大量的文献关注中国地方政府与经济发展的关系,并进一步揭示出地方政府行为的内在逻辑:一方面,中国地方政府在地区的经济增长中扮演了一个非常重要的角色(周黎安,2007),反映了地方政府官员面临的政治激励与推动地方经济增长激励之间的完美兼容性(张军等,2007);另一方面,中国的财政分权以及基于政绩考核下的政府竞争,造就了地方政府公共支出结构"重基本建设、轻人力资本投资和公共服务"的明显扭曲(傅勇,2007),带来了环境污染、教育经费投入不足和腐败等一系列社会问题。过度举债以及由此而产生的政府性债务风险问题,显然可以而且应该被纳入这一分析框架。

什么因素从根本上决定着地方政府的行为选择,并持续推动着地方政府的过度举债行为?Easterly(2005)反思了半个世纪来的发展中国家的经济增长过程,认为关键是"把激励搞对"(周黎安,2008)。针对分权出现的问题,应该改进以 GDP 为主的地方官员考核指标体系,更多地纳入环境治理、节能减耗等指标,这样就可以部分改善分权问题(尹振东,2011);要在根本上消除地方过度投资冲动,解决地方政府预算软约束问题,理顺财政关系,需要长期完善机制和改革体制,就地方治理结构而言,主要是改变现行体制对地方官员片面追求经济增长的激励,使地方政府从经济增长型政府转变为公共服务型政府(龚强等,2011)。事实上,为根治地方政府性债务问题,中央已将相关指标纳入绩效考核体系[①]。

---

① 2013 年 12 月 6 日,中组部发布《关于改进地方党政领导班子和领导干部政绩考核工作的通知》,把政府负债作为政绩考核的重要指标,强化任期内举债情况的考核、审计和责任追究,防止急于求成,以盲目举债搞"政绩工程"。

（三）政府会计的视角

在透明性、服务型和绩效型政府建设的新时期，政府财务信息的公开披露将有助于提升政府公信力、解除公共受托责任并帮助利益相关者进行决策（潘俊和陈志斌，2011）。政府会计与政府性债务风险控制存在着密不可分的关系，邢俊英（2006）曾指出，政府债务风险客观存在，关键在于控制，而政府会计就是控制政府债务风险最基础的技术和最重要的工具，不仅有利于政府债务风险控制最佳时机的把握，而且有利于提高政府债务风险控制的决策效果。

我国现行政府会计体系既无法充分发挥"控制"作用，也难以有效支持"管理"（路军伟，2010）。政府会计在政府债务确认和报告方面所存在的缺陷，使得大量直接隐性债务和政府或有债务游离于会计核算体系之外，难以真实反映政府的财务状况和运行成本，造成虚假平衡现象，不利于政府防范和化解财政风险（刘光忠，2002）。可见，会计核算体系的不健全，加剧了客观存在的政府债务风险，一定程度上造成了社会恐慌和对政府的不信任，甚至对中央给地方政府的控制力带来冲击。政府会计已经成为化解地方政府性债务风险的瓶颈。

邢俊英（2004）较早提出了改革政府会计制度、防范财政负债风险的构想，主要包括引入权责发生制原则和谨慎性原则，扩大财政负债核算范围，改进政府会计报告等。基于风险管理的需要，有必要在对地方政府债务会计的核算范围进行初步界定的基础上，尝试构建一套以风险管理为导向的地方政府债务会计系统（杨亚军等，2013）。

（四）政府内部控制的视角

作为一种技术手段和管理理念，内部控制思想被用于防范财政风险。田志刚（2009）认为，利用地方财政内部控制防范地方财政风险，是内部约束机制与管理技术在公共领域管理中的大胆尝试，确定地方财政管理内部控制目标、科学构建地方财政管理内部控制制度的结构框架，成为地方财政风险防范的全新理念。江其玟等（2011）依据地方财政部门的实践经验，界定了财政部门内部控制的概念，提出了地方财政部门内部控制层次结构，构建了"结构合理、运转高效、制衡有力"的地方财政部门内部控制体系。

鉴于地方政府性债务治理的困境，必须引入系统分析的方法，而不能"头疼医头，脚疼医脚"。从政府内部控制视角考察，主要是解决两个问题：一个是"为什么控制"，即国家层面通过法规和制度建设，改变地方政府的行为决策函数，使主动"控制政府性债务风险"成为理性选择；另一个是"如何控制"，即地方政府明确建立"风险防范"理念，并且在有足够的激励主动控制债务风险的前提下，选择何种治理手段或制度框架的问题。

（五）国家审计的视角

受地方政府举债软约束与经济发展硬要求的影响，在今后一段时期内，财政审计应当重点关注以政府性债务为主要表现形式的财政风险问题，其功能和作用主要有：预警地方政府债务风险、揭示政府债务管理问题、提高债务资金使用效益、制约地方政府行政权力、促进债务管理机制完善。相比较其他形式的监督，审计监督的特殊性在于：关注地方政府债务运行的全过程、注重程序和形式方面的合法性（肖振东，2009）。这种作用在转型时期尤为重要（李若山，1991）。刘家义（2012）将国家审计定位为国家治理内生的"免疫系统"，李玲等（2011）进一步考察了审计监督对于地方政府性债务风险治理的作用。

大格局下的财政审计工作应相应做到四个转变，即实现全程性审计、全要素审计、全方位审计和全面审计。地方政府性债务审计随之发展：一是将地方政府性债务基本情况放在地方经济发展的大环境中进行综合考量；二是将地方政府性债务审计同预算执行审计合并实施；三是可以充分利用财政审计大格局下各部门预算执行财务信息和业务数据的共享，发现问题线索，印证审计推断（杨亚军，2011）。

四、结　论

作为一种"技术性"管理手段，广义的"会计"在地方政府性债务风险治理中发挥着不可替代的重要作用。应做到以下几点：① 政府性债务本质上是地方政府过度举债所导致的财务风险（对政府而言，一般称之为财政），有必要运用财务理论和财务专业手段进行剖解和透视；② 传统政府绩效考核过于注重GDP，而没有全面考虑地方政府的施政成本和财政风险，导致地方政府政策执行过程中的"目标置换"，需要从"绩效考核"视角进行纠偏；③ 当前地方政府性债务风险的形成和治理的瓶颈在于相应的会计核算系统不够完备，无法全面反映地方政府所承担的各项债务，以致一定程度上出现"失真"；④ 内部控制不健全和风险控制措施不到位，使得各级政府部门变相举债、用债、偿债的整个链条失去应有的监督和制约；⑤ 作为国家治理体系"免疫系统"的国家审计，在事后监督和行政问责方面发挥了一定作用，切实起到了"预防、揭示和抵御"的免疫功能，但执行效果却未能尽如人意，已经暴露出一些值得反思的深层次问题。当然，上述五个方面相互依存、难以分割，地方政府性债务风险问题的根治，有赖于"大会计"框架下各要素的联动。这一图景，很好地描绘和映射出了"大会计"服务国家治理的机理和路径，同时也对会计学科和其理论研究提出了新要求。

参考文献

[1] 王世定."管理活动论"的哲学基础[J]. 会计研究，1993，04：34-39.
[2] 克劳德·小乔治. 管理思想史[M]. 北京：商务印书馆，1985.
[3] 查特菲尔德. 会计思想史[M]. 北京：中国商业出版社，1989.
[4] 郭道扬. 经济犯罪溯源与会计、审计监控[J]. 财会月刊，1997，08：3-7.
[5] 杨纪琬，阎达五. 会计管理是一种价值运动的管理——为纪念中华人民共和国成立三十五周年而作[J]. 财贸经济，1984，10：13-17.
[6] 李心合. 丧失相关性的会计与会计的持续性变革[J]. 会计研究，2012，10：3-10.
[7] 于玉林. 论"大会计学"的形成与发展[J]. 会计论坛，2003.
[8] 吴水澎. 变化的世纪与变革的会计——"大会计观"的再认识[J]. 会计之友，2006，01：4-6.
[9] 吴明礼. 构建大会计学科新三极的思考[J]. 当代财经，1997，09：35-39.
[10] 肖成民. 新制度经济学视角下的大会计学科体系[J]. 会计之友，2011，22：127-128.
[11]]敖卫红. 人民银行中心支行构筑"大会计"管理模式研究[J]. 财政监督，2007，06：53-54.
[12] 戚艳霞，王鑫. 政府会计与政府审计的动态协调和制度优化[J]. 审计研究，2013，03：22-27.
[13] 郭玉清. 逾期债务、风险状况与中国财政安全——兼论中国财政风险预警与控制理论框架的构建[J]. 经济研究，2011，08：38-50.
[14] 朱军. 地方政府债务预算的困境摆脱与策略选择[J]. 改革，2012，10：51-56.
[15] Akai, T., H. Hanyu, H. Sakurai. Longitudinal patterns of unawareness of memory deficits in mild

Alzheimer's disease[J]. Geriatrics & Gerontology International, 2009, (1): 16-20.

[16] 郁建兴,高翔. 地方发展型政府的行为逻辑及制度基础[J]. 中国社会科学, 2012, 05: 95-112.

[17] 郭剑鸣. 从"硬发展"到"硬扩权": 我国地方政府债务膨胀的政治逻辑与风险[J]. 社会科学战线, 2011, 10: 159-167.

[18] Plekhanov, A., R. Singh. How should subnational government borrowing be regulated? Some cross-country empirical evidence[M]. IMF Staff Papers, 2006: 426-452.

[19] 何杨,满燕云. 地方政府债务融资的风险控制——基于土地财政视角的分析[J]. 财贸经济, 2012, 05: 45-50.

[20] 韩增华. 地方政府债务风险管理的机制性缺陷与克服: 改进预算过程[J]. 地方财政研究, 2012, 03: 15-17.

[21] 张平. 后土地财政时代我国地方政府偿债问题研究[J]. 当代财经, 2013, 01: 39-47.

[22] 马骏,刘亚平. 中国地方政府财政风险研究: "逆向软预算约束"理论的视角[J]. 学术研究, 2005, 11: 77-84.

[23] 历咏. 地方政府融资中人民代表大会与政府的角色配置与合法性探讨[J]. 政法论坛, 2012, 03: 135-143.

[24] 刘尚希,赵全厚,孟艳,封北麟,李成威,张立承. "十二五"时期我国地方政府性债务压力测试研究[J]. 经济研究参考, 2012, 08: 3-58.

[25] 曾芸. 中国地方政府性债务问题研究[D]. 大连: 东北财经大学, 2011.

[26] 张宏安. 新中国地方政府债务史考[J]. 财政研究, 2011, 10: 7-10.

[27] 财政部预算司课题组. 地方政府预算约束的硬化[J]. 经济研究参考, 2009, 43: 25-31.

[28] Persson, T., G. Tabellini. Political economics and public finance[M]. Handbook of Public Economics, 2002: 1549-1659.

[29] 冯兴元. 地方政府竞争: 理论范式、分析框架与实证研究[M]. 南京: 译林出版社, 2010.

[30] 周黎安. 中国地方官员的晋升锦标赛模式研究[J]. 经济研究, 2007, 07: 36-50.

[31] 张军,高远,傅勇,张弘. 中国为什么拥有了良好的基础设施[J]. 经济研究, 2007, 03: 4-19.

[32] 傅勇. 中国式分权、地方财政模式与公共物品供给: 理论与实证研究[D]. 上海: 复旦大学, 2007.

[33] Easterly. 在增长的迷雾中求索(中译本)[M]. 北京: 中信出版社, 2005.

[34] 周黎安. 转型中的地方政府: 官员激励与治理[M]. 上海: 格致出版社, 2008.

[35] 尹振东. 垂直管理与属地管理: 行政管理体制的选择[J]. 经济研究, 2011, 04: 41-54.

[36] 龚强,王俊,贾坤. 财政分权视角下的地方政府债务研究: 一个综述[J]. 经济研究, 2011, 07: 144-156.

[37] 潘俊,陈志斌. 政府财务信息披露理论框架构筑[J]. 上海立信会计学院学报, 2011, 05: 23-31.

[38] 邢俊英. 政府负债风险控制: 影响政府会计改革的重要因素[J]. 会计研究, 2006, 09: 64-68.

[39] 路军伟. 我国政府会计改革取向定位与改革路径设计——基于多重理论视角[J]. 会计研究, 2010, 08: 62-68.

[40] 刘光忠. 改进我国预算会计制度的思考[J]. 会计研究, 2002, 01: 25-30.

[41] 邢俊英. 改革政府会计制度 防范财政负债风险[J]. 会计研究, 2004, 04: 69-72.

[42] 杨亚军,杨兴龙,孙芳城. 基于风险管理的地方政府债务会计系统构建[J]. 审计研究, 2013, 03: 94-101.

[43] 田志刚. 地方财政内部控制框架及构建研究[J]. 中南财经政法大学学报, 2009, 02: 47-50.

[44] 江其玟, 陈良华, 胡幽妍. 地方财政部门内部控制体系构建[J]. 华东经济管理, 2011, 06: 144-146.

[45] 肖振东. 基于财政风险防范的财政审计研究[J]. 审计研究, 2009, 05: 15-19.

[46] 李若山. 论审计与社会经济权责结构[M]. 北京: 中国财政经济出版社, 1991.

[47] 刘家义. 论国家治理与国家审计[J]. 中国社会科学, 2012, 06: 60-72.

[48] 李玲, 卢红柱, 牟遥. 地方政府性债务问题的审计思考[J]. 审计研究, 2011, 05: 8-12.

[49] 杨亚军. 地方政府性债务审计研讨会综述[J]. 审计研究, 2011, 05: 3-7.

推荐单位: 重庆理工大学

重庆市政府绩效预算管理体系构建的思考*

袁嫒 熊伟 华军

重庆市规划局

近年来,重庆在改革发展与稳定方面取得了显著成绩,大城市、大农村的城乡结构被视为中国的一个缩影,政府改革与财政改革总是如影随形、紧密相连,政府改革要想获得成功,必然要求财政改革同步进行,甚至率先突破。当前财政改革的一个重要出发点就是尽快实现政府预算管理活动的科学化,提高财政支出的绩效,所以推行财政绩效预算是公共财政管理改革的必要环节。公共财政活动必须置于政府预算的约束和规范之下,财政预算是公共财政赖以形成和存在的基础。我国的预算管理改革尚处于初始阶段,目前的改革仍只是主要以对预算资金投入的控制为导向。随着公共财政体制改革的推进,预算支出绩效评价改革的滞后制约着公共财政框架总体效果的发挥,而财政绩效预算的核心是逐步实现财政资金从注重资金投入的管理向注重对资金支出效果管理的转变。根据成本-效益的比较原则,通过公开工作计划与绩效目标执行情况的绩效评估报告,提高政府的服务质量和理性程度,从而提高政府内部管理效率。为促进重庆政府改革、完成重庆改革发展和社会管理的目标,有必要积极推进重庆财政绩效预算管理改革。

财政绩效预算制度的积极探索将是我国深化财政支出体制改革、完善政府预算制度以及加快公共财政体系建设的重要举措,对建设公共服务政府具有重要作用。西方国家的实践证明,开展绩效预算是解决公共支出低效问题的重要途径。大力推进财政绩效预算,将不断提高财政支出管理水平和支出效率,降低政府成本,实现财政资源的优化配置。同时,建立财政绩效预算也有助于加强社会公众对政府的评价和监督,促进政府提高决策水平,推进廉洁、高效政府的建设进程。另外,对重庆政府财政绩效预算制度改革进行系统探索和深入研究,不仅有利于深化重庆财政支出管理制度改革,而且对推动全国的财政改革也具有借鉴意义。

一、政府绩效预算含义

政府绩效预算,是指政府首先制定有关的事业计划和工程计划,再依据政府职能和施政计划制订计划实施方案,并在成本效益分析的基础上确定实施方案所需费用来编制预算的一种方法。政府将这些计划结果以及实施方案所需费用联系在一起,编制政府3~5年的中期预算,并将中期预算转化为具体的年度预算。预算执行结束后以经济性、效率性和效果性的"3E标准"(Economy,Efficiency,Effectiveness)等评估预算执行情况,并根据评估情况分析预算过程中的存在的问题,以改进预算管理的过程。

政府绩效预算是一种以目标为导向、以项目为衡量目标、以业绩评价为核心的一种预算管理方法。首先,要求在编制预算时要以部门绩效为依据,即把财政拨款与要做的事情联系

---

*本文获重庆市会计学会、重庆市总会计师协会2014年优秀会计论文二等奖。

起来；其次，要求从资金使用的角度去分别规划政府各部门在一个年度内可能取得的绩效。绩效最终的目的是"成果"，绩效预算就是引入市场竞争机制从而有效降低公共产品的成本，提高财政资金的使用效率，从而把这种"成果"拉到所有人眼前。政府绩效预算与企业绩效预算的最大区别是政府绩效预算要考虑相应的社会效应，不能单纯把利润最大化作为目标，还要考虑到政府在扶贫扶弱、公共安全等方面的责任。

政府绩效预算是按照政府职能部门所要达到的目标分配财政资金，并运用合理、规范的评价指标，对财政资金的使用结果、目标的完成情况和取得的效果进行评价的一种公共支出预算模式。绩效预算关注的不是预算的执行过程，而是执行的结果，不是政府的钱够不够花、怎么花，而是政府在这些地方花了钱，老百姓最终得到了什么？通俗的说就是要为老百姓办实事，如果都没有达到什么效果，这些规章制度和出差办公不仅不是政府的绩效，反而是政府在浪费资源。因此绩效的衡量是实行绩效预算的基础。

二、重庆市政府预算的现状和问题分析

（一）现状分析

自从2000年我国引入市场经济国家普遍采用的部门预算以来，重庆市也不例外。所谓部门预算，就是财政按照规范的程序和方法，将每个部门的收支通过一本预算详细地反映出来，上报经上级审查批准后，再严格执行的预算编制方法。按照部门预算的要求，一个部门一本预算，具体来说，重庆市部门预算有如下特征：

第一，部门预算以重庆市各部门为预算管理基础。通过一本预算，来反映各个部门所有的收入和支出。预算从基层单位编起，取消财政与部门之间的中间环节，因此，各部门要负责审核、汇总、分析基层会计单位的收支预算建议，再编制本部门的收支预算建议，并报市财政部门审核。采用部门预算这一预算编制组织形式，使全市预算管理的出发点和着力点转移到了各个部门。

第二，部门预算的内容完整，具有统筹综合性。部门预算内容广泛，既包括重庆市各行政单位的预算，又包括其下属事业单位的预算；既包括一般预算收支计划，又包括政府基金预算收支计划；既包括财政预算内拨款收支计划，又包括财政预算外拨款资金收支计划和部门其他收支计划；既包括正常经费预算，又包括各专项支出预算。因此，部门预算是一个综合预算，扩大了政府预算的编制范围。将全市财政预算内外资金纳入政府综合财政预算管理，能够全面反映重庆市政府活动的范围和方向，有利于重庆市政府统筹考虑各项事业的发展。

第三，部门预算的编制内容细化到了重庆市各部门、单位、项目。简单地说，部门预算是由全市各个部门所属各单位的预算和本部门机关经费的预算组成。这样，就对各部门及其下属单位预算支出和支出内容做了详细的确定和规范，数额更详细和准确。在预算过程中，不仅列示支出总量，也列示每一个具体的用款项目，并细化到"类""款""项"，甚至"目"级科目。所以，通过编制部门预算，可以更加全面地发挥重庆市财政分配资金的职能，细化预算，提高全市各单位、部门的预算编制透明度。

（二）问题分析

但是，伴随着部门预算改革的深入，在实践中也暴露出了一些问题。由此，全国一些省

市、地区，如上海、广东、河北等，已率先进行了不同模式的绩效预算管理实践，而目前，重庆市还没有进行绩效预算管理改革的探索。

尽管，经过多年的实践和探索，重庆市目前采用的部门预算，较之传统预算方法在形式、内容上都有了质的飞跃。但是受相关配套改革措施的制约和影响，部门预算仍存在一些问题，主要有：

1. 预算管理口径不全

重庆市预算与传统的预算相比，虽然已经做了预算内、外资金的统一。但是，并不是严格意义上的全口径预算，仍有一部分政府性财力没有纳入。当前，全市部门预算中反映的只是市财政部门管理的各项资金，包括各项行政事业经费、医疗经费、房改经费等，而一些有预算分配权的部门所管理的预算资金，如科技主管部门管理的科技三项费等，没有在年初一并反映在重庆市各部门的预算之中，而是在预算执行中再分配下达。

此外，目前还存在上级政府财政部门或主管部门直接给予下级的专项经费拨款，这部分拨款也无法反映在下级的部门预算之中。这样带来的后果是重庆市财力分散，资金运用低效率。全市各部门可以多渠道得到财力，降低了重庆市部门预算的透明度。

2. 预算编制机制存在缺陷

第一，部门在预算编制过程中处于被动地位。重庆市目前的部门预算制度实行的是"二上二下，分级编制，逐级汇总"的编报方法。理论上，这种部门预算编制方法要求财政部门必须实事求是地掌握全市各部门人员情况、业务发展需求，并综合考虑各部门内外部因素、历史和未来因素的影响，以此确定最终经费水平。但是，由于重庆市当前的预算管理水平有限，真正具有较强可操作性的部门预算编制方法实际上是以全市各部门的预算编制为依据，然后经过上级部门对部门预算进行砍砍压压后编制而成。由于财政部门无法全面掌握各部门的预算编制情况，客观上造成依靠部门意见为依据的局面。因此，重庆市目前的部门预算制度是一种被动编制预算的方法。

第二，部门预算的编制、审批时间短，预算编制方法落后。目前，部门预算从各部门上报预算建议，到人代会审批后下达预算，前后"二上二下"的时间总共不到半年。由此一来，分配到重庆市的整个部门预算编制时间就更加短。而部门预算编制时间不足又会带来如下两个方面的问题：一方面，造成重庆市在测算预算收支指标时，信息资料掌握不完备、不准确，使全市预算编制中的收支安排带有很大的草率性、盲目性；另一方面，全市在部门预算的编制过程中，缺少广泛的社会参与和科学论证，影响重庆市预算的科学性和准确性。另外，目前重庆市进行的部门预算编制实质上仍采用"基数加增长法"，并未真正实行"零基预算"等先进的方法。这种"基数加增长法"的预算编制，虽然操作上简单易行，但它是增量预算，容易形成支出刚性，不利于重庆市支出数额与支出结构的调整和优化，而且，基数是多年形成的，难免含有不合理的因素。因此，重庆市各部门采用"基数加增长法"编制出来的部门预算是很不合理的。

第三，预算科目设置未细化到部门。理论上，为便于预算的审批、执行和监督，政府预算科目的设置应该交叉分类，并细化到部门。但实际上，尽管这几年重庆市在预算科目上有所改革，仍是级次太少，所列内容太粗，还不能完全反映出重庆市各个部门的预算。以致预算支出中出现了上级挤下级、行政挤事业、人头费吃专款的现象，预算的计划性、预见性、连续性有待提高。由此，也增大了重庆市有关部门对部门预算审查监督的难度。另外，在操作过程中，重庆市部门预算还存在编制不规范的问题，即在预算刚刚确定，甚至是还没有最后确定时，却发生了要求追回预算的情况。这样，就形成了在预算安排上反复要求追回的现象，不利于重庆市加强预算管理，硬化预算约束。同时，预算执行中的经费追加情况也时有发生。部门预算批复后，预算执行中经费追加数额比较多，导致决算与预算之间的差距拉大，导致重庆市部门预算的约束作用不强。

第四，预算定额体系有待完善。目前，部门预算在编制方法中仍存在着定额测算方法不准确、定额标准不科学、定额体系涵盖不全面等问题。因为，全市现有的定额基本上是财政补助定额，并不是真正意义上的综合定额。这样，就造成重庆市财政预算资金以外的各项合法资金无法真正做到统筹使用，原有财力分配格局难以打破，而且，各项行政性收费、罚没收入等政府非税收收入还没有实现彻底的"收支脱钩"。重庆市各部门取得的收费基本上还是按照统一的标准实行与财力分成，没有完全作为可支配财力进行统筹安排，这样，就违背了部门预算的公平原则。

3. 监督审查薄弱

一方面，由于目前预算的详细内容是作为机密对待的，人大一般只对重庆市政府预算进行粗线条审议，而且相关监督较少。因此，市政府向人大提交的预算报告就比较简单、粗略，使得预算透明度很低，不利于重庆市预算监督审查的科学性和民主性。另一方面，重庆市对部门预算的执行，缺乏强有力的约束手段，存在审查时间不够、监督审查程序不清等现象，造成预算审查监督多数流于形式。尽管重庆市也在不断实施部门预算改革，但未能从根本上扭转这一局面。而且，由于预算编制具有较强的专业性，但现在各级预算审查工作人员大多没有从事过财政预算编制工作，"内行"或专家较少，所以，难以从根本上保证全市各部门预算审查的质量。

4. 预算执行缺乏绩效考核

研究重庆市目前的部门预算制度不难发现，全市现行的预算编制方法仍是以传统的投入预算为主，即对投入重视偏多，对产出重视相对较少，这样，导致预算一经确定，对预算执行的审计和检查就侧重于投入方面的问题，而对预算执行中财政资金的产出和结果关心不够。由此，使得全市各部门只需确保财政资金的取得和使用合法、合规，而不需要对财政资金使用所产生的结果承担受托责任，致使各部门把重心放在争取市政府预算拨款上，而不是放在用好预算资金以取得成效上。预算执行的结果往往偏离所应体现的预期意图，造成财政支出效率不高。

如前所述，目前重庆市还没有进行绩效预算改革，预算资金的使用就难以与效益挂钩。尽管部门预算在重庆市各部门、各级得到了推广，但对有关部门预算编制质量的考核、部门预算特别是支出项目的绩效考核、追踪问效机制，全市各部门都还没有作出详细的研究。同时，在具体的预算编制过程中，由于项目缺乏可比性，可行性论证也不够充分，就难以做到分轻重缓急排列次序，造成实际预算过程中，存在全市各部门争着上项目、多立项多要钱的现象，进一步降低了重庆市财政资金的效益。

三、重庆市政府绩效预算管理体系构建

（一）改革思路

重庆市绩效预算改革的总体思路是：按照由易到难的原则，先从预算管理体制改革入手，通过一系列的绩效指标建立起绩效预算管理体系，促进政府管理绩效化。并且，通过财政运

行机制中流程再造的强化,推进重庆市的财政运行机制改革,最终形成财政管理的绩效化。这是一个以财政部推动预算改革,并以预算改革倒逼政府行政管理体制改革,推进财政运行机制改革的过程。其中,财政预算管理体制改革是核心,政府行政管理体制改革和财政运行机制的改革则是预算改革的必然产物。

(二)技术路线

在总结近年来我国各地绩效预算改革试点经验的基础上,结合重庆市的实际情况,设计如图 1 所示的重庆市绩效预算改革的技术路线。从图中可以看出,其技术线路是:一是在现行预算管理体制基础上先对专项项目实施绩效评价,再对一般项目实施绩效评价,以实现政府收支绩效化,最终建立政府绩效预算体系;二是在建立政府绩效预算体系的基础上,通过倒逼机制,刺激政府行政管理的改革,实现政府行政管理体制的绩效化;三是通过财政管理流程的再造,推进财政运行机制的改革,实现财政管理体制绩效化。在这个过程中,绩效审计作为一种推进绩效预算改革的外部力量,始终伴随在整个改革的每个环节。通过审计监督的推进,强化绩效预算的理念,加快改革的进程。因此,在绩效预算改革的过程中,绩效预算体系、绩效管理、绩效审计等构成一个完整的体系。它们既相互独立,又相互配套,最终实现了政府行政管理体制改革、财政运行机制改革的互动。

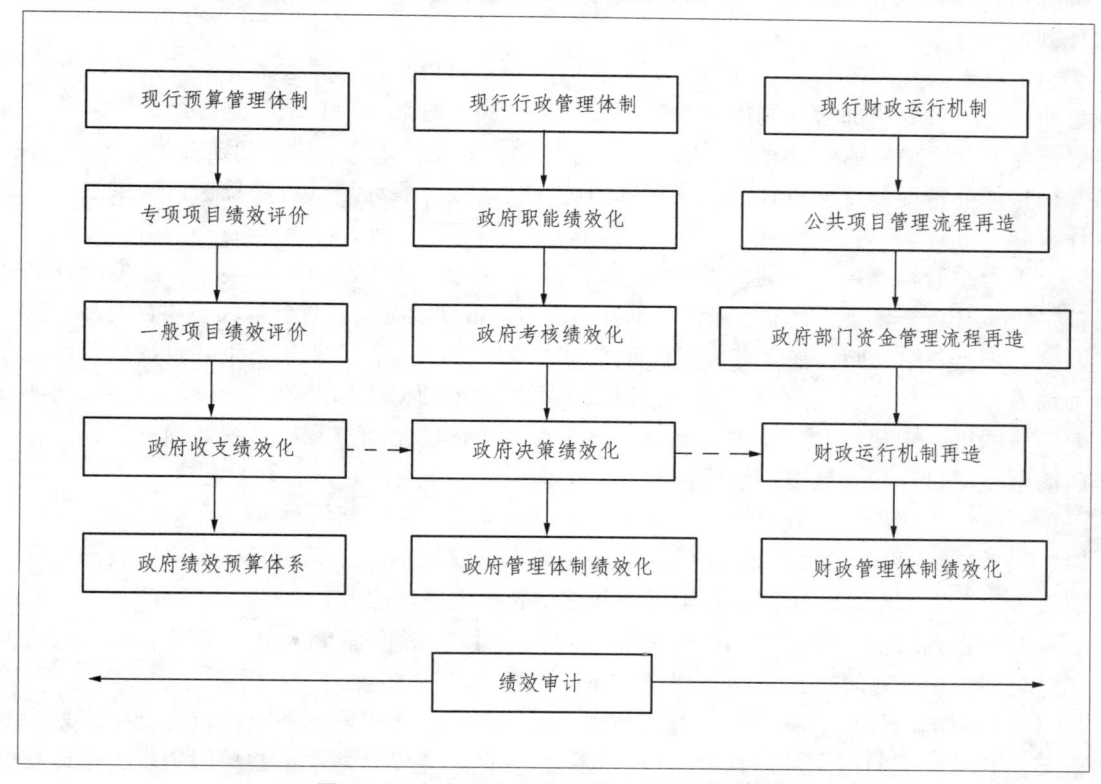

图 1 重庆市政府绩效预算改革的技术路线

(三)基本步骤

目前重庆市与全国一样实施的是部门预算,因此重庆市绩效预算改革可在现有部门预算的基础上，局部结合绩效预算的精神，实行"项目绩效预算"，先试点后推开，最后再全方位推行"部门绩效预算"，逐步构建过程与结果结合、效果与效率相结合的预算编制模式。这一过程主要分三步走，具体如下：

第一步，选择项目支出较大的部门实行"项目绩效预算"试点改革。在全面推行绩效预算之前，可以选择项目支出占大头的农业、科技、教育、卫生等部门进行试点，先从具体项目的效益考核开始，运用绩效预算的原理来指导部门预算，引入政府项目绩效评价制度以优化部门预算。其具体步骤为：

（1）财政部门制定"项目绩效预算编制办法"，规定项目绩效预算的程序、目标、主体、内容和方法，建立项目绩效考评制度及其框架体系。构建"部门绩效滚动项目库"，主要内容应包括部门事业发展的总体计划、项目的内容、项目滚动计划、项目所产生的社会或经济效益、达到目标所需财政拨款等内容。

（2）各部门根据"项目绩效预算编制办法"和"部门绩效滚动项目库"编制年度预算。

（3）年终各部门根据年度预算执行情况向人大提交项目绩效报告。内容应包括部门工作目标的战略计划执行情况及绩效目标的年度执行情况。要对实际取得的绩效成绩和年度绩效计划中的绩效指标进行比较，对没有达到绩效目标的项目说明原因，列出将来完成绩效目标的计划和时间表；如果某个绩效目标是不实际或不可行的，要说明改进或终止目标的计划。

（4）政府委托财政与审计部门对政府各部门的支出项目进行绩效考评。绩效考评制度可分为两种：一种是内部考评制度，由财政部门结合决算对部门项目绩效进行评价，绩效评价结果作为下年度项目绩效预算编制依据，这样以决算制度为依托，建立起项目绩效考评制度；另一种是外部考评制度，审计部门根据部门的社会事业发展计划，对项目执行结果进行绩效审计。

（5）由政府根据内外部绩效考评结果做出奖惩。对于年度项目绩效或是事业发展计划完成较好的部门给予奖励，对于指标完成不好的部门，根据情况削减直到取消该项目的预算。

第二步，总结经验，在所有部门全面展开"项目绩效预算"。由于个别项目绩效预算的实行为绩效预算的全面实施打好了铺垫，提供了可供参考的模式和经验，所以可以在个别项目绩效预算取得一定成绩和效果的基础上，逐步在各个部门全面推开项目绩效预算。针对各个部门的重点项目计划开展项目绩效预算，真正将项目成本与项目成果联系起来。

第三步，在"项目绩效预算"的框架下，全面推行"绩效部门预算"。

"项目绩效预算"在政府部门内部构建起绩效支出责任制度，但仍无法解决财政部门难于从源头上真正实现财政资源的高效配置和年度结转等问题。因此，

有必要批判地学习与借鉴国际先进经验，在项目绩效预算基础上进行改良，引入权责发生制进行多年滚动预算，全面推行"绩效部门预算"。具体步骤为：

（1）编制部门长期战略计划。编制预算之前，各部门应以国家和重庆市的五年规划为基本框架，向财政部门提交部门长期战略计划。因为部门战略计划是编制部门年度工作计划的基础和依据，而经过政府审议通过的部门年度工作计划才能作为预算编制的依据。

（2）根据部门长期的工作目标同步构建绩效预算框架，形成部门绩效目标。即全面考虑项目的成本效益分析，充分保证绩效目标的效率性，实现部门绩效目标与部门工作计划一体化，达到资金有效配置，使"绩效"的观念贯穿于整个预算编制与执行过程。

（3）考核年终项目执行情况。一是由各部门审核汇总下属各个单位、项目的年度计划执行情况，形成年度绩效与责任报告。包括本年度部门绩效执行情况、执行过程存在的困难与问题和下一年度的工作计划。二是由财政部门与审计部门对部门项目执行绩效结果做出内外部考评，引入科学的绩效评估方法，采取定性分析与定量方法相结合，逐步建立评估模型。

（4）根据考核结果做出奖惩与预算调整。一是由政府根据内外部考评结果进行奖惩。对于绩效好的部门给予奖励，对于指标完成不好的部门，则予以公告、削减直到取消预算。二是根据考核结果进行预算调整。财政部门按照各部门制定的计划情况以及工作绩效的考核结果调整下一年度财政预算，并提交人大审议。

（四）保障机制

保障机制是保证政府绩效预算体系顺利实施的重要环节，从思想、法律、制度和组织方面展开。

首先是思想保障。建议进一步强化绩效理念，不断加大宣传培训力度，使广大财政、财务人员正确完整地理解和掌握绩效评价工作的内涵和意义，积极主动地实施绩效管理，提高管理水平和财政资金的使用效益。并建立相关的激励惩罚机制，对绩效考核敷衍了事、弄虚作假的单位进行通报批评，并对单位公用经费进行削减。

其次是法律保障。从国外实践看，这项工作要取得实效必须得到立法的支持，而且要制度化、经常化。我国财政支出绩效评价工作由于起步较晚，仍处于试点摸索阶段，各部门、各单位对绩效评价、绩效预算的认识和熟悉还需要一个过程。同时，绩效评价部门对绩效评价、绩效预算的内在规律也有一个逐渐发现和掌握的过程。因此，相关考评制度和绩效预算规章的建立也是一个循序渐进的过程。这导致目前绩效评价、绩效预算的相关规章制度的法律层次较低，主要以财政部门的规范性文件为主。但这一事实也在客观上限制了绩效评价工作的权威性，使绩效评价工作有时难以有效开展，绩效评价结果难以有效应用。今后要联合人大的力量，逐步将已经成型的绩效评价管理制度进行立法，提升绩效评价的法律地位，通过法律的力量推动绩效评价的深入开展。

再次是制度保障。为切实贯彻落实重庆市绩效预算改革，需要建立起一套较为完善的预算绩效评价和管理的制度体系，为绩效预算管理工作的开展提供制度保障。以上海浦东新区为例，经过近五年的摸索和实践，浦东新区已经建立起了一套较为完善的预算绩效评价和管理的制度体系，为其绩效预算工作深入开展搭建了坚实的基础。结合浦东实际，新区财政局先后制定了《浦东新区绩效预算改革试点方案》《浦东新区预算绩效评价管理办法》《浦东新区财政绩效预算管理办法》《浦东新区街道预算民主理财管理办法》等一系列规范化制度。那么，重庆市的绩效预算改革必然需要一系列规范性制度的指引，例如，统一制定绩效评价的规章制度、绩效评价工作人员的工作制度以及有关管理制度或办法等。

最后是组织保障。绩效预算管理的最终实施，必然依赖于财政支出绩效预算评价机构、绩效预算管理人员的具体贯彻落实。所以，为保障重庆市进行绩效预算改革顺利进行，应成立相应的财政支出绩效预算评价机构，并对现有财政工作人员进行必要的培训。不仅如此，在英国和瑞典的财政或审计部门往往通过聘用、联合等方式，吸收一些专家、学者或中介机构专业人员协助进行某一具体项目的考评，或采取委托的方式将某些项目的考评工作交由中介机构完成。这也是值得重庆市政府在推进绩效预算改革中借鉴的地方。

参考文献

[1] 重庆市统计局. 重庆统计年鉴（2011）[Z]. 北京：中国统计出版社，2011.
[2] 李燕，王宇龙. 论绩效预算在我国实施的制度约束[J]. 中央财经大学学报，2005（6）.
[3] 张维平. 对中国实行绩效预算管理的思考[J]. 当代财经，2005（2）.
[4] 黄云鹏. "十二五"我国预算管理体制改革总体思路[J]. 宏观经济管理，2010（3）.
[5] 李运祥. 基于动态系统的我国公共财政支出结构绩效分析[J]. 财政问题研究，2010（9）.
[6] 王胜. 分税制以来中国地方财政支农绩效评价：基于分级支出视角[J]. 中国管理科学，2010，18（1）.
[7] 过剑飞. 绩效预算：浦东政府治理模式的新视角[M]. 北京：中国财政经济出版社，2008.
[8] 白景明，赵新国，李成威. 广东南海模式与建立中国式绩效预算[M]. 北京：中国财政经济出版社，2010.
[9] 胡宁生. 公共部门绩效评估[M]. 上海：复旦大学出版社，2008.
[10] 孔志锋. 绩效预算论[M]. 北京：经济科学出版社，2007.

推荐单位：重庆市建设会计学会

政府性投资项目财政监管中存在的问题与对策研究*

严中祎

涪陵区政府办

一、引 言

长期以来，政府性投资项目是由政府及其职能部门依靠其特有的行政权力和职能来管理和运作的，政府作为政府投资项目的业主，对政府投资项目从投资决策、资金调拨、落实施工企业到建成交付使用的全过程实施直接管理的模式。这种管理模式的特征是行政力量在经济运行与资源配置中起主导作用，它追求投资规模，忽视投资效益；注重进度，轻视质量；着重投资总量，忽略投资结构。

二十多年来，我国政府投资建设的决策者和学者们在经济发展改革的实践中，不断寻求更好的政府投资管理机制和更好的运作方法来改善政府在政府投资建设领域的行为和提高政府投资的效率，早期要求按基本建设程序来管理政府投资建设，到后来推行招标投标、工程监理、项目业主制、项目资本金制等一系列项目管理制度。尽管改革不断深化，但政府投资建设的低效率问题一直没有从根本上得到解决，特别是政府投资建设领域中未能有效进行项目政府管理模式的改革，或者说忽略了这方面的改革，致使我国政府投资建设管理领域的诸多改革达不到预期的效果。由于在政府投资建设工程的管理中，责、权、利划分不清楚，有关的监管体系也没有能够完善起来，造成政府投资工程的业主单位缺乏有效的监管，再加上非经营性政府投资建设工程的实施单位又不用承担任何风险，造成了业主行为严重不规范的现象，并且已成为建筑市场秩序混乱的一个重要根源。因此，要提高政府投资项目的投资效益，必须深入研究适合的政府投资项目管理模式。

二、现行的政府性投资项目管理存在的问题

我国政府性投资项目过去均是由拨付资金的使用单位自行筹组指挥部、基建办来实施项目工程管理。这些基建班子一般属于临时筹组，在计划经济时期因不存在成熟的工业咨询业务，无法求得社会化、市场化的管理服务，建设单位自搭班子来做项目管理往往也是无奈的选择。在这种情况下，政府投资项目的管理呈现出分散化、临时性和自营性的基本特征，这种管理模式导致了政府性投资项目管理中存在以下一些问题。

（一）缺乏统一的管理制度和规则

目前国家和地方基本没有针对政府投资项目的统一管理制度，各个城市做法不一，在体

---

*本文获重庆市会计学会、重庆市总会计师协会 2014 年优秀会计论文三等奖。本文现有标题为《重庆会计论坛》编委会修改后的标题，作者原稿的标题为《关于加强政府性投资项目财政监管的思考》。

制和管理方式上基本上是各自为政。虽然国家制定有《招标投标法》《合同法》《建筑法》等，但主要对象都涵盖了更大的范围。政府投资项目的管理体制不统一，因此，各地基本上是根据自己的需要来确定政府投资项目如何来管理。以城市基础设施建设管理为例，有的地方以政府直接管理为主，有的地方是设一事业单位进行管理，还有一些地方成立公司实施管理。政府投资项目管理的归口单位，从量上占较大份额的部门来看，大部分在建设行政主管部门，一些在发改部门，同时也还分散在如土地行政管理部门、城建部门、水利部门、交通部门等多个部门。因此，缺乏统一的管理制度和规则。

（二）政府投资项目主体权责不明晰

政府投资项目的业主原来一般是管理委员会，管理委员会一般由相关多个政府部门组成。虽然许多政府部门都参与了项目的管理，但是没有一个部门承担投资主体的全部责任，导致政府投资项目主体权责不明晰，对投资额和负债的控制不强，地方资金筹集都认为是财政部门的事。从属的项目建设单位没有获得真正的法人地位，也无须对国有投资的效果和债务风险负责，政府投资责任虚化。政府投资项目管理机构可能既负责项目的组织实施，又行使建设市场监管的职责，这无异于运动员与裁判二任一身，会造成对政府投资项目监管不力的局面，一些有关建设市场和建设管理的法律法规对政府投资项目缺乏约束力。由于对政府投资项目各部门监控不力，缺乏真正承担投资主体全部责任的部门，各部门对政府负债无动于衷，都觉得政府负债与本部门关系不大，因此存在政府投资项目的投资额控制不好、重复浪费的现象。

（三）招标投标活动不规范

目前，政府投资项目存在问题较多的环节是招标投标环节。招标人对应当招标的项目擅自不招标，应当公开招标的项目擅自邀请招标，招标时不遵守法定规定，泄露标底，随意更改招标文件等。投标人不择手段谋取中标，弄虚作假、串通投标、陪标、围标等，中标后将项目非法肢解转让，或者违法转包、分包。招标代理机构超越代理权限，甚至与招标人或投标人串通，操纵招标活动，擅自改变中标结果。

（四）超概算、超合同价现象较为普遍

部分项目因为前期设计质量粗疏，深度不够、不细，设计不当，以及缺项、漏项较多等原因，在施工过程中出现较多选址、设计、工程量变更等情况。也有暗设伏笔，为设计变更打基础，随意变更，受施工单位左右，合同签订后不执行合同，造成工期延误并导致工程造价大量增加。同时，由于建设单位无偿使用资金而享有或使用投资成果，加上对超概单位的约束机制不完善，责任追究机制缺失，责任难以量化，造成建设单位投资控制意识不强，相互间攀比建设规模、建设标准的现象还一定程度上存在。

（五）项目单位基础资料收集整理意识较为缺乏

在基础资料整理方面，部分项目建设期限长，期间项目管理人员及财务人员几经更换，在项目基础资料移交对接时管理不够规范，造成部分资料遗失或缺漏。部分单位项目基建管理人员与财务人员间沟通联系很少，存在基建只管投资、财务只管付款的完全脱离现象，在上报数据等信息资料时往往相互矛盾。部分单位在主观上对基础资料的收集与整理还未给予高度重视，日常管

理不够规范,往往在应付检查时才匆忙准备,临时抱佛脚。在项目财务管理方面,部分单位对各项工程费用的支付没有严格按照《基本建设财务管理规定》来执行,如未对建设单位管理费、业务招待费进行限额控制等;个别单位将工程项目当成"小金库",把本不在概算范围内的办公设备购置费和部分公用经费列入了工程项目的费用予以开支,或者工程早已完工,却迟迟不办理竣工财务决算,继续在工程中列支经费;对往来款的账务处理不当,催办不够及时。

(六)工程竣工后,不及时办理财务结(决)算问题较为突出

许多建设单位工程竣工验收后不及时编制、报送结算资料,对结算也不先进行自审或委托中介机构审核,审计部门不予受理。也有部分建设单位认为工程竣工验收并已办理竣工结算后,整个建设程序就算完成,对竣工财务决算重要性和必要性的认识不够到位,办理财务决算的积极性和主动性不够高。同时,目前我们对建设单位不及时办理竣工财务决算缺乏较强的奖惩约束机制,年度决算办理计划安排与日常督促制度还不够完善。还有部分建设单位认为决算办理后,账务处理就要从"在建工程"科目转入"固定资产"科目,就要计提折旧,增加折旧费用,所以拖着不办理竣工财务决算。

三、政府性投资项目财政监管的对策

针对上述政府性投资项目管理中存在的问题,提出如下财政监管对策:将政府性投资项目统一纳入基本建设预算管理,积极构建预算编制、执行和监管"三位一体"的财政管理机制。

(一)构建科学化、程序化的预算编制体系

1. 明确预算编制要求

设置统一的预算编报格式,明确预算编制范围,政府性投资项目要经充分评估论证和审批,拟列入下年度政府投资计划的续建、新建、拟开工项目及当年完工项目财务尾款等。内容主要包括项目财务收支、政府性债务收支及自筹资金计划等,同时提供新建项目的各类批复材料及其他情况说明。

2. 规范预算编制程序

建设项目主管部门和建设单位在提出年度投资计划的同时,按照相关要求同步上报年度基本建设财务收支计划及政府性债务收支计划;财政部门结合年度财务状况、投资政策、发改部门编制的年度投资计划及建设项目完成进度等情况,提出审核意见;经与发改部门及相关建设单位沟通衔接后形成年度基本建设预算及政府性债务收支计划草案;草案经区政府常务会议、区委常委会及区人大常委会审议通过后下达各项目主管部门和建设单位。

3. 形成预算编制操作原则

本着"统筹安排、收支平衡,保障安全、防范风险、提高效益"的总原则,在安排支出时,根据"偿债优先、续建项目优先、债务落实项目优先、基础性功能性项目优先"的四优先原则进行预算安排。将政府性投资项目纳入基本建设预算管理,并逐渐成为一项固定的制度,预算的可操作性和刚性不断增强,较好地平衡了政府可用财力与项目支出需求之间的矛盾,有利于政府投资结构的优化、政府决策的执行和财政风险的控制。同时,将还本付息、

续建项目、新建项目及非项目支出等所有支出统一纳入基本建设预算统筹安排，较好实现了"预算一个盘子"的财政改革目标。

（二）构建精细化、规范化的预算执行体系

1. 多渠道筹措建设资金

基本建设资金来源主要包括财政预算内安排、土地出让收入、债务收入、单位自筹及争取上级补助等。其中土地出让收入和政府性债务收入是基本建设资金的两大最主要来源。同时，积极探索、创新其他方式筹措建设资金，如盘活国有存量资产、争取地方政府债券、采取BT模式建设、发行企业债券、吸引民间投资等。

2. 严格资金审核拨付

根据批准的年度基本建设支出预算，结合项目进度及资金需求，填报拨款申请单并提供建设合同、工程进度等相关材料，财政部门在审查基础上结合债务资金和自筹资金到位情况，及时合理拨付建设资金，所有建设资金统一纳入国库集中支付。经批准的基本建设预算在实际执行中发生变化时，财政部门提出预算调整意见，报区政府批准后实施。

3. 强化资金使用调度

为避免建设资金积压、沉淀，切实保障基本建设项目的顺利推进，由财政统一对建设资金在项目间实行科学合理调度。有力保障了项目单位的用款需求，切实提高了资金使用效率，有效确保了政府信用。

（三）构建全过程、全覆盖的预算监管体系

1. 严格执行工程"四制"，强化自我管理

通过强化项目法人责任制、招投标制、工程监理制、合同管理制等工程"四制"的管理，努力控制工程设计变更，不断完善现场签证管理，把加强建设单位的内部控制作为一项硬性量化指标纳入考核范围，完善配套考核奖惩机制，不断激发建设单位组织内部监管的主动性、积极性和创造性，把好项目管理的第一道窗口。

2. 实施财务总监委派制，强化一线监督

出台财务总监管理办法，对各项目单位和承担政府性投资项目的国有企业委派财务总监，按照财务联签、业务参与、工作监督的要求，深入受派单位督促完善规章制度。加强财务核算和成本控制，及时掌握项目建设运行情况和财务情况，对涉及国有企业的重大投资、债务担保、资产抵押、产权转让等重大事项进行重点监控。通过财务总监参与监督资金的申请、拨付和使用情况，有效控制建设成本。

3. 加强项目概（预）、结、决算的全过程评审，强化全程监管

发挥财政项目评审及社会评审中介机构的作用，在项目决策阶段，加强对项目可行性研究、工程设计和概预算的审查；在项目竣工阶段，切实做好结算、决算评审控制工作，开展项目竣工财务决算办理专项行动，对所有完工未办理竣工财务决算的项目进行清理核实，并限期办理。从项目估算、概算、预算（招标控制价）、结算、决算等各个环节，不断加强对财政性基本建设项目投资的全过程审核。

4. 完善项目基础数据收集与预算执行分析工作，强化基础管理

为全面掌握财政性投资基本建设项目资金的使用现状，对政府性投资基本建设项目开展专题调查，并建立完善动态的项目资料库。坚持项目财务收支、债务收支进度及下步用款申报制，做好每季度及不定期的预算执行分析预测，动态掌握项目建设及资金使用现状，为资金调度与领导决策提供依据。

5. 实行重点项目专项审计、绩效评价制度，强化外部监管

加强与审计、监察等部门的沟通衔接，将部分重点政府建设项目列入年度审计计划和绩效评价计划，针对发现的困难和问题，及时调整完善。通过构建财政各科室间既各司其职又相互协作、不断完善信息互通共享、专业技术人员合力保障的内部监管机制，构建与项目单位及发改、审计、监察等部门之间互动、沟通与衔接的外部联动机制，较好实现了对基本建设资金全过程、全覆盖的动态监管，有力确保了财政资金的安全高效和项目保质保量完成。

四、加强政府性投资项目财政监管的保障措施

加强政府性投资项目的监督和管理是一个复杂而系统的工程，涉及政府许多部门和国有企业的方方面面，本文主要从财政监管的角度进行分析。

（一）发挥财政综合协调作用，在资金管理中，更加注重资金使用效益的提高

在筹资阶段努力挖掘资金可利用的空间。重点是债务资金，在确保债务计划完成的基础上，进一步优化债务结构，降低融资成本，多争取银行中长期贷款，优先考虑不需提供抵押、贷款可调度空间大及利率相对较低的贷款，并根据项目资金实际需求时点控制贷款额度和进度，做到既能控制融资成本，又能满足项目资金需求。在审核拨付阶段科学合理控制拨付进度。根据项目进度审核拨付资金，做到既能保证项目用款需求，又能减少建设单位资金沉淀。在资金调度阶段充分发挥财政综合协调作用。进一步加强精细化预算管理，全面、及时、动态地掌握项目单位用款需求、资金现状，为资金调度提供依据；进一步强化各项目单位"财政资金调度一盘棋"的意识，加强沟通，相互支持，积极配合做好间隙资金调度，充分发挥债务资金的使用效益。

（二）推行项目代建制，加强业主单位即项目主管部门的责任

根据区政府出台的有关政府性投资项目管理政策的规定，抓住这些政策，理顺项目业主和代建单位的关系，推行项目代建制。明确业主单位和项目代建单位的责、权、利，明确业主单位承担完全投资主体责任，债务随资产的转移而划转，资产转移给谁谁就承担相应的债务，资产划转给业主单位的，债务也相应划转给业主单位。公益性没有收益的项目债务由财政统一偿还，有收益的项目根据收益多少和有关规定确定由谁偿还债务。

（三）提升财政投资评审的广度和深度，在过程监管中，更加突出预算、决算审核等重点环节

一是要做深做实项目前期，突出预算审核环节。政府投资项目前期工作严格按照基本建设程序规范操作，查看审批论证手续，细化项目建议书和可行性报告内容，对政府投资项目

设计预算进行审查，对预算编制依据的合法性、时效性和适用范围，预算编制说明和编制深度，预算编制建设规模、设备配置、工程量、计价指标和其他费用进行严格审查，从源头上保证政府投资资金的合理使用。二是推进项目过程控制，突出设计变更环节。强化标后管理，严格工程变更，规范变更签证。制定完善政府投资项目工程建设费用变更审批的相关规定，根据具体额度采取不同的审批程序，健全完善包括设计单位、项目主管部门、财政、审计及区政府等的多级审核审批程序。三是强化项目后期监管，突出竣工财务决算办理环节。制定完善关于项目竣工财务决算办理的规章制度，明确基本建设项目竣工财务决算的编制及审核工作的有关问题和相关要求，完善对未及时办理竣工财务决算项目单位的制约和监督机制，提高项目单位办理竣工财务决算的意识。根据项目进度，及时掌握已完工验收需办理竣工财务决算的项目清单，制定政府投资项目竣工财务决算办理年度计划，变被动为主动，有计划、有准备地予以办理，并及时对项目单位进行提醒、督办，增强项目单位的紧迫感和责任感。

（四）推进财务总监对政府性投资项目的管理

在日常管理中，除实行联签制度以外，更加强化基础管理和内控制度的完善。在项目基础信息资料积累方面，要建立完善政府投资基本建设动态项目库，坚持项目进度及财务收支月报制，根据项目进度动态地对项目库不断加以完善，要将资料管理列入对项目建设单位的考核内容。以考核引导督促项目单位不断充实完善基础资料管理，以日常检查来督促提高建设单位资料管理的意识和水平。在项目财务管理方面，要充分发挥财务总监的作用，推行财务总监对政府性投资项目加强基础和重要环节的管理，指导督促建设单位的内部财务管理行为，减少监管不到位现象，切实提高管理成效。要不断强化建设单位领导与相关人员的项目财务管理的意识和责任。

（五）加强项目完工后管理

在政府投资项目代建单位建设完工并验收交付使用后，应加强完工后管理，特别是完工后有经营收入的项目，更应加强经营资产管理。比如公租房项目，加强租金的收缴和管理；安置房项目，严格审核安置对象，是否属于应安置范围，对属于安置范围的加强购房款的收取；对其他可经营项目，要加强对经营收入的管理。防止政府出资建设的项目建成后形成收益流失。

推荐单位：涪陵区会计学会

对严控"三公"经费以提高资金使用效益的思考*

谭朝武

重庆市涪陵区财政局

"三公"经费是指政府部门公务出国经费、公务用车购置及运行费、公务接待费用三项。党中央出台的"八项规定"和"六项禁令"①,对严控"三公"经费过快增长,反对铺张浪费,厉行勤俭节约,推进政府廉政建设等方面起了重要作用。但一些地方有令不行、有禁不止,甚至"暗箱"操作等问题突出,使"三公"经费无规使用、恶性膨胀,腐败触目惊心的状况没有得到根本好转,已引起了社会强烈反响。因此,如何严控"三公"经费,真正做到只减不增,科学合理使用,把钱用在刀刃上,切实提高资金使用效益,已成为社会关注的热点和财政改革的重大课题。本文拟对此问题做初步的剖析和研究。

一、严控"三公"经费的重要性和必要性

"三公"经费如何规范使用增效益事关党和政府的形象,事关人民群众的切身利益,事关党的事业前途命运,党中央和国务院对此高度重视。2012年12月4日,习近平总书记在中央政治局会议上提出了"八项规定"和"六项禁令"。2013年3月,李克强总理在履新职时提出,要求进一步压缩一般性和"三公"经费支出,政府要带头过"紧日子",在本届政府任期内,"三公"经费只减不增。各省(区、市)政府要全面公开省本级"三公"经费,并指导督促省级以下政府加快"三公"经费公开步伐,争取从今年开始到2015年之前,实现全国市、县级政府财政预决算和"三公"经费全面公开,而公开的形式要通俗,要让老百姓看得懂。同时,李总理还指出,公开透明是最有效的反腐剂,要"给权力涂上防腐剂,戴上紧箍咒"。2013年8月1日,财政部《关于推进省以下财政预决算公开工作的通知》,对全面推进省以下财政预决算和"三公"经费公开的工作做出了具体部署,2013年各省应至少选择20%的地(市)级和县级地区开展财政预决算和"三公"经费公开工作,2014年各省公开工作至少达到地(市)级和县级政府数的50%,2015年所有县级以上政府全部都要开展财政预决算、部门预决算和"三公"经费预决算的公开工作。因此,我们要统一思想,提高认识,增强信心,下大决心,严格按中央的部署和要求,采取切实有效措施,加大源头治理力度,严控"三公"经费支出,降低行政运行成本,把有限的财力用在刀刃上,让更多的钱用于保障和改善民生领域,切实提高财政资金的使用效益。这对服务于民、取信于民和树立政府威信、提升政府亲和力、有效遏制腐败、弘扬社会主义核心价值等都具有重要的历史和现实意义。

---

*本文获得重庆市会计学会、重庆市总会计师协会2014年优秀会计论文三等奖,已发表于财政部《中国财经信息研究资料》2013年第34期和《重庆金融》2013年第10期。

① 国务院办公厅随后出台了《党政机关厉行节约反对浪费条例》,财政部相继出台了《中央和国家机关差旅费管理办法和培训费管理办法》,强化了"三公"经费管理,提高了财政资金的使用效益,促进了党风廉政建设的深化和发展。

二、我国严控"三公"经费的实践

据财政部公布的 2012 年中央决算报告显示，2012 年中央本级"三公"经费财政拨款预算 79.84 亿元，比 2011 年决算数减少了 13.8 亿元，比 2011 年实际拨款数减少了 14.74%。其中，因公出国（境）费 21.45 亿元，占 26.86%，公务用车购置及运行费 43.48 亿元，占 54.46%，公务接待费 14.91 亿元，占 18.67%。

2013 年 4 月 18 日，中央公布的消息显示，2013 年中央本级"三公"经费财政拨款预算安排 79.69 亿元，比 2012 年预算执行数减少了 1.26 亿元，减少了 1.56%。其中因公出国（境）费 21.36 亿元，占 26.8%，比 2012 年预算执行数减少了 0.29 亿元，减少了 0.18%；公务用车购置及运行费 43.99 亿元，占 55.2%，比 2012 年预算执行数减少了 0.33 亿元，减少了 0.75%；公务接待费 14.34 亿元，占 18.0%，比 2012 年预算执行数减少了 0.64 亿元，减少了 0.43%。

中央很多部委也主动压缩"三公"经费支出，成为今年的一大亮点。财政部在编制 2013 年中央部门预算安排时，按照零增长原则，将中央部门 2013 年公务接待费预算安排总体压缩了 4.3%。国家发改委今年"三公"经费预算安排为 3 944.18 万元，比去年预算数减少 383.56 万元，减少了 2.76%。科技部在去年"三公"经费预算执行数比预算安排数减少了 647.21 万元的基础上，今年的"三公"经费预算安排数又减少了 100 万元。

由此可见，国家从中央部门率先垂范，自上而下地推进"三公"经费公开的决心和力度。

三、"三公"经费在使用过程中存在的突出问题

（一）"三公"经费概念不清晰、口径不统一，容易造成社会公众的误读

一是概念不清晰，口径不统一。目前，中央的"三公"经费，是指中央行政、事业和其他单位用财政拨款开支的出国（境）费、车辆购置及运行费、公务接待费等方面的资金，不包括财政不直接拨款而预算外安排的事业收入、经营收入等用于"三公"经费支出的各项资金，这就出现了"三公"经费实际使用数大于财政拨款数的情况，造成"三公"经费概念不清晰，口径不统一，无法履行公开监督。二是范围窄小，改革不彻底。我国公共财政行政经费支出分为基本支出和一般行政管理项目支出两大类。基本支出主要是人员经费、公用经费（办公及印刷费、交通费、差旅费、会议费、日常维修费、专用材料费等）；一般行政管理项目支出主要是出国费、招待费、会议费、办公用房维修租赁费、购置费、执法部门办案费、信息网络运行维护费等项目支出。而目前中央确定公开监督的范围只有"三公"经费三个项目，使公开监督内容大打折扣，改革不彻底，失去了公开监督的意义。三是内容不全面，真实性太差，容易造成社会公众的误读，不利于发挥约束和控制作用。一些政府和部门为了满足上级单位考核的要求，将超支的"三公"经费转移到其他没有纳入考核的行政经费项目内，尤其是数额较大的会议费等项目都没有纳入公开监督的范围，给非法谋取私利的腐败行为提供了机会和条件，不利于发挥约束控制作用。

（二）"三公"经费使用的标准既不规范又不统一，使政府部门在执行过程中无章可循、无理可依

一是没有规范统一的标准。目前，我国公务接待费、差旅费和外宾接待费、出国差旅费

等仍是 1998 年和 2001 年的使用标准，尚无明确的新标准，与实际情况有很大差距，使部门超标准列支现象比较普遍。二是难以制定规范统一的标准。政府各部门的职能和工作量都有较大差异。招商局主要负责对外联络与接待工作，接待费必然就高。公安部门办案使用公车多和外事部门的出国次数多，相应的公车使用费和出国费比其他部门大得多，这就很难制定规范统一的"三公"经费使用标准。三是由于没有规范统一的"三公"经费使用标准，使一些政府和部门在使用"三公"经费时无章可循、无理可依，导致了不公开、不透明、乱使用和浪费惊人的行为时有发生。这给"三公"经费公开、评价、监督和问责工作带来较大的困难，使各项工作难以顺利进行。

（三）管理上不公开、不透明，以及难以监督甚至是不可监督

长期以来，"三公"经费是党政机关最大的、最深藏不露而又心照不宣的腐败秘密和"顽症"，导致管理上的失控、规模的不断膨胀，成为腐败重灾区之一，社会反应十分强烈。

1. 公务接待费超标准接待，恶性膨胀，腐败触目惊心

据了解，2011 年，有个地方 10 个部门 29 个单位共计开支接待费 1 632.1 万元，年人均 1.35 万元，个别单位高达 3.14 万余元。2012 年 9 月，北京某大酒店在短短一个多月时间内，刑具 19 次假发票，总金额达 15 万元。

2. 借出国（省）考察大搞中饱私囊，腐败行为时有发生

审计署长刘家义报告：2012 年，中央本级 45 个部门，出国（境）团组 4 609 个，实际支出 12.13 亿元，其中有 33 个部门的 884 个团组未纳入年初计划，有 277 个团组出访人数、天数、地点都超过了计划，有 3 902.93 万元无预算、超预算和超标准列支，还有 550.13 万元转嫁给其他单位报销。

3. 职务消费金额巨大，滋生了腐败，引起了民怨，损害了公信力

据财政部财政科研所一位著名学者反映，有的地市级副职人员每年职务消费在 40 万元以上，有的经济发达的地市在 100 万元以上，若再加上公款接待、领导用车等就非常惊人了。另据一位县委书记告诉记者，县级一些主要领导每年的拜年等"灰色收入"不会低于一两百万元，如果加上其他节假日和婚丧嫁娶活动的收入就更多了。

4. 车辆购置运行费比重大，成本居高不下，使用率非常低

目前，我国行政公用车购置费每年平均递增 20%，超编配车率达 50%以上，车辆购置运行费就占了"三公"经费的 60%左右，占全部行政经费支出的 20%~30%。2012 年 5 月 28 日，新华社《半月谈》杂志披露：一辆公车每年的燃油费、修理费、司机工资、出差费、过路桥费、保险费等运行成本共计在 20 万元以上，但使用效率仅为社会运营车辆的 1/5 或 1/6，虚假报销修理费和燃油费等问题非常突出，公车私用问题也较严重，已成为腐败高发区之一。

（四）有令不行，有禁不止，甚至"暗箱"违规操作

有的单位有令不行，为逃避媒体和社会公众的监督，大搞"暗箱"违规操作，改明吃为暗吃，从宾馆、饭店转移到食堂、农家乐、娱乐场所等较隐蔽而豪华的地方，去吃龙虾等高

档菜品，喝茅台、五粮液等高档酒，上歌舞城狂欢作乐，大肆挥霍浪费。有的单位领导屡禁不止，与中央顶风作对，仍到饭店、宾馆等高档场所违规消费，大吃大喝。2013年1月27日，国家重点贫困县海南琼中县财政局局长王某用公款3次宴请同学，聚会共花费1.5万元，被查处。2013年4月19日江苏泰州宾江工业园区管委会主任张某，在宾馆接待河北省商州客商20人，吃河豚和长江刀鱼，喝五粮液高档酒，三桌共花费7 000余元，每人平均350元，被查处。2013年5月15日，四川会东县堵格乡党委书记殷某带领乡政府干部职工共15人赴云南大理、丽江等地公款旅游，被查处。

（五）整治力度小，进展缓慢效果差，公众不信服，政府威信受影响

一是中央领导决心大、抓得紧、要求严，但缺乏实施细则和具体措施，加之公开监督的内容和口径与实际不一致，增加了工作的难度，使一些政府和部门产生畏难情绪和等待观望的思想，造成工作力度小，进展缓慢。二是有的地方对"三公"经费公开的数据太简略，不详细，不通俗，老百姓看不懂，且公开迟缓，降低了政府权威性和公众信服力。最近，人民网站对15 016名网友采取问卷投票方式，对中央"三公"经费公开情况进行调查，结果显示：有56.2%的人很不满意，认为真实性可疑；有33%的人不太满意，认为无使用情况的细节；有6%的人基本满意，认为虽不按时但最终公布了；只有4.8%的人相当满意，认为给地方公布"三公"经费带了头。三是大多数地方政府和部门还未公开，使民众产生了强烈的挫败感。据了解，截至2013年8月6日，只有18个省级政府在网站上公开了本级政府2013年度的"三公"经费预算，而公布了2012年"三公"经费决算的仅有北京、广西、陕西3个省市。

（六）问责乏力，违纪违法成本低

一是"三公"经费概念不清、口径不一致、范围不明确、标准不统一等突出问题没有得到有效解决，使行政执法部门无章可循、无理可依，难以开展执法查处问责工作。二是"三公"经费公开的具体时间、方法、明细账目和违反规定之后的问责机制等都没有具体的制度安排，无据查处问责。三是有关部门事前事中监控措施比较少，专项绩效评价和检查监督、审计的结果与预算专项编制安排分离；另外查处的问题及其有关整改情况缺少必要的公开曝光，仅停留在曝光、谴责层面，缺乏处罚。责任追究力度，监督执行力不够，使违规成本较低。

四、一些国家对严控"三公"经费的做法和经验

国外一些国家的政府财政在严控"三公"经费支出管理上积累了一些成功经验，我们要引进吸收，取其精华，去其糟粕。

（一）日本：官员公务聚餐要自掏腰包

日本在控制和监督政府"三公"经费的支出上是比较严格的国家，尤其在财政每况愈下的状况下，对公务费开支管得越来越严，除了少数必要的礼仪性公开场合接待外，绝大多数都无公费宴请，如要参加必要的公务活动时，大都是吃食堂或外送套餐等，基本上是当事人以AA制的付费方式自掏腰包，使公款宴请降低到了最低水平。

日本的公务用车大都是国产车，只有少数私营企业和外资企业的高层领导才使用奔驰、

宝马等外国品牌。据了解，日本的政府机关在公务用车的管理上是比较严格的。不准开班车接送工作人员上下班，但鼓励职工乘坐公交车，并给予一定的交通补贴费，使公务车费用开支大大减少了。

（二）美国：民众最关注"三公"经费的使用

美国政治中，时常离不开对"三公"经费的讨论，尤其差旅费最受民众关注，超标使用和假公济私一旦被查实，将受到严处，也是政治人物最容易受到攻击的地方。

美国副总统拜登在 2011 年 8 月 19 日访华时，一行 5 人，在北京姚记炒肝吃炸酱面共消费了 140 美元（人民币 896 元），人均消费了 28 美元（人民币 179 元）。按美国公务员出差的饮食报销标准，每人每天只报销 113 美元，超标准者自负。一位堂堂的国家副总统带高官出国访问，只能在北京吃上一顿炸酱面，也不敢越雷池半步。

美国私车可公用，但公车绝不能私用。私车公用可报销 0.55 美元/英里，每天封顶报销 91 美元。对"公车私用"者，处罚相当重。联邦政府规定，公务员若"不当"使用公务车将被停职一个月以上。威斯康星州公务员西蒙·勒尔斯因让太太搭乘自己的车上班，被他人举报后，被州府办公室扣去 6 个月的油耗津贴，停止 6 个月州经济法高级咨询师权力的资格，并作为"丑闻"记录在本人的信用档案里。

（三）俄罗斯：公务特权车削减 50%

俄罗斯政府公务开销大，一直都是普通百姓抱怨的问题。最近，俄政府加强对公务经费支出的管理和监督，希望减少腐败行为的发生。

俄罗斯由于没有太多明确的法律来限制公务开销，在控制"三公"经费用上，很多政府部门和企业都是依靠自己制定的相关规定来解决这一问题。有不少单位在使用公费请客吃饭问题上管理非常严格，除了有费用额度限制和需要多级报批以外，还要在请客结束后向上级汇报请客结果。

俄罗斯总统普京上任后，就要求俄罗斯各级政府购置公务用车时要买国产车，他还签署命令将俄罗斯国内的公务特权车削减了近 50%。审计署也将加大力度监督政府部门的公务开销，对公务花销超标等违规行为予以严肃处理。

（四）法国：经常公布"三公"开销

法国总理曾表示，要在未来的 3 年里对政府的大多数部门裁员 2.5%，目的是削减预算赤字，使国家顺利实现"瘦身"发展。他还给政府各个部门写了一封信，要求 2013 年法国政府运营经费要比 2012 年削减 7%，这其中涉及最多的就是公用车辆和办公用品两个项目的开支。尽管政府已经对开支做出了"瘦身"计划，但法国民众对官员们的公款消费还是不满意。法国大报《费加罗报》就曾经发表文章，批评法国政务类公务员讲"排场"。法国的政务类公务员配的都是豪华汽车、豪华办公室，举行的招待会也都十分奢华。这让最低工资才 1 300 欧元的民众情何以堪。

针对民众的质疑，法国的政府网站经常公布"三公"经费的开支，以展示"透明"的一面。公务员去各国的差旅费补贴标准等都是在网站上有据可查的。政府对于滥用公款消费的官员也绝不手软。2010 年 7 月，两名国务秘书因用公款支付租用私人飞机的费用和购买昂贵的古巴雪茄而引咎辞职。

综上所述，国外这些国家都对严控"三公"经费支出的管理都给予了足够的重视，大都想通过严控"三公"经费为突破口，降低行政成本，减少腐败行为的发生，以调整财政资金投向，提高使用效益。

五、对严控"三公"经费以提高资金使用效益的建议

我们要学习借鉴国外的成功经验，结合我国实际，制定出适合我国国情的严控"三公"经费的法规和办法，切实控制我国"三公"经费管理，使其只减不增的目标落到实处。

（一）以人为本，务实清廉教育为先，筑牢思想防线，促进严控"三公"经费管理工作的顺利进行

古人曰："为政不廉谓之腐，为政不勤谓之败。"要建设廉洁透明高效的政府，就必须以务实清廉教育为先。要以规范和压缩不合理的"三公"经费为突破口，在各级领导干部中广泛开展以为民、务实、清廉为主要内容的党的群众路线教育实践活动，切实把贯彻落实中央"八项规定"和"六项禁令"作为切入点，着力解决人民群众反映最强烈的"三公"经费问题。坚决压缩"三公"经费，降低行政成本，规范政府和部门正确有效地行使权力，防止腐败行为的发生。要从思想上、行动上自觉抵制违规乱使用"三公"经费的行为，从而牢固树立艰苦奋斗、勤俭节约和坚决反对形式主义、官僚主义、铺张浪费及抵制享乐主义和奢靡之风的优良传统和作风，始终保持党同人民群众的血肉联系，发挥党密切联系群众的优势，为推动经济持续健康发展、全面建成小康社会、实现中华民族伟大复兴的中国梦提供坚强保证。

（二）深化财政预算制度改革，将所有财政收支都纳入预算统一安排使用，从源头上防治腐败的发生，是切实做好严控"三公"经费管理的关键

一是通过修改《预算法》，强制把所有预算外收入全部都上缴国库，纳入预算管理，支出由财政预算安排，切断"小金库"的资金来源，以有效解决收入制度改革不彻底、预算内外两本账、收入流失严重、"小金库"久清不绝和腐败越演越烈的突出问题。二是加大"三公"经费改革力度，将全部行政经费都纳入监管的范围，堵住管理的漏洞。除了人员经费外，其余的各项行政经费都要纳入公开监督管理的内容，以提高监管质量和水平，特别是对一些增长过快恶性膨胀的公务接待费、公务会议费、学习培训费和公务车购置及运行费等项目进行严格地监督控制，在上年实绩的基础上压缩 10%～15%，以实现调控用活增效的目的。三是实行公务经费支出卡结算新机制，从根本上控制随意性支出的冲动，避免从形式上压缩腐败的空间，从源头和制度上防止腐败行为的发生。

（三）科学合理地编制"三公"经费预算，确保国家行政管理职能正常运转的需要，促进政府高效廉洁目标的早日实现

一是要科学合理地编制"三公"经费预算。"三公"经费是党中央、国务院和各级党委政府的职能部门，为履行国家行政管理职能所需要的公共财政行政管理费中的一部分经费。它既不能按部门实有人数多少、工作量大小和绩效优劣来平均预算安排，也不能盲目片面取消和越少越好。要根据政府各部门的职能、性质、特点、绩效等综合因素和实际需要来科学合理地决定和编制预算，确保政府各部门正常运转的经费需要。二是各部门要认真负责地编制、申报、审核和批准"三公"经费预算。按编制部门预算"两上两下"的原则，将各部门必需

的"三公"经费分项目详细地编制预算，做到内容详细、真实、全面可靠。在此基础上，报同级财政审核后，再报同级人大审定、公示和批准后执行。三是要增强"三公"经费预算的权威性和严肃性。通过人大批准公布的"三公"经费预算安排，是部门使用"三公"经费、定期公开执行情况和接受公众与社会监督的重要法定依据，任何单位和个人不得随意更改或追加削减预算，要像美国那样，宁愿政府关门停摆，也不动用未批准的财政预算，以增强"三公"经费预算的权威性和严肃性，从而建设高效廉洁人民满意的政府。

（四）创新管理机制，规范"三公"经费使用标准，是落实严控"三公"经费只减不增目标的重要举措

一是要制定规范统一的"三公"经费使用标准，使其在执行中有章可循、有理可依。对因公出国（国内）的差旅费、会议费、公务接待费等项目的开支标准，要在深入调查研究的基础上，结合全国各个地方经济的发展状况、物价上涨指数、生活消费水平等综合因素，由中央统一制定出符合我国各级政府及部门实际的"三公"经费开支标准，报经有关部门批准后严格执行。并视经济发展速度和物价上涨等因素，每隔两年进行调整，确保其连续性和稳定性。二是要严格控制公车购置及运行费。要对单位的公务用车辆的配备数量和使用标准进行严格地清理整顿，做到编制、价格、标准"三控制"，对超数量配备和超标准使用车辆的单位要坚决予以取消并严肃处理。并不得配备领导专用车，只保证必需的公务用车，不得公车私用。实行定点维修车辆和加燃油制度，同时，进行公车运行管理市场化和公车待遇货币化改革，切实降低公用车辆运行成本。三是新开发严控"三公"经费管理的软件，对"三公"经费所使用的项目和金额进行详细地登记核算汇总后，与预算进行对比、分析和研究，查找根源，以加大监管力度，接受公众的监督，提高透明度和使用效益。

（五）建立监督制约机制，加大公开监督力度，是落实严控"三公"经费只减不增目标的重要保证

一是要建立"三公"经费使用审核制度。首先要对经费使用所发生的时间、地点、内容、范围、标准、经办人和参加人员等进行认真负责地审核；其次要对经费使用的政策依据、经费预决算、领导审批意见和附件材料等真实性、合法性和可靠性等进行认真细致地审核。在此基础上，才给予报销，以严把经费使用的出口关和质量关。二是要建立"三公"经费使用自查自纠制度。对部门全年的"三公"经费使用决算情况与年初预算安排情况进行逐项自查评价，发现问题及时予以纠正，以提高部门自我约束能力。三是建立"三公"经费绩效评价制度和机制。财政部门要按预算安排和使用结果，对经费使用了多少、办成了多少事、绩效（效果）怎样等内容进行客观公正地评价。对资金使用绩效差或违规的，要扣减下年的预算安排，以确保经费的使用效益。四是建立"三公"经费专项审计制度。要对"三公"经费支出水平高和社会反映强烈的部门实行重点审计或专项审计。要着重从经费使用范围、内容、标准、绩效和真实性、有效性、合法性等内容进行全面审计，并提出整改意见，对违纪违法的行为报有关部门依法处理，以提高质量和效益。五是要建立专项检查制度。纪委监察部门要根据工作要求和公众举报，及时开展专项检查工作，严肃查处违纪违法行为，并对相关责任人进行问责，以加大查处力度。六是要建立公开监督制度。要将部门的"三公"经费预算安排、使用情况、绩效评价结果等内容分科目、细目、子目和按月、按季、按年详实地公示，特别要重点公示经费预算和标准是多少、超没超预算和标准等详细内容，以接受公众和社会的监督，使老百姓看得清清楚楚、明明白白，从而达到减少不合理的开支，提高使用效益的目的。

（六）建立追偿机制，加大责任追究力度，做到标本兼治，把严控"三公"经费只减不增目标落到实处

要把各部门严控"三公"经费落实情况纳入年度目标、廉政考核和问责的范畴，促使其自觉规范和收紧"三公"经费支出行为。对有令不行、有禁不止和顶风作浪的严重行为，要加大责任追究力度。对于已经确认为违规或者违法的"三公"消费行为，要按有关规定，对决策者、审批者、具体享用或消费者进行严肃处理和追偿，同时纳税人也有权以个人名义请求索赔，以增加腐败的成本，遏制腐败行为的发生。

总之，严控"三公"经费是规范财政支出管理、降低行政运行成本和推进政府廉政建设的重要举措。只有编制科学、合理的预算，制定严格规范的使用标准和制度，充分发挥纪检、审计和社会的监督作用，加大问责和查处力度，才能减少支出，降低行政成本，科学合理使用，把钱用在"刀刃"上，达到调控增效和建设廉洁透明高效政府的目的。

参考文献

[1] 丁爱霞."三公"经费问题的原因分对策浅析[J]. 现代商业，2013.
[2] 谢丰灿. 中国"三公"消费问题及对策研究[J]. 东方企业文化，2013.
[3] 张志红."三公"经费运行中存在问题及治理对策[J]. 审计与理财，2012.

推荐单位：涪陵区会计学会

提升镇乡财政会计人员管理效果的案例分析*

向家祜

万州区财政局

镇乡财政干部是承担镇乡财政收支和落实国家惠农政策的骨干力量,镇乡财政工作是推动区域经济社会发展、实现社会和谐稳定、维护镇乡基层政权正常运转的重要组成部分。随着财税改革的深入,镇乡财政工作由财政资金分配型向监管型转变,镇乡财政干部主要担负镇乡会计核算、管理和监督的职责。由于多种因素的影响,镇乡财政会计人员管理无力、队伍建设滞后现象日趋突出,一定程度上影响了财政干部发展、镇乡财政财务管理和地方经济社会发展。各级各部门应给予高度重视,立足长远,着力薄弱,增添措施,不断提升财政会计人员管理效果,推动镇乡财政财务管理健康、规范、有序进行。本文以万州为例,探讨加强镇乡财政会计人员管理的重要性,分析镇乡财政会计人员管理的现状,提出相关的对策建议,与有共识之士交流,供决策部门参考。

一、加强镇乡财政会计人员管理,推动地方财政财务管理规范有序

当前,负责辖区财政会计业务及财务管理业务成为镇乡财政干部的主要职责。加强镇乡财政会计人员的管理工作,不断提升他们的业务能力,激发他们的工作积极性,对于地方财政健康运行、财务管理规范有序意义重大。

(一)加强镇乡财政会计人员管理是推进财政工作科学化、精细化的必要途径

镇乡财政处于国家财政管理体系的末梢,是立足基层、加强财政管理的基础环节。一方面,作为最基层的政府财政,要统筹做好收支工作,实现预算平衡,保障政府机关稳定,推动地方经济发展。另一方面,作为"三农"工作的窗口,要为更多的强农惠农政策提供更好的财政服务,提高财政管理水平,保护农民利益,提高资金的使用效益。同时,镇乡财政会计人员一方面需要转变思想观念,推动服务型财政建设,另一方面需要提高工作技能技巧,努力达到财政部提出的科学化、精细化的工作要求。要实现这些目标,加强对镇乡财政会计人员的管理是必要途径。

(二)加强镇乡财政会计人员管理是维护镇乡正常财务管理秩序和推进镇乡廉政建设的重要途径

镇乡财政会计人员既要履行财政资金的使用和管理职责,又要行使最基层的财务管理职责,他们的工作素质和业务能力既决定着当地财务管理水平的高低,又影响着当地的财务管理秩序和廉政建设。镇乡财政会计人员业务能力强,其对当地其他单位财务管理的指导、示

---

*本文获重庆市会计学会、重庆市总会计师协会2014年优秀会计论文三等奖。本文现有标题为《重庆会计论坛》编委会修改后的标题,作者原稿的标题为《加强镇乡财政会计人员管理的几点建议》。

范和监督能力就强,则当地的财务运行规范,财经纪律执行较好,一定程度上也保护了干部安全。相反,镇乡财政会计人员业务能力弱,不但财政管理和财政账务混乱,而且无法发挥指导、管理和监督作用,导致区域内其他单位财务水平无法提高,容易形成管理漏洞,造成镇乡内财务秩序混乱,给腐败分子以可乘之机。近年来,万州区屡有镇乡领导干部落马,每一个蛀虫的背后,往往就有一本糊涂的财政账和一个混乱的财务秩序。因此,加强镇乡财政会计人员管理,是维护镇乡正常财务管理秩序和推进镇乡廉政建设的重要途径。

二、万州区镇乡财政会计人员管理的现状

受万州区全区干部超编严重、镇乡财政干部实行属地管理等因素的影响,万州区镇乡财政会计人员管理存在"两不管"缺位现象,财政会计业务能力难以提高,财政会计队伍老化严重,镇乡财政会计队伍状况堪忧。

(一)"两不管"缺位现象严重,镇乡财政财务管理弱化,财政会计人员积极性差

镇乡财政财务的工作业务属性强,镇乡政府管不来业务,由于找不到管理的着力点,因此镇乡政府不管;由于区财政不管镇乡财政干部的人事,难以出台激励和驱动财政人员的措施,即使开展业务管理也难以达到管理效果,因此区财政局不管。"两不管"造成财政职能不断弱化,财政工作社会认可度降低,财政干部自我认可度减弱,多数财政干部工作无动力、无盼头、无想法,得过且过,浑浑噩噩,工作积极性差。同时,由于财政职能趋向弱化,镇乡政府又对机关人员统筹使用,导致财政业务岗位人员来源复杂,无会计从业经历、无会计专业知识、无会计证上岗的现象比较严重,镇乡财务管理的安全风险较大。

(二)镇乡财政会计业务能力难以提高

缺乏管理监督,缺乏激励驱动,缺乏教育培训,财政干部知识更新慢,岗位锻炼少,业务能力难以提高,特别是掌握电算化、网络化等新技术和新会计准则、新财务制度等政策的能力差。

(三)编制与人员不对称,镇乡财政会计队伍老化现象严重

由于镇乡人员由镇乡统筹安排,财政干部被调派从事其他行政和事业工作,其他人员被调派从事财政工作,导致财政编制人员与财政工作人员严重不符。同时由于编制限制,财政所多年未新增编制,目前财政人员以八十年代招聘的农税干部及九十年代的大中专毕业生为主,2000年以后基本没有新进人员,全区镇乡财政会计的平均年龄达到53岁,干部队伍老化严重,学历、职称层次不高。如果不积极改进这一现状,财政业务人员断档的现象极有可能发生。

三、提升镇乡财政会计人员管理效果的路径

要稳定镇乡财政会计队伍,提高镇乡财政会计的业务能力,激发镇乡财政会计的工作积极性,推进基层财政财务规范有序管理,改变镇乡财政干部青黄不接的现状,笔者认为,在万州现有的人事管理机制下,可以采用以下几条路径。

(一)规范岗位设置,加强人员信息管理,保证镇乡会计队伍稳定

按照工作实际需要,合理设置财政所工作岗位。财政所设所长、总会计(或结算员)、

核算会计、补贴资金发放专干、专项资金管理专干、信息传递员、出纳等必要岗位。镇乡可根据工作实际增加岗位，部分岗位可实行一人多岗或多人一岗，原则上每个财政所不低于3人。按岗位设置重新确定编制，对有财政编制而没有从事财政工作的，可以回归财政所工作，也可以与其他没有财政编制而在财政所工作的人员调换编制；对没有财政编制却在从事财政工作的，除了可以与有财政编制而没在财政所工作的调换编制，也可重新定岗定编到财政。严格执行岗位任职资格制度，相应岗位必须持证上岗。区财政完善基层财政人事信息管理制度，对全区镇乡财政所的工作人员实行备案制，建立镇乡财政工作人员动态信息库，对会计人员的性别、出生年月、政治面貌、会计专业技术资格、会计岗位及备案时间、接受继续教育情况等进行逐项登记，实行电子档案管理，在此基础上安排各类培训和进行工作考核。通过定岗定编和人员信息管理，保证财政人员的稳定，实现财政会计业务的稳定。

（二）加强会计业务管理和监督，促进财政财务规范运行

区财政要指导完善《镇乡财政工作流程》《镇乡财政现金管理制度》《镇乡内部审计制度》《镇乡财政资金监督管理办法》《镇乡财政票据管理办法》《镇乡会计档案管理制度》《农村集体经济组织财务管理制度》以及《镇乡财政服务大厅窗口职责》等相关制度，推动镇乡财政所规范运行，确保资金运行安全。要出台实施方案，细化考核目标，实行财政会计业务工作年底考核制，考核结果作为镇乡公务员年终考评和全区先进会计工作单位、优秀基层财政工作者评选活动的重要依据。要经常性开展工作指导，现场发现问题，现场解决问题，并将其中的典型问题、共性问题纳入培训内容，从全区的层面上予以解决。同时要定期开展财政、审计、监察等部门参与的会计执法检查，对无证上岗、会计业务不规范、会计违法违纪等行为按相关制度规定进行查处，加强会计业务监督，规范行业秩序。区会计学会要积极发挥协管作用，从会计从业资格管理、会计人员继续教育培训、会计专业技术资格管理等方面着力，协助区财政加强镇乡财政干部管理，通过建立健全会计人员行业自律制度，促进镇乡财政会计业务的规范和会计人员业务素质的提升。

（三）加强工作培训，提高镇乡财政会计人员业务素质

1. 定期开展培训

按市财政"三年一轮换"的培训要求，有计划、分步骤地对现有在岗的镇乡财政所工作人员进行培训，以走出去学习、请进来现场培训的方式进行，主要从现有财政政策、会计核算理论、新的会计准则、计算机应用等知识方面进行培训学习，促进财政干部的知识更新，提升财政干部的素质。

2. 定向培训

对确定在编、但没有会计从业资格证书的镇乡财政人员，由区财政统一免费培训，促使他们获得从业资格；如果第一次培训未取得从业证书，第二次培训实行自费，如果三次培训未取得从业证书的，区财政商请相关镇乡调整财政人员的编制和工作。通过定向培训制度，用一到两年的时间彻底清除镇乡财政所无证上岗现象，从会计管理部门做起，为全区推行会计岗位执证上岗制度打下牢固的基础。

(四）实行推优评先和短期业务交流制度，激发财政会计人员工作积极性

1. 建立健全激励和竞争机制，对全区镇乡财政所干部实行推优评先制度

在财政会计业务工作考核的基础上，经个人总结、镇乡政府推荐、区财政考核小组考核进行推优评先，每年在全区遴选出 5~10 名优秀基层财政工作者。通过推优评先制度，鼓舞镇乡财政干部士气，营造积极向上的氛围，开创镇乡财政新气象。优秀基层财政工作者可获得通报表彰、物质奖励、外出学习和自愿短期业务交流的机会。

2. 镇乡财政会计在镇乡财政所之间实行短期业务交流制度

为促进财政所之间会计业务交流、拓展财政干部视野和提高财政人员工作的积极性，在区财政没有人事管理权的背景下，区财政可以商请相关镇乡在镇乡财政所之间实行短期业务交流制度。短期业务交流的原则：一是交流期间，干部编制性质及工作属地不变；二是交流的时间不超过两年，交流期满，交流人无条件回原工作属地；三是交流人必须从事会计岗位；四是基层财政干部自愿申请，交流双方镇乡同意；五是每个镇乡财政所交流人数不超过一人；六是当年优秀基层财政工作者优先。

（五）及时补充新鲜血液，推进财政会计队伍可持续发展

鉴于财政业务的专业属性，根据全区镇乡财政人事信息的动态情况，区财政有计划、分步骤向编制、人事部门申报缺编财政所会计岗位的人才需求，并按全区规范的选人程序遴选、招聘专业人才充实到相关镇乡财政所，不断为财政系统补充新鲜血液，为镇乡财政所有序运行提供人才保障。

四、结 论

加强镇乡财政会计人员管理，对于推进财政工作科学化、精细化，维护镇乡正常财务管理秩序和推进镇乡廉政建设意义重大。各地镇乡财政会计人员管理无力、队伍建设滞后问题，特别如由于人事管理权不在财政系统造成的"两不管"问题，基层财政会计人员青黄不接面临断档等问题普遍存在，这是财政事业推进过程面临的具体困难。财政系统应依据本地的实际情况，规范基层财政岗位设置，加强人事管理，确保镇乡财政人员稳定和工作稳定；要建章立制，规范基层财政工作程序，加强会计业务指导和监督，开展工作考核，推动镇乡财政财务规范运行；要因时因势加强财政会计人员培训，努力提高他们适应新时代、新政策和新知识的能力；要从政治上、经济上、人性关怀角度提高镇乡财政会计人员待遇，激发他们的工作热情；同时还要注重有进有出，新老更替，从系统外吸收素质高、能力强的专业人士充实到基层财政，为财政系统补充新鲜血液，推动财政事业健康、可持续发展。

推荐单位：万州区会计学会

农村小学生营养改善计划的管理模式创新*

袁昌兴

巫山县福田镇教育集中支付中心

2012年的春季,巫山县教育迎来了一个新的春天,农村义务教育阶段学校全面实施营养改善计划(《国务院办公厅关于实施农村义务教育学生营养改善计划的意见》(国办发〔2011〕54号)文件),国家对每一个农村义务教育阶段的学生每天补助3元钱,用于补充学生的营养。这是一件天大的好事,老师、学生都非常高兴,从没有按时吃午餐的学生终于可以按时吃上午餐了。高兴之余,农村小学,特别是村校,还从没有办过学生食堂,几十人、几百人甚至上千人要同时吃上午餐,缺乏相应的硬件,缺乏管理经验。如何保证3元钱落实到学生口中?如何把食堂办好?如何让这项民生工程真正落到实处?便成了学校的头等大事,是学校管理的一个很头痛的难题。各地都在进行探讨,我们也不例外,边学习、边实践、边探索,两年来发现不少问题,营养改善计划每天生均3元钱,有的学校一学期超支近万元,也有的学校一学期结余近万元;同样的生均3元钱,有的学校饭菜分量及质量要好些,有的学校饭菜分量及质量要差些;有的学校饭菜可口,有的学校饭菜食而无味;还有对于质量品牌相近的原材料,不同的单位采购的价格也各不相同。针对以上问题提出以下五个方面的管理模式创新方式。

一、加强政策学习,提高思想认识

"这是坚持以人为本、落实科学发展观的具体体现,是维护社会公平、构建和谐社会的重要举措,是提高民族素质、建立人力资源强国的必然要求,具有重大的现实意义和深远影响。"然而,2012年春,这项民生工程起步之初,营养改善计划在教师和少数领导心里就只是吃一顿饭的概念。至于怎么让学生补充营养,让孩子不仅吃饱,而且吃好,提高身体素质,在思想理念上和操作方法上还存在不足。家长也以为这就是国家为学生提供的一顿免费午餐,认为又是一个让学校赚钱的机会,时不时地传来"××校长要发财了"、"××老师要发财了",导致了家校间的不和谐。教师认为这项工程好是好,可就是给教师增加了工作负担,教师成了"保姆",事事都要围着学生转,家长还不理解……

农村义务教育学生营养改善计划是一项民心工程、德政工程和阳光工程,涉及面广、工作量大,怎样把"营养改善计划"政策宣传到位,让教师、学生、家长都支持、理解、配合此项工作,我们反复学习关于营养改善计划的相关文件和规章制度,领会其精神实质,结合片区实际,采取班子会、校会、家长会、发放资料等方式进行广泛的宣传动员,提高其思想认识。

(一)召开学校班子会

实施农村义务教育学生营养改善计划,是党和政府坚持以人为本,执政为民的具体体现;

---

*本文是基金项目(5658)的阶段性成果,本文获重庆市会计学会、重庆市总会计师协会2014年优秀论文三等奖。本文现有标题为《重庆会计论坛》编委会修改后的标题,作者原稿的标题为《农村小学生营养改善计划资金管理的策略思考》。

是改善营养状况，提高学生健康水平的有效途径；是促进教育公平，建设人力资源强国的重要举措；是人民群众的热切期盼。从学校管理上要体现对这项工程的高度重视和深入细致，决不能马虎草率，做不好就会成为千古罪人。

（二）召开教师会、班主任工作会

要让每个教师理解这项工作的现实意义和深远影响。每个教师要承担起一份相应的责任，担子比原来重，意义也比原来大了。教师要组织好学生就餐，爱惜粮食，学会感恩，要借此机会对学生进行爱国教育，要做一个优秀的中国人。

（三）通过召开校会、家长会

让学生和家长明白"营养改善计划"工作的重要意义，把党中央、国务院对贫困地区孩子的深切关爱、对贫困地区教育事业的重视支持和促进教育公平、实现义务教育均衡发展的决心送到广大家长和学生心中。教育学生怀着感恩的心态去学习，珍惜良好的学习环境和条件，以优异成绩报答祖国的深切关怀。

（四）发放《致家长的一封信》

把学生营养改善计划政策宣传到每一个家庭，让他们知晓政策、领会政策、支持政策，让"营养改善计划"政策深入人心，促进社会和谐发展。

二、成立领导小组，加强监督执行

为了更好地组织好、落实好此项工作，成立了相应的组织机构，以保障营养改善计划的顺利实施。

（一）成立"营养改善计划领导小组"

"火车跑得快，全靠车头带"，各校成立了以校长为组长、分管领导为副组长、各班班主任和中层干部为成员的"营养改善计划领导小组"，校长是第一责任人。营养改善计划领导小组负责本校营养改善计划的组织领导工作，制定各项制度和职责，监督营养改善计划的落实。

（二）成立膳食委员会

膳食委员会由工会代表、学生、家长、教师、村（社区）代表等组成，组成人员应通过民主推荐等方式产生。膳食委员会组成人员实行任期制，每届一年，到期更换。

膳食委员会主要职责：一是参与确定供餐模式、配餐食谱；二是参与供餐单位的确定与评议；三是参与学校食堂米、面、油、蛋、奶等大宗食品及原辅材料的公开招标；四是参与学校食堂日常管理和监督，包括监督学校食堂饭菜价格、分量、质量和食品安全，以及食堂员工的个人卫生、服务态度等，征求学生、家长、教师对食堂的合理化建议；五是督促学校定期公开食堂财务收支状况等相关信息。

膳食委员会组成人员：工作制度和工作职责上墙公开公示，接受全社会监督。

（三）成立财务监督小组

学校食堂根据规定，"建立营养改善计划财务专账，独立设置食堂会计账簿，食堂财务必须单独核算"。学校食堂纳入学校财务统一管理，单独核算，单独记账。食堂的收支要经过严格的审核程序，并接受学校财务监督小组的监督。财务监督小组对所开出的每一张单据都要进行严格的审签，每月结束了要对本月的收入、支出情况进行审核签字，然后才能进行公示。

三、建章立制，实时监督

（一）完善制度，有章可循

不依规矩不成方圆。营养改善计划是一项系统的工程，是一项重大的民生工程，更要有健全的制度和规范的操作章程。有很多学校制度不完善，条款不适用，内容不具体，如食堂管理人员职责、食堂采购人员职责、食堂从业人员职责、食堂卫生制度等都需要修订和完善。

根据实践中出现的问题，片区组织召开现场会、讨论会等，不断改进工作方式，讨论规章制度，对制度中不完善的地方进行修订，对管理中存在的漏洞进行补充完善，各校结合实际，制定切实可行的营养改善计划落实方案，完善食堂管理制度和各类人员的工作职责（食堂负责人职责、采购员职责、保管人员职责、炊事员职责）。要求各类人员按照制度职责各司其职，做到分工合作，互相监督，互相制约。

食堂采购员职责强调了采购过程的监督管理。过去采购食品过程随意性很大，食品采购品种繁多，采购地点分散，特别是农村，东家买瓜，西家买菜。名义是签订了合同，但缺少市场调研，价格上、质量上受到商家的控制，质量上缺乏监督机制，容易出现以次充好、以少报多的现象，造成饭菜质量、分量没有保证。为了更好地让采购过程公开民主，实行轮流采购。

对采购质量也提出了明确的要求，多采购时令蔬菜，反季节菜很少，会给人带来一种新鲜感，但是反季节蔬菜的口感远不如时令蔬菜。比如，豌豆在冬季吃的时候口感生硬，无豌豆应有的香味，春季的豌豆炒出来，很远就闻到一股清香味，吃起来口感细嫩，非常爽口；冬季的马铃薯没有春季的口感柔软。少采购或者尽量不采购长期冻藏的食品，食品冻得太久，如果经常有食品进出，这样就容易积累细菌。选择质优价廉的新鲜蔬菜。

（二）政策张榜，结算公示

通过各种便于公众知晓的方式，定期公开营养改善计划的政策法规、政府采购、工作进展等情况，相关信息每个学期至少公示一次。学校要通过学生、家长和公众方便获取信息的渠道，每学期公示受助学生名单、膳食委员会名单和营养改善计划实施情况，按月公示营养改善计划收支和食堂财务管理情况，按周公示食谱和原材料采购情况。

（三）建立档案，实时监督

学校建立"营养改善计划"档案，将每周、每月、每学期学生人数分班登记造册，实行动态管理，严禁虚报、漏报、瞒报。对于在实施过程中出现的问题、处理过程、处理结果等都要进行登记。如发生因饮食造成的食品安全事件，要立刻停止食用并及时上报。

四、加强培训指导，提高业务水平

真知来源于实践，任何经验都是经过实践总结出来的。食堂管理对于农村小学来说是一项新的工作，从来没有管理过食堂，更别谈经验。人员分工如何更合理、管理程序如何更科学，财务和物资上监管是否到位都有待于实践。比如，有的学校人员少，一个人既当炊事员也当保管员，甚至连采购也就是这个人；食堂从业人员大多是请的农村有名的"大厨"，但实际缺乏食品卫生、安全意识，对食品搭配也缺乏科学性，食品搭配不够科学，使学生产生厌食感，从而造成不必要的浪费。因此，我们采取了以下做法，取得实效。

（一）加强对从业人员的培训

按章操作，严格管理和培训食堂工作人员，做到"四勤""四过关""四定"。

采取请食品卫生专业人员到校指导和观看视频资料。严格执行《食品卫生法》，防止"病从口入"，保障就餐者的身体健康。食品工作人员持证上岗，且做到"四勤"：勤洗手、勤剪指甲、勤洗澡理发、勤洗换衣服，保持良好的个人卫生习惯，不准在发放食品时吸烟、挖鼻孔、掏耳朵，不对着食品打喷嚏、咳嗽，不准随地吐痰，不准乱丢废弃物等。用具实行"四过关"：一洗、二刷、三冲、四消毒。环境卫生采取"四定"办法：定人、定物、定时间、定质量。划片分工，包干负责，杜绝出现易污染食品的不卫生动作，确保让每一位学生吃到放心、舒心的营养餐。

（二）加强对食堂会计人员的培训

由于大部分学校都是报账员兼任食堂会计，没有经过专业化的培训，还没有取得会计资格证，对账务的处理存在困难。我片区积极开展关于食堂账务处理的培训和现场会，实行"一对一帮扶"活动，积极探讨出现的问题，县教委也多次下校帮助指导。现在各校都能很好地按照上级要求进行账务处理。保证了营养改善计划的各项收支的真实、完整。

五、转变运行模式，保证足额落实

"营养改善计划经费必须全额用于学生营养改善"，如何保证学生营养改善计划资金一分不漏地落实到学生嘴里。通过调研，有的学校食堂资金控制过紧，仍然采用"学校公用经费"管理的思路，怕出现超支现象，打紧开支，社会反映学生饭菜质量差，学期末结算时，学生伙食费还结余很多，结余最多的超过 10 000 元。结余的钱转到第二学期继续用于改善学生营养，第二学期就出现了饭菜分量偏多、质量偏高、营养过剩。有的食堂资金控制过松，学期末结算时，学生伙食费超支较多，出现资金短缺，比如有一个学校没有做好资金预算，老师随意安排，结果一学期下来，160 名学生的学校超支 8 000 多元，下学期就勒紧裤腰带过日子。这样一来，学生营养供给不均衡，社会反响也不好，更重要的是没有达到真正改善学生营养、促进学生健康发展的目的。

在不断实践中,我们探索出了一套既能科学、合理地使用营养改善计划资金,又能保证学生饭菜分量和质量的管理模式。

(一)周运行模式

"周运行模式"就是以周为预算周期进行预算和结算。学校食堂将每周的食谱、每天采购的菜品数量、价格及总价进行公示如表1、表2所示,接受师生及社会的监督,营养改善计划每天3元,全部用于购买食品原材料及调料,教师与学生同餐同价。以周为预算单元,一周进行一次预算和结算,采购人员测算本周有多少天,学生营养改善计划收入有多少,教师伙食费收入有多少,再加上上周滚存的结余,就是本周伙食费总收入,然后测算到每天有多少伙食费,结合本周食谱的安排,食油、调料预算一周的分量,其他主食、肉类、蔬菜则预算到每天。采购人员就根据预算的采购数量进行采购。到了周末,采购人员对本周的库存物资进行清理,对本周的伙食费收支进行结算,计算出本周实际收入、支出和结余。库存和结余结转到下周使用(由学校免费提供给学生3元饭菜的学校,库存和结余都是学生伙食费)。

表1 营养改善计划周预算采购表

学校名称			周次	第 周	
计划制定时间	年 月 日			月 日至 月 日	
采购人员签名			周单元预算		
			就餐学生数	经费收入合计(元)	
采购细目					
食材名称	单位	数量	单价	金额	备注
……					
……					
预 算 支 出 合 计					

表2 营养改善计划周结算公示表

	单位名称					
收入合计(元)		支出合计(元)		结(超)情况(元)	结余	超支
项 目 明 细 登 记						
采购日期	食材名称	单位	数量	单价	金额	备注
……						
……						
结算(采购)人员签名:						
结算日期: 年 月 日						

"周运行模式"使每周的伙食费使用比较均衡，保证超支或者结余金额达到最小，"确保相关食品采购、保管等环节不出现漏洞"，最大限度地保证了3元钱全部落实到学生口中。

（二）轮流采购

教师轮流采购，有利于饭菜多样化和采购过程公开透明，食品价格更加公平合理。农村小学规模一般不大，教师多的四五十人，少的只有几个教师，很难有专人进行食品采购和管理，教师既当老师，也当上了生活管理员、伙食团长。一是为了分担工作任务，二是为了保证公平公正，做到采购公开透明所有教师轮流值周，进行食谱安排和食品采购。负责本周采购的老师，就安排本周的食谱，教师可以根据自己对饮食的爱好和口味安排出有特色的菜品，食谱安排好后交学校膳食委员会审定，经过审定的食谱就可以实施。值周教师就根据安排的食谱和预算的分量进行采购，将采购的食品交给保管员保管。保管员根据出入库登记制度进行管理。本周结束了，负责采购的教师对本周收支进行结算。教师通过轮流采购，对每一周生活质量和分量都会进行比较，食品的采购价格、食品的数量都得到有效的监督，也达到了民主管理的目的。

（三）轮流主厨

再好的饭菜，经常吃一种口味也会让人觉得腻。学校聘请的从业人员虽然都是当地厨艺较好的厨师作为主厨，但时间久了，可口的饭菜，学生也吃厌了，同样分量、质量的饭菜却剩下了，家长意见又来了。为了让学生久吃不厌，实行了厨师轮流主厨。同样的材料，不同的人煮出来的口味是大不相同，让师生的口味大开，吃起来津津有味。 同时，厨师轮流主厨，无意间促进厨师之间相互学习，不断创新，暗中比技艺，比素养，可口的饭菜得到师生的好评，家长的赞扬，增添了厨师的自豪感，真正实现了"营养改善计划"既"养"人，又"养"心。

参考文献

[1] 刘睦南.浅谈阳光食堂管理[J].网校论文中心，2013（9）.

推荐单位：重庆市教育会计学会

附 录

重庆：打造结构优化、布局合理的人才队伍

（摘自《中国会计报》第304期第十五版）

力争到2020年，全市行政事业单位具有本科以上学历、初级以上会计职称的会计人员分别提高到50%、40%，努力打造结构优化、布局合理的会计人才队伍。这是重庆市规范会计人员持证上岗、加强财务人员管理的远期目标。为实现这一目标，今年以来，重庆市财政局围绕提高单位会计基础工作水平，对全市行政事业单位财务机构及财会人员的基本情况进行了全面统计，并以规范会计人员持证上岗为抓手，提出并推进实施一系列加强行政事业单位财务机构及财会人员管理的措施。

定方向：明确一个切入点

为加强会计基础工作，提高会计工作水平，重庆市根据《会计法》和财政部制定的《会计基础工作规范》，于2010年制定了《重庆市会计基础工作规范实施细则》及《重庆市会计基础工作规范考核标准（暂行）》，对会计机构设置、会计人员配备、单位会计核算、内部会计控制制度等进行了规范。经过几年的努力，全市会计工作环境日益改善，会计基础工作明显增强，相关配套制度逐步完善，会计监管水平也日益提高。但随着经济多元化和管理难度的增加，会计工作有法不依、执法不严的现象仍然存在，单位财会制度不健全、财务管理不规范、会计基础工作薄弱等问题仍不容忽视，尤其是会计人员法制意识不强、责任心不够、整体业务素质不高、会计持证上岗执行不严。一定程度上影响和制约了单位财务管理水平，妨碍了财经纪律和财会制度的有效落实。

会计事业的发展需要一支高素质的人才队伍，为此，重庆市财政局局长封毅在年初听取会计处工作汇报后，专门对摸清会计人员现状、加大会计人才培养、加强单位财务管理工作作出指示，要求"将会计人员基本情况、技术职称特别是有无会计证统计清楚，以便制定政策措施，全面提升会计队伍整体素质"。因此，重庆市财政局以规范会计人员持证上岗为切入点，将开展会计人员基本情况调查、加强会计人员从业资格管理和会计基础工作管理作为今年会计工作的重点任务加以推进落实。

重调研：把握三个环节

会计人员人多面广，要提高调研统计的针对性和效果，必须选取有代表性的调研对象。而行政事业单位作为公共服务的提供者和社会事务的监管者，代表着党和政府履行相关职能。加强行政事业单位财务机构设置及财会人员管理，提高会计队伍整体素质，对于加强行政事业单位内部控制管理、提高财政资金使用绩效尤为必要，对于推进和加强全市范围内单位财务机构及财会人员管理具有示范带动效应。

经过研究，重庆市将全市财务独立核算的行政事业单位作为首次调研统计的对象。在调研统计中，主要把握三个环节：一是科学设计调研统计内容。认真梳理有关法规要求，结合重庆实际，设计调研统计内容。在前期设计中，重庆财政局召开不同层次的座谈会，反复征

求市级有关部门、区县财政、乡镇单位人员意见,力求调研统计内容科学、全面。二是简化统计方式及报送渠道。为方便统计单位和会计人员,本次统计在"重庆会计之家"网站设计专门栏目,采取单位"登录外网、统一填报"方式,填报内容主要通过下拉式菜单选项填写。三是加大调研统计工作宣传。本次调研统计范围覆盖单位 1 万余个,人员 3 万余人,为引起全市各行政事业单位重视,重庆市财政局专门组织召开全市调研统计工作布置视频会,重庆市财政局总会计师吴辉在会上作动员讲话,要求各单位统一思想、明确任务、落实责任、认真组织。

强管理:印发两个文件

针对调研统计中暴露出的行政事业单位财务机构及岗位设置还不够规范、会计人员从业资格执行把关不够严格、会计队伍整体素质还不够高、会计人才结构和布局还不尽合理、会计制度建设仍然较为薄弱等问题,重庆市财政局进行了深入分析,并认真研究整改措施,制定出台《加强行政事业单位会计机构和会计人员管理的通知》《关于进一步加强行政事业单位会计人员从业资格管理的通知》,对会计机构设置、会计人员管理等进行规范,重点对会计人员持证上岗从五个方面加强管理:一是规范会计机构及岗位设置;二是严格会计人员持证上岗审查;三是建立会计人员登记备案制度;四是健全会计人员培养机制;五是强化监督管理及执法检查。

抓落实:采取三项措施

封毅强调,加强会计从业资格管理、提高财会队伍整体素质,必须要解决思想上的问题,只有思想上高度重视,才能从根源上解决问题。他要求财政部门自身要带头执行,在抓市级部门单位落实方面,要由会计处牵头,各业务处室为主,共同推进落实。

为切实推进落实相关工作,重庆市财政局采取三项措施:一是认真分析、反馈、使用好本次调查统计结果。将调查统计数据分类分层次整理,分别书面告知市级部门和区县财政局,要求对不符合会计从业资格条件的,采取切实措施尽快整改。二是加大对两个《通知》的宣传,围绕各单位关注的热点和不理解的问题,制作问题答疑和文件解读,帮助各级各部门深入透彻领会文件精神。三是进一步制定完善有关配套措施,提升会计管理和服务水平。积极推进行政事业单位内控制度建设,强化单位财务收支管理,提升财会管理水平;制定完善《会计人员从业资格考试实施细则》《会计人员继续教育管理办法》,规范会计人员从业资格考试和继续教育管理;完善会计人员信息管理系统,改进会计从业资格证书变更登记及查询、统计、分析功能;加大对基层会计管理工作的指导,帮助基层统筹安排、整体推进会计管理工作。

重庆会计人员为网络继续教育点赞

(摘自《中国会计报》第319期第四版)

为摸清重庆市会计人员对继续教育的真实需求,解决会计人员网上培训面临的问题,重庆市财政局会计处于近期开展了一次问卷调查。调查显示,学员对2014年度重庆网络继续教育整体满意度点赞。

由不理解到欢迎

重庆市财政局会计处处长左良伦告诉记者,重庆设有重庆会计之家网站供会计人员接受继续教育,引入中华会计网校等三家培训机构开展培训,开设有培训课程100多门,会计人员可根据自己需求在网上"随意点餐"。本次调查问卷共收集2 495份,其中无职称会计人员占调查人数的31.52%,初级职称占39.44%,中级职称占29.03%。被调查人员研究生及以上占调查人数的15.7%,本科33.11%,大专30.2%,中专及以下占20.97%。

这表明随着社会经济的发展,会计人员对职称的重视程度比以前有所提高,同时也说明受教育程度越高的会计人员越重视专业知识的再学习,并积极参与会计管理部门调查活动,主动填写问卷,反映出他们专业受训的愿望较以前年度的反馈更加热切。

从整体满意度达到74%以上可以看出,重庆会计人员对网络继续教育经历了由开始的不理解到逐步接受,再到现在欢迎的过程,网络课程越来越彰显多元化的优势。

分级分类科学地设置课程

按照重庆市财政局总会计师吴辉提出的"在以前年度分类培训的基础上还要进一步细化,给会计人员提供更好更精课程服务"的指导精神,经过一年的努力,现在,会计人员总体对必修课、选修课程及教师的水平、考题难度显现出较高的满意度,对课程的内容与考试内容相关性满意度达到97%。

学员们对重庆会计之家现行设置的行政类、企业类课程方向的类别评价比较均衡,体现了课程设置对相关行业领域都有涉足,满足了不同行业会计人员的需求,同时要求会计主管部门随着社会经济的发展、市场化程度的深入,对企业类课程的权重应有所增加。

从此次调查结果来看,学员对课程内容的认同度有所提高,初级会计人员更偏向于实务与工作的紧密结合;中级会计人员一般已做到会计主管以上,要求课件内容理论与实操对接,需理论对实务工作进行指导;高级会计人员更有提升个人综合素质的愿望。重庆分级分类设置课程得到大多数学员认同。为了使会计人员学习更有针对性和适用性,重庆财政拟定2015年由财政部门制定必选课程,由主管部门细化具体本行业的学习规划方案。

精细化服务使学习更加便捷

重庆建立了网络信息平台,在学员端实现了网上报名、登录、听课、考试、审核等功能,在管理端实现了学习监督、学员管理、考试管理、数据统计等功能,实现网校与人员管理网

"无缝对接",使继教平台用户体验逐步完善,视频播放流畅,操作步骤科学,数据传输安全、稳定、及时。

为了纯洁继续教育环境,给学员营造一个良好的学习氛围,重庆打击机构代学,使用手机不定时验证,并欢迎公众举报,争取得到社会的监督。同时加大宣传,希望得到学员的理解和支持。为了提高服务水平,重庆利用先进的通讯设备和专业服务人员提供答疑服务、QQ群服务、微博互动权威论坛等在线服务,解答学员问题,使学员与老师之间的沟通更便捷。配备客户回访及跟踪服务机制,保证反馈及时,无论学员在何时何地均可通过电子邮件等得到咨询解答和技术支持等个性化服务。搭建财政、网校、软件公司沟通平台,全方位解决学员在学习中遇到的问题。

意见收集进一步提升继教品质

"每年定期收集学员反馈意见,不断改进完善网站是我们服务的一贯宗旨。"重庆市财政局会计处副处调贺毅介绍,每年年初,会计处根据意见对上年度课件进行梳理,将国家新的法规会计制度上线,充实各种课程内容。学员考试完毕后,仍能线上学习并下载相关学习资料,增加冷僻专业及财务管理落后行业的财务知识,使课程设置无死角。以市场经济为主体,增加企业类课程的权重,并逐年降低学习费用,减轻学员负担。这些都是重庆市财政局近年来不断完善的成果。

通过课程管理、学员管理、平台建设、自我完善,使得重庆网上继续教育越来越受到学员欢迎,学员们纷纷为重庆市财政局会计处的努力大大点赞。

重庆：以领军"头雁"带动会计人才队伍建设

(摘自《中国会计报》第326期第四版)

力争到2020年，培养全国及重庆会计领军人才300名、重庆会计青年英才600名、全国领先的注册会计师人才50名。这是重庆市财政局会同市委组织部、市人力社保局制定的《重庆市高端会计人才培养计划实施方案》中提出的目标。

近日，重庆市财政局总会计师吴辉在接受中国会计报记者采访时透露，"我们着力建设一支在西部和长江上游地区领先的会计队伍，紧扣重庆五大功能区建设对会计人才的需求，大力实施重庆高端会计人才培养工程，以培养会计领军'头雁'全面带动会计人才队伍建设。"

入选全市人才建设十大精品

吴辉介绍，2011年以来，重庆市全国会计领军（后备）人才和正高级会计师先后实现零的突破，现已入围全国会计领军（后备）人才17人，评审正高级会计师10人。此外，重庆市还选拔了重庆会计领军（后备）人才83人，重庆会计青年（后备）英才104人；拥有高级会计师2 300人，中级会计师2.4万人，注册会计师3 300多人。2012年重庆市高端会计人才培养项目获评重庆市"人才项目建设年"十大精品项目之一。

2013年，重庆将高端会计人才培养方案纳入全市人才发展规划。为保障规划的实施，重庆市财政局成立高端会计人才培养领导小组，明确牵头领导，设立专门班子，制定考核办法，明确工作进度，定期进行督导，实现任务到单位、责任到个人，建立了"目标有人定、进度有人促、责任有人担"的良性工作组织架构。

此外，重庆市财政局还设立高端会计人才培养专项资金，用于市会计领军人才、青年英才、高级会计人才、总会计师的培养开发等工作开展。重庆市财政局还引导会计学会每年设立100万元"行业专业奖学金"储备人才，奖励本地高校会计等专业优秀学生，用好市人才资源开发资金，引导一般会计人才加速向高端会计人才转化。

分类选拔培养人才

重庆市财政局会计处处长左良伦告诉记者，重庆市财政局非常注重对人才的选拔，分类制定了会计领军人才培养计划、会计青年英才培养计划、大中型企事业单位总会计师素质提升工程实施方案和正高级会计师资格申报评审办法，打出重庆高端人才培养选拔的"组合拳"。

在学员遴选方面，重庆市按照"高起点、高标准、高质量"的要求，严把学员入门关，对参加选拔培养学员的年龄、学历、工作经历、工作职务、专业技术水平、英语听说能力进行认真审查。其中，选拔的重庆会计领军人才必须取得高级会计师职称或取得注册会计师资格执业5年以上，或具有副教授以上职称；选拔的重庆会计青年英才必须取得会计师、注册会计师、讲师等专业技术资格。

为保证优秀人才的脱颖而出，重庆市认真组织每年一次的学员选拔，按照"个人申报—资格审核—笔试—材料评审—面试—单位意见"的选拔程序，严把笔试、面试环节，加强考试组织，严格考试纪律；注重与考生所在单位的合作，广泛听取单位及学术专家的意见，着力提高选拔的公平性；对笔试面试内容、题型、形式、时间、难易程度与出题专家组反复磋商，及时总结改进考试中存在的问题，着力提高选拔的科学性。

此外，重庆市还非常注重对人才综合素养的考察。他们选拔学员不仅考察专业知识，同时注重考察学员的分析创新能力、政策把握能力、组织协调能力、交际沟通能力、应变能力等综合能力素养。

学用结合保障培养质量

为提高培训质量，重庆市财政局坚持在职学习、实践考核与跟踪培养相结合，精心安排培训内容、方式和师资，注重兼"修"并"学"，将做人、做事、做学问运用到培养过程之中。

重庆市经过公开竞标、综合评定等方式，择优选择培训机构，开创了"局校合作、工学结合、以用为本、提升学习"的培养模式。

"择优选择培训机构为人才培养奠定了基础。"左良伦说，重庆市财政局探索"梯级式异地分段"培训，选择上海、北京国家会计学院作为重庆会计领军人才培养机构，西南大学作为重庆会计青年英才培养机构，并分别与两家院校签订会计人才培养合同。他们还选择北京、上海、厦门3家国家会计学院作为总会计师素质提升培养机构，委托重庆财政学校承办高级会计师继续教育培训，并开通网络远程教育对其他会计人员进行继续教育。

为增强培训的针对性、时效性，重庆市财政局综合开展政策理论培训和实践操作培养，坚持抓好课堂内外两端。课堂内，实施"拓展、提高、强化"三段式集中培训，依据各段培训的侧重点，为学员量身订制教学方案。

课堂外，学员按统一的书目、课题项目自学，定期报送论文、案例研究报告，与学员单位建立联合培养机制，发动单位加任务、压担子、搭舞台，引导学员将所学与实践结合。

为严格培训质量管理，重庆市建立完善了教学培训、教师教学和学员培训"三位一体"的质量评估体系。教学培训质量评估主要在每期培训班结束时，针对培训设计、培训实施、培训效果、培训管理等方面，向学员收集教学培训质量测评表。教师教学水平、教学内容、教学方法、教学效果质量评估则采取一课一评。学员培训质量评估主要在每期培训班结束时，联合培养机构对学员参加集中培训、自学、发表学术论文、报送报告等情况进行量化考核，引入淘汰机制，择优选拔学员进入人才库。

重庆市实施高端会计人才计划不局限于财政角度，而是放眼全市经济社会发展大局统筹规划，力求高端会计人才建设与经济发展结合更紧密。他们细化会计领军人才、青年英才培养政策，坚持学以致用，注重人才使用。对取得全国或重庆会计领军人才和青年英才的，优先向国有大中型企事业单位推荐使用，并纳入市委组织部、市人力社保局人才库管理。优先向有关部门推荐专家。

优先安排会计财务科研课题给这些人才并适当给予资金支持，并给予可提前两年参加高（正高）级会计师考评的政策。左良伦称，"重庆市财政局在培训中坚持学用结合的这些举措极大地提高了会计人员参与热情。"

2014年全国会计领军(后备)人才重庆市入选名单

姓名	单位	类别
万先进	重庆康华会计师事务所有限责任公司	注会类

重庆市第二期会计领军（后备）人才培养选拔入围人员名单

（按姓氏拼音首字母排序）

毕　健	重庆市供销合作总社
陈静美	力帆实业（集团）股份有限公司
董　斌	重庆渝富资产经营管理集团有限公司
方　艳	重庆三峰卡万塔环境产业有限公司
侯莉梅	重庆进出口信用担保有限公司
胡　波	重庆市公安局警务保障部
胡耘通	西南政法大学
姜自强	华南物资集团有限公司
孔林生	重庆市天友乳业股份有限公司
雷世光	中冶赛迪集团有限公司
李　虹	重庆市财政局
李建英	重庆国兴置业有限公司
梁　琪	重庆市气象局
鲁　川	重庆市北部新区宝升小额贷款股份有限公司
陆　洋	重庆双远实业（集团）有限公司
罗春蓉	重庆市忠县人民医院
母　丹	重庆第二师范学院
冉　冉	重庆钢铁集团矿业有限公司
宋加泽	中国大唐国际发电股份有限公司重庆分公司
宋　军	天健会计师事务所（特殊普通合伙）重庆分所
唐耀祥	重庆全通工程建设管理有限公司
王大春	重庆能源（贵州）煤电有限公司
王启彬	重庆渝咨会计师事务所有限责任公司
王世伦	中国烟草总公司重庆市公司
王映红	重庆对外建设（集团）有限公司
王　勇	重庆海平会计师事务所有限公司
吴孝春	西南政法大学

肖　莉　中宏人寿保险有限公司重庆分公司
熊　冰　重庆市中医院
徐　辉　凯高玩具（重庆）有限公司
徐　莉　国网重庆江津区供电有限公司
许丽英　重庆市公共交通控股（集团）有限公司
杨朝容　重庆市中药研究院
杨锐峰　重庆市财政局
叶长春　力帆实业（集团）股份有限公司
余　宇　重庆市江北嘴中央商务区投资集团有限公司
曾　志　天健会计师事务所（特殊普通合伙）重庆分所
张　琳　重庆高速公路股份有限公司
张蓉莉　重庆图书馆
赵凌云　重庆三峰卡万塔环境产业有限公司
钟业飞　重庆市公路局

重庆市第二期会计青年（后备）英才培养选拔入围人员名单

（按姓氏拼音首字母排序）

陈　承	重庆渝富资产经营管理集团有限公司
陈　欣	重庆法兰诗子衿财务咨询有限公司
戴小倩	重庆市涪陵区社会保险局
董文杰	重庆市财政局
段世霞	重庆轻纺控股（集团）公司
冯春雨	国网重庆垫江县供电有限责任公司
傅小敬	西南大学
甘　琳	重庆市渝物民用爆破器材有限公司
龚海林	中电投远达环保工程有限公司
胡　东	中国人民银行重庆营业管理部
敬国仁	重庆高金实业有限公司
李伟峰	四川美术学院
李雪松	中国烟草总公司重庆市公司荣昌分公司
刘　敏	重庆师范大学
刘　勇	荣昌县土地储备整治中心
彭海萍	重庆市兼善中学蔡家校区
秦　路	重庆西南师范大学出版社有限公司
邱　天	重庆医药(集团)股份有限公司
饶明成	重庆农村商业银行股份有限公司大足支行
史　静	重庆市气象局财务结算中心
孙回回	重庆正同工贸有限公司
王　森	重庆邦腾安防科技有限公司
王陶然	重庆市对外贸易经济委员会
王严严	重庆文理学院
文　丽	重庆工商大学
吴良辉	四川华信（集团）会计师事务所（特殊普通合伙）重庆分所
谢丽娜	重庆医科大学附属儿童医院

谢维佳	重庆银行股份有限公司
胥　夏	重庆市扶贫指导中心
杨　慧	华邦颖泰股份有限公司
杨　艳	重庆市城市建设技工学校
张　杰	重庆青年职业技术学院
张　静	中国烟草总公司重庆市公司开县分公司
张　倩	重庆财经职业学院
张　勇	中冶赛迪工程技术股份有限公司
赵恩波	中煤科工集团重庆设计研究院有限公司
赵全顺	重庆百货大楼股份有限公司
赵文龙	中国保险监督管理委员会重庆监管局
周　科	重庆出版集团公司
周　毅	中国烟草总公司重庆市公司涪陵分公司
邹晓宣	重庆三峰卡万塔环境产业有限公司

重庆市会计学会、重庆市总会计师协会 2014 年优秀论文征文活动评选结果

一、单位组织奖

万州区会计学会　渝中区会计学会　重庆市教育会计学会　重庆市建设会计学会　重庆巨能建设集团路桥工程有限公司　重庆理工大学

二、2014 年获奖论文名称、作者及推荐单位

（一）一等奖 5 篇

1. 《巴南区"村财镇管"运行现状及其完善对策探讨》作者：顾飞、李文博，所在单位：重庆工商大学财务与会计研究中心，重庆工商大学会计学院（推荐单位：重庆工商大学）

2. 《政府治理视角下的政府会计改革研究》作者：李定清，所在单位：重庆工商大学会计学院（推荐单位：重庆市建设会计学会）

3. 《货币政策波动、区域金融发展及盈余管理——基于中国上市公司数据》作者：陈耿、包燕萍，所在单位：重庆大学经济与工商管理学院、重庆工商大学融智学院（推荐单位：重庆大学）

4. 《边远地区小型会计师事务所发展的思考：以渝东地区为例》作者：石恒贵、罗楠，所在单位：重庆理工大学会计学院、中审亚太会计师事务所重庆分所（推荐单位：重庆理工大学）

5. 《万州代理记账服务市场现状分析与规范发展思考》作者：骆永林，所在单位：重庆市万州区财政局（推荐单位：万州区会计学会）

（二）二等奖 10 篇

1. 《重庆地方政府性债务管理：一个比较制度分析的视角》作者：张王、李玮链、黄仕恒、陶琴，所在单位：重庆理工大学会计学院（推荐单位：重庆理工大学）

2. 《重庆市政府绩效预算管理体系构建的思考》作者：袁媛、熊伟、华军，所在单位：重庆市规划局（推荐单位：重庆市建设会计学会）

3. 《基于 AHP 和熵权的地方政府债务风险评估》作者：何敏、王秀霞，所在单位：重庆理工大学会计学院（推荐单位：九龙坡区财政局）

4. 《会计业绩信息异质性与高管薪酬》作者：蒋涛、刘运国、徐悦，所在单位：重庆理工大学会计学院、中山大学成本与管理会计研究中心、中山大学管理学院（推荐单位：重庆理工大学）

5. 《"营改增"税制改革对事业单位财务管理的影响》作者：王小容、刘晓凤，所在单位：

重庆市农业科学院（推荐单位：重庆市农业科学院）

6.《从集团公司IPO审核谈施工企业财务管理的关键点——以施工企业为例》作者：付小京，所在单位：重庆巨能建设（集团）有限公司（推荐单位：重庆巨能建设（集团）有限公司）

7.《EVA奖金池与企业绩效激励应用探析》作者：杨宇，所在单位：中冶赛迪集团有限公司（推荐单位：重庆市建设会计学会）

8.《基于成本竞争力的施工企业工程项目动态成本管理探讨》作者：李晓川、张喜文，所在单位：重庆房地综合开发公司、重庆农村商业银行（推荐单位：重庆市建设会计学会）

9.《浅谈政府为小微企业购买代理记账服务的实践与思考》作者：邱麟，所在单位：北部新区财政局（推荐单位：北部新区财政局）

10.《集团财务管控能力提升与价值创造——以重庆巨能集团为例》作者：裴周丽，所在单位：重庆巨能建设（集团）有限公司（推荐单位：重庆巨能建设（集团）有限公司）

（三）三等奖20篇

1.《"大会计"与地方政府性债务治理：作用机理与分析框架》作者：杨兴龙、刘冰，所在单位：重庆理工大学财会研究与开发中心（推荐单位：重庆理工大学）

2.《小微科技型企业融资新路径之专利权质押博弈——基于2014年重庆市专利事业发展战略推进计划》作者：王秀霞、王睦瑶，所在单位：重庆理工大学会计学院（推荐单位：重庆理工大学）

3.《信息化环境下的企业内部控制审计风险与应对》作者：王海兵、何建国、杨娱，所在单位：重庆理工大学财会研究与开发中心、重庆美心（集团）有限公司（推荐单位：重庆理工大学）

4.《企业社会责任、公司治理对内部控制审计需求的交互影响研究——基于A股主板上市公司的实证分析》作者：韩彬、刘莎，所在单位：重庆理工大学会计学院（推荐单位：重庆理工大学）

5.《行政事业单位内控能"落地"吗——基于内生性视角的博弈解析》作者：酒莉莉、何敏，所在单位：重庆大学经济与工商管理学院、重庆理工大学会计学院（推荐单位：重庆大学、重庆理工大学）

6.《异地审计与低价竞争》作者：石恒贵、黎明，所在单位：重庆理工大学会计学院（推荐单位：重庆理工大学）

7.《政府购买审计服务参与财政科技项目审计的博弈分析》作者：何雪锋、何敏，所在单位：重庆市重点人文社科基地财会研究与开发中心、重庆理工大学会计学院（推荐单位：重庆理工大学）

8.《会计师事务所从事证券业务的伦理冲突及其化解》作者：刘光英、马玉林，所在单位：重庆机电职业技术学院、上海财经大学人文学院（推荐单位：重庆市九龙坡区财政局）

9.《上市公司亏损前后的投资和融资的实证研究》作者：张书伟，所在单位：重庆市渝中区财政局（推荐单位：渝中区会计学会）

10.《慈善机构内部控制信息披露新探讨——来自行政事业单位内部控制规范的启发》作者：孟蕾，所在单位：重庆工商大学研究生院（推荐单位：重庆工商大学）

11.《广告资产所有权与经营权相分离的会计核算问题探讨》作者：刘彦，所在单位：重庆高速资产经营管理有限公司（推荐单位：重庆高速资产经营管理有限公司）

12.《浅谈房产税改革对房地产公司经营状况的影响——以重庆龙湖地产为例》作者：俞宝水，所在单位：重庆巨能建设集团路桥工程有限公司（推荐单位：重庆巨能建设集团路桥工程有限公司）

13.《优化集团企业资产负债结构的方法探讨》作者：雷世光，所在单位：中冶赛迪集团有限公司（推荐单位：重庆市建设会计学会）

14.《医疗集团财务管理的实践与探索》作者：王海涛，所在单位：重庆三峡中心医院（推荐单位：万州区会计学会）

15.《农村小学生营养改善计划资金管理的策略思考》作者：袁昌兴，所在单位：巫山县福田镇教育管理中心（推荐单位：重庆市教育会计学会）

16.《加强镇乡财政会计人员管理的几点建议》作者：向家祐，所在单位：万州区财政局（推荐单位：万州区会计学会）

17.《浅议江南新区政府投资项目工程审计问题及建议》作者：邢小龙，所在单位：重庆市万州江南新区审计局（推荐单位：万州区会计学会）

18.《对严控"三公"经费以提高资金使用效益的思考》作者：谭朝武，所在单位：涪陵区财政局（推荐单位：涪陵区会计学会）

19.《关于加强政府性投资项目财政监管的思考》作者：严中祎，所在单位：涪陵区政府办（推荐单位：涪陵区会计学会）

20.《试论企业精细成本管理及其价值》作者：胡琳，所在单位：重庆远风机械有限公司（推荐单位：万州区会计学会）